बड़ा सोच
का
बड़ा जादू

बड़ी सोच का बड़ा जादू

डेविड जे. श्वार्ट्ज़

अनुवादकः डॉ. सुधीर दीक्षित

MANJUL

मंजुल पब्लिशिंग हाउस

First published in India by

MANJUL

Manjul Publishing House Pvt. Ltd.
Registered Office:
10 Nishat Colony, Bhopal 462 003 - India
Corporate Office:
2nd Floor, Usha Preet Complex,
42 Malviya Nagar, Bhopal 462 003 - India
E-mail: manjul@manjulindia.com Website: www.manjulindia.com

Distribution Office:
SV Book Supply Company Pvt. Ltd.
7/32, Ground Floor, Ansari Road, Daryaganj, New Delhi 110 002
Email: booksupplyco@gmail.com

This edition first published in 2002
Nineteenth impression 2012

Hindi language translation of the international bestseller
The Magic of Thinking Big -by *David J. Schwartz*

ISBN   978-81-86775-26-4

Translation by Dr. Sudhir Dixit

Printed and bound in India by Thomson Press (India) Ltd.

समर्पण

डेविड तृतीय को

मेरे छह साल के बेटे डेविड ने जब किंडरगार्टन पास किया, तो मैंने उससे पूछा, "बड़े होकर तुम क्या बनना चाहते हो ?"

डेवी ने मेरी तरफ़ ध्यान से देखा और जवाब दिया, "डैडी, मैं प्रोफ़ेसर बनना चाहता हूँ।"

मैंने पूछा, "प्रोफ़ेसर ? किस विषय का प्रोफ़ेसर ?"

"डैडी," उसने जवाब दिया, "मैं सुख का प्रोफ़ेसर बनना चाहता हूँ।"

सुख का प्रोफ़ेसर! बड़ा महत्वाकांक्षी इरादा था। क्या आपको ऐसा नहीं लगता ?

तो यह पुस्तक महान लक्ष्य वाले डेविड और उसकी माँ को समर्पित है।

विषय-सूची

प्रस्तावना

इतनी बड़ी पुस्तक क्यों ? इस पुस्तक पर इतनी चर्चा आख़िर क्यों ? इस साल बारह हज़ार पुस्तकें छपेंगी। फिर एक और पुस्तक क्यों ?

मुझे इस बारे में कुछ कहने दें।

कुछ साल पहले मैंने एक बेहद प्रभावशाली सेल्स मीटिंग में हिस्सा लिया। इस कंपनी का वाइस प्रेसिडेन्ट बहुत ज़्यादा रोमांचित था। वह अपने सेल्समैनों को कोई महत्वपूर्ण बात समझाना चाहता था। उसके साथ मंच पर उस संगठन का नंबर वन सेल्समैन था, जो दिख तो साधारण रहा था, परंतु उसने अभी ख़त्म हुए साल में 60,000 डॉलर का बिज़नेस किया था। बाक़ी सेल्समैनों ने औसतन 12,000 डॉलर कमाए थे।

वाइस प्रेसिडेन्ट ने ग्रुप से कहा, "मैं चाहता हूँ कि आप हैरी की तरफ़ ध्यान से देखें। आख़िर हैरी में ऐसा क्या है, जो आप सबमें नहीं है ? हैरी ने औसत से पाँच गुना ज़्यादा कमाई की है, परंतु क्या हैरी आपसे पाँच गुना ज़्यादा स्मार्ट है ? नहीं, हमारे परीक्षण के हिसाब से ऐसा नहीं है। मैंने ख़ुद यह परीक्षण किया है। परीक्षण से पता चला है कि वह उतना ही स्मार्ट है, जितने कि आप लोग।"

"और क्या हैरी ने आप लोगों से पाँच गुना ज़्यादा मेहनत की है ? नहीं : यह भी सही नहीं है। वास्तव में उसने आप लोगों से ज़्यादा समय छुट्टियों में बिताया है।"

"क्या हैरी का इलाक़ा बहुत बढ़िया है। एक बार फिर मुझे यही कहना पड़ेगा कि यह बात भी नहीं है। उसका इलाक़ा बाक़ी इलाक़ों से ख़ास अलग नहीं है। क्या हैरी ज़्यादा शिक्षित है ? क्या उसका स्वास्थ्य ज़्यादा अच्छा है ? एक बार फिर, नहीं। हैरी उतना ही औसत इंसान है जितने कि आप लोग हैं, परंतु उसमें और आपमें एक फ़र्क़ है।"

"हैरी और आप लोगों में," वाइस प्रेसिडेन्ट ने कहा, "यह फ़र्क़ है कि हैरी की सोच आपकी सोच से पाँच गुना ज़्यादा बड़ी है।"

फिर, एक्ज़ीक्यूटिव ने यह बताया कि सफलता का संबंध इंसान के दिमाग़ के आकार से नहीं होता, बल्कि उसकी सोच के आकार से होता है।

यह एक दिलचस्प विचार था। और यह मेरे दिमाग़ में बार-बार आता रहा। मैंने लोगों को जितना देखा, जितने ज़्यादा लोगों के साथ बात की, मैं सफल लोगों की ज़िंदगी में जितनी गहराई तक गया, मुझे उतना ही लगता गया कि यह सचमुच दिलचस्प और शानदार विचार था। हर घटना मुझे यही बताती थी कि *किसी इंसान की सोच के आकार पर ही उसके बैंक अकाउंट, उसके सुख के अकाउंट, और उसकी संतुष्टि के अकाउंट का आकार निर्भर करता है। बड़ी सोच में सचमुच जादू की ताक़त होती है।*

"अगर बड़ी सोच से इतना सब हासिल होता है, तो फिर हर व्यक्ति इसी तरीक़े से क्यों नहीं सोचता?" मुझसे यह सवाल कई बार पूछा जाता है। यहाँ इसका जवाब दिया जा रहा है। हम सभी अपने आस-पास के माहौल से प्रभावित होते हैं। हमारी सोच हमारे आस-पास की सोच का प्रॉडक्ट होती है। और हमारे आस-पास की ज़्यादातर सोच छोटी होती है, बड़ी नहीं। आपके चारों तरफ़ एक ऐसा माहौल है जो आपको पीछे धकेलना चाहता है, आपको धक्के मारकर सेकंड क्लास स्ट्रीट में गिराना चाहता है। आपको बार-बार बताया जाता है कि दुनिया में "लीडर्स भरे पड़े हैं, कमी तो पीछे चलने वाले छोटे लोगों की है।" दूसरे शब्दों में आपको यह समझाया जाता है कि लीडर बनने का मौक़ा मुश्किल से मिलता है, और चूँकि दुनिया में बहुत सारे लीडर्स भरे पड़े हैं, इसलिए आप ज़िंदगी में छोटे आदमी बनकर ही सुखी रहें।

परंतु "लीडर्स भरे पड़े हैं" वाले विचार में सच्चाई नहीं है। हर व्यवसाय में चोटी के लोग आपको बता सकते हैं, "समस्या यह है कि छोटे लोग बहुत ज़्यादा तादाद में होते हैं और बहुत कम लोग लीडर्स होते हैं।"

यह छोटा और घटिया माहौल कुछ और बातें भी कहता है। यह

आपको बताता है, "जो-जो होना है, सो-सो होता है।" यानी कि आपकी क़िस्मत पर आपका ज़ोर नहीं चलेगा, क्योंकि आपका "भाग्य" आपके कर्म से ज़्यादा ताक़तवर होता है। इसलिए आप अपने सपनों को भूल जाएँ, बड़े घर की हसरत को भूल जाएँ, बच्चों को कॉलेज भेजने के अपने इरादे को भूल जाएँ, बेहतर ज़िंदगी को भूल जाएँ। सब कुछ क़िस्मत पर छोड़ दें। बिस्तर पर लेट जाएँ और मरने का इंतज़ार करें।

और यह बात भी आप सबने सुनी होगी, "सफलता की क़ीमत बहुत ज़्यादा होती है," क्योंकि चोटी पर पहुँचने के लिए आपको अपनी आत्मा, अपना पारिवारिक जीवन, अपनी अंतरात्मा व अपने जीवनमूल्य बेचने पड़ते हैं। परंतु सच तो यह है कि सफलता की क़ीमत इतनी ज़्यादा नहीं होती। आगे बढ़े हर क़दम से आपको लाभ ही होता है।

हमारे आस-पास का माहौल हमें यह भी बताता है कि जीवन में चोटी के स्थानों के लिए बहुत ज़्यादा प्रतियोगिता होती है। परंतु क्या सचमुच ऐसा है? एक रोज़गार अधिकारी ने मुझे बताया कि 50,000 डॉलर प्रतिवर्ष की नौकरियों के लिए जितने आवेदन उसके पास आते हैं, उससे 50 से 250 गुना आवेदन 10,000 डॉलर प्रतिवर्ष की नौकरियों के लिए आते हैं। इसका मतलब है कि फ़र्स्ट क्लास एवेन्यू में नौकरी की तुलना में सेकंड क्लास स्ट्रीट पर नौकरी करने में कम से कम 50 गुना ज़्यादा प्रतियोगिता का सामना करना पड़ता है। फ़र्स्ट क्लास एवेन्यू, यू एस ए छोटी सी वीरान सड़क है। वहाँ पर आप जैसे लोगों के लिए काफ़ी जगह है, उन लोगों के लिए जो बड़ा सोचने का साहस कर पाते हैं।

इस पुस्तक में जो मूलभूत सिद्धांत और विचार हैं, वे बहुत ऊँची जगहों से लिए गए हैं, महान और श्रेष्ठ तरीक़े से सोचने वाले विचारकों से लिए गए हैं। जैसे प्रॉफ़ेट डेविड, जिन्होंने लिखा था, "जैसा आप अपने दिल में सोचते हैं, आप वैसे ही होते हैं।" या इमर्सन, जिन्होंने कहा था, "महान लोग वे होते हैं जो यह देख सकते हैं कि विचार ही दुनिया पर शासन करते हैं।" या फिर मिल्टन, जिन्होंने *पैराडाइज़ लॉस्ट* में लिखा है, "मस्तिष्क का अपना स्थान निश्चित होता है और यह स्वर्ग को नर्क बना सकता है और नर्क को स्वर्ग।" शेक्सपियर जैसे महान मस्तिष्क वाले व्यक्ति का कहना था, "कोई भी चीज़ बुरी या अच्छी नहीं होती, हमारा

नज़रिया ही उसे अच्छा या बुरा बनाता है।"

परंतु हमें इस बात का प्रमाण कैसे मिलेगा? हमें यह कैसे पता चलेगा कि यह महान विचारक सही थे? सवाल जायज़ हैं। इसका प्रमाण हमें अपने आस-पास के उन चुनिंदा लोगों से मिलेगा जिन्होंने सफलता, उपलब्धियाँ और सुख हासिल करके यह साबित कर दिया है कि बड़ी सोच सचमुच जादू की तरह काम करती है।

हमने यहाँ जो आसान क़दम सुझाए हैं, वे कोरे सिद्धांत नहीं हैं, जिन्हें बिना जाँचे-परखे हमने आपके सामने परोस दिया है। वे किसी एक आदमी की राय या कल्पना की उपज नहीं हैं। वे जीवन की स्थितियों के बारे में आज़माई हुई तकनीकें हैं और शाश्वत रूप से सफल होने वाली ऐसी तकनीकें हैं जो जादू की तरह काम करती हैं।

आप यह पृष्ठ पढ़ रहे हैं इससे यह साबित होता है कि आप बड़ी सफलता हासिल करने में रुचि रखते हैं। आप अपनी इच्छाओं को पूरा करना चाहते हैं। आप बेहतर जीवनशैली का आनंद लेना चाहते हैं। आप वे सारी चीज़ें हासिल करना चाहते हैं जो आपको लगता है कि आपके पास होनी चाहिए। सफलता में रुचि रखना एक अद्भुत गुण है।

आपमें एक और अद्भुत गुण है। आप इस पुस्तक को अपने हाथ में पकड़े हुए हैं, इससे यह पता चलता है कि आपमें अपने लक्ष्य तक पहुँचने के लिए औज़ार खोजने की बुद्धि भी है। किसी भी चीज़ को बनाने के लिए, चाहे वह कार हो, पुल हो या मिसाइल हो, हमें औज़ारों की ज़रूरत होती है। कई लोग सफल जीवन बनाने की कोशिश करते समय यह भूल जाते हैं कि इस काम में उनकी मदद करने के लिए कई औज़ार भी हैं। आप यह नहीं भूले हैं। आपमें इस तरह दो ऐसे मूलभूत गुण हैं जिनकी वजह से आप इस पुस्तक का सच्चा लाभ उठा सकते हैं : बड़ी सफलता हासिल करने की इच्छा, और उस इच्छा को पूरा करने में किसी औज़ार की मदद लेने की बुद्धि।

बड़ा सोचें और आप जीवन में बड़े बन सकेंगे। आपको बड़े-बड़े सुख मिलेंगे। आपकी उपलब्धियाँ बड़ी होंगी। आपकी आमदनी बड़ी होगी। आपके दोस्त बड़े होंगे। आपको लोग बड़ा सम्मान देंगे।

तो वादे बहुत हो चुके।

अब शुरू करें। अभी। और जानें कि आप अपनी सोच को किस तरह अलादीन के चिराग़ की तरह इस्तेमाल कर सकते हैं। महान दार्शनिक डिज़राइली के इस विचार से शुरू करें, "ज़िंदगी इतनी छोटी है कि इसे घटिया नहीं होना चाहिए।"

यह पुस्तक आपके लिए क्या करेगी ?

इस पुस्तक के हर अध्याय में आपको दर्जनों शानदार, व्यावहारिक विचार, तकनीकें और सिद्धांत मिलेंगे। इन सिद्धांतों से आप बड़ी सोच की जादुई शक्ति का दोहन कर पाएँगे। ऐसा करने से आप मनचाही सफलता, सुख, और संतोष हासिल कर पाएँगे। हर तकनीक को ज़्यादा अच्छी तरह से समझाने के लिए असली ज़िंदगी का एक उदाहरण भी दिया गया है। आप न सिर्फ़ यह समझ लेंगे कि आपको क्या करना है, बल्कि आप यह भी समझ लेंगे कि इन सिद्धांतों को असली ज़िंदगी की स्थितियों और समस्याओं में किस तरह लागू करना है। तो यहाँ यह बताया जा रहा है कि यह पुस्तक आपके लिए क्या करेगी और आपको सफलता पाने के लिए किस रास्ते पर चलना चाहिए।

1

विश्वास करें कि आप
सफल हो सकते हैं और आप हो जाएँगे

स फलता यानी बहुत सी अद्भुत और अच्छी चीज़ें। सफलता का मतलब है अमीरी- शानदार घर, मज़ेदार छुट्टियाँ, यात्रा, नई चीज़ें, आर्थिक सुरक्षा, अपने बच्चों को ज़्यादा से ज़्यादा खुशहाली देना। सफलता का मतलब है प्रशंसा का पात्र बनना, लीडर बनना, अपने बिज़नेस और सामाजिक जीवन में सम्मान पाना। सफलता का मतलब है आज़ादी- चिंताओं, डर, कुंठाओं और असफलता से आज़ादी। सफलता का मतलब है आत्म-सम्मान, ज़िंदगी का असली सुख और जीवन में संतुष्टि, जो लोग आप पर निर्भर हैं उनके लिए अधिक से अधिक करने की क्षमता।

सफलता का मतलब है जीतना।

सफलता – उपलब्धि – मनुष्य के जीवन का लक्ष्य है!

हर इंसान सफलता चाहता है। हर इंसान चाहता है कि उसे ज़िंदगी का हर सुख मिले। कोई भी घिसट-घिसटकर औसत ज़िंदगी नहीं जीना चाहता। कोई भी सेकंड क्लास नहीं दिखना चाहता या इस तरह का जीवन नहीं गुज़ारना चाहता।

सफल जीवन का व्यावहारिक रास्ता हमें बाइबल की उस पंक्ति में दिखाया गया है जिसके अनुसार आस्था से पहाड़ हिलाए जा सकते हैं।

विश्वास करें, सचमुच विश्वास करें कि आप पहाड़ हिला सकते हैं और आप वाक़ई ऐसा कर सकते हैं। अधिकतर लोगों को यह विश्वास ही नहीं होता कि उनमें पहाड़ हिलाने की क्षमता है। इसका परिणाम यह होता है कि वे ऐसा कभी नहीं कर पाते।

किसी मौक़े पर आपने शायद किसी को यह कहते सुना होगा, "यह सोचना बकवास है कि आप किसी पहाड़ को यह कहकर हिला सकते हैं, 'पहाड़, मेरे रास्ते से हट जाओ।' यह असंभव है।"

जो लोग इस तरह से सोचते हैं उन्होंने आस्था और इच्छा के बीच के अंतर को ठीक से नहीं समझा है। यह सच है कि केवल *इच्छा* करने भर से आप पहाड़ को नहीं हटा सकते। केवल *इच्छा* करने भर से आप एक्ज़ीक्यूटिव नहीं बन जाते। केवल इच्छा करने भर से आप पाँच बेडरूम और तीन बाथ वाले घर के मालिक नहीं बन जाते या आप अमीर नहीं बन जाते। केवल इच्छा करने भर से आप लीडर नहीं बन जाते।

परंतु अगर आपमें विश्वास हो, तो आप पहाड़ को हिला *सकते* हैं। अगर आपको अपनी सफलता का विश्वास हो, तो इस विश्वास के सहारे आप सफलता हासिल कर सकते हैं।

विश्वास की शक्ति के बारे में कुछ भी जादुई या रहस्यमय नहीं है।

विश्वास इस तरह काम करता है। "मुझे विश्वास है कि मैं यह कर सकता हूँ" वाला रवैया हमें वह शक्ति, योग्यता और ऊर्जा देता है जिसके सहारे हम वह काम कर पाते हैं। जब आपको यक़ीन होता है कि आप कोई काम कर सकते हैं, तो आपको अपने आप पता चल जाता है कि इसे कैसे किया जा सकता है।

हर दिन देश भर में युवा लोग नई नौकरियाँ शुरू कर रहे हैं। ये सभी युवक-युवतियाँ "चाहते" हैं कि किसी दिन वे सफलता की चोटी पर पहुँचें और सफल बनें। परंतु इनमें से ज़्यादातर लोगों को यह विश्वास नहीं है कि वे कभी चोटी पर पहुँच पाएँगे। और इसी कारण वे चोटी पर नहीं पहुँच पाते। अगर आप यह मान लेते हैं कि चोटी पर पहुँचना असंभव है, तो आप उन सीढ़ियों को नहीं ढूँढ़ पाएँगे जिनके सहारे आप चोटी पर पहुँच सकते हैं। ऐसे लोग ज़िंदगी भर "औसत" व्यक्तियों की

तरह ही व्यवहार करते रहते हैं।

परंतु इनमें से कुछ युवक-युवतियों को विश्वास होगा कि वे सफल हो सकते हैं। वे अपने काम के प्रति "मैं चोटी पर पहुँचकर दिखाऊँगा" वाला रवैया रखते हैं। और चूँकि उनमें ज़बर्दस्त विश्वास होता है इसलिए वे चोटी पर पहुँच जाते हैं। यह जानते हुए कि वे भी सफल हो सकते हैं – और ऐसा असंभव नहीं है – यह लोग अपने वरिष्ठ एक्ज़ीक्यूटिव्ज़ के व्यवहार को ध्यान से देखते हैं। वे सीखते हैं कि सफल लोग किस तरह समस्याओं को सुलझाते हैं और निर्णय लेते हैं। वे सफल लोगों के रवैए को ध्यान से देखते हैं।

जिस आदमी को विश्वास होता है कि वह काम कर लेगा, उसे हमेशा उस काम को करने का तरीक़ा सूझ जाता है।

मेरी एक परिचित महिला ने दो साल पहले यह फ़ैसला किया कि वह मोबाइल होम बेचने की सेल्स एजेंसी बनाएगी। उसे कई लोगों ने सलाह दी कि उसे ऐसा नहीं करना चाहिए, क्योंकि वह ऐसा नहीं कर पाएगी।

उस महिला के पास पूँजी के नाम पर सिर्फ़ 3000 डॉलर थे और उसे बताया गया कि इस काम को शुरू करने के लिए इससे कई गुना ज़्यादा पूँजी की ज़रूरत होती है।

उसे समझाया गया, "इसमें प्रतियोगिता बहुत है। और इसके अलावा, आपको मोबाइल होम्स बेचने का कोई अनुभव भी नहीं है। आपको बिज़नेस चलाने का अनुभव भी नहीं है।"

परंतु इस युवा महिला को अपनी क्षमताओं पर विश्वास था। उसे विश्वास था कि वह सफल होगी। वह मानती थी कि उसके पास पूँजी नहीं थी, कि बिज़नेस में सचमुच बहुत प्रतियोगिता थी, और यह कि उसके पास अनुभव नहीं था।

"परंतु," उसने कहा, "मुझे यह साफ़ दिख रहा है कि मोबाइल होम उद्योग तेज़ी से फैलने जा रहा है। इसके अलावा, मैंने अपने इस बिज़नेस में प्रतियोगिता का अध्ययन कर लिया है। मैं जानती हूँ कि मैं इस बिज़नेस को इस शहर में सबसे अच्छे तरीक़े से कर सकती हूँ। मैं जानती हूँ कि मुझसे थोड़ी-बहुत ग़लतियाँ तो होंगी, परंतु मैं चोटी पर तेज़ी से पहुँचना

चाहती हूँ।"

और वह पहुँच गई। उसे पूँजी जुटाने में कोई ख़ास समस्या नहीं आई। इस बिज़नेस में सफलता के उसके दृढ़ विश्वास को देखकर दो निवेशकों ने उसके व्यवसाय में निवेश करने का जोखिम लिया। और संपूर्ण आस्था के सहारे उसने 'असंभव' को कर दिखाया- उसने बिना पैसा दिए एक ट्रेलर निर्माता से माल एडवांस ले लिया।

पिछले साल उसने 1,000,000 डॉलर से ज़्यादा क़ीमत के ट्रेलर बेचे।

"अगले साल," उसका कहना है, "मुझे उम्मीद है कि मैं 2,000,000 डॉलर का आँकड़ा पार कर जाऊँगी।"

विश्वास, *दृढ़ विश्वास*, मस्तिष्क को प्रेरित करता है कि वह लक्ष्य को प्राप्त करने के तरीक़े, साधन और उपाय खोजे। और अगर आप यक़ीन कर लें कि आप सफल हो सकते हैं, तो इससे दूसरे भी आप पर विश्वास करने लगते हैं।

ज़्यादातर लोग विश्वास की शक्ति में भरोसा नहीं करते। परंतु कई लोग करते हैं, जैसे अमेरिका के सक्सेसफ़ुल विले में रहने वाले नागरिक। कुछ सप्ताह पहले मेरे एक दोस्त ने जो स्टेट हाइवे डिपार्टमेंट में अधिकारी है मुझे एक "पहाड़ हिलाने वाला" अनुभव बताया।

"पिछले महीने," मेरे दोस्त ने बताया, "हमारे विभाग ने कई इंजीनियरिंग कंपनियों को टेंडर नोटिस दिए। हमें अपने हाइवे बनाने के लिए किसी फ़र्म से आठ पुलों की डिज़ाइन बनवानी थी। पुलों की लागत 5,000,000 डॉलर थी। जिस भी इंजीनियरिंग फ़र्म को चुना जाता, उसे डिज़ाइनिंग के काम के लिए 4 प्रतिशत का कमीशन दिया जाना प्रस्तावित था, यानी 200,000 डॉलर।

"मैंने इस बारे में 21 डिज़ाइनिंग फ़र्म्स से बात की। सबसे बड़ी चार फ़र्मों ने तो तत्काल प्रस्ताव भेज दिए। बाक़ी 17 कंपनियाँ छोटी थीं, जिनमें केवल 3 से 7 इंजीनियर ही थे। प्रोजेक्ट इतना बड़ा था कि इनमें से 16 तो इसके बड़े आकार को देखकर ही घबरा गईं। उन्होंने इतने बड़े प्रोजेक्ट को देखा, अपने सिर को हिलाया और इस तरह की बात कही,

'यह हमारे लिए बहुत बड़ा प्रोजेक्ट है। काश हम इसे कर पाते, परंतु कोशिश करने से कोई फ़ायदा नहीं।'

"परंतु इनमें से एक छोटी फ़र्म ने, जिसके पास केवल तीन इंजीनियर थे, प्रोजेक्ट का अध्ययन किया और कहा, 'हम इसे कर सकते हैं। हम एक प्रस्ताव तो भिजवा ही देते हैं।' उन्होंने प्रस्ताव भिजवाया, और उन्हें वह काम मिल गया।"

जिन्हें यक़ीन होता है कि वे पहाड़ हिला सकते हैं, वे ऐसा कर पाते हैं। जिन्हें यक़ीन होता है कि वे पहाड़ नहीं हिला सकते, वे ऐसा नहीं कर पाते। विश्वास से ही ऐसा करने की शक्ति मिलती है।

दरअसल, आज के आधुनिक दौर में विश्वास के दम पर पहाड़ हिलाने से भी ज़्यादा बड़ी चीज़ें करना संभव है। आज के अंतरिक्ष अन्वेषण कार्यक्रम का *सबसे* मूलभूत तत्व यह है कि अंतरिक्ष को जीता जा सकता है। मनुष्य अंतरिक्ष में यात्रा कर *सकता* है, इस दृढ़ विश्वास के बिना हमारे वैज्ञानिकों में वह साहस, उत्साह, और रुचि पैदा नहीं हो पाती जिससे उन्हें आगे बढ़ने का हौसला मिलता। यह विश्वास कि कैंसर का इलाज किया जा सकता है, हमें इस बात के लिए प्रेरित करता है कि हम इसके उपचार को खोजें और अंततः ऐसा उपचार हम खोज ही लेंगे। अभी यह चर्चा चल रही है कि इंग्लिश चैनल के नीचे एक टनल बनाई जाए और इंग्लैंड को महाद्वीप से जोड़ दिया जाए। यह टनल बन पाएगी या नहीं, यह इस बात पर निर्भर करता है कि इसे बनाने वाले लोगों के पास ऐसा कर पाने का विश्वास है या नहीं।

प्रबल विश्वास ही वह शक्ति है जो महान पुस्तकों, नाटकों, वैज्ञानिक खोजों के पीछे होती है। सफलता में विश्वास ही हर सफल बिज़नेस, चर्च और राजनीतिक संगठन के पीछे होता है। सफलता में विश्वास ही वह मूलभूत, अनिवार्य तत्व है जो हर सफल व्यक्ति में पाया जाता है।

विश्वास करें, सचमुच विश्वास करें, कि आप सफल हो सकते हैं और आप हो जाएँगे।

बरसों तक मैंने ऐसे कई लोगों से बात की है जो अपने बिज़नेस या दूसरे करियर में असफल हो गए थे। मैंने असफलता के बहुत से कारण

और बहुत से बहाने सुने हैं। असफलता के बारे में हुई इन चर्चाओं में हमें एक महत्वपूर्ण जानकारी मिली। असफल आदमी के मुँह से इस तरह की कोई न कोई बात ज़रूर सुनने में आई, "सच कहूँ तो, मुझे लग ही नहीं रहा था कि हम सफल हो पाएँगे" या "मैंने काम शुरू किया उसके पहले ही मुझे इसकी सफलता पर शक हो रहा था" या "दरअसल जब यह असफल हुआ तो मुझे ज़रा भी हैरानी नहीं हुई।"

"ठीक है मैं कोशिश करके देखता हूँ पर मुझे नहीं लगता कि यह होगा" वाले रवैए की वजह से ही आदमी असफल होता है।

अविश्वास नकारात्मक शक्ति है। जब मस्तिष्क किसी बात पर अविश्वास करता है या किसी बात पर संदेह करता है तो मस्तिष्क ऐसे "कारणों" को खोज लेता है जिससे उस अविश्वास को बल मिले। *ज़्यादातर असफलताओं के लिए ज़िम्मेदार हैं : शंका, अविश्वास, असफल होने की अवचेतन इच्छा व सफल होने की सच्ची इच्छा न होना।*

शंका करें और असफल हो जाएँ।

जीत के बारे में सोचें और सफल हो जाएँ।

एक युवा कहानीकार अपनी लेखन महत्वाकांक्षाओं को लेकर मुझसे हाल में मिली। चर्चा उसके क्षेत्र के एक महान लेखक के बारे में होने लगी।

"ओह," उसने कहा, "मिस्टर एक्स असाधारण लेखक हैं, परंतु मैं उनके जितनी सफल नहीं हो सकती।"

उसके रवैए से मुझे बहुत निराशा हुई, क्योंकि मैं उस मिस्टर एक्स को जानता हूँ। उनमें न तो असाधारण बुद्धि है, न ही असाधारण प्रेरणा है, न ही वे किसी और बात में सुपर हैं, उनमें केवल एक ही बात असाधारण है और वह है उनका असाधारण आत्मविश्वास। उन्हें दृढ़ विश्वास है कि वे सर्वश्रेष्ठ लेखक हैं और इसीलिए वे सर्वश्रेष्ठ लिखते हैं।

लीडर का सम्मान करना अच्छी बात है। उससे सीखें। उसे ध्यान से देखें। उसका अध्ययन करें। परंतु उसकी पूजा न करें। यह विश्वास करें कि आप उससे आगे निकल सकते हैं। यह विश्वास करें कि आप उससे ऊपर जा सकते हैं। जिन लोगों का रवैया सेकंड क्लास होता है वे सेकंड

क्लास काम ही कर पाते हैं।

इसे इस तरह से देखें। विश्वास ही वह थर्मोस्टेट है जो हमारी उपलब्धियों को नियमित करता है। उस व्यक्ति का अध्ययन करें जो औसत ज़िंदगी के जाल में उलझा हुआ है। उसे विश्वास है कि वह अयोग्य है, इसीलिए उसे अयोग्य समझा जाता है। वह मानता है कि वह बड़े काम नहीं कर सकता और इसीलिए वह उन्हें नहीं कर पाता। वह मानता है कि वह महत्वपूर्ण नहीं है, इसलिए जो भी वह करता है वह काम महत्वहीन बन जाता है। समय के साथ-साथ आत्मविश्वास का अभाव उसकी बातों, चाल-ढाल और कामों में दिखने लगता है। जब तक कि वह अपने थर्मोस्टेट को फिर से संतुलित नहीं करेगा, तब तक वह सिकुड़ता रहेगा, बौना होता जाएगा और अपनी नज़रों में छोटा होता जाएगा। और चूँकि दूसरे हममें वही देखते हैं जो हम अपने आपमें देखते हैं इसलिए वह अपने आस-पास के लोगों की नज़रों में भी छोटा होता जाएगा।

अब उस व्यक्ति की तरफ़ देखें जो आगे बढ़ रहा है। उसे विश्वास है कि वह योग्य है और इसलिए बाक़ी लोग भी उसे योग्य समझते हैं। उसे विश्वास है कि वह बड़े, कठिन काम कर सकता है– और इसलिए वह इन्हें कर लेता है। जो भी वह करता है, जिस तरह भी वह लोगों से बात करता है, उसका चरित्र, उसके विचार, उसका दृष्टिकोण; सभी बातों में यह झलकता है कि "यह व्यक्ति प्रोफ़ेशनल है। यह एक महत्वपूर्ण व्यक्ति है।"

कोई भी व्यक्ति वैसा ही होता है, जैसे उसके विचार होते हैं। बड़ी बातों में यक़ीन करें। अपने थर्मोस्टेट को आगे की तरफ़ सेट करें। अपने सफलता के अभियान की शुरुआत इस सच्चे, संजीदा विश्वास से करें कि आप सफल हो सकते हैं। अगर आपको यक़ीन है कि आप महान बन सकते हैं तो आप सचमुच महान बन जाएँगे।

कई साल पहले मैं डेट्रॉइट में एक बिज़नेसमेन समूह को संबोधित कर रहा था। चर्चा के बाद एक व्यक्ति मेरे पास आया और उसने अपना परिचय देने के बाद कहा, "मुझे आपकी बातें पसंद आईं। क्या आप मुझे कुछ मिनट का समय दे सकते हैं? मैं आपके साथ अपने व्यक्तिगत अनुभव पर चर्चा करना चाहता हूँ।"

कुछ ही समय बाद हम एक रेस्तराँ में बैठे हुए थे।

"मेरा एक व्यक्तिगत अनुभव है," उसने शुरू किया, "जो आपकी इस शाम की चर्चा से संबंधित था, जिसमें आपने कहा था कि आप किस तरह अपने दिमाग़ को अपना सहयोगी बनाएँ, न कि अपना विरोधी। मैंने आज तक यह किसी को नहीं बताया है कि मैंने किस तरह अपने आपको औसत लोगों की दुनिया से ऊपर उठाया है, परंतु मैं आपको यह बताना चाहता हूँ।"

"और मैं यह सुनना चाहूँगा," मैंने कहा।

"आज से पाँच साल पहले मैं भी औरों की ही तरह था– मेरी ज़िंदगी घिसट भर रही थी। मेरी कमाई औसत थी। परंतु यह आदर्श नहीं थी। हमारा घर बहुत छोटा था और हमारे पास अपनी मनचाही चीज़ों को ख़रीदने के लिए पैसे नहीं रहते थे। मेरी पत्नी, भगवान उसका भला करे, इस बात की शिकायत नहीं करती थी, परंतु उसके चेहरे पर यह साफ़ लिखा हुआ था कि उसने भाग्य के सामने हार मान ली है और वह सचमुच ख़ुश नहीं है। अपने अंदर मैं बहुत असंतुष्ट महसूस कर रहा था। जब मैंने देखा कि मैं किस तरह अपनी अच्छी पत्नी और दो बच्चों को आदर्श जीवनशैली नहीं दे पा रहा हूँ, तो मुझे अंदर से बहुत चोट पहुँची।"

"परंतु आज सब कुछ बदल गया है," मेरे दोस्त ने कहा। "आज हम दो एकड़ के प्लॉट पर बने अपने सुंदर नए घर में रहते हैं, जो यहाँ से दो सौ मील दूर है। आज हमें इस बात की चिंता नहीं है कि हम अपने बच्चों को अच्छे कॉलेज में भेज पाएँगे या नहीं। आज मेरी पत्नी जब नए कपड़े ख़रीदती है तो उसे यह नहीं लगता, जैसे उसने कोई गुनाह कर दिया है। अगली गर्मियों में हम लोग एक महीने की छुट्टियाँ मनाने यूरोप जा रहे हैं। हम सचमुच ज़िंदगी का आनंद ले रहे हैं।"

"ऐसा कैसे हुआ ?" मैंने पूछा।

उसका जवाब था, "आपने आज रात एक बात कही थी, 'अपने विश्वास की शक्ति का दोहन करें।' मैंने वही किया और परिणाम आपके सामने है। पाँच साल पहले मैंने डेट्रॉइट की एक टूल-एंड-डाई कंपनी के बारे में सुना। हम उस वक़्त क्लीवलैंड में रह रहे थे। मैंने फ़ैसला किया

कि कोशिश करने में हर्ज़ ही क्या है, शायद यहाँ थोड़ी ज़्यादा तनख़्वाह मिल जाए। मैं यहाँ रविवार की शाम को ही आ गया, जबकि इंटरव्यू सोमवार को था।

"डिनर के बाद मैं अपने होटल के कमरे में बैठा हुआ था और न जाने क्यों, मैं ख़ुद को कोसने लगा, 'आख़िर क्यों,' मैंने ख़ुद से पूछा, 'आख़िर क्यों, मैं एक असफल आदमी की तरह मिडिल क्लास के दलदल में फँसा हुआ हूँ? आख़िर क्यों थोड़ी ज़्यादा तनख़्वाह के लिए मैं यह नौकरी हासिल करने की कोशिश कर रहा हूँ?'

"मैं आज तक यह नहीं जान पाया कि मैंने ऐसा क्यों किया, परंतु इसके बाद मैंने होटल का नोटपैड लिया। नोटपैड में मैंने अपने से ज़्यादा सफल पाँच लोगों के नाम लिखे, जिन्हें मैं वर्षों से जानता था और जिनकी आमदनी और नौकरी मुझसे काफ़ी बेहतर थीं। दो तो मेरे पुराने पड़ोसी थे जो अब एक पॉश कॉलोनी में रहते थे। दो लोगों के लिए मैं पहले काम किया करता था और एक मेरा रिश्तेदार था।

"इसके बाद- मैंने ख़ुद से पूछा कि मेरे इन पाँच दोस्तों में ऐसा क्या था जो मुझमें नहीं था। मैंने अपनी और उनकी बुद्धि की तुलना की और ईमानदारी से विश्लेषण करने पर यह पाया कि जहाँ तक बुद्धि का सवाल था, वे मुझसे बेहतर नहीं थे। न ही वे मुझसे शिक्षा, चरित्र या व्यक्तिगत आदतों में बेहतर थे।

"आख़िरकार मैं सफलता के एक ऐसे गुण पर आया, जिसके बारे में काफ़ी चर्चा होती है। पहल करना। मुझे यह मानने में काफ़ी दिक़्क़त हुई, पर इसे मानने के सिवा कोई चारा नहीं था। इस मामले में मेरा रिकॉर्ड उनकी तुलना में काफ़ी नीचे था।

"यह सब सोचते-सोचते सुबह के 4 बज गए, परंतु मेरा दिमाग़ बिलकुल स्पष्ट सोच रहा था। जीवन में पहली बार मैं अपनी कमज़ोरी को देख पाया था। मैंने पाया कि इसी चीज़ के कारण मैं जीवन में इतना पीछे रह गया था। मैंने हमेशा सहारे के लिए अपने साथ एक छोटी छड़ी रखी थी। मैं अपने अंदर जितनी गहराई तक गया, मैंने पाया कि मैं इसलिए पहल नहीं करता था, क्योंकि मुझे अंदर से यह विश्वास नहीं था

कि मैं ऐसा कर सकता था, कि मैं सचमुच इस क़ाबिल हूँ।

"पूरी रात मैं यही सोचता रहा कि आत्मविश्वास की कमी के कारण ही मैंने अपने मस्तिष्क को अपना विरोधी बना लिया था। मैंने पाया कि मैं ख़ुद को यही बताता था कि मैं आगे क्यों नहीं बढ़ सकता, जबकि मुझे ख़ुद को यह बताना चाहिए था कि मुझे आगे क्यों बढ़ना चाहिए। मैं अपने आपको सस्ते में बेच रहा था। अपनी नज़रों में गिरा होने के कारण ही मैं लोगों की नज़रों में भी गिरा हुआ था। यह मेरी हर बात में स्पष्ट रूप से दिख रहा था। तभी मुझे यह समझ में आया कि जब तक मैं ख़ुद में विश्वास नहीं करूँगा, तब तक कोई दूसरा भी मुझ पर विश्वास नहीं करेगा।

"उसी समय मैंने फ़ैसला किया, 'अब सेकंड क्लास की ज़िंदगी ख़त्म। आगे से मैं ख़ुद को सस्ते में नहीं बेचूँगा।'

"अगली सुबह भी मुझ में वही आत्मविश्वास था। नौकरी के उस इंटरव्यू में मेरे विश्वास का पहला इम्तहान हुआ। इंटरव्यू के लिए अपने घर से चलते समय मैंने सोचा था कि मैं हिम्मत करके अपनी वर्तमान नौकरी से 750 या 1000 डॉलर ज़्यादा माँग लूँगा। परंतु अब, जब मैं जान गया था कि मैं एक योग्य आदमी *था*, मैंने 3500 डॉलर ज़्यादा माँगे। और यह मुझे मिले भी। मैं ख़ुद को महँगे दाम में इसलिए बेच पाया, क्योंकि एक रात तक चले लंबे आत्म-विश्लेषण के बाद मैं यह जान गया था कि मुझ में ऐसे गुण हैं जिन्हें महँगे दामों पर बेचा जा सकता है।

"दो साल में ही मैंने अपनी प्रतिष्ठा एक सफल बिज़नेसमैन के रूप में बना ली। सभी जान गए कि यह आदमी बिज़नेस ला सकता है। फिर मंदी का दौर आया। इस दौर में मैं और भी ज़्यादा मूल्यवान बन गया, क्योंकि मुझ में अपनी इंडस्ट्री में सबसे अच्छा बिज़नेस हासिल करने की क़ाबिलियत थी। कंपनी का पुनर्गठन हुआ और मुझे बहुत ज़्यादा तनख़्वाह मिलने लगी और इसके अलावा मुझे कंपनी के काफ़ी सारे शेयर भी मिले।"

अपने आपमें विश्वास करें और आपके साथ अच्छी घटनाएँ *होने* लगेंगी।

आपका दिमाग़ "विचारों की फ़ैक्टरी" है। यह एक व्यस्त फ़ैक्टरी है, जो एक दिन में अनगिनत विचारों का उत्पादन करती है।

आपके विचारों की इस फ़ैक्टरी में उत्पादन के इन्चार्ज दो फ़ोरमैन हैं, जिनमें से एक को हम मिस्टर विजय और दूसरे को मिस्टर पराजय का नाम देंगे। मिस्टर विजय सकारात्मक विचारों के निर्माण के इन्चार्ज हैं। उनकी विशेषज्ञता इस तरह के कारण देने में है कि आप क्यों सफल हो सकते हैं, आपमें इस काम की क़ाबिलियत क्यों है, और आप इसमें क्यों सफल होंगे।

दूसरा फ़ोरमैन मिस्टर पराजय नकारात्मक, कमतरी के विचारों का उत्पादन करता है। यह फ़ोरमैन इस तरह के कारण ढूँढ़ने में महारत रखता है कि आप कोई काम क्यों नहीं कर सकते, कि आप क्यों कमज़ोर हैं, कि आप क्यों अक्षम हैं। उसकी विशेषज्ञता इस तरह के विचारों की शृँखला ढूँढ़ने में है कि "आप क्यों असफल हो जाएँगे?"

मिस्टर विजय और मिस्टर पराजय दोनों ही बेहद आज्ञाकारी होते हैं। वे तत्काल आपकी बात पर ध्यान देते हैं। आपको दोनों में से किसी भी फ़ोरमैन को मानसिक रूप से संकेत भर देना होता है। अगर संकेत सकारात्मक होता है तो मिस्टर विजय आगे आ जाएँगे और काम में जुट जाएँगे। इसी तरह नकारात्मक संकेत देखते ही मिस्टर पराजय सक्रिय हो जाएँगे।

दोनों फ़ोरमैन आपके लिए किस तरह काम करते हैं, इसे स्वयं आज़माकर देखें। अपने आपसे कहें, "आज तो बड़ा ही बुरा दिन है।" इससे मिस्टर पराजय हरकत में आ जाएँगे और वे आपको सही साबित करने के लिए कुछ तथ्यों का उत्पादन कर देंगे। वे आपको यह सुझाव देंगे कि मौसम ज़्यादा गर्म या ज़्यादा ठंडा है, आज बिज़नेस बुरा रहेगा, बिक्री कम होगी, दूसरे लोग चिड़चिड़े रहेंगे, आप बीमार पड़ सकते हैं, आपकी पत्नी आज बात का बतंगड़ बना देगी। मिस्टर पराजय बेहद सक्षम होते हैं। वे कुछ ही मिनटों में आपको पूरी तरह विश्वास दिला देते हैं कि आज का दिन सचमुच बहुत बुरा है। और आपका दिन *सचमुच* बुरा साबित होता है।

परंतु अपने आपसे कहें, "आज कितना बढ़िया दिन है।" और तत्काल मिस्टर विजय सक्रिय हो जाते हैं। वे आपको बताते हैं, "आज *शानदार दिन है*। ख़ुशगवार मौसम है। कितना सुखद जीवन है। आज आप जो भी काम करेंगे बढ़िया करेंगे और आप उसमें निश्चित रूप से सफल होंगे।" और आपका वह दिन सचमुच बहुत अच्छा गुज़रता है।

इसी तरह से मिस्टर पराजय आपको यह बताते हैं कि आप मिस्टर स्मिथ को माल क्यों नहीं बेच सकते, जबकि मिस्टर विजय आपको बताते हैं कि आप मिस्टर स्मिथ को माल किस तरह बेच सकते हैं। मिस्टर पराजय आपको यह विश्वास दिलाते हैं कि आप असफल हो जाएँगे, जबकि मिस्टर विजय आपको यह विश्वास दिलाते हैं कि आप क्यों सफल होंगे। मिस्टर पराजय टॉम को नापसंद करने के कई कारण गिना देंगे, जबकि मिस्टर विजय टॉम को पसंद करने के कई कारण गिना देंगे।

आप इन दोनों फ़ोरमैनों में से जिसे ज़्यादा काम देंगे, वह उतना ही ताक़तवर बनता जाएगा। अगर मिस्टर पराजय को ज़्यादा काम दिया जाएगा तो वह अपने कर्मचारियों की संख्या बढ़ा लेगा और आपके दिमाग़ की ज़्यादा जगह पर क़ब्ज़ा कर लेगा। एक दिन ऐसा आएगा जब वह आपके दिमाग़ के विचारों का पूरा उत्पादन अपने हाथ में ले लेगा और इसके बाद आपकी मानसिकता पूरी तरह नकारात्मक हो जाएगी।

समझदारी इसी में है कि आप मिस्टर पराजय को तत्काल नौकरी से निकाल दें। आपको उनकी ज़रूरत नहीं है। आपको उनकी इस सलाह की ज़रूरत नहीं है कि आप कोई काम क्यों नहीं कर सकते, कि आप क्यों अक्षम हैं, और आप क्यों असफल होंगे इत्यादि। जहाँ आप पहुँचना चाहते हैं, वहाँ तक आपको पहुँचाने में मिस्टर पराजय आपकी कोई मदद नहीं कर सकते, इसलिए मिस्टर पराजय को आप धक्के मारकर अपने दिमाग़ की फ़ैक्टरी से बाहर निकाल दें।

पूरे समय मिस्टर विजय से ही काम लें। जब भी आपके दिमाग़ में कोई विचार आए तो मिस्टर विजय को ही वह काम सौंपें। वह आपको बताएँगे कि आप किस तरह सफल हो सकते हैं।

अगले चौबीस घंटों में अमेरिका में 11,500 नए ग्राहक आ जाएँगे।

जनसंख्या तेज़ी से बढ़ रही है। अगले दस सालों में 3.5 करोड़ लोगों की वृद्धि का अनुमान है। इसका मतलब है पाँच बड़े शहरों की वर्तमान जनसंख्या : न्यूयॉर्क, शिकागो, लॉस एँजेलिस, डेट्रॉइट और फिलाडेल्फिया। कल्पना करें!

नए उद्योग, नए वैज्ञानिक आविष्कार, बढ़ते हुए बाज़ार- हर तरफ़ अवसर ही अवसर हैं। यह अच्छी ख़बर है। ज़िंदा रहने के लिए यह अद्भुत समय है।

हर क्षेत्र में ऐसे अवसर बिखरे हैं जहाँ चोटी के लोगों की रिकॉर्ड माँग है- उन लोगों की जिनमें दूसरों को प्रभावित करने की अधिकतम योग्यता है, जो दूसरों का मार्गदर्शन कर सकते हैं, जो उनके लीडर बनकर उनकी सेवा कर सकते हैं। और जो लोग ऐसे लीडर बनेंगे, वे सभी *आज* वयस्क हैं या वयस्क बनने वाले हैं। उनमें से एक आप भी हो सकते हैं।

आर्थिक व्यवस्था में उछाल का यह मतलब नहीं है कि आप व्यक्तिगत रूप से सफल हो ही जाएँगे। देखा जाए तो अमेरिकी अर्थव्यवस्था में उछाल हमेशा ही रहा है। परंतु इसके बाद भी लाखों-करोड़ों लोग संघर्ष ही करते रहते हैं और सफल नहीं हो पाते। ज़्यादातर लोग औसत ज़िंदगी के दलदल में ही फँसे रहते हैं और पिछले दो दशकों से लगातार चल रहे रिकॉर्ड अवसर का लाभ नहीं उठा पाते। और आगे आने वाले अच्छे समय में भी ज़्यादातर लोग चिंता ही करते रहेंगे, डरते ही रहेंगे, ज़िंदगी भर ख़ुद को अयोग्य मानते हुए घिसटते ही रहेंगे, और वह काम नहीं कर पाएँगे जो वे करना चाहते हैं। इसका परिणाम यह होगा कि उन्हें उनके काम के बदले में कम तनख़्वाह ही मिलेगी, उनकी ख़ुशी छोटी ख़ुशी ही होगी।

जो लोग अवसर का भरपूर लाभ उठाते हैं (और यहाँ मैं यह कहना चाहता हूँ कि आप भी उन लोगों में से एक हो सकते हैं, क्योंकि अगर ऐसा नहीं होता तो आप इस पुस्तक को पढ़ने के बजाय क़िस्मत के भरोसे ही बैठे होते), वे ऐसे समझदार लोग होंगे जो यह सीख लेंगे कि बड़ी सोच के सहारे ख़ुद को सफलता के रास्ते पर किस तरह ले जाया जा सकता है।

अंदर चले जाएँ। सफलता का दरवाज़ा आज पहले की तुलना में ज़्यादा खुला हुआ है। यह ठान लें कि आप भी सफल लोगों के समूह में शामिल होना चाहते हैं, आप भी अपनी मनचाही चीज़ हासिल करना चाहते हैं।

सफलता की तरफ़ यह आपका पहला क़दम होगा। यह एक मूलभूत क़दम है। इस क़दम को उठाए बिना काम नहीं चलेगा। क़दम एक- ख़ुद में विश्वास करें, विश्वास करें कि आप सफल हो सकते हैं।

विश्वास की शक्ति को किस तरह विकसित करें

विश्वास की शक्ति को प्राप्त करने और विश्वास को दृढ़ बनाने के लिए तीन उपाय किए जा सकते हैं :

1. सफलता की बात सोचें, असफलता की बात न सोचें। नौकरी में, घर में, असफलता की जगह सफलता के बारे में सोचें। जब आपके सामने कोई कठिन परिस्थिति आए, तो सोचें "मैं जीत जाऊँगा," यह न सोचें "शायद मैं हार जाऊँगा।" जब आप किसी से प्रतियोगिता करें, तो सोचें, "मैं सर्वश्रेष्ठ हूँ", यह न सोचें "मैं उसके जितना योग्य नहीं हूँ।" जब अवसर नज़र आए, तो सोचें "मैं यह कर सकता हूँ," यह न सोचें "मैं इसे नहीं कर सकता।" अपनी चिंतन प्रक्रिया पर इस विचार को हावी हो जाने दें, "मैं सफल होकर दिखाऊँगा।" सफलता के बारे में सोचने से आपका दिमाग़ ऐसी योजना बना लेता है जिससे आपको सफलता मिलती है। असफलता के बारे में सोचने से इसका ठीक उल्टा होता है। असफलता के बारे में चिंतन करने से आपका दिमाग़ ऐसे विचार सोचता है, जिन से आपको असफलता हाथ लगती है।

2. अपने आपको बार-बार याद दिलाएँ कि आप जितना समझते हैं, आप उससे कहीं बेहतर हैं। सफल लोग सुपरमैन नहीं होते। सफलता के लिए सुपर-इन्टेलेक्ट का होना ज़रूरी नहीं है। न ही सफलता के लिए किसी जादुई शक्ति या रहस्यमयी तत्व की आवश्यकता होती है। और सफलता का भाग्य से भी कोई संबंध नहीं होता। सफल लोग साधारण लोग ही होते हैं, पर ऐसे लोग होते हैं जिन्हें अपने आप पर विश्वास है,

अपनी क्षमताओं पर विश्वास है और जो मानते हैं कि वे सफल हो सकते हैं। कभी भी, हाँ, *कभी भी*, ख़ुद को सस्ते में *न* बेचें।

3. बड़ी सोच में विश्वास करें। आपकी सफलता का आकार कितना बड़ा होगा, यह आपके विश्वास के आकार से तय होगा। अगर आपके लक्ष्य छोटे होंगे, तो आपकी उपलब्धियाँ भी छोटी होंगी। अगर आपके लक्ष्य बड़े होंगे, तो आपकी सफलता भी बड़ी होगी। एक बात कभी न भूलें! बड़े विचार और बड़ी योजनाएँ अक्सर छोटे विचारों और छोटी योजनाओं से आसान होते हैं।

जनरल इलेक्ट्रिक कंपनी के चेयरमैन राल्फ जे. कॉर्डिनर ने लीडरशिप कॉन्फ्रेंस में कहा था, "... जो भी लीडर बनना चाहता है, उसे स्वयं के और स्वयं की कंपनी के विकास की योजना बना लेनी चाहिए और इसका दृढ़ निश्चय कर लेना चाहिए। कोई भी किसी दूसरे व्यक्ति के विकास का *आदेश* नहीं दे सकता ... कोई व्यक्ति दौड़ में आगे रहेगा या पीछे रह जाएगा यह इस बात पर निर्भर करता है कि उसकी तैयारी कैसी है। यह ऐसी चीज़ है जिस में समय लगता है, मेहनत लगती है और इस में त्याग की आवश्यकता होती है। आपके लिए यह कोई दूसरा नहीं कर सकता।"

मिस्टर कॉर्डिनर की सलाह में दम है और यह व्यावहारिक है। इस पर चलें। जो लोग बिज़नेस मैनेजमेंट, सेल्स लाइन, इंजीनियरिंग, धार्मिक संस्थाओं, लेखन, अभिनय और दूसरे क्षेत्रों में चोटी पर पहुँचते हैं वे निष्ठा और लगन के साथ *आत्म-विकास की योजना* पर चलकर ही वहाँ पहुँच पाए हैं।

किसी भी प्रशिक्षण कार्यक्रम में – और यही इस पुस्तक का लक्ष्य भी है – तीन बातें होनी चाहिए। इसमें सामग्री होनी चाहिए – यानी क्या किया जाए। दूसरी बात यह कि इसमें तरीक़ा होना चाहिए – यानी कैसे किया जाए। और तीसरी बात यह कि इसे एसिड टेस्ट में खरा उतरना चाहिए – यानी कि इससे परिणाम मिलना चाहिए।

क्या किया जाए, इस बारे में सफलता का आपका व्यक्तिगत प्रशिक्षण कार्यक्रम सफल लोगों के रवैए और तकनीकों के अध्ययन से

संबंधित है। वे किस तरह स्वयं को सफल बनाते हैं? वे किस तरह बाधाओं का सामना करते हैं और उन्हें पार करते हैं? वे किस तरह दूसरों का सम्मान प्राप्त करते हैं? कौन सी चीज़ है जो उन्हें साधारण लोगों से अलग करती है? सफल लोग किस तरह सोचते हैं?

आत्म-विकास *कैसे* किया जाए, वाला हिस्सा आपकी कार्ययोजना बनाएगा। यह हर अध्याय में मिलेगा। इससे काम को दिशा मिलती है। इस पर अमल करें और इसके परिणामों को स्वयं महसूस करें।

और इस पुस्तक में इस प्रशिक्षण के सबसे महत्वपूर्ण भाग यानी कि परिणामों पर भी ध्यान दिया गया है। यहाँ पर जो कार्यक्रम दिया जा रहा है, अगर आप उसे अमल में लाते हैं तो आपको ऐसी सफलता मिलेगी और इतने बड़े पैमाने पर मिलेगी जिसकी आपने सपने में भी कल्पना नहीं की होगी। सफलता के आपके व्यक्तिगत प्रशिक्षण कार्यक्रम में आपको कई लाभ होंगे- आपका परिवार आपका ज़्यादा सम्मान करने लगेगा, आपके मित्र और आपके सहयोगी आपकी प्रशंसा करने लगेंगे, आप अधिक उपयोगी होंगे, आपके पास प्रतिष्ठा होगी, लोकप्रियता होगी, ज़्यादा तनख़्वाह होगी और आप बेहतर जीवनशैली का आनंद ले पाएँगे।

अपने को सिखाने का ज़िम्मा आप ही का है। कोई दूसरा व्यक्ति आपके सिर पर खड़ा रहकर आपको यह नहीं बताएगा कि आपको क्या करना है और कैसे करना है। यह पुस्तक आपको रास्ता दिखाएगी, परंतु आप और केवल आप ही स्वयं को समझ सकते हैं। केवल *आप* ही स्वयं को यह आदेश दे सकते हैं कि आप इस पुस्तक में दिए गए सिद्धांतों पर चलेंगे। केवल *आप* ही अपनी प्रगति का मूल्यांकन कर सकते हैं। जब आप अपने रास्ते से थोड़ा सा भटक जाएँ, तो केवल *आप* ही अपनी ग़लती सुधारकर सही रास्ते पर आ सकते हैं। सौ बात की एक बात, आपको ही स्वयं को इस योग्य बनाना है कि आप बड़ी से बड़ी सफलता प्राप्त कर सकें।

आपके पास पहले से ही एक ऐसी प्रयोगशाला है जिसमें आप काम करते हैं और अध्ययन करते हैं। आपकी प्रयोगशाला आपके आस-पास ही है। आपकी प्रयोगशाला में इंसान रहते हैं। इस प्रयोगशाला में मानवीय कार्यों के हर तरह के उदाहरण हैं। अगर आप अपनी इस प्रयोगशाला

में स्वयं को वैज्ञानिक समझ लें तो आप बहुत कुछ सीख सकते हैं। और इससे भी बड़ी बात यह कि यहाँ आपको कुछ ख़रीदना नहीं पड़ता। इसका कोई किराया नहीं देना पड़ता। यहाँ किसी तरह की फ़ीस नहीं लगती। आप इस प्रयोगशाला का उपयोग मुफ़्त में कर सकते हैं।

अपनी प्रयोगशाला के डायरेक्टर के रूप में, आपको वही करना होगा जो हर वैज्ञानिक करता है– आपको अवलोकन और प्रयोग करना होगा।

क्या आपको इस बात से हैरानी नहीं होती कि हमारे चारों तरफ़ ज़िंदगी भर इतने सारे लोग रहते हैं, फिर भी ज़्यादातर लोग यह नहीं जान पाते कि इंसान के व्यवहार के पीछे क्या कारण होते हैं? ज़्यादातर लोग यह जानते ही नहीं कि अवलोकन कैसे किया जाता है। इस पुस्तक का एक महत्वपूर्ण लक्ष्य आपको यह सिखाना भी है कि आप अवलोकन कैसे करें, इंसान के कामों के पीछे छुपे कारणों को किस तरह समझें। आप स्वयं से यह सवाल पूछ सकते हैं, "ऐसा क्यों है कि जॉन इतना सफल है, जबकि टॉम सिर्फ़ दिन काट रहा है?" "कुछ लोगों के इतने सारे दोस्त क्यों होते हैं, जबकि कई लोगों के बहुत कम दोस्त क्यों होते हैं?" "लोग एक व्यक्ति की कही बातों पर विश्वास क्यों कर लेते हैं, जबकि वे किसी दूसरे व्यक्ति की कही हुई उसी बात पर विश्वास क्यों नहीं करते?"

एक बार आप प्रशिक्षित हो जाएँ, तो आपको केवल अवलोकन करने की आसान प्रक्रिया से ही बहुमूल्य सबक़ सीखने को मिलेंगे।

यहाँ दो विशेष सुझाव दिए गए हैं, जिनके माध्यम से आप अवलोकन की कला सीख सकते हैं। आप अपने आस–पास के दो सबसे सफल और सबसे असफल लोगों को अध्ययन के लिए चुनें। फिर, जैसे–जैसे आप यह पुस्तक पढ़ते जाएँ, यह देखें कि आपका सफल मित्र किस तरह सफलता के इन सिद्धांतों पर चलता है। यह भी देखें कि इस तरह के दोनों लोगों के अध्ययन से आप स्वयं इस पुस्तक में दिए गए सिद्धांतों की सच्चाई को परख सकेंगे।

दूसरे व्यक्ति के साथ किसी भी तरह के संपर्क में आपको सफलता के सिद्धांत आज़माने का मौक़ा मिलता है। आपका लक्ष्य यह होना चाहिए

कि आप सफलता की कार्ययोजना बनाने की आदत डाल लें। हम जितना ज़्यादा अभ्यास करेंगे, हम उतनी ही जल्दी सफल होंगे।

हममें से ज़्यादातर लोगों के ऐसे दोस्त होते हैं जिन्हें गार्डनिंग का शौक़ होता है। और हम सब ने इस तरह की बातें सुनी हैं, "पौधों को बढ़ते हुए देखना कितना रोमांचक होता है। किस तरह खाद-पानी से वे तेज़ी से बढ़ते हैं। पिछले सप्ताह वे जितने बड़े थे, आज वे उस से कितने ज़्यादा बड़े हो गए हैं।"

निश्चित रूप से, जब आदमी सावधानी से प्रकृति के साथ समन्वय कर लेता है तो इसके परिणाम रोमांचक होते हैं। परंतु अगर आप सावधानी से विचार-मैनेजमेंट कार्यक्रम पर चलेंगे, तो इसके परिणाम उससे दस गुना अधिक रोमांचक होंगे। यह देखना सुखद होगा कि आप हर महीने, हर दिन ज़्यादा आत्मविश्वासी, ज़्यादा प्रभावशाली, ज़्यादा सफल बनते जाएँ। जीवन में कोई दूसरी चीज़ आपको इतनी संतुष्टि नहीं दे सकती, जितना यह जानना कि आप सफलता और उपलब्धि की सही राह पर चल रहे हैं। और इस राह पर चलने के लिए सबसे बड़ी चुनौती यही है कि आप अपनी क्षमताओं का अधिकतम लाभ उठाएँ।

2

बहानासाइटिस का इलाज कराएँ

यह असफलता की बीमारी है

चूँकि सफलता का संबंध लोगों से है, इसलिए सफल होने के लिए यह ज़रूरी है कि आप लोगों को अच्छी तरह से समझ लें। अगर आप लोगों को ध्यान से देखेंगे तो आप उनसे यह सीख सकते हैं कि ज़िंदगी में सफल कैसे हुआ जा सकता है। और यह सीखने के बाद आप उसे अपने जीवन में उतार भी सकते हैं; अभी हाल, बिना देरी के।

लोगों का अध्ययन गहराई से करें और जब आप ऐसा करेंगे तो आप देखेंगे कि *असफल* लोगों को दिमाग़ की एक भयानक बीमारी होती है। हम इस बीमारी को अपेंडिसाइटिस की तर्ज़ पर *बहानासाइटिस* (excusitis) का नाम दे सकते हैं। हर असफल व्यक्ति में यह बीमारी बहुत विकसित अवस्था में पाई जाती है। और ज़्यादातर "आम" आदमियों में यह बीमारी थोड़ी-बहुत तो होती ही है।

आप पाएँगे कि बहानासाइटिस की बीमारी सफल और असफल व्यक्तियों के बीच का सबसे बड़ा अंतर होती है। सफलता की सीढ़ियों पर बिना रुके चढ़ने वाला व्यक्ति बहानासाइटिस का रोगी नहीं होता, जबकि असफलता की ढलान पर लगातार फिसलने वाला व्यक्ति बहानासाइटिस से गंभीर रूप से पीड़ित होता है। अपने आस-पास के लोगों को देखने पर आप पाएँगे कि जो व्यक्ति जितना सफल होता है, वह उतने ही कम बहाने बनाता है।

परंतु जो व्यक्ति कहीं नहीं पहुँच पाता और उसके पास कहीं पहुँचने की कोई योजना भी नहीं होती, उसके पास बहाने थोक में मौजूद रहते हैं। असफल लोग फ़ौरन से बता देते हैं कि उन्होंने अमुक काम क्यों नहीं किया, या वे उसे क्यों नहीं करते, या वे उसे क्यों नहीं कर सकते, या यह कि वे असफल क्यों हैं।

सफल लोगों की ज़िंदगी का अध्ययन करें और आप उन सबमें एक बात पाएँगे- असफल लोग जो बहाने बनाते हैं, सफल व्यक्ति भी वही बहाने बना सकता है, *परंतु* वह बहाने *नहीं* बनाता।

मैं जितने भी बेहद सफल बिज़नेसमैनों, मिलिट्री ऑफ़िसरों, सेल्समैनों, प्रोफ़ेशनल व्यक्तियों या किसी भी क्षेत्र के अग्रणी लोगों से मिला हूँ या जिनके बारे में मैंने सुना है, उनके सामने बहानों की कोई कमी नहीं थी। रूज़वेल्ट अपने बेजान पैरों का बहाना बना सकते थे; ट्रूमैन "शिक्षा की कमी" का बहाना बना सकते थे, कैनेडी यह कह सकते थे "प्रेसिडेन्ट बनते वक़्त मेरी उम्र कम थी;" जॉनसन और आइज़नहॉवर हार्ट अटैक के बहाने के पीछे छुप सकते थे।

किसी भी बीमारी की तरह बहानासाइटिस का अगर वक़्त पर सही इलाज नहीं किया जाए तो हालत बिगड़ सकती है। विचारों की इस बीमारी का शिकार व्यक्ति इस तरह से सोचता है : "मेरी हालत उतनी अच्छी नहीं है, जितनी कि होनी चाहिए। अब मैं लोगों के सामने अपनी इज़्ज़त बचाने के लिए कौन सा बहाना बना सकता हूँ? बुरी सेहत? शिक्षा का अभाव? ज़्यादा उम्र? कम उम्र? बदक़िस्मती? व्यक्तिगत विपत्तियाँ? बुरी पत्नी? माँ-बाप की ग़लत परवरिश?"

असफलता की बीमारी से पीड़ित व्यक्ति जब किसी "अच्छे" बहाने को चुन लेता है, तो फिर वह इसे कसकर जकड़ लेता है। फिर वह इस बहाने के सहारे लोगों को और ख़ुद को यह समझाता है कि वह जीवन में आगे क्यों नहीं बढ़ पा रहा है।

और हर बार जब यह बीमार व्यक्ति बहाना बनाता है, तो वह बहाना उसके अवचेतन में और गहराई तक चला जाता है। जब हम उनमें दोहराव की खाद डालते हैं तो विचार, चाहे वे सकारात्मक हों या नकारात्मक,

ज़्यादा तेज़ी से फलने-फूलने लगते हैं। शुरुआत में तो बहानासाइटिस का रोगी जानता है कि उसका बहाना कमोबेश झूठ है। परंतु वह जितनी ज़्यादा बार अपने बहाने को दोहराता है, उतना ही उसे लगने लगता है कि यही सच है और यही उसकी असफलता का असली कारण है।

सफलता की राह में अपने चिंतन को सही दिशा में ले जाने के लिए सबसे पहले तो आपको यह क़दम उठाना पड़ेगा कि *आप बहानासाइटिस से बचाव के लिए वैक्सीन लगवा लें। यह इसलिए ज़रूरी है, क्योंकि बहानासाइटिस एक ऐसी बीमारी है, जो इंसान को ज़िंदगी भर सफल नहीं होने देती।*

बहानासाइटिस की बीमारी कई तरह की होती है, परंतु मोटे तौर पर यह चार प्रकार की होती है : सेहत का बहानासाइटिस, बुद्धि का बहानासाइटिस, उम्र का बहानासाइटिस और क़िस्मत का बहानासाइटिस। आइए हम देखें कि इन सबसे ख़ुद को किस तरह बचा सकते हैं :

बहानासाइटिस के चार सबसे लोकप्रिय रूप

1. "मैं क्या करूँ, मेरी तबियत ही ठीक नहीं रहती।" यह सेहत का बहानासाइटिस है। परंतु सेहत का बहानासाइटिस भी कई तरह का होता है। कई लोग बिना किसी बीमारी के उल्लेख के यूँ ही कहते हैं, "मेरी तबियत ठीक नहीं लग रही है।" जबकि कई लोग अपनी बीमारी का नाम ज़ोर देकर अंडरलाइन करते हैं और फिर विस्तार से आपको बताते हैं कि उनके साथ क्या गड़बड़ है।

"बुरी" सेहत को लेकर हज़ार बहाने बनाए जा सकते हैं, और उनसे यह सिद्ध किया जा सकता है कि अपनी बीमारी के कारण ही आदमी वह नहीं कर पा रहा है जो वह करना चाहता है, अपनी बीमारी के कारण ही वह बड़ी ज़िम्मेदारियों का बोझ नहीं ले पा रहा है, इसी कारण वह ज़्यादा पैसा नहीं कमा पा रहा है, इसी कारण वह सफल नहीं हो पा रहा है।

लाखों-करोड़ों लोग सेहत के बहानासाइटिस से पीड़ित रहते हैं। परंतु क्या ज़्यादातर मामलों में यह सिर्फ़ बहाना नहीं होता ? ज़रा एक पल के लिए सोचें कि बेहद सफल लोग भी अपनी सेहत का रोना रो सकते

थे, परंतु उन्होंने तो ऐसा कभी नहीं किया।

मेरे डॉक्टर मित्र मुझे बताते हैं कि इस दुनिया में कोई पूरी तरह स्वस्थ नहीं होता है। हर एक के साथ कोई न कोई स्वास्थ्य संबंधी समस्या होती है। कई लोग कुछ हद तक या काफ़ी हद तक सेहत के बहानासाइटिस के सामने घुटने टेक देते हैं, जबकि सफलता चाहने वाले लोग ऐसा नहीं करते।

मेरे साथ एक ही दिन में दो घटनाएँ हुईं जिनसे मुझे यह सीखने को मिला कि अपनी सेहत के बारे में सही और ग़लत नज़रिया क्या होता है। क्लीवलैंड में मेरे भाषण के बाद 30 साल का एक आदमी मुझसे अकेले में मिला। उसने कहा कि उसे भाषण तो बहुत बढ़िया लगा, परंतु उसने यह भी कहा, "पर मुझे नहीं लगता कि आपके विचारों से मुझे कोई फ़ायदा हो सकता है।"

उसने बताया, "मुझे हृदयरोग है और मुझे ख़ुद का ध्यान रखना पड़ता है।" इसके बाद उसने मुझे यह भी बताया कि वह चार डॉक्टरों के पास जा चुका है, परंतु डॉक्टर उसके दिल में कोई बीमारी नहीं ढूँढ़ सके। उसने मुझसे पूछा कि ऐसी स्थिति में उसे क्या करना चाहिए।

मैंने जवाब दिया, "मैं हृदयरोग के बारे में तो ज़्यादा नहीं जानता, परंतु एक आम आदमी के रूप में मैं आपको यह बता सकता हूँ कि इन परिस्थितियों में मैं क्या करता। पहली बात तो यह, कि मैं सबसे अच्छे हृदयरोग चिकित्सक के पास जाता और उसकी राय को अंतिम मान लेता। आपने पहले ही चार डॉक्टरों से चेकअप करवा लिया है और उन्हें आपके दिल में कोई ख़राबी नज़र नहीं आई। तो अब पाँचवें डॉक्टर का फ़ैसला आपको मान लेना चाहिए। हो सकता है कि आपके हृदय में कोई रोग न हो, और यह सिर्फ़ आपके मन का वहम हो। परंतु अगर आप इसकी चिंता करेंगे तो एक न एक दिन आपको सचमुच हृदयरोग हो जाएगा। अगर आप बीमारी के बारे में सोचते रहेंगे, उसे खोजते रहेंगे, उसकी चिंता करते रहेंगे तो अक्सर आप इसी वजह से बीमार पड़ जाएँगे।

"मैं आपको दूसरी सलाह यह देना चाहता हूँ कि आप डॉक्टर शिंड्लर की महान पुस्तक हाऊ टु लिव 365 डेज़ ए इयर पढ़ें। डॉ. शिंड्लर

इस पुस्तक में बताते हैं कि अस्पताल में जो मरीज़ भर्ती होते हैं उनमें से तीन चौथाई लोगों को दरअसल कोई शारीरिक बीमारी होती ही नहीं है। उनकी बीमारी का असली कारण मानसिक या भावनात्मक होता है। ज़रा सोचिए, हमारे देश के तीन चौथाई लोग सिर्फ़ इसलिए अस्पताल के बिस्तर पर पड़े हुए हैं क्योंकि वे अपनी भावनाओं को क़ाबू में नहीं रख पाए। डॉ. शिंड्लर की पुस्तक पढ़ें और इसके बाद 'भावनाओं को मैनेज' करना सीखें।

"तीसरी बात यह कि मैं तब तक ज़िंदादिल बने रहने का निश्चय करूँगा जब तक कि मैं मर ही न जाऊँ। फिर मैंने इस परेशान आदमी को वही सलाह दी, जो मेरे वकील दोस्त ने मुझे कई साल पहले दी थी। वकील दोस्त को टी.बी. था, परंतु इसके बाद भी वह वकालत करता रहा, अपने परिवार का मुखिया बना रहा, और जीवन का पूरा आनंद लेता रहा। अभी मेरे उस वकील दोस्त की उम्र 78 वर्ष है। उसने अपनी फिलॉसफी बताई : 'मैं तब तक ज़िंदादिल रहूँगा जब तक कि मैं मर न जाऊँ। मैं ज़िंदगी और मौत को लेकर फालतू चिंता नहीं करूँगा। जब तक मैं इस धरती पर हूँ तब तक मैं *ज़िंदा* हूँ। तो मैं अधूरी ज़िंदगी क्यों जिऊँ? मौत के बारे में चिंता करने में व्यक्ति जितना समय बर्बाद करता है, उतने समय तक वह वास्तव में मुर्दा ही होता है।"

मुझे इस बिंदु पर चर्चा ख़त्म करनी पड़ी, क्योंकि मुझे डेट्रॉयट जाने वाला हवाई जहाज़ पकड़ना था। हवाई जहाज़ में दूसरा अजीबोग़रीब परंतु सुखद अनुभव हुआ। जब हवाई जहाज़ आसमान में पहुँच गया तो मुझे टिक-टिक की आवाज़ सुनाई दी। हैरानी से मैंने अपने पड़ोस में बैठे आदमी की तरफ़ देखा, जिसके पास से वह आवाज़ आ रही थी।

वह मेरी तरफ़ देखकर मुस्कराया और उसने मुझसे कहा, "डरिए नहीं, मेरे पास कोई बम नहीं है। यह तो मेरा दिल धड़क रहा है।"

मुझे यह सुनकर हैरानी हुई, इसलिए उसने मुझे पूरी कहानी सुनाई।

सिर्फ़ 21 दिन पहले ही उसका ऑपरेशन हुआ था, जिसमें उसके दिल में एक प्लास्टिक वॉल्व फ़िट किया गया था। उसने बताया कि टिकटिक की आवाज़ कई महीनों तक आती रहेगी, जब तक कि नकली वॉल्व पर नया ऊतक नहीं उग आता। मैंने उससे पूछा कि अब वह क्या

करने वाला है।

"अरे," उसने कहा, "मेरी बहुत सी योजनाएँ हैं। मिनेसोटा पहुँचकर मैं वकालत पढ़ने वाला हूँ। शायद मुझे किसी दिन सरकारी नौकरी भी मिल जाए। डॉक्टरों ने मुझसे कहा है कि मुझे पहले कुछ महीनों तक सावधानी रखनी पड़ेगी, परंतु कुछ महीनों के बाद मेरा दिल बिलकुल ब्रांड न्यू हो जाएगा।"

तो ये रहे स्वास्थ्य संबंधी समस्याओं के बारे में दो अलग-अलग नज़रिए। पहला आदमी तो यह जानता भी नहीं था कि उसे कोई बीमारी थी भी या नहीं। इसके बावजूद, वह चिंतित था, परेशान था, हार के रास्ते पर जा रहा था और आगे नहीं बढ़ने के बहाने बना रहा था। दूसरे आदमी का हाल ही में बहुत बड़ा ऑपरेशन हुआ था, फिर भी वह कुछ नया करने के लिए उत्सुक था, आशावादी था। अपनी सेहत के बारे में दोनों की सोच में कितना बड़ा फ़र्क़ था!

सेहत के बहानासाइटिस का मुझे व्यक्तिगत अनुभव भी है। मुझे डायबिटीज़ है। जब मुझे यह बीमारी हुई (कोई 5000 इंजेक्शन पहले), तो डॉक्टर ने मुझे यह हिदायत दी थी, "डायबिटीज़ एक शारीरिक बीमारी है, परंतु अगर इसके बारे में आपका नज़रिया नकारात्मक रहेगा तो आप बहुत परेशान रहेंगे और आपकी बीमारी भी बढ़ सकती है। अगर आप इसके बारे में चिंता करते रहेंगे, तो आपकी ज़िंदगी नर्क बन सकती है।"

डायबिटीज़ होने के बाद मैं बहुत से डायबिटीज़ के मरीज़ों के संपर्क में आया। मैं आपको बता दूँ कि इस बीमारी के बारे में लोगों के कितने विरोधाभासी विचार होते हैं। एक आदमी को यह बीमारी शुरुआती अवस्था में है और वह इसे लेकर बहुत परेशान रहता है। ज़रा सा मौसम बदलता है तो वह घबरा जाता है, मूर्खतापूर्ण रूप से अपने आपको लबादे में छुपा लेता है। उसे इनफ़ेक्शन से इतना डर लगता है, कि वह सर्दी-खाँसी वाले आदमी को देखते ही दूर भाग जाता है। वह डरता है कि कहीं वह ज़्यादा मेहनत न कर ले, इसलिए वह कभी कुछ करता ही नहीं है। उसका ज़्यादातर समय और मानसिक ऊर्जा इसी चिंता में बर्बाद होते हैं कि उसके साथ क्या-क्या बुरा हो *सकता* है। वह दूसरे लोगों को अपनी भयानक बीमारी की सच्ची-झूठी दास्तान सुना-सुनाकर बोर करता

रहता है। दरअसल उसकी असली बीमारी डायबिटीज़ नहीं है। वह तो सेहत के बहानासाइटिस से पीड़ित है। वह बीमारी को असफलता के बहाने की तरह इस्तेमाल कर रहा है। किसलिए ? क्योंकि वह लोगों की सहानुभूति हासिल करना चाहता है।

दूसरी तरफ़ एक बड़ी प्रकाशन फ़र्म का डिवीज़न मैनेजर है, जो डायबिटीज़ का गंभीर रोगी है। वह ऊपर वाले मरीज़ से 30 गुना ज़्यादा इन्सुलिन लेता है। परंतु वह बीमारों की तरह नहीं जीता है। उसे अपने काम में मज़ा आता है और वह ज़िंदगी का पूरा आनंद लेता है। एक दिन उसने मुझसे कहा, "देखा जाए तो डायबिटीज़ एक समस्या तो है, पर दाढ़ी बनाना भी तो एक समस्या है। और मैं इस बारे में चिंता कर-कर के सचमुच बीमार *नहीं* पड़ना चाहता। जब मैं इन्सुलिन के इंजेक्शन लेता हूँ तो मैं अपनी बीमारी को नहीं कोसता हूँ, बल्कि उस आदमी को दुआएँ देता हूँ जिसने इन्सुलिन की खोज की है।"

मेरा एक बहुत अच्छा दोस्त 1945 में जब युद्ध से लौटा, तो उसका एक हाथ कटा हुआ था। इसके बावजूद जॉन हमेशा मुस्कराता रहता था, हमेशा दूसरों की मदद करता रहता था। मैं जितने भी आशावादी लोगों को जानता हूँ, जॉन उन सबसे ज़्यादा आशावादी था। एक दिन मैंने उससे उसके कटे हुए हाथ के बारे में लंबी चर्चा की।

उसने कहा, "मेरा सिर्फ़ एक हाथ नहीं है। यह सही बात है, कि दो हाथ हमेशा एक हाथ से अच्छे होते हैं। परंतु पूरे शरीर को बचाने के लिए अगर एक हाथ काटना पड़े, तो यह महँगा सौदा नहीं है। और फिर, मेरी जीवनशक्ति तो अब भी 100 प्रतिशत बची हुई है। मैं इसके लिए कृतज्ञ हूँ।"

मेरा एक और विकलांग दोस्त एक बेहतरीन गोल्फ़र है। एक दिन मैंने उससे पूछा कि वह सिर्फ़ एक हाथ से इतना अच्छा कैसे खेल सकता है, जबकि दोनों हाथों से खेलने वाले ज़्यादातर गोल्फ़र उसके जितना अच्छा नहीं खेल पाते हैं। उसने मेरी बात का ज़ोरदार जवाब दिया, "यह मेरा अनुभव रहा है कि सही रवैया और एक बाँह वाला आदमी, ग़लत रवैए और दोनों बाँह वाले आदमी को हमेशा हरा सकता है।" *सही रवैया और एक बाँह वाला आदमी, ग़लत रवैए और दोनों बाँह वाले आदमी*

को हमेशा हरा सकता है। इस बारे में कुछ देर सोचें। यह न सिर्फ़ गोल्फ़ के मैदान पर सच है, बल्कि यह ज़िंदगी के हर क्षेत्र में सच है।

सेहत के बहानासाइटिस से बचने के चार तरीक़े

सेहत के बहानासाइटिस से बचाव के सर्वश्रेष्ठ वैक्सीन के चार डोज़ हैं :

1. अपनी सेहत के बारे में बात न करें। आप किसी बीमारी के बारे में जितनी ज़्यादा बात करेंगे, चाहे वह साधारण सी सर्दी ही क्यों न हो, वह बीमारी उतनी ही बिगड़ती जाएगी। बुरी सेहत के बारे में बातें करना काँटों को खाद-पानी देने की तरह है। इसके अलावा, अपनी सेहत के बारे में बातें करते रहना एक बुरी आदत है। इससे लोग बोर हो जाते हैं। इससे आपको आत्म-केंद्रित और बुढ़िया की तरह बातें करने वाला समझा जा सकता है। सफलता की चाह रखने वाले आदमी अपनी "बुरी" सेहत के बारे में चिंता नहीं करता। अपनी बीमारी का रोना रोने से आपको थोड़ी सहानुभूति तो मिल सकती है (और मैं *सकती* शब्द पर ज़ोर देना चाहूँगा), परंतु जो आदमी हमेशा शिकायत करता रहता है, उसे कभी किसी का सम्मान, आदर या वफ़ादारी नहीं मिल सकते।

2. अपनी सेहत के बारे में फालतू की चिंता करना छोड़ दें। डॉ. वॉल्टर अल्वरेज़ विश्वप्रसिद्ध मेयो क्लीनिक में एमेरिटस कन्सल्टेंट हैं। उन्होंने हाल ही में लिखा है, "मैं हमेशा फ़िज़ूल की चिंता करने वाले लोगों को ऐसा न करने की सलाह देता हूँ। उदाहरण के तौर पर, मैंने एक आदमी को देखा जिसे इस बात का पूरा विश्वास था कि उसका 'गाल ब्लैडर' ख़राब है, हालाँकि आठ बार अलग-अलग क्लीनिकों में एक्स-रे कराने पर भी उसका *गाल ब्लैडर* पूरी तरह सही दिख रहा था और डॉक्टरों का कहना था कि यह सिर्फ़ उसके मन का वहम है और दरअसल उसे कोई बीमारी नहीं है। मैंने उससे विनती की कि वह अब तो मेहरबानी करके अपने *गाल ब्लैडर* का एक्स-रे कराना छोड़ दे। मैंने सेहत का ज़रूरत से ज़्यादा ध्यान रखने वाले सैकड़ों लोगों को बार-बार जबरन ई.सी.जी. कराते देखा है और मैंने उनसे भी यही विनती की है कि वे अपनी बीमारी के बारे में फालतू की चिंता करना छोड़ दें।

3. आपकी सेहत जैसी भी हो, आपको उसके लिए कृतज्ञ होना चाहिए। एक पुरानी कहावत है, "मैं अपने फटे हुए जूतों को लेकर दुःखी हो रहा था, परंतु जब मैंने बिना पैरों वाले आदमी को देखा तो मुझे ऊपर वाले से कोई शिकायत नहीं रही, इसके बजाय मैं कृतज्ञ हो चला।" इस बात पर शिकायत करने के बजाय कि आपकी सेहत में क्या "अच्छा नहीं" है, आपको इस बारे में ख़ुश और कृतज्ञ होना चाहिए कि आपकी सेहत में क्या 'अच्छा' है। अगर आप कृतज्ञ होंगे तो आप कई असली बीमारियों से भी बचे रहेंगे।

4. अपने आपको यह अक्सर याद दिलाएँ, "ज़ंग लगने से बेहतर है घिस जाना।" आपको जीवन मिला है आनंद लेने के लिए। इसे बर्बाद न करें। ज़िंदगी जीने के बजाय अगर आप चिंता करते रहेंगे, तो आप जल्दी ही किसी अस्पताल में भर्ती नज़र आएँगे।

2. "परंतु मेरे पास सफल लोगों जितनी बुद्धि नहीं है।" बुद्धि का बहानासाइटिस या "मेरे पास उतनी बुद्धि नहीं है" बहुत लोकप्रिय बहाना है। वास्तव में यह इतना आम है कि यह हमारे आस-पास के तक़रीबन 95 प्रतिशत लोगों में किसी न किसी रूप में मौजूद रहता है। बहानासाइटिस के बाक़ी रूपों में तो व्यक्ति बढ़-चढ़कर बातें करता है, परंतु इस क़िस्म के बहानासाइटिस यानी बुद्धि के बहानासाइटिस में व्यक्ति चुपचाप दुःखी होता रहता है। ज़्यादातर लोग दूसरों के सामने यह मानने को तैयार नहीं होते कि उनमें पर्याप्त बुद्धि या समझ नहीं है। परंतु, वे अंदर से यह बात महसूस करते हैं।

जब बुद्धि की बात आती है, तो हममें से ज़्यादातर लोग दो तरह की मूलभूत ग़लतियाँ करते हैं :

1. हम अपनी बुद्धि को कम आँकते हैं, और

2. हम दूसरे व्यक्ति की बुद्धि को ज़्यादा आँकते हैं।

इन ग़लतियों के कारण लोग काफ़ी नुक़सान में रहते हैं। वे चुनौतीपूर्ण परिस्थितियों का सामना करने में असफल रहते हैं, क्योंकि उनमें "बुद्धि की ज़रूरत" होती है। परंतु तभी वहाँ एक ऐसा व्यक्ति

आता है जो बुद्धि के बारे में ज़रा भी विचार नहीं करता और उसे वह काम मिल जाता है।

दरअसल महत्व इस बात का नहीं है कि आपमें कितनी बुद्धि है, बल्कि इस बात का है कि जो आपके पास है आप उसका किस तरह उपयोग करते हैं। आपकी बुद्धि की मात्रा से ज़्यादा महत्वपूर्ण है वह चिंतन या वह नज़रिया जो आपकी बुद्धि को दिशा दिखा रहा है। मुझे इस बात को दोहराने दें, क्योंकि यह बहुत ही महत्वपूर्ण है : *आपकी बुद्धि की मात्रा से ज़्यादा महत्वपूर्ण है वह चिंतन या वह नज़रिया जो आपकी बुद्धि को दिशा दिखा रहा है।*

देश के मशहूर डॉक्टर एडवर्ड टेलर से एक बार किसी ने यह सवाल पूछा, "क्या कोई भी बच्चा वैज्ञानिक बन सकता है?" टेलर ने जवाब दिया, "वैज्ञानिक बनने के लिए तूफ़ानी दिमाग़ की ज़रूरत नहीं होती, न ही चमत्कारी याददाश्त की ज़रूरत होती है, न ही यह ज़रूरी है कि बच्चा स्कूल में बहुत अच्छे नंबरों से पास हो। वैज्ञानिक बनने के लिए केवल यह ज़रूरी है कि बच्चे की विज्ञान में काफ़ी रुचि हो। उसकी यह रुचि जितनी ज़्यादा होगी, वह उतना ही बड़ा वैज्ञानिक बन सकता है।"

तो रुचि या उत्साह विज्ञान में भी महत्वपूर्ण होते हैं!

अगर 100 आईक्यू वाले किसी व्यक्ति का रवैया सकारात्मक, आशावादी और सहयोगात्मक है, तो वह उस व्यक्ति से ज़्यादा पैसा, सफलता और सम्मान हासिल करेगा, जिसका आईक्यू तो 120 है, परंतु उसका रवैया नकारात्मक, निराशावादी और असहयोगात्मक है।

किसी काम में जुटे रहिए जब तक कि वह पूरा न हो जाए- यही असली पते की बात है। आलसी बुद्धि किस काम की? अक्सर जुटे रहने वाला व्यक्ति उस बुद्धिमान और प्रतिभाशाली व्यक्ति से ज़्यादा सफल होता है जो कोई काम पूरा नहीं करता है।

जुटे रहने की क्षमता ही योग्यता का 95 प्रतिशत हिस्सा है।

पिछले साल मैं अपने कॉलेज के एक पुराने दोस्त चक से 10 साल बाद मिला। चक बहुत ही प्रतिभाशाली छात्र था और उसने ऑनर्स के साथ ग्रैजुएशन किया था। जब मैं उससे आख़िरी बार मिला था, तो

उसका लक्ष्य था पश्चिमी नेब्रास्का में अपना बिज़नेस खड़ा करना।

मैंने चक से पूछा कि आख़िरकार उसने किस तरह का बिज़नेस खड़ा किया है।

उसका जवाब था, "मैं कोई बिज़नेस खड़ा नहीं कर पाया। पाँच साल पहले मैं तुम्हें यह नहीं बताता, एक साल पहले भी नहीं, परंतु अब मैं इस बारे में बात करने के लिए तैयार हूँ।"

"अब जब मैं अपने कॉलेज के दिनों की याद करता हूँ, तो मुझे यह महसूस होता है कि मैं हर योजना की ख़ामियाँ ढूँढ़ने में माहिर था। मैं यह बता सकता था कि कोई बिज़नेस क्यों चौपट हो जाएगा, कोई योजना क्यों असफल हो जाएगी, राह में कितनी मुश्किलें आएँगी : 'आपके पास बहुत सारी पूँजी होनी चाहिए;' 'यह सुनिश्चित कर लें कि बिज़नेस साइकल सही हो;' 'जो सामान हम बनाएँगे, क्या उसकी बहुत माँग है ?' 'क्या स्थानीय उद्योग स्थिर और स्थाई हैं ?'- और इसी तरह के एक हज़ार एक सवाल जिनके जवाब ढूँढ़े बिना कोई बिज़नेस शुरू करना ख़तरनाक हो सकता था।

"मुझे सबसे ज़्यादा कष्ट इस बात से होता है कि मेरे वे दोस्त जिनमें ज़्यादा बुद्धि नहीं थी, या वे लोग जो कभी कॉलेज गए ही नहीं थे, उन्होंने अच्छे-ख़ासे बिज़नेस खड़े कर लिए हैं। जबकि मैं वहीं का वहीं हूँ, उनकी कंपनियों का ऑडिट करता फिर रहा हूँ। कोई बिज़नेस क्यों असफल हो सकता है, इसके बारे में सोचते रहने के बजाय काश मैंने यह सोचा होता कि कोई बिज़नेस किस तरह सफल हो *सकता* है! अगर मैंने सकारात्मक चिंतन किया होता तो मेरी ज़िंदगी ज़्यादा सुखद होती।"

चक की *बुद्धि* से ज़्यादा महत्वपूर्ण था उसका *सोचने का नज़रिया*, जिसने चक की बुद्धि को ग़लत राह दिखाई।

कई प्रतिभाशाली लोग क्यों असफल होते हैं ? पिछले कई सालों से मैं एक ऐसे आदमी के संपर्क में हूँ जो बेहद प्रतिभाशाली है, जिसमें बुद्धि की कोई कमी नहीं है और उसका नाम है फी बेटा काप्पा। इतनी बुद्धि होने के बावजूद वह बहुत असफल है। उसकी नौकरी भी सामान्य है (वह ज़िम्मेदारियों से घबराता है)। उसने कभी शादी नहीं की (वह मानता है

कि ज़्यादातर शादियों का अंत तलाक़ में होता है)। उसके बहुत कम दोस्त हैं (लोगों से बातें करना उसे बोरिंग लगता है)। उसने किसी तरह की जायदाद नहीं ख़रीदी है (इस डर से कि कहीं वह अपना पैसा न गँवा दे)। यह आदमी अपनी बुद्धि का इस्तेमाल करके यह सिद्ध कर देता है कि चीज़ें क्यों असफल होंगी। इसके बजाय उसे अपनी बुद्धि का इस्तेमाल करके यह सिद्ध करना चाहिए कि सफल किस तरह हुआ जाए।'

जैसा मैंने कहा उसके पास बुद्धि की कमी नहीं है, सिर्फ़ उसके सोचने का नज़रिया ग़लत है। और इसी कारण यह प्रतिभाशाली आदमी समाज को बहुत कम योगदान दे पाया है और उसने कोई रचनात्मक कार्य नहीं किया है। अगर वह अपना नज़रिया बदल ले, तो वह बड़े-बड़े काम कर सकता है। उसमें अद्भुत सफलता दिलाने वाला दिमाग़ तो है, परंतु उसका नज़रिया उतना ताक़तवर नहीं है।

मैं एक और ऐसे ही आदमी को जानता हूँ जो न्यूयॉर्क यूनिवर्सिटी से पीएच.डी. करने के बाद सेना में भर्ती हुआ। उसने सेना में तीन साल किस तरह बिताए? स्टाफ़ ऑफ़िसर के रूप में नहीं। न ही स्टाफ़ स्पेशलिस्ट के रूप में। इसके बजाय, वह तीन साल तक सेना का ट्रक चलाता रहा। क्यों? क्योंकि उसके मन में अपने साथी सिपाहियों के प्रति नकारात्मक विचार भरे हुए थे ("मैं उनसे श्रेष्ठ हूँ"), सेना के नियम-क़ायदों से वह चिढ़ता था ("सारे नियम बकवास और मूर्खतापूर्ण हैं"), अनुशासन को वह पसंद नहीं करता था ("यह दूसरों पर लागू होता होगा, मुझ पर नहीं होगा"), यानी कि हर चीज़ के बारे में उसका नज़रिया नकारात्मक था, जिसमें वह ख़ुद भी शामिल था ("मैं कैसा मूर्ख था जो इस झमेले में आ फँसा और अब यहाँ से बाहर निकलने का कोई रास्ता नहीं ढूँढ़ पा रहा हूँ")।

ऐसे आदमी का आदर कौन करता? उसका सारा ज्ञान उसके दिमाग़ के गोदाम में भरा रहा और वहीं दफ़न होकर रह गया। उसके नकारात्मक विचारों ने उसे निठल्ला बना दिया था।

याद रखें, आपकी बुद्धि की मात्रा से ज़्यादा महत्वपूर्ण है वह चिंतन या वह नज़रिया जो आपकी बुद्धि को दिशा दिखा रहा है। पीएच.डी. की डिग्री भी इस मूलभूत सफलता के सिद्धांत के सामने हार जाती है।

कई साल पहले मैं अपने क़रीबी दोस्त फिल के ऑफ़िस में बैठा था। फिल एक बड़ी एडवर्टाइज़िंग एजेंसी में ऑफ़िसर था। फिल अपनी एजेंसी के मार्केटिंग रिसर्च का निदेशक था और उसका काम ज़ोरदार चल रहा था।

क्या फिल बहुत "दिमाग़ वाला" था? बिलकुल नहीं। फिल को रिसर्च तकनीक का ज़रा भी ज्ञान नहीं था। उसे सांख्यिकी की बिलकुल समझ नहीं थी। वह कॉलेज ग्रैजुएट भी नहीं था (हालाँकि उसके सभी मातहत कर्मचारी कॉलेज ग्रैजुएट थे)। और फिल यह *दावा* भी नहीं करता था कि उसे रिसर्च के तकनीकी पहलू का ज्ञान है। तो फिर फिल में ऐसी क्या बात थी कि उसे साल भर में 30,000 डॉलर मिलते थे, जबकि उसके मातहतों को सिर्फ़ 10,000 डॉलर ही मिलते थे?

फिल "इंसानों" का इंजीनियर था। फिल 100 प्रतिशत सकारात्मक था। जब लोगों का उत्साह ठंडा पड़ जाता था, तो फिल उन्हें प्रेरित कर सकता था। फिल उत्साही था। वह उत्साह पैदा कर सकता था। फिल में लोगों की समझ थी और इसलिए वह सचमुच जानता था कि उनसे कैसे काम लिया जा सकता है और इससे भी बड़ी बात यह कि वह उन लोगों को पसंद करता था।

कंपनी ने फिल को उन कर्मचारियों से तीन गुना ज़्यादा बहुमूल्य समझा जिनमें उससे ज़्यादा आईक्यू या दिमाग़ था। और निश्चित रूप से फिल में बुद्धि तो कम थी, परंतु उसके सोचने के तरीक़े या नज़रिए ने उसे कंपनी के लिए इतना मूल्यवान बना दिया था।

कॉलेज में दाख़िल होने वाले 100 में से सिर्फ़ 50 प्रतिशत ही ग्रैजुएट हो पाएँगे। मैं यह जानकर हैरान हुआ इसलिए मैंने एक बड़ी यूनिवर्सिटी के डायरेक्टर ऑफ़ एडमीशन से इसका कारण पूछा।

उसने कहा, "इसका कारण कम बुद्धि नहीं है। अगर उनमें पर्याप्त योग्यता नहीं होती, तो हम उन्हें दाख़िला ही नहीं देते। और सवाल पैसे का भी नहीं है। आजकल जो भी अपने कॉलेज की फ़ीस के लिए काम करने को तैयार है, उसके लिए काम की कोई कमी नहीं है। असली कारण है नज़रिया या रवैया। आपको यह जानकर ताज्जुब होगा कि कितने सारे

नौजवान सिर्फ़ इसलिए कॉलेज छोड़ देते हैं, क्योंकि उन्हें प्रोफ़ेसर पसंद नहीं होते, या उन्हें अपने विषय में मज़ा नहीं आता या उन्हें पसंदीदा साथी नहीं मिलते।"

नकारात्मक नज़रिए के कारण ही कई जूनियर एक्ज़ीक्यूटिव्ज़ ऊँचे पदों पर नहीं पहुँच पाते। ऐसे हज़ारों युवा एक्ज़ीक्यूटिव्ज़ हैं जिनमें पर्याप्त बुद्धि तो है, परंतु उनका रवैया नकारात्मक, चिड़चिड़ा, निराशावादी और अपमानजनक है। जैसा एक एक्ज़ीक्यूटिव ने मुझे बताया, "ऐसा दुर्लभ ही है कि हम किसी युवा ऑफ़िसर को दिमाग़ या बुद्धि की कमी के कारण प्रमोशन नहीं देते। लगभग हमेशा इसका कारण होता है उसका रवैया या नज़रिया।"

मुझे एक बीमा कंपनी ने एक रिसर्च करने को कहा। वे यह जानना चाहते थे कि उनके चोटी के 25 प्रतिशत एजेंट 75 प्रतिशत बीमा करने में सफल क्यों हो रहे हैं, जबकि सबसे नीचे के 25 प्रतिशत एजेंट कुल बीमे का सिर्फ़ 5 प्रतिशत ही क्यों कर पा रहे हैं। इसका कारण क्या था?

हज़ारों फ़ाइलों को ग़ौर से देखा गया। इस रिसर्च में एक बात उभरकर आई कि सबसे चोटी के और सबसे निचले बीमा एजेंटों की बुद्धि में कोई ख़ास अंतर नहीं था। उनकी सफलता में अंतर का कारण उनकी शिक्षा का अंतर भी नहीं था। बेहद सफल और बहुत असफल लोगों में जो सबसे बड़ा अंतर पाया गया, वह था उनके *रवैए* या *नज़रिए* का। चोटी के बीमा एजेंट चिंता कम करते थे, ज़्यादा उत्साही थे, लोगों को सचमुच पसंद करते थे।

हम अपनी बुद्धि की मात्रा को तो बदल नहीं सकते, परंतु हम उस तरीक़े को तो बदल ही सकते हैं जिससे हम अपनी बुद्धि का इस्तेमाल करते हैं।

ज्ञान ही शक्ति है– अगर आप इसका रचनात्मक प्रयोग करें। बुद्धि के बहानासाइटिस से जुड़ी हुई एक ग़लत धारणा यह है कि ज्ञान ही शक्ति है। परंतु यह बात पूरी तरह सही नहीं है, यह केवल आधी सही है। ज्ञान केवल *संभावित* शक्ति है। ज्ञान शक्ति तभी बनता है जब इसका उपयोग किया जाता है– और सिर्फ़ तभी, जब यह उपयोग सकारात्मक या

रचनात्मक हो।

एक बार महान वैज्ञानिक आइंस्टीन से किसी ने पूछा कि एक मील में कितने फ़ुट होते हैं। आइंस्टीन ने जवाब दिया, "मुझे नहीं मालूम। मैं अपने दिमाग़ में ऐसी जानकारी क्यों भरूँ जो मैं किसी भी किताब से दो मिनट में हासिल कर सकता हूँ?"

आइंस्टीन ने हमें एक बड़ा सबक़ सिखाया है। उनका मानना था कि हमें अपने दिमाग़ को तथ्यों या जानकारी का गोदाम बनाने से बचना चाहिए और इसके बजाय यह ज़्यादा महत्वपूर्ण था कि हम अपने दिमाग़ से सही तरीक़े से *सोचें*।

एक बार हेनरी फ़ोर्ड ने *शिकागो ट्रिब्यून* पर मानहानि का मुकदमा ठोंक दिया। कारण यह था कि उस अख़बार ने फ़ोर्ड को अज्ञानी कह दिया था। फ़ोर्ड ने उनसे यह "सिद्ध करने" को कहा।

ट्रिब्यून ने फ़ोर्ड से दर्जनों सवाल पूछे, जैसे "बेनेडिक्ट अर्नाल्ड कौन थे?"; "क्रांति का युद्ध कब लड़ा गया था?" इत्यादि। और फ़ोर्ड ज़्यादातर सवालों के जवाब नहीं दे पाए, क्योंकि उनकी औपचारिक शिक्षा कम हुई थी।

आख़िरकार फ़ोर्ड काफ़ी परेशान होकर ग़ुस्से से बोले, "मैं इन सवालों के जवाब तो नहीं जानता, परंतु मैं पाँच मिनट में ऐसे आदमी को ढूँढ़ सकता हूँ जो इन सारे सवालों के जवाब जानता हो।"

हेनरी फ़ोर्ड ने फालतू की जानकारी हासिल करने में कभी रुचि नहीं ली। उन्हें वह बात मालूम थी जो हर सफल एक्ज़ीक्यूटिव जानता है : दिमाग़ को तथ्यों का गैरेज मत बनाओ, यह जानकारी रखो कि जानकारी कहाँ से हासिल हो सकती है।

तथ्यों के आदमी का मोल क्या है? मैंने एक दोस्त के साथ एक बहुत रोचक शाम गुज़ारी। मेरा दोस्त एक नई परंतु तेज़ी से बढ़ रही कंपनी का प्रेसिडेन्ट है। टीवी पर एक लोकप्रिय क्विज़ कार्यक्रम आ रहा था। जिस आदमी से सवाल पूछे जा रहे थे, वह पिछले कुछ सप्ताहों से लगातार आ रहा था। वह सभी तरह के सवालों के जवाब दे सकता था, चाहे उनमें से कुछ सवाल कितने ही मूर्खतापूर्ण क्यों न हों।

जब उस आदमी ने एक बहुत मुश्किल सवाल का जवाब दिया जिसका संबंध अर्जेन्टीना के किसी पहाड़ से था, तो मेरे दोस्त ने मुझसे कहा, "तुम्हें क्या लगता है कि मैं इस आदमी को कितने डॉलर की नौकरी दूँगा?"

"कितने की?", मैंने पूछा।

"300 डॉलर से एक सेंट भी ज़्यादा नहीं- प्रति सप्ताह नहीं, प्रति माह भी नहीं, बल्कि जीवन भर। मैंने उसके ज्ञान की थाह ले ली है। यह 'विशेषज्ञ' सोच नहीं सकता। वह केवल रट सकता है, याद कर सकता है। वह एक इंसानी एन्साइक्लोपीडिया है और मैं समझता हूँ कि मैं 300 डॉलर में एक अच्छा एन्साइक्लोपीडिया ख़रीद सकता हूँ। वास्तव में, शायद यह क़ीमत भी उसके लिए ज़्यादा होगी। इस आदमी को जितना पता है, उसका 90 प्रतिशत हिस्सा तो मुझे 2 डॉलर की जनरल नॉलेज की किताब में ही मिल जाएगा।

"मैं अपने आस-पास ऐसे लोगों को चाहता हूँ जो समस्याएँ सुलझा सकें, जिनके पास विचार हों। जो सपने देख सकें और फिर उन सपनों को साकार कर सकें। जिस आदमी में विचार हैं वह मेरे साथ पैसे कमा सकता है, जिसके पास सिर्फ़ तथ्य हैं, वह मेरे साथ पैसे नहीं कमा पाएगा।"

बुद्धि के बहानासाइटिस के इलाज के तीन तरीक़े

बुद्धि के बहानासाइटिस के इलाज के तीन आसान तरीक़े हैं :

1. अपनी ख़ुद की बुद्धि को कभी कम न आँकें और दूसरों की बुद्धि को कभी ज़रूरत से ज़्यादा न आँकें। अपनी सेवाओं को सस्ते में न बेचें। अपने अच्छे बिंदुओं पर ध्यान केंद्रित करें। अपने गुणों को खोजें। याद रखें, महत्व इस बात का नहीं है कि आपमें कितनी बुद्धि है। महत्व तो इस बात का है कि आप अपने दिमाग़ का किस तरह इस्तेमाल करते हैं। इस बात पर सिर न धुनें कि आपका आईक्यू कम है, बल्कि अपनी मानसिकता को सकारात्मक करें।

2. अपने आपको बार-बार याद दिलाएँ, "मेरी बुद्धि से ज़्यादा

महत्वपूर्ण है मेरा नज़रिया।" नौकरी पर और घर पर सकारात्मक नज़रिए का अभ्यास करें। काम टालने के तरीक़े खोजने के बजाय काम करने के तरीक़े खोजें। अपने आपमें "मैं जीत रहा हूँ" का रवैया विकसित करें। अपनी बुद्धि का रचनात्मक और सकारात्मक प्रयोग करें। अपनी बुद्धि का प्रयोग इस तरह करें कि आप जीत सकें। अपनी बुद्धि का दुरुपयोग अपनी असफलता के अच्छे बहाने खोजने में न करें।

3. याद रखें कि तथ्यों को रटने से ज़्यादा महत्वपूर्ण और बहुमूल्य है *सोचने* की योग्यता। अपने दिमाग़ को रचनात्मक बनाएँ और नए-नए विचार आने दें। काम करने के नए और बेहतर तरीक़े खोजते रहें। ख़ुद से पूछें, "क्या मैं अपनी मानसिक क्षमता का उपयोग इतिहास रचने में कर रहा हूँ या इतिहास रटने में ?"

3. *"कोई फ़ायदा नहीं। मेरी उम्र ज़्यादा (या कम) है।"* उम्र का बहानासाइटिस असफलता की एक ऐसी बीमारी है जिसमें दोष उम्र के मत्थे मढ़ दिया जाता है। इसके दो आसानी से पहचाने जाने वाले रूप हैं : 'मेरी उम्र ज़्यादा है' का रूप और 'मेरी उम्र अभी बहुत कम है' का ब्रांड।

आपने हर उम्र के सैकड़ों लोगों को अपनी असफलताओं के बारे में इस तरह की बातें करते सुना होगा : "इस काम में सफल होने के लिए मेरी उम्र बहुत ज़्यादा (या बहुत कम) है। अपनी उम्र के कारण ही मैं वह नहीं कर सकता जो मैं करना चाहता हूँ या जो करने में मैं सक्षम हूँ।"

यह आश्चर्यजनक है परंतु बहुत कम लोग ऐसा महसूस करते हैं कि उनकी उम्र किसी काम के लिए "बिलकुल सही" है। इस बहाने ने हज़ारों लोगों के लिए सच्चे अवसर के दरवाज़े बंद कर दिए हैं। वे सोचते हैं कि उनकी उम्र ही ग़लत है, इसलिए वे कोशिश करने की ज़हमत भी नहीं उठाते।

उम्र के बहानासाइटिस का सबसे लोकप्रिय रूप है "मेरी उम्र ज़्यादा है।" यह बीमारी बहुत सूक्ष्म तरीक़े से फैलाई जाती है। टीवी के सीरियलों में दिखाया जाता है कि जब कंपनी के विलय के कारण किसी एक्ज़ीक्यूटिव की नौकरी छूट जाती है, तो वह बेरोज़गार हो जाता है। उसे कहीं भी नौकरी नहीं मिल पाती, क्योंकि उसकी उम्र ज़्यादा हो चुकी

है। मिस्टर एक्ज़ीक्यूटिव महीनों तक नौकरी की तलाश करते हैं, परंतु उन्हें नौकरी नहीं मिलती और इस दौरान वे कुछ समय तक आत्महत्या के विकल्प पर विचार करते हैं और अंत में इस निष्कर्ष पर पहुँचते हैं कि अब ख़ुद को रिटायर समझ लेने में ही समझदारी है।

"चालीस के बाद आपकी ज़िंदगी में मुश्किलें क्यों बढ़ जाती हैं," यह विषय नाटकों और पत्रिकाओं के लेखों में लोकप्रिय है, इसलिए नहीं क्योंकि इसमें सच्चे तथ्य हैं, बल्कि इसलिए क्योंकि बहाना ढूँढ़ने वाले बहुत से लोग इसी तरह के नाटक देखना चाहते हैं और इसी तरह के लेख पढ़ना चाहते हैं।

उम्र के बहानासाइटिस का इलाज क्या है

उम्र के बहानासाइटिस का इलाज किया जा सकता है। कुछ साल पहले जब मैंने एक सेल्स ट्रेनिंग प्रोग्राम का संचालन किया था, तो मैंने एक अच्छे सीरम की खोज की थी जो इस बीमारी का इलाज तो करता ही था, साथ ही यह भी सुनिश्चित करता था कि यह बीमारी आपको कभी न हो।

इस प्रोग्राम में सेसिल नाम का एक प्रशिक्षु था। चालीस वर्षीय सेसिल निर्माता का प्रतिनिधि बनना चाहता था, परंतु सोचता था कि उसकी उम्र ज़्यादा हो चुकी है। उसने कहा, "मुझे शुरू से सब कुछ करना पड़ेगा। और अब मैं ऐसा कैसे कर सकता हूँ ? अब मैं चालीस बरस का हो गया हूँ।"

मैंने "ज़्यादा उम्र की समस्या" पर सेसिल के साथ कई बार बात की। मैंने पुरानी दवा का इस्तेमाल किया, 'आपकी उम्र उतनी ही होती है, जितना आप समझते हैं।' परंतु मैंने पाया कि उसका मर्ज़ इस दवा से ठीक नहीं हो रहा है। (ज़्यादातर लोग इसके जवाब में कहते हैं, "परंतु मैं अपने आपको बूढ़ा समझता हूँ!")

अंततः, मैंने एक ऐसा तरीक़ा खोज लिया जो जादू की तरह काम कर गया। एक दिन मैंने सेसिल से कहा, "सेसिल, मुझे यह बताओ कि किसी आदमी की रचनात्मक उम्र कब शुरू होती है ?"

उसने एक-दो सेकंड तक सोचने के बाद जवाब दिया, "लगभग 20

साल की उम्र में।"

"अच्छा," मैंने कहा, "और अब मुझे यह बताओ कि किसी आदमी की रचनात्मक उम्र कब ख़त्म होती है?"

सेसिल ने जवाब दिया, "मुझे लगता है कि अगर वह तंदुरुस्त है और अपने काम को पसंद करता है तो कोई आदमी 70 साल की उम्र तक रचनात्मक कार्य कर सकता है।"

"ठीक है," मैंने कहा, "बहुत से लोग 70 साल के बाद भी बहुत से रचनात्मक कार्य करते हैं, परंतु मैं आपसे सहमत हो जाता हूँ कि किसी आदमी के रचनात्मक कार्य करने की उम्र 20 से 70 साल के बीच होती है। और इस दौरान उसके पास 50 साल यानी कि आधी सदी होती है। "सेसिल," मैंने कहा, "आप अभी चालीस साल के हैं। आपकी रचनात्मक ज़िंदगी कितनी ख़त्म हो चुकी है?"

"बीस साल," उसने जवाब दिया।

"और आपकी रचनात्मक ज़िंदगी अभी कितनी बाक़ी है?"

"तीस साल," उसने जवाब दिया।

"दूसरे शब्दों में, सेसिल, आपने अभी आधा रास्ता भी तय नहीं किया है। आपने अभी अपने रचनात्मक वर्षों का सिर्फ़ 40 प्रतिशत हिस्सा ही पूरा किया है।"

मैंने सेसिल की तरफ़ देखा और यह महसूस किया कि यह बात उसके दिल को छू गई थी। उसकी उम्र का बहानासाइटिस तत्काल दूर हो गया। सेसिल ने देखा कि उसके सामने अभी बहुत से अवसरपूर्ण वर्ष मौजूद हैं। अभी तक वह सोचता था, "मैं तो अब बूढ़ा हो चला हूँ," परंतु अब वह सोचने लगा, "मैं अब भी युवा हूँ।" सेसिल ने अब महसूस किया कि हमारी उम्र कितनी है, इस बात का कोई ख़ास महत्व नहीं होता। दरअसल, उम्र के बारे में हमारा नज़रिया ही हमारे लिए वरदान या शाप बन जाता है।

उम्र के बहानासाइटिस का इलाज करने से आपके लिए अवसरों के वे बंद दरवाज़े खुल जाएँगे जिन पर इस बीमारी की वजह से ताला लगा हुआ था। मेरे एक रिश्तेदार ने अलग-अलग तरह के काम करने में अपने

कई साल बर्बाद किए– जैसे सेल्समैनशिप, अपना बिज़नेस करना, बैंक में काम करना– परंतु वह यह तय नहीं कर पाया कि वह क्या करना चाहता था या उसे कौन सा काम पसंद था। आख़िरकार, वह इस नतीजे पर पहुँचा कि वह पादरी बनना चाहता था। परंतु जब उसने इस बारे में सोचा तो उसने पाया कि उसकी उम्र ज़्यादा हो चुकी है। अब वह 45 वर्ष का था, उसके तीन बच्चे थे और उसके पास पैसा भी ज़्यादा नहीं था।

परंतु सौभाग्य से उसने अपनी पूरी ताक़त जुटाई और ख़ुद से कहा, "चाहे मेरी उम्र पैंतालीस साल हो या पैंसठ साल, मैं पादरी बनकर दिखाऊँगा।"

उसके पास आस्था का भंडार था, और इसके सिवा कुछ नहीं था। उसने विस्कॉन्सन में 5 वर्षीय धर्मशास्त्र प्रशिक्षण कार्यक्रम में अपना नाम लिखवा लिया। पाँच साल बाद वह पादरी बन गया और इलिनॉय के चर्च में अपने लक्ष्य को हासिल करने में कामयाब हुआ।

बूढ़ा ? बिलकुल नहीं। अभी तो उसके सामने 20 वर्ष की रचनात्मक ज़िंदगी बाक़ी थी। मैं इस आदमी से हाल ही में मिला था और उसने मुझे बताया, "अगर मैंने 45 वर्ष की उम्र में इतना बड़ा फ़ैसला नहीं किया होता तो मेरी बाक़ी ज़िंदगी दुःख भरी होती। जबकि अभी मैं अपने आपको उतना ही युवा समझता हूँ जितना कि मैं 25 वर्ष पहले था।"

और उसकी उम्र कम लग भी रही थी। जब आप उम्र के बहानासाइटिस को हरा देते हैं, तो इसका स्वाभाविक परिणाम यह होता है कि आपमें युवावस्था का आशावाद आ जाता है और आप युवा दिखने भी लगते हैं। जब आप उम्र की सीमाओं के अपने डर को जीत लेते हैं तो आप अपनी ज़िंदगी में कुछ साल तो जोड़ ही लेते हैं, अपनी सफलता में भी कुछ साल जोड़ लेते हैं।

यूनिवर्सिटी के मेरे एक पुराने सहयोगी ने मुझे ऐसा दिलचस्प तरीक़ा बताया जिससे उम्र के बहानासाइटिस को हराया जा सकता था। बिल ने हार्वर्ड से बीस के दशक में ग्रैजुएशन किया था। 24 साल तक स्टॉक ब्रोकर रहने के बाद बिल ने यह फ़ैसला किया कि वह कॉलेज प्रोफ़ेसर बनेगा। बिल के दोस्तों ने उसे चेतावनी दी कि यह बहुत मेहनत का काम है और

उससे इस उम्र में उतनी मेहनत नहीं होगी। परंतु बिल ने अपने लक्ष्य को हासिल करने का पक्का इरादा कर लिया था और उसने 51 वर्ष की उम्र में यूनिवर्सिटी ऑफ़ इलिनॉय में दाख़िला लिया। 55 वर्ष की उम्र में उसे डिग्री मिली। आज बिल एक बढ़िया आर्ट्स कॉलेज में डिपार्टमेंट ऑफ़ इकॉनोमिक्स का चेयरमैन है। वह सुखी भी है। वह मुस्कराते हुए कहता है, "अभी तो मेरी ज़िंदगी के एक तिहाई बेहतरीन साल बाक़ी हैं।"

ज़्यादा उम्र का बहाना असफलता देने वाली बीमारी है। इसे हराएँ, वरना यह आपको हरा देगी।

कोई आदमी ज़्यादा छोटा कब होता है ? "मेरी उम्र अभी बहुत कम है" भी उम्र के बहानासाइटिस का एक ऐसा प्रकार है जिसने कई लोगों का भविष्य चौपट कर दिया है। लगभग एक साल पहले जेरी नाम का 23 वर्षीय युवक मेरे पास एक समस्या लेकर आया। जेरी सर्विस में एक पैराट्रूपर था और इसके बाद वह कॉलेज गया था। कॉलेज जाते-जाते भी जेरी ने अपने पत्नी और बच्चों की ख़ातिर एक बड़ी ट्रांसफ़र-एंड-स्टोरेज कंपनी के लिए सेल्समैन का काम किया। उसने बहुत बेहतरीन काम किया। कॉलेज में भी और कंपनी में भी।

परंतु आज जेरी चिंतित था। "डॉ. श्वार्ट्ज़," उसने कहा, "मेरी एक समस्या है। मेरी कंपनी ने मुझे सेल्स मैनेजर बनाने का फ़ैसला किया है। इससे मैं आठ सेल्समैनों का सुपरवाइज़र बन जाऊँगा।"

मैंने कहा, "बधाइयाँ, यह तो बहुत बढ़िया बात है। फिर तुम इतने परेशान क्यों दिख रहे हो ?"

उसने जवाब दिया, "मुझे जिन आठ लोगों का सुपरवाइज़र बनाया गया है, वे सभी मुझसे सात साल से लेकर इक्कीस साल तक बड़े हैं। मुझे ऐसे में क्या करना चाहिए ? क्या मैं यह काम ठीक से कर सकता हूँ ?"

"जेरी," मैंने कहा, "तुम्हारी कंपनी का जनरल मैनेजर तो यही समझता है कि तुम यह काम ठीक से कर पाओगे वरना वह तुम्हें सुपरवाइज़र बनाता ही क्यों। सिर्फ़ तीन बातें याद रखो और हर चीज़ ठीक हो जाएगी। पहली बात तो यह कि उम्र पर ध्यान ही मत दो। खेत में कोई बच्चा तभी आदमी माना जाता है जब वह यह साबित कर देता

है कि वह आदमी के बराबर काम कर सकता है। उसकी उम्र से इसका कोई लेना-देना नहीं होता। और यही तुम्हें भी साबित करना होगा। जब तुम यह साबित कर दोगे कि तुम सेल्स मैनेजर के काम को अच्छी तरह से कर सकते हो, तो तुम अपने आप उतने बड़े हो जाओगे।

"दूसरी बात, अपने 'प्रमोशन' पर कभी इतराने की कोशिश मत करना। सेल्समैनों के प्रति सम्मान दिखाना। उनसे सलाह लेना। उन्हें यह महसूस कराना कि वे एक टीम के कप्तान के साथ काम कर रहे हैं, किसी तानाशाह के साथ नहीं। अगर तुम ऐसा करोगे, तो वे लोग तुम्हारे साथ काम करेंगे, न कि तुम्हारे विरुद्ध।

"तीसरी बात, इस बात की आदत डाल लो कि तुमसे ज़्यादा उम्र वाले लोग तुम्हारे अधीन काम करें। हर क्षेत्र का लीडर जल्दी ही यह जान लेता है कि उसकी उम्र अपने कई अधीनस्थों से कम है। इसलिए इस बात की आदत डाल लो। यह आगे आने वाले सालों में तुम्हारे काफ़ी काम आएगी, जब तुम्हें और भी बड़े अवसर मिलेंगे।

"और याद रखो, जेरी, तुम्हारी उम्र तुम्हारी सफलता की राह में कभी बाधा नहीं बनेगी, जब तक कि तुम ख़ुद उसे बाधा न बनाओ।"

आज जेरी का काम बढ़िया चल रहा है। उसे ट्रांसपोर्टेशन बिज़नेस पसंद है और कुछ ही सालों में वह अपनी ख़ुद की कंपनी शुरू करने की योजना बना रहा है।

कम उम्र तभी बाधा बनती है, जब आप ख़ुद ऐसा सोचते हैं। आप अक्सर सुनते होंगे कि कई कामों में "काफ़ी" शारीरिक परिपक्वता की ज़रूरत होती है जैसे सिक्युरिटीज़ या बीमा बेचने में। किसी निवेशक का विश्वास जीतने के लिए या तो आपके बाल सफ़ेद होने चाहिए या फिर आपके सिर पर बाल ही नहीं होने चाहिए- ऐसा सोचना सरासर मूर्खता है। असली महत्व तो इस बात का है कि आप अपना काम कितनी अच्छी तरह से करते हैं। अगर आप अपने काम पर पकड़ रखते हैं, लोगों को समझते हैं तो आप पर्याप्त परिपक्व हैं। उम्र का योग्यता से कोई सीधा संबंध नहीं होता जब तक कि आप ख़ुद को यह यक़ीन न दिला दें कि उम्र और केवल उम्र ही आपको सफलता या असफलता दिला सकती है।

कई युवा लोग यह महसूस करते हैं कि वे अपनी कम उम्र के कारण ज़िंदगी की दौड़ में पीछे हैं। हो सकता है कि किसी ऑफ़िस में कोई असुरक्षित आदमी या वह आदमी जिसे अपनी नौकरी छूटने का डर हो, आपके आगे बढ़ने की राह में रोड़े डाले। और हो सकता है कि वह आपकी उम्र का और आपके अनुभव की कमी का ज़िक्र भी करे।

परंतु आपको ऐसे असुरक्षित लोगों की बातों पर ध्यान देने की ज़रूरत नहीं है। कंपनी के मालिक, कंपनी के मैनेजर ऐसा नहीं सोचेंगे। वे आपको उतनी ज़िम्मेदारी देंगे, जितनी कि आप निभा सकें। यह साबित करें कि आपमें योग्यता है, सकारात्मक रवैया है और आपकी कम उम्र एक लाभ के रूप में गिनी जाएगी।

संक्षेप में, उम्र के बहानासाइटिस के इलाज यह हैं :

1. अपनी वर्तमान उम्र के बारे में सकारात्मक सोच रखें। यह सोचें, "मैं अभी भी युवा हूँ;" यह न सोचें, "मैं अब बूढ़ा हो चुका हूँ।" नए लक्ष्यों को हासिल करने की कोशिश करते रहें। ऐसा करेंगे तो आपमें मानसिक उत्साह आ जाएगा और आप अधिक युवा भी दिखने लगेंगे।

2. हिसाब लगाएँ कि आपके पास कितना रचनात्मक समय बचा है। याद रखें, तीस साल के आदमी के पास अपने जीवन का 80 प्रतिशत रचनात्मक समय शेष है। और 50 साल के आदमी के पास अब भी 40 प्रतिशत समय है– शायद सर्वश्रेष्ठ समय तो अभी आना शेष है। ज़्यादातर लोग जितना सोचते हैं, ज़िंदगी दरअसल उससे लंबी होती है!

3. भविष्य में वह काम करें जो आप सचमुच करना चाहते हों। जब आप अपने दिमाग़ को नकारात्मक कर लेते हैं और सोचते हैं कि अब तो समय निकल चुका है, तभी आपके हाथ से समय सचमुच निकलता है। यह सोचना छोड़ दें, "मुझे यह काम सालों पहले शुरू कर देना चाहिए था।" यह असफलता की सोच है। इसके बजाय यह सोचें, "मैं अब शुरू करने जा रहा हूँ, मेरे सर्वश्रेष्ठ वर्ष अभी बाक़ी हैं।" सफल लोग इसी तरीक़े से सोचते हैं।

4. *"परंतु मेरा मामला अलग है। मेरी तो क़िस्मत ही ख़राब है।"* हाल ही में, मैंने सड़क दुर्घटनाओं के बारे में एक ट्रैफ़िक इंजीनियर की

बातें सुनीं। उसका कहना था कि हर साल सड़क दुर्घटनाओं में लगभग 40,000 लोग मर जाते हैं। उसकी चर्चा का मुख्य बिंदु यह था कि शायद ही कभी कोई सच्ची दुर्घटना होती हो। हम जिसे दुर्घटना मानते हैं, वह दरअसल किसी मानवीय या मशीनी गड़बड़ी का परिणाम होती है।

यह ट्रैफ़िक विशेषज्ञ जो बात कह रहा था, उसका मूल भाव दार्शनिक और चिंतक हमें सदियों से सिखाते आ रहे हैं : *हर चीज़ का कोई न कोई कारण होता है*। कोई भी चीज़ बिना कारण के नहीं होती। आज बाहर जो मौसम है, वह भी दुर्घटनावश नहीं है। वह किन्हीं विशेष कारणों से वैसा है। और यह मानने का कोई कारण नहीं है कि इंसान के मामले इस नियम का अपवाद हैं।

परंतु शायद ही कोई दिन ऐसा गुज़रता हो जब हम किसी को अपनी "बदक़िस्मती" को दोष देते न सुनते हों। और वह दुर्लभ दिन ही होगा जब आप किसी *दूसरे* आदमी की सफलता के बारे में उसकी "अच्छी" क़िस्मत की दुहाई न सुनें।

मैं आपको एक उदाहरण से समझाना चाहता हूँ कि लोग किस तरह क़िस्मत के बहानासाइटिस से पीड़ित होते हैं। मैंने तीन युवा जूनियर एक्ज़ीक्यूटिव्ज़ के साथ हाल ही में लंच लिया। उस दिन चर्चा का मुख्य बिंदु था जॉर्ज सी. का प्रमोशन। कल तक जॉर्ज इन्हीं लोगों की तरह जूनियर एक्ज़ीक्यूटिव था। आज उसे प्रमोशन मिल गया था।

जॉर्ज को प्रमोशन क्यों मिला ? इन तीनों लोगों ने इस मुद्दे का पोस्टमार्टम किया और बहुत से कारण खोज निकाले : अच्छी क़िस्मत, मक्खनपॉलिश, प्रेशर, और जॉर्ज की पत्नी का सोर्स, यानी सच्चाई को छोड़कर हर बात कही गई। सच्चाई यह थी कि जॉर्ज इस प्रमोशन के लिए सबसे ज़्यादा योग्य था। वह अपने काम को बेहतर तरीक़े से कर रहा था। वह ज़्यादा मेहनत से काम कर रहा था। वह अधिक प्रभावी और कार्यकुशल व्यक्ति था।

मैं यह भी जानता था कि उस कंपनी के सीनियर ऑफ़िसर्स ने काफ़ी सोच-विचार किया था कि इन चारों में से किसे प्रमोशन मिले। मेरे इन तीन निराश दोस्तों को यह समझना चाहिए था कि कंपनी के सीनियर

ऑफ़िसर्स जब प्रमोशन देते हैं, तो वे चारों नाम लिखकर टोपी में से किसी एक का नाम नहीं निकालते हैं।

मैं मशीन के पुर्ज़े बनाने वाली कंपनी के सेल्स एक्ज़ीक्यूटिव से क़िस्मत के बहानासाइटिस के बारे में बातें कर रहा था। वह समस्या को सुनकर रोमांचित हो गया और उसने मुझे अपने जीवन का एक क़िस्सा सुनाया।

"मैंने इसका यह नाम तो पहले कभी नहीं सुना," उसका कहना था, "परंतु हर सेल्समैन इस गंभीर समस्या से जूझता है। कल ही हमारी कंपनी में जो घटना हुई, उससे आपको एक बढ़िया उदाहरण मिल जाएगा।

"हमारा एक सेल्समैन चार बजे मशीन के पुर्ज़ों का एक बड़ा ऑर्डर लेकर आया। ऑर्डर 112,000 डॉलर का था। दूसरा सेल्समैन उस वक़्त वहीं ऑफ़िस में खड़ा हुआ था। इस सेल्समैन का माल इतना कम बिकता था कि वह कंपनी पर बोझ बनता जा रहा था। जब जॉन ने अच्छी ख़बर सुनाई तो उसने ईर्ष्या भरी बधाइयाँ तो दीं, परंतु साथ में यह भी कहा, 'जॉन, एक बार फिर तुम्हारी क़िस्मत अच्छी रही!'

"देखने वाली बात यह है कि यह कमज़ोर सेल्समैन यह मानने को तैयार ही नहीं था कि जॉन के बड़े ऑर्डर से क़िस्मत का कोई लेना-देना नहीं था। जॉन उस ग्राहक पर कई महीनों से मेहनत कर रहा था। उसने वहाँ आधा दर्जन लोगों से लंबी और बार-बार चर्चाएँ की थीं। जॉन रातों को योजनाएँ बनाया करता था कि वह किस तरह यह ऑर्डर हासिल कर सकता था। फिर उसने हमारे इंजीनियरों के साथ बैठकर उस यंत्र के शुरुआती डिज़ाइन बनवाए। जॉन ख़ुशक़िस्मत नहीं था; जब तक कि आप सुनियोजित काम करने के तरीक़े को *क़िस्मत* का नाम न दें।"

अगर क़िस्मत के सहारे हम जनरल मोटर्स को एक बार फिर से गठित करें। अगर क़िस्मत ही यह तय करे कि कौन आदमी मैनेजर बनेगा और कौन चपरासी, तो इस देश का हर बिज़नेस चौपट हो जाएगा। एक मिनट के लिए कल्पना करें कि जनरल मोटर्स को हम क़िस्मत के सहारे पूरी तरह पुनर्गठित करें। इस काम के लिए हम एक बक्से में सभी कर्मचारियों के नाम की पर्ची डाल दें। पर्ची उठाने पर जिसके नाम की

पहली पर्ची खुलेगी, उसे हम प्रेसिडेन्ट बना देंगे, दूसरे नाम वाले को वाइस प्रेसिडेन्ट और इसी क्रम से हम नीचे की तरफ़ आते जाएँगे।

यह मूर्खतापूर्ण लगता है, नहीं क्या? परंतु क़िस्मत जब काम करती है, तो इसी तरह से करती है।

जो लोग किसी भी व्यवसाय में चोटी पर पहुँचते हैं, चाहे वह बिज़नेस मैनेजमेंट हो, सेल्समैनशिप हो, क़ानून, इंजीनियरिंग, अभिनय या और कोई क्षेत्र हो, वे इसलिए चोटी पर पहुँचते हैं, क्योंकि उनका नज़रिया उत्कृष्ट होता है और वे साथ में कड़ी मेहनत भी करते हैं।

क़िस्मत के बहानासाइटिस को दो तरीक़ों से जीतें

1. कारण और परिणाम के नियम को स्वीकार करें। जब आपको लगे कि कोई आदमी "ख़ुशक़िस्मत" है तो ज़रा ग़ौर से देखें। तब आपको यह दिखेगा कि जिसे आप पहली नज़र में अच्छी क़िस्मत समझे थे, दरअसल वह तैयारी, योजना और सफलता के नज़रिए का परिणाम है। इसी तरह किसी आदमी की "बदक़िस्मती" को भी ग़ौर से देखें। आपको उसके पीछे भी कुछ कारण मिलेंगे। मिस्टर सफल को जब झटका लगता है, तो वे उससे कुछ सीखते हैं और उससे लाभ उठाते हैं। परंतु जब मिस्टर असफल हारते हैं, तो वे अपनी असफलता से कुछ नहीं सीखते और बहाने बनाते रहते हैं।

2. कभी भी दिवास्वप्न न देखें। अपनी मानसिक ऊर्जा को ऐसे सपने देखने में ज़ाया न करें जिसमें बिना मेहनत के सफलता हासिल की जा सकती हो। हम क़िस्मत के सहारे सफल नहीं होते। सफलता उन चीज़ों को करने से आती है और उन सिद्धांतों में पारंगत होने से मिलती है जो सफलता में सहायक होते हैं। प्रमोशन, जीत, जीवन की अच्छी चीज़ों में क़िस्मत का सहारा न लें। क़िस्मत से ये चीज़ें नहीं मिला करतीं। इसके बजाय, आप अपने आपमें ऐसे गुण विकसित करें कि आप सचमुच एक विजेता बन जाएँ।

✡✡✡

3

विश्वास जगाएँ, डर भगाएँ

जब हम डरे होते हैं तो हमारे दोस्त हमें समझाते हैं, "यह तुम्हारे मन का वहम है। चिंता मत करो। डरने की कोई बात नहीं है।"

परंतु आप और हम जानते हैं कि डर की इस क़िस्म की दवा से काम नहीं चलता है। इस तरह की तसल्ली से हमें कुछ मिनट या कुछ घंटे का ही आराम मिलता है। "यह तुम्हारे मन का वहम है" वाले उपचार से विश्वास नहीं जागता, न ही डर का इलाज होता है।

हाँ, डर वास्तविक होता है। और इसे जीतने से पहले हमें यह मानना ही पड़ेगा कि इसका अस्तित्व होता है।

आजकल इंसान के ज़्यादातर डर मनोवैज्ञानिक होते हैं। चिंता, तनाव, उलझन, संत्रास- यह सभी हमारी नकारात्मक, अनुशासनहीन कल्पना के कारण पैदा होते हैं। परंतु सिर्फ़ यह जानने से कि डर कैसे पैदा होता है, उस डर का इलाज नहीं हो जाता। जब डॉक्टर यह पता लगा लेता है कि आपके शरीर में कहीं पर कोई इन्फ़ेक्शन है, तो उसका काम वहीं पर पूरा नहीं हो जाता। इसके बाद वह इन्फ़ेक्शन का इलाज भी करता है।

"यह तुम्हारे मन का वहम है" वाला पुराना विचार यह मानता है कि डर का वास्तव में अस्तित्व होता ही नहीं है। परंतु *ऐसा नहीं है*। डर का *अस्तित्व होता है*। डर असली है। डर सफलता का नंबर एक दुश्मन है। डर लोगों को अवसर का लाभ उठाने से रोकता है। डर लोगों को शारीरिक रूप से कमज़ोर बना देता है। डर लोगों को बीमार बना देता

है। डर लोगों की ज़िंदगी को छोटा कर देता है। आप जब बोलना चाहते हैं, तो डर आपके मुँह को बंद रखता है।

डर – अनिश्चितता, आत्मविश्वास का अभाव – के ही कारण हमारी अर्थव्यवस्था में मंदियाँ आती हैं। डर के ही कारण करोड़ों लोग इतना कम हासिल कर पाते हैं और जीवन का इतना कम आनंद ले पाते हैं।

वास्तव में डर एक शक्तिशाली भावना है। किसी न किसी रूप में डर लोगों को वह हासिल करने से रोकता है जो वे जीवन में हासिल करना चाहते हैं।

हर तरह और हर आकार का डर मनोवैज्ञानिक इन्फ़ेक्शन का एक रूप है। हम अपने मानसिक इन्फ़ेक्शन को भी उसी तरीक़े से दूर कर सकते हैं जिस तरह हम अपने शारीरिक इन्फ़ेक्शन को दूर करते हैं– यानी उसका इलाज करके।

इसके लिए सबसे पहले हमें उपचार के पहले की तैयारी करनी होगी। यह जानना होगा कि आत्मविश्वास आसमान से आकर हमारे दिमाग़ में नहीं घुसता, बल्कि हासिल किया जाता है, विकसित किया जाता है। कोई भी व्यक्ति आत्मविश्वास के साथ पैदा नहीं होता। जिन लोगों में आत्मविश्वास प्रचुरता में होता है, जिन्होंने चिंता को जीत लिया है, जो हर जगह और हर कहीं बेफ़िक्री से आते-जाते हैं, उन्होंने यह आत्मविश्वास धीरे-धीरे हासिल किया है।

आप भी ऐसा ही कर सकते हैं। यह अध्याय आपको बताएगा, कैसे।

द्वितीय विश्वयुद्ध में नेवी ने यह फ़ैसला किया कि इसके सभी नए रंगरूटों को तैरना आना चाहिए। इसके पीछे यह विचार था कि तैरना आने से किसी डूबते आदमी की जान बचाई जा सकती है।

जिन लोगों को तैरना नहीं आता था, उनके लिए तैरने की कक्षाएँ आयोजित की गईं। मैंने इस तरह के एक प्रशिक्षण को देखा। सतही तौर पर यह देखना मज़ेदार था कि इतने बड़े-बड़े, जवान, और स्वस्थ लोग कुछ फ़ुट गहरे पानी में कूदने से घबरा रहे थे। इन लोगों को 6 फ़ुट ऊँचे स्टैंड से पानी में कूदना था और पानी सिर्फ़ 8 फ़ुट गहरा था। हालाँकि

आस-पास बहुत से विशेषज्ञ तैराक खड़े थे और जान का कोई जोखिम नहीं था, फिर भी ये वयस्क लोग बुरी तरह आतंकित थे।

गहराई से सोचने पर यह दुःखद प्रसंग था। उनका डर *वास्तविक* था। परंतु उनमें और हार के डर के बीच में केवल एक ही चीज़ आड़े आ रही थी, और वह थी नीचे के पानी में छलाँग। एक से ज़्यादा बार मैंने देखा कि इन युवकों को बोर्ड से "अनपेक्षित" धक्का दे दिया गया। और इसका परिणाम यह हुआ कि पानी से उनका डर हमेशा के लिए दूर हो गया।

हज़ारों भूतपूर्व नेवी के जवान इस घटना से परिचित होंगे। इस घटना से हमें यह शिक्षा मिलती है : काम करने से डर दूर होता है। दुविधा में रहने या अनिर्णय की स्थिति में रहने से या काम टालने से हमारा डर बढ़ता है।

इसे अभी हाल अपनी सफल नियमों की पुस्तिका में लिख लें। *काम करने से डर दूर होता है।*

काम करने से डर सचमुच दूर *होता है।* कुछ महीनों पहले चालीस साल का एक परेशानहाल एक्ज़ीक्यूटिव मुझसे मिलने आया। वह एक बड़े रिटेलिंग संगठन में महत्वपूर्ण पद पर था।

चिंतित स्वर में उसने मुझे बताया, "मुझे डर है कि मेरी नौकरी छूट जाएगी। मुझे ऐसा लगता है कि मेरे थोड़े से दिन बचे हैं।"

"क्यों ?" मैंने पूछा।

"सभी बातें मेरे ख़िलाफ़ हैं। मेरे विभाग की बिक्री के आँकड़े पिछले साल से 7 प्रतिशत कम हैं। यह बहुत बुरा है, ख़ासकर तब जब हमारे स्टोर की सेल पिछले साल की तुलना में 6 प्रतिशत बढ़ी है। मैंने हाल ही में कुछ ग़लत फ़ैसले लिए हैं और मुझे कई बार मीटिंग में यह संकेत दिया गया है कि मैं कंपनी की प्रगति के साथ-साथ प्रगति नहीं कर पा रहा हूँ।

"मुझे इतना बुरा अनुभव पहले कभी नहीं हुआ। मेरी पकड़ ढीली होती जा रही है और यह सबको साफ़ दिख रहा है। मेरे कर्मचारियों को

भी इस बात का एहसास है। मेरे सेल्समेन भी यह देख सकते हैं। दूसरे एक्ज़ीक्यूटिव भी यह जानते हैं कि मैं ढलान पर नीचे फिसल रहा हूँ। एक साथी एक्ज़ीक्यूटिव ने तो पिछली मीटिंग में यहाँ तक सुझाव दिया कि मेरा कुछ काम उसके डिपार्टमेंट को सौंप दिया जाए, 'ताकि स्टोर के लिए कुछ लाभ कमाया जा सके।' मैं एक ऐसा डूबता हुआ आदमी हूँ, जिसे बहुत सारे लोग डूबता हुआ देख रहे हैं और उसके डूबने का इंतज़ार कर रहे हैं।"

एक्ज़ीक्यूटिव ने अपनी दुर्दशा पर बोलना जारी रखा। आख़िरकार मैंने उसे बीच में रोककर उससे पूछ ही लिया, "तो आप इस बारे में क्या कर रहे हैं? आप स्थिति को सुधारने के लिए क्या प्रयास कर रहे हैं?"

"मैं इसमें कर ही क्या सकता हूँ?" उसने जवाब दिया, "मैं सिर्फ़ यही उम्मीद कर रहा हूँ कि सब कुछ ठीक हो जाए।"

इस पर मैंने कहा, "परंतु क्या उम्मीद करने से ही सब कुछ ठीक हो जाएगा?" फिर बिना उसे जवाब देने का मौक़ा दिए मैंने उससे अगला सवाल पूछा :

"क्यों न उम्मीद करने के साथ-साथ आप कुछ प्रयास भी करें?"

"कैसे?" उसने कहा।

"आपके मामले में दो तरह के काम किए जा सकते हैं। पहला तो यह कि आप अपनी सेल्स को बढ़ाकर दिखाएँ। हमें यहीं से शुरू करना होगा। कोई न कोई वजह तो होगी जिसके कारण आपकी सेल्स कम हो रही है। उस वजह का पता लगाएँ। हो सकता है कि आपको अपना पुराना माल निकालने के लिए स्पेशल सेल लगानी पड़े, ताकि आप नया माल ख़रीद सकें। शायद आपको अपने डिस्प्ले काउन्टर्स को अलग तरीक़े से जमाना चाहिए। शायद आपको अपने सेल्समैनों में ज़्यादा उत्साह भरना चाहिए। मैं यह तो नहीं बता सकता कि किस तरह आपका सेल्स वॉल्यूम बढ़ सकता है, परंतु यह किसी न किसी तरह तो बढ़ ही सकता है। और इसके अलावा आप अपने मैनेजर से भी बात करके देख लें। हो सकता है कि वे आपको नौकरी से निकालने वाले हों, परंतु अगर आप उनकी सलाह लेंगे तो वे आपको समस्या को सुलझाने के लिए

निश्चित रूप से ज़्यादा मोहलत दे देंगे। स्टोर के लिए आपका विकल्प ढूँढ़ना बहुत मुश्किल होगा बशर्ते कि टॉप मैनेजमेंट को यह लगे कि आप समस्या को सुलझाने का गंभीर प्रयास कर रहे हैं।"

मैं आगे कहता रहा, "इसके बाद आप अपने कर्मचारियों से, अपने अधीनस्थों से बात करें। डूबते हुए आदमी की तरह व्यवहार करना छोड़ दें। अपने आस-पास के लोगों को यह एहसास होने दें कि आपमें अभी जान बाक़ी है।"

एक बार फिर उसकी आँखों में हिम्मत लौट आई थी। फिर उसने पूछा, "आपने कहा था कि मैं दो क़दम उठा सकता हूँ। दूसरा क़दम क्या है?"

"दूसरा क़दम यह है, जिसे आप बीमा योजना कह सकते हैं, कि आप किसी दूसरे स्टोर में अपने लिए ऐसी जगह ढूँढ़कर रखें जहाँ आपको यहाँ से ज़्यादा तनख़्वाह मिल सके।

"अगर आप सकारात्मक कार्य करेंगे तो मुझे नहीं लगता कि आपको इसकी ज़रूरत पड़ेगी। आपकी कर्मठता से आपके सेल्स आँकड़े निश्चित रूप से सुधर जाएँगे। फिर भी एक-दो विकल्प रहना हमेशा ज़्यादा अच्छा होता है। याद रखें, बेरोज़गार आदमी के लिए नौकरी हासिल करना बहुत मुश्किल होता है, जबकि पहले से नौकरी कर रहे आदमी के लिए नौकरी हासिल करना बेरोज़गार की तुलना में दस गुना ज़्यादा आसान होता है।"

दो दिन पहले यही एक्ज़ीक्यूटिव मुझसे मिलने आया।

"आपसे चर्चा के बाद मैं काम में जुट गया। मैंने बहुत से बदलाव किए, परंतु सबसे बड़ा बदलाव मैंने अपने सेल्समैनों के रवैए में किया। पहले मैं सप्ताह में एक बार मीटिंग लिया करता था, अब मैं हर सुबह मीटिंग लेता हूँ। मैंने इन सभी लोगों में उत्साह भर दिया है। ऐसा लगता है कि मेरे जोश को देखकर उनमें भी हौसला आ गया है। जब उन्होंने देखा कि मुझमें जान बाक़ी है, तो उन्होंने भी ज़्यादा मेहनत करने का फ़ैसला कर लिया। ऐसा लगता है जैसे वे सिर्फ़ इस बात का इंतज़ार कर रहे थे कि मैं आगे बढ़ने में पहल करूँ।

"अब सब कुछ ठीक चल रहा है। पिछले हफ़्ते मेरी बिक्री पिछले साल की तुलना में ज़्यादा हुई है और यह स्टोर की औसत बिक्री से भी काफ़ी अच्छी है।

"ओह, बहरहाल," उसने कहा, "मैं आपको एक और अच्छी ख़बर सुनाना चाहता हूँ। मुझे दो वैकल्पिक नौकरियों के प्रस्ताव मिले हैं। निश्चित रूप से इससे मैं ख़ुश हूँ परंतु मैंने दोनों को अस्वीकार कर दिया, क्योंकि यहाँ पर सब कुछ एक बार फिर ठीक-ठाक हो गया है।"

जब हम कठिन समस्याओं का सामना करते हैं, तो हम तब तक दलदल में फँसे रहते हैं जब तक कि हम कर्म नहीं करते। आशा से शुरुआत होती है। परंतु जीतने के लिए आशा के साथ-साथ कर्म की भी ज़रूरत होती है।

कर्म के सिद्धांत पर अमल करें। अगली बार जब भी आपको डर लगे, चाहे डर छोटा हो या बड़ा, अपने आपको सँभालें। फिर इस सवाल का जवाब ढूँढ़ें : किस तरह के काम से मैं अपने डर को जीत सकता हूँ ?

अपने डर का कारण खोज लें। फिर उचित क़दम उठाएँ।

डर और उनके उपचार के कुछ उदाहरण नीचे बताए गए हैं।

डर का प्रकार	इलाज
1. रंगरूप के कारण झिझक।	अपना हुलिया सुधारें। नाई की दुकान या ब्यूटी पार्लर में जाएँ। जूते चमकाएँ। साफ़ और प्रेस किए हुए कपड़े पहनें। बेहतर ढँग से तैयार हों। अच्छा दिखने के लिए हमें हमेशा *नए* कपड़ों की ज़रूरत नहीं होती।
2. किसी महत्वपूर्ण ग्राहक को खो देने का ख़तरा।	बेहतर सेवा देने की दुगुनी कोशिश करें। ऐसी हर चीज़ को सुधार लें जिससे आपके ग्राहकों का आपमें विश्वास कम होता हो।

डर का प्रकार	इलाज
3. परीक्षा में फ़ेल हो जाने का डर।	चिंता में समय गँवाने के बजाय इस समय को पढ़ने में लगाएँ।
4. आपके नियंत्रण से पूरी तरह बाहर की चीज़ों का डर।	अपना ध्यान किसी दूसरी तरफ़ ले जाएँ। अपने बगीचे में जाकर खरपतवार साफ़ करें। अपने बच्चों के साथ खेलें। फ़िल्म देखने जाएँ।
5. किसी ऐसी चीज़ से शारीरिक क्षति का डर जिसे आप नियंत्रित न कर सकते हों, जैसे बिजली गिरना, तूफ़ान आना, या हवाईजहाज़ दुर्घटना का डर।	अपना ध्यान दूसरों के डर को कम करने में उनकी मदद करने में लगाएँ। प्रार्थना करें।
6. यह डर कि दूसरे लोग क्या सोचेंगे या क्या कहेंगे।	यह सुनिश्चित कर लें कि आप जो करना चाहते हैं वह सही है। फिर उस काम को कर दें। किसी भी व्यक्ति ने बिना आलोचना के कोई महत्वपूर्ण काम कभी नहीं किया।
7. निवेश करने या घर ख़रीदने के पहले का डर।	सभी पहलुओं पर विचार कर लें। फिर फ़ैसला करें। एक बार फ़ैसला करने के बाद आप उसी के हिसाब से काम करें। अपनी बुद्धि और अपने निर्णय में विश्वास रखें।
8. लोगों का डर।	चीज़ों को सही नज़रिए से देखें। याद रखें, सामने वाला व्यक्ति भी आप ही की तरह एक इंसान है।

डर का इलाज करने और विश्वास हासिल करने के लिए ये दो क़दम उठाएँ :

1. डर का असली कारण पता करें। यह तय कर लें कि आप वास्तव में किस चीज़ से डर रहे हैं।

2. फिर कर्म करें। हर तरह का डर किसी न किसी तरह के काम से दूर हो सकता है।

और याद रखें, झिझकने से आपका डर बढ़ता ही है, कम नहीं होता। इसलिए देर न करें, बल्कि तत्काल काम में जुट जाएँ। फ़ैसला करें।

आत्मविश्वास के अभाव का कारण होती है ख़राब याददाश्त।

आपका दिमाग़ किसी बैंक की तरह होता है। हर दिन आप अपने "दिमाग़ के बैंक" में विचारों को जमा करते जाते हैं। विचारों का यह संग्रह बढ़ता जाता है और आपकी याददाश्त बन जाता है। जब भी आप सोचने बैठते हैं या आपके सामने कोई समस्या आती है तो दरअसल आप अपनी यादों के बैंक से पूछते हैं, "इस बारे में मैं क्या जानता हूँ?"

आपकी यादों का बैंक पहले से जमा किए हुए विचारों के संग्रह में से आपको आपकी मनचाही जानकारी देता है। आपकी यादें ही वह मूलभूत सप्लायर हैं जो आपको नए विचार के लिए कच्चा माल प्रदान करती हैं।

आपकी यादों के बैंक का टेलर बहुत ही भरोसेमंद है। वह आपको कभी धोखा नहीं देता। जब आप उसके पास जाकर कहते हैं, "मिस्टर टेलर, मुझे कुछ विचार निकालकर दें जिनसे यह सिद्ध हो कि मैं बाक़ी लोगों जितना योग्य नहीं हूँ," वह कहता है, "बिलकुल, सर। याद करें आपने पहले भी दो बार इस काम को करने की कोशिश की थी, और आप असफल हुए थे? याद करें आपकी छठी कक्षा की टीचर ने कहा था कि आप कोई भी काम ढँग से नहीं कर सकते। याद करें आपने अपने साथी कर्मचारियों को अपने बारे में यह कहते सुना था... याद करें..."

और मिस्टर टेलर एक के बाद एक विचार निकालकर आपको देते हैं जिनसे यह निष्कर्ष निकलता है कि आप अयोग्य हैं, असमर्थ हैं।

परंतु अगर आप अपनी यादों के टेलर से यह कहें, "मिस्टर टेलर, मुझे एक महत्वपूर्ण फ़ैसला करना है। क्या आप मुझे ऐसे विचार प्रदान करेंगे जिनसे मुझे हौसला मिले ?"

और इसके जवाब में मिस्टर टेलर कहते हैं, "बिलकुल, सर," परंतु इस बार वे आपको पहले से जमा किए हुए ऐसे विचार देते हैं जिनसे यह साबित होता है कि आप सफल हो सकते हैं। "याद करें आपने पहले भी ऐसी परिस्थिति में वह शानदार काम किया था... याद करें मिस्टर स्मिथ को आप पर कितना भरोसा था... याद करें आपके अच्छे दोस्त आपके बारे में यह कहा करते थे... याद करें..." मिस्टर टेलर पूरी तरह सहयोग करेंगे और आपको उसी तरह के विचार निकालने देंगे जिस तरह के विचार आप निकालना चाहते हैं। आख़िर, यह आपका बैंक है।

यहाँ पर दो उपाय दिए जा रहे हैं जिनके प्रयोग से आप अपनी यादों के बैंक का प्रभावी उपयोग कर सकते हैं और अपना आत्मविश्वास जगा सकते हैं।

1. *अपनी यादों के बैंक में केवल सकारात्मक विचार ही जमा करें।* इस बात को अच्छी तरह से समझ लें। हर व्यक्ति के जीवन में अप्रिय, मुश्किल, हतोत्साहित करने वाली घटनाएँ होती हैं। परंतु इन घटनाओं के प्रति असफल और सफल लोगों की प्रतिक्रियाएँ अलग-अलग होती हैं। असफल लोग बुरी घटनाओं को दिल से लगाकर रखते हैं। वे अप्रिय स्थितियों को बार-बार याद करते हैं, ताकि वे उनकी यादों में अच्छी तरह से जम जाएँ। वे अपने दिमाग़ से उन्हें नहीं निकाल पाते। रात को भी वे जिस घटना के बारे में सोचते हुए सोते हैं, वह दिन में हुई कोई अप्रिय घटना ही होती है।

दूसरी तरफ़ आत्मविश्वास से पूर्ण, सफल लोग इस तरह की घटनाओं को "भूल जाते हैं।" सफल लोग अपनी यादों के बैंक में केवल सकारात्मक विचार ही रखते हैं।

आपकी कार किस तरह चलेगी अगर हर सुबह काम पर जाने से पहले आप दो मुट्ठी धूल अपने क्रैंक केस में डाल दें ? क्या आपका शानदार इंजन बैठ नहीं जाएगा और आप इससे जो कराना चाहते हैं, वह

करने से इन्कार नहीं कर देगा ? आपके दिमाग़ में जमा नकारात्मक, अप्रिय विचार भी आपके दिमाग़ को इसी तरह से प्रभावित करते हैं। नकारात्मक विचार आपकी मानसिक मोटर को इसी तरह की अनावश्यक टूटफूट का शिकार बनाते हैं। इनसे चिंता, कुंठा और हीनता की भावनाएँ पैदा होती हैं। नकारात्मक विचार आपको सड़क के किनारे खड़ा रखते हैं, जबकि बाक़ी लोग अपनी गाड़ियों पर फर्राटे से आगे बढ़ रहे होते हैं।

ऐसा करें : उन क्षणों में जब आप अपने विचारों के साथ अकेले हों – जब आप अपनी कार चला रहे हों या अकेले खाना खा रहे हों – सुखद, सकारात्मक घटनाएँ याद करें। अपनी यादों के बैंक में अच्छे विचार डालें। इससे आत्मविश्वास बढ़ता है। इससे आपमें "मैं सचमुच अच्छा हूँ" की भावना जागती है। इससे आपका शरीर भी स्वस्थ रहता है।

इसका एक बढ़िया तरीक़ा यह है। सोने जाने से पहले, अपनी यादों के बैंक में अच्छे विचारों को डाल दें। अपने जीवन की अच्छी बातों को याद करें। यह सोचें कि आपको कितनी सारी चीज़ों के लिए ऊपर वाले का शुक्रगुज़ार होना चाहिए : आपकी पत्नी या आपका पति, आपके बच्चे, आपके दोस्त, आपका स्वास्थ्य। उन अच्छी चीज़ों को याद करें जो आपने लोगों को आज करते देखा है। अपनी छोटी-छोटी सफलताओं और उपलब्धियों को याद करें। उन कारणों को दुहराएँ कि आपको आज जीवित होने के लिए ख़ुश क्यों होना चाहिए।

2. *अपनी यादों के बैंक से केवल सकारात्मक विचार ही निकालें।* कई वर्ष पहले मैं शिकागो में मनोवैज्ञानिक सलाहकारों की एक फ़र्म के साथ क़रीबी रूप से जुड़ा हुआ था। वे कई तरह के मामले सुलझाते थे, परंतु उनमें से ज़्यादातर मामले विवाह संबंधी समस्याओं और मनोवैज्ञानिक कठिनाइयों से संबंधित होते थे।

एक दिन मैं फ़र्म के मुखिया से उसके प्रोफ़ेशन और उसकी तकनीकों के बारे में बात कर रहा था। मैं यह जानना चाहता था कि वह किस तरह असंतुलित व्यक्ति की मदद करता है। उसने कहा, "क्या आप जानते हैं कि लोग अगर केवल एक चीज़ कर लें, तो उन्हें मेरी सेवाओं की कभी ज़रूरत नहीं पड़ेगी।"

"वह क्या ?" मैंने उत्सुकता से पूछा।

"सिर्फ़ यही– कि आप अपने नकारात्मक विचारों को नष्ट कर दें, इससे पहले कि वे विचार राक्षस बन जाएँ और आपको नष्ट कर दें।"

"मैं जिन लोगों की मदद करता हूँ उनमें से ज़्यादातर लोग," उसने कहा, "मानसिक आतंक की दुनिया में रहते हैं। शादी की बहुत सारी कठिनाइयाँ 'हनीमून राक्षस' की वजह से होती हैं। हनीमून उतना संतोषजनक नहीं रहा होगा, जितना एक या दोनों जीवनसाथी चाहते हों। परंतु उस याद को दफ़ना देने के बजाय वे लोग सैकड़ों बार उस पर विचार करते रहते हैं जब तक कि यह उनके वैवाहिक जीवन की एक बहुत बड़ी बाधा नहीं बन जाती। वे मेरे पास पाँच या दस साल बाद आते हैं।

"आम तौर पर, मेरे ग्राहक यह नहीं जान पाते कि समस्या की जड़ कहाँ है। यह मेरा काम है कि मैं उनकी कठिनाई का विश्लेषण करूँ और उन्हें यह बताऊँ कि उन्होंने राई का पहाड़ बना लिया है।

"कोई भी व्यक्ति किसी भी अप्रिय घटना को मानसिक राक्षस बना सकता है," मेरे मनोवैज्ञानिक दोस्त ने आगे कहा। "नौकरी की असफलता, असफल रोमांस, बुरा निवेश, टीन-एज बच्चे के व्यवहार से निराशा– ऐसे आम राक्षस हैं जिनकी वजह से मैंने लोगों को परेशान देखा है और मैं इन राक्षसों को मारने में इन लोगों की मदद करता हूँ।"

यह स्पष्ट है कि अगर हम किसी भी नकारात्मक विचार को बार-बार दोहराएँगे तो इसका मतलब है कि हम इसे खाद-पानी दे रहे हैं। और अगर हम इसे खाद-पानी देंगे, तो यह धीरे-धीरे बड़ा राक्षस बनकर हमारे आत्मविश्वास को नष्ट कर देगा और हमारी सफलता की राह में गंभीर मनोवैज्ञानिक कठिनाइयाँ खड़ी कर देगा।

कॉस्मोपॉलिटन मैग्ज़ीन में हाल ही में छपे एक लेख "द ड्राइव टुवर्ड सेल्फ़-डेस्ट्रक्शन" में एलिस मल्काहे ने इस तरफ़ इशारा किया कि हर साल 30,000 अमेरिकी आत्महत्या कर लेते हैं और 100,000 लोग आत्महत्या का असफल प्रयास करते हैं। उन्होंने आगे कहा, "इस बात के आश्चर्यजनक प्रमाण मिले हैं कि लाखों-करोड़ों दूसरे लोग धीमे-धीमे, कम

स्पष्ट तरीक़ों से ख़ुद को मार रहे हैं। बाक़ी के लोग शारीरिक आत्महत्या करने के बजाय, आध्यात्मिक आत्महत्या कर रहे हैं क्योंकि वे ख़ुद को कई तरह से अपमानित, दंडित कर रहे हैं और कुल मिलाकर अपने आपको छोटा बना रहे हैं।"

जिस मनोवैज्ञानिक मित्र का मैंने ज़िक्र किया था, उसने मुझे बताया कि किस तरह उसने अपनी एक ऐसी मरीज़ को रोका जो "मानसिक और आध्यात्मिक आत्महत्या" करने पर तुली हुई थी। उसने कहा, "इस मरीज़ की उम्र पैंतीस से ऊपर होगी। उसके दो बच्चे थे। सामान्य भाषा में कहा जाए तो उसे गंभीर डिप्रेशन था। अपनी ज़िंदगी का हर अनुभव उसे दुःखद अनुभव ही लगता था। उसका स्कूली जीवन, उसकी शादी, बच्चों का लालन-पालन, जिन जगहों पर वह रही थी- सभी के बारे में उसकी सोच नकारात्मक थी। उसने बताया कि उसे याद नहीं है कि वह कभी सुखी भी रही थी। और चूँकि व्यक्ति अपने अतीत की कूची से ही अपने वर्तमान में रंग भरता है इसलिए उसे वर्तमान जीवन में भी सिर्फ़ निराशा और अँधेरा ही नज़र आ रहा था।

"जब मैंने उससे पूछा कि सामने वाली तस्वीर में उसे क्या दिख रहा था, तो उसने कहा, 'ऐसा लगता है जैसे यहाँ आज रात तूफ़ान आने वाला है।' यह उस तस्वीर का सबसे निराशाजनक विश्लेषण था।" (यह तस्वीर एक बड़ी ऑइल पेंटिंग है जिसमें सूर्य आसमान में नीचे की तरफ़ है। चित्र बहुत चतुराई से बनाया गया है और इसे सूर्योदय का दृश्य भी समझा जा सकता है और सूर्यास्त का भी। मनोवैज्ञानिक ने कहा कि लोग तस्वीर में जो देखते हैं, उससे उनके व्यक्तित्व के बारे में संकेत मिल जाता है। ज़्यादातर लोग कहते हैं कि यह सूर्योदय का दृश्य है जबकि मानसिक रूप से असंतुलित, डिप्रेस्ड व्यक्ति हमेशा इसे सूर्यास्त का दृश्य बताते हैं।)

"एक मनोवैज्ञानिक के रूप में मैं किसी व्यक्ति की याददाश्त तो नहीं बदल सकता। परंतु अगर मरीज़ सहयोग दे, तो मैं उसे अपने अतीत को अलग तरीक़े से देखने का नज़रिया सिखा सकता हूँ। मैंने इस महिला को भी ऐसा ही करना सिखाया। मैंने उसे बताया कि वह अपने अतीत को पूरी तरह निराशावादी रवैए से न देखे और उसमें से ख़ुशी और आनंद के पलों को याद करने की कोशिश करे। छह महीनों के बाद उसकी हालत

में थोड़ा सा सुधार हुआ। उस वक़्त मैंने उसे एक ख़ास काम सौंपा। मैंने उससे कहा कि वह हर दिन तीन कारण लिखे जिनके कारण उसे ख़ुश होना चाहिए। हर सप्ताह गुरुवार को मैं उसके लिखे कारणों को देख लेता था। यह सिलसिला तीन माह तक चलता रहा। उसमें काफ़ी सुधार हो रहा था। आज वह महिला एक सामान्य जीवन जी रही है। वह सकारात्मक है और वह ज़्यादातर लोगों जितनी ही सुखी है।"

जब इस महिला ने अपनी यादों के बैंक से नकारात्मक विचार निकालना बंद कर दिया, तो उसकी हालत में सुधार होना शुरू हो गया।

चाहे मनोवैज्ञानिक समस्या बड़ी हो या छोटी, इलाज हमेशा तभी शुरू होता है जब व्यक्ति अपनी यादों के बैंक से नकारात्मक विचारों को निकालना बंद कर देता है और उनके बजाय सकारात्मक विचार निकालना शुरू कर देता है।

मानसिक राक्षस न बनाएँ। अपनी यादों के बैंक से अप्रिय विचार निकालना बंद कर दें। जब भी आपको किसी तरह की कोई परिस्थिति याद आए, तो उसके अच्छे हिस्से के बारे में सोचें। बुरे हिस्से को भूल जाएँ। उसे दफ़ना दें। अगर आप यह पाएँ कि आप नकारात्मक पहलू पर ही विचार कर रहे हैं, तो उस घटना से अपने दिमाग़ को पूरी तरह हटा दें।

और यहाँ हम आपको एक और महत्वपूर्ण और उत्साहवर्द्धक बात बताना चाहते हैं। आपका मस्तिष्क अप्रिय घटनाओं को भुलाना चाहता है। अगर आप सहयोग करें, तो अप्रिय यादें धीरे-धीरे सिकुड़ती जाती हैं और आपकी यादों के बैंक का टेलर उन्हें बाहर निकालता जाता है।

डॉ. मैल्विन एस. हैट्विक एक प्रसिद्ध एड्वर्टाइज़मेंट मनोवैज्ञानिक हैं और याद रखने की हमारी योग्यता के बारे में वे कहते हैं, "जब जागने वाली भावना सुखद होती है तो विज्ञापन को याद रखना आसान होता है। जब जागने वाली भावना सुखद नहीं होती, तो पाठक या श्रोता उस विज्ञापन के संदेश को जल्दी ही भूल जाते हैं। अप्रिय घटनाएँ हमारी चाही गई चीज़ों के ख़िलाफ़ होती हैं, इसलिए हम उन्हें याद नहीं रखना चाहते।"

संक्षेप में, अगर हम उन्हें बार-बार याद न करें तो अप्रिय घटनाओं को भूलना आसान है। अपनी यादों के बैंक से केवल सकारात्मक विचार

ही निकालें। बाक़ी को यूँ ही बेकार पड़ा रहने दें। और आपका आत्मविश्वास आसमान छू लेगा। आपको ऐसा लगेगा जैसे आप किला फ़तह कर सकते हैं। आपको लगेगा आप दुनिया की चोटी पर पहुँच सकते हैं। आप जब भी अपने नकारात्मक, ख़ुद को छोटा करने वाले विचारों को याद करने से इन्कार करते हैं तो आप अपने डर को जीतने की तरफ़ एक बड़ा क़दम आगे बढ़ाते हैं।

लोग दूसरे लोगों से क्यों डरते हैं? जब दूसरे लोग हमारे आस-पास होते हैं तो हम इतना आत्म-चेतन क्यों हो जाते हैं? हमारे संकोच की क्या वजह होती है? हम इस बारे में क्या कर सकते हैं?

दूसरे लोगों का डर एक बड़ा डर होता है। परंतु इसे जीतने का भी एक तरीक़ा है। अगर आप उसे "सही पहलू" से देखने की आदत डाल लें तो आप लोगों के डर को जीत सकते हैं।

मेरे एक सफल बिज़नेस मित्र ने मुझे बताया कि किस तरह उसने लोगों के बारे में सही नज़रिया सीखा। उसका उदाहरण सचमुच दिलचस्प है।

"द्वितीय विश्वयुद्ध में सेना में जाने से पहले मैं हर एक के सामने झिझकता था, हर एक से डरता था। आप सोच भी नहीं सकते मैं उस समय कितना शर्मीला और संकोची हुआ करता था। मुझे लगता था बाक़ी लोग मुझसे बहुत ज़्यादा स्मार्ट हैं। मैं अपनी शारीरिक और मानसिक कमियों को लेकर चिंता किया करता था। मैं सोचा करता था कि मेरा जन्म ही असफल होने के लिए हुआ है।

"फिर क़िस्मत से मैं सेना में चला गया और वहाँ जाने के बाद मेरे दिल से लोगों का डर निकल गया। 1942 और 1943 के दौरान जब सेना में लोगों को भर्ती किया जा रहा था, तो मुझे भर्ती केंद्रों पर मेडिकल ऑफ़िसर के रूप में तैनात किया गया। मैंने इन लोगों के परीक्षण में सहयोग किया। मैं इन रंगरूटों को जितना देखता था, मेरे मन से लोगों का डर उतना ही कम होता जाता था।

"सैकड़ों की तादाद में लोग खड़े हुए थे, सभी पूरे कपड़े उतारे हुए थे और सभी लगभग एक-से दिख रहे थे। हाँ, इनमें से कुछ मोटे थे और कुछ दुबले, कुछ लंबे थे और कुछ नाटे, परंतु वे सभी परेशान थे, सभी

अकेलापन अनुभव कर रहे थे। कुछ समय पहले यही लोग युवा एक्ज़ीक्यूटिव हुआ करते थे। कुछ समय पहले इनमें से कुछ किसान थे, कुछ सेल्समेन थे, कुछ ब्लू कॉलर कर्मचारी थे, और कुछ यूँ ही सड़कों पर ख़ाक छाना करते थे। कुछ दिन पहले ये लोग अलग-अलग काम किया करते थे। परंतु भर्ती केंद्र पर वे सारे लोग एक-से दिख रहे थे।

"तब मैंने एक महत्वपूर्ण बात सोची। मैंने पाया कि लोग ज़्यादातर मामलों में एक-से होते हैं। लोगों में समानताएँ ज़्यादा होती हैं, और असमानताएँ कम होती हैं। मैंने पाया कि सामने वाला आदमी भी मेरे जैसा ही है। उसे भी अच्छा खाना पसंद है, उसे भी अपने परिवार और दोस्तों की याद आती है, वह भी तरक़्क़ी करना चाहता है, उसके पास भी समस्याएँ हैं और वह भी आराम करना चाहता है। इसलिए, अगर सामने वाला मेरे जैसा ही है, तो उससे डरने की कोई वजह ही नहीं है।"

अब, मैं आपसे पूछता हूँ। क्या यह बात काम की नहीं है? अगर सामने वाला मेरे जैसा ही है, तो उससे डरने की कोई वजह ही नहीं है।

लोगों को सही नज़रिए से देखने के दो तरीक़े ये हैं :

1. *सामने वाले व्यक्ति को संतुलित दृष्टि से देखें।* लोगों के साथ व्यवहार करते समय इन दो बातों का ध्यान रखें : पहली बात तो यह कि सामने वाला व्यक्ति महत्वपूर्ण है। निश्चित रूप से वह महत्वपूर्ण है। हर व्यक्ति महत्वपूर्ण होता है। परंतु यह भी याद रखें कि *आप भी महत्वपूर्ण हैं।* तो जब आप किसी व्यक्ति से मिलें तो ऐसा सोचें, "हम दो महत्वपूर्ण लोग मिलकर किसी आपसी लाभ या रुचि के विषय पर चर्चा कर रहे हैं।"

कुछ महीने पहले, एक बिज़नेस एक्ज़ीक्यूटिव ने फ़ोन पर मुझे बताया कि उसने मेरे सुझाए एक युवक को नौकरी पर रख लिया है। "आपको पता है मुझे उसकी किस बात ने प्रभावित किया," मेरे दोस्त ने कहा। "कौन सी बात ने?" मैंने पूछा। "मुझे उसका आत्मविश्वास बेहद पसंद आया। ज़्यादातर उम्मीदवार तो कमरे में घुसते समय डरे और सहमे हुए थे। उन्होंने मुझे उस तरह के जवाब दिए जो उनकी राय में मैं सुनना चाहता था। एक तरीक़े से ज़्यादातर उम्मीदवार भिखारियों की तरह

व्यवहार कर रहे थे- उन्हें आप कुछ भी दे सकते थे और उन्हें आपसे किसी ख़ास चीज़ की उम्मीद नहीं थी।

"परंतु जी. का व्यवहार इन सबसे अलग था। उसने मेरे प्रति सम्मान दिखाया, परंतु इसके साथ ही साथ महत्वपूर्ण बात यह थी कि उसने अपने प्रति भी सम्मान दिखाया। मैंने उससे जितने सवाल पूछे, उसने भी मुझसे तक़रीबन उतने ही सवाल पूछे। वह कोई चूहा नहीं है। वह असली मर्द है और मैं उसके आत्मविश्वास से बहुत प्रभावित हुआ।"

आपसी महत्व का रवैया आपको परिस्थिति को देखने का संतुलित रवैया देता है। सामने वाला व्यक्ति आपकी नज़र में आपसे ज़्यादा महत्वपूर्ण नहीं बन पाता।

हो सकता है सामने वाला व्यक्ति बहुत बड़ा, बहुत महत्वपूर्ण दिख रहा हो। परंतु याद रखें, है तो वह भी एक इंसान ही। उसके पास भी तो वही रुचियाँ, इच्छाएँ और समस्याएँ होंगी जो आपके पास हैं।

2. *समझने का रवैया विकसित करें।* जो लोग आपको नीचा दिखाना चाहते हैं, आपके पर कतरना चाहते हैं, आपकी टाँग खींचना चाहते हैं, आपकी बुराई करना चाहते हैं; ऐसे लोगों की इस दुनिया में कोई कमी नहीं है। अगर आप इनका सामना करने के लिए तैयार नहीं हैं, तो यह लोग आपके आत्मविश्वास में बड़े-बड़े छेद कर देंगे और आपको ऐसा लगेगा जैसे आप पूरी तरह हार चुके हैं। आपको ऐसे वयस्क हमलावर के विरुद्ध ढाल चाहिए, उस हमलावर के लिए जो अपनी पूरी ताक़त से आप पर चढ़ाई करने के लिए कमर कसे बैठा है।

कुछ महीने पहले मेम्फिस होटल की रिज़र्वेशन डेस्क पर मैंने सीखा कि इस तरह के लोगों का सामना किस तरह से किया जा सकता है।

शाम के 5 बजे थे और होटल में नए अतिथियों का रजिस्ट्रेशन किया जा रहा था। मेरे सामने वाले आदमी ने क्लर्क को अपना नाम बताया। क्लर्क ने कहा, "यस सर, आपके लिए एक बढ़िया सिंगल रूम बुक किया हुआ है।"

"सिंगल," वह आदमी ग़ुस्से से चिल्लाया, "मैंने तो डबल बेड रूम का ऑर्डर दिया था।"

क्लर्क ने विनम्रता से जवाब दिया, "मैं देख लेता हूँ, सर।" उसने अपनी फ़ाइल निकाली और उसमें देखकर कहा, "माफ़ कीजिए, सर। आपके टेलीग्राम में साफ़ लिखा हुआ था कि सिंगल रूम चाहिए। अगर ख़ाली होता तो मैं आपको ख़ुशी-ख़ुशी डबल बेडरूम दे देता परंतु हमारे पास अभी कोई डबल बेडरूम ख़ाली नहीं है।"

क्रुध्द ग्राहक चिल्लाया, "भाड़ में जाए कि टेलीग्राम में क्या लिखा है, मुझे तो डबल बेडरूम ही चाहिए।"

फिर उसने इस लहज़े में बात करना शुरू कर दिया "तुम नहीं जानते मैं कौन हूँ" और उसके बाद वह यहाँ तक आ गया "मैं तुम्हें देख लूँगा। मैं तुम्हें नौकरी से निकलवा दूँगा। मैं तुम्हें यहाँ नहीं रहने दूँगा।"

शाब्दिक आक्रमण की इस बौछार को विनम्रता से सहन करते हुए क्लर्क ने कहा, "सर, माफ़ कीजिए, हमने आपके निर्देशों का पालन किया है।"

आख़िरकार ग्राहक जो अब आगबबूला हो चुका था बोला, "चाहे मुझे सबसे बढ़िया कमरा भी मिल जाए, तो भी अब मैं इस होटल में कभी नहीं ठहरूँगा," और यह कहकर वह होटल से बाहर निकल गया।

मैं डेस्क पर पहुँचा और मैं सोच रहा था कि क्लर्क इस बदतमीज़ी भरे व्यवहार के कारण विचलित होगा। परंतु मुझे हैरत हुई जब उसने मेरा स्वागत मधुर आवाज़ में "गुड ईवनिंग, सर" कहकर किया। जब वह मेरे रजिस्ट्रेशन की कार्यवाही पूरी कर रहा था, तो मैंने उससे कहा, "मुझे आपका तरीक़ा पसंद आया। आपका अपनी भावनाओं पर ज़बर्दस्त नियंत्रण है।"

"सर," क्लर्क ने कहा, "मैं इस तरह के आदमी पर ग़ुस्सा नहीं हो सकता। वह वास्तव में मुझ पर ग़ुस्सा नहीं हो रहा था। मैं तो सिर्फ़ एक बलि का बकरा था। शायद उस बेचारे को अपनी पत्नी से कोई समस्या होगी, या उसका बिज़नेस चौपट हो रहा होगा या हो सकता है वह हीन भावना से ग्रस्त हो और यह उसके लिए एक सुनहरा अवसर था जब वह अपनी शक्ति सिध्द कर सके। मैं वह आदमी था जिस पर वह अपने दिल की भड़ास निकाल सकता था।"

क्लर्क ने बाद में यह जोड़ दिया, "अंदर से शायद वह बहुत भला

आदमी होगा। ज़्यादातर लोग होते हैं।"

लिफ़्ट की तरफ़ बढ़ते समय मैं उसके शब्दों को दुहरा रहा था, "अंदर से शायद वह बहुत भला आदमी होगा। ज़्यादातर लोग होते हैं।"

जब भी कोई आप पर आक्रमण करे, तो आप इन दो वाक्यों को याद कर लें। अपने ग़ुस्से पर क़ाबू रखें। इस तरह की स्थितियों में जीतने का यही तरीक़ा होता है कि सामने वाले को अपने दिल की भड़ास निकाल लेने दें और फिर इस घटना को भूल जाएँ।

कई साल पहले विद्यार्थियों की परीक्षा की कॉपी जाँचते समय एक कॉपी को देखकर मुझे हैरत हुई। इस विद्यार्थी ने पूरे साल समूह चर्चाओं और पिछले टेस्ट्स में यह साबित किया था कि उसमें प्रतिभा थी, जबकि उसकी परीक्षा की कॉपी कुछ और ही कह रही थी। मुझे ऐसा अनुमान था कि वह कक्षा में सबसे ज़्यादा नंबर लाएगा। इसके बजाय उसके नंबर परीक्षा में सबसे कम आ रहे थे। जैसा मैं इस तरह के मामले में किया करता था, मैंने अपनी सेक्रेटरी से कहा कि वह उस विद्यार्थी को मेरे ऑफ़िस में एक महत्वपूर्ण विषय पर बात करने के लिए बुलवाए।

जल्दी ही पॉल डब्ल्यू. वहाँ आया। ऐसा लग रहा था जैसे वह किसी बुरे दौर से गुज़र रहा था। उसके बैठने के बाद मैंने उससे कहा, "क्या हुआ, पॉल? तुमने परीक्षा में जिस तरह लिखा है, उस तरह की मुझे तुमसे उम्मीद नहीं थी।"

पॉल पशोपेश में था। उसने अपने पैरों की तरफ़ देखते हुए जवाब दिया, "सर, जब मैंने देखा कि आपने मुझे नक़ल करते हुए देख लिया है तो इसके बाद मेरी हालत ख़राब हो गई। मैं कोई सवाल ठीक से नहीं कर पाया। ईमानदारी से कहूँ तो मैंने ज़िंदगी में पहली बार नक़ल की थी। मैं अच्छे नंबरों से पास होना चाहता था, इसलिए मैंने सोचा क्यों न बेईमानी का सहारा ले लूँ?"

वह बुरी तरह परेशान दिख रहा था। परंतु एक बार जब उसने बोलना शुरू कर दिया, तो फिर वह चुप होने का नाम ही नहीं ले रहा था। "मुझे लगता है अब आप मुझे कॉलेज से निकाल देंगे। यूनिवर्सिटी का

नियम तो यही है कि अगर कोई विद्यार्थी किसी भी तरह की बेईमानी करेगा, तो उसे हमेशा के लिए कॉलेज से निष्कासित किया जा सकता है।"

यहाँ पर पॉल ने यह बताना शुरू कर दिया कि कॉलेज से निकाले जाने के बाद उसके परिवार की इज़्ज़त ख़ाक में मिल जाएगी, उसकी पूरी ज़िंदगी बर्बाद हो जाएगी और इसके अलावा और भी बहुत सारे बुरे परिणाम होंगे। आख़िरकार मैंने उससे कहा, "अब बस भी करो। शांत बैठ जाओ। मैं तुम्हें कुछ बता दूँ। मैंने तुम्हें नक़ल करते हुए नहीं देखा। जब तक तुमने मुझे इसके बारे में नहीं बताया, तब तक मुझे यह अंदाज़ा ही नहीं था कि समस्या यह थी। मुझे दुःख है, पॉल, कि तुमने नक़ल की।"

फिर मैंने आगे कहा, "पॉल, मुझे बताओ कि तुम अपनी यूनिवर्सिटी के अनुभव से क्या सीखना चाहते हो?"

अब वह थोड़ा शांत हो चुका था और एक पल रुकने के बाद उसने जवाब दिया, "डॉक्टर, मुझे लगता है कि मेरा असली लक्ष्य तो जीने का तरीक़ा सीखना है, परंतु मुझे लगता है कि मैं अपने लक्ष्य को हासिल करने में बुरी तरह असफल हो चुका हूँ।"

"हम कई तरीक़ों से सीखते हैं," मैंने कहा। "मुझे लगता है तुम इस अनुभव से सफलता का असली सबक़ सीख सकते हो।"

"जब तुमने अपनी पर्ची से नक़ल की, तो तुम्हारी अंतरात्मा तुम्हें कचोटने लगी। इससे तुममें अपराधबोध की भावना जाग गई और तुम्हारा आत्मविश्वास ख़त्म हो गया। जैसा तुमने कहा इसके बाद तुम्हारी हालत ख़राब हो गई।

"ज़्यादातर बार होता यह है, पॉल, कि सही और ग़लत का मसला हम नैतिक या धार्मिक दृष्टिकोण से देखते हैं। अब इस बात को समझ लो, मैं यहाँ तुम्हें भाषण नहीं दे रहा हूँ, न ही तुम्हें सही और ग़लत काम के बारे में कोई प्रवचन देने के मूड में हूँ। परंतु यह ज़रूरी है कि हम इसके व्यावहारिक पहलू पर नज़र डालें। जब तुम कोई ऐसा काम करते हो जो तुम्हारी अंतरात्मा के ख़िलाफ़ होता है, तो तुममें अपराधबोध आ जाता है और इस अपराधबोध के कारण तुम्हारी सोचने की क्षमता ख़त्म हो जाती है। आप ठीक तरह से नहीं सोच सकते क्योंकि आपका दिमाग़

लगातार यही सवाल पूछता रहता है, 'क्या मैं पकड़ा जाऊँगा? क्या मैं पकड़ा जाऊँगा?'

"पॉल," मैंने आगे कहा, "तुम्हें परीक्षा में 'अच्छे नंबर' की इतनी ज़्यादा चाह थी कि तुमने वह किया जो तुम्हारी नज़रों में ग़लत था। जीवन में बहुत सारे मौक़े आएँगे जब 'सफलता' हासिल करने के लिए तुम्हारे सामने ग़लत काम करने का प्रलोभन मौजूद होगा। उदाहरण के तौर पर, किसी दिन आप इतनी बुरी तरह कोई सामान बेचना चाहेंगे, कि आप अपने ग्राहक को जान-बूझकर ग़लत जानकारी देकर उसे ख़रीदने के लिए मजबूर कर देंगे। और ऐसा करने से आपको सफलता मिल सकती है। परंतु इससे होता यह है। आपका अपराधबोध आप पर हावी हो जाएगा और अगली बार जब आप अपने ग्राहक को देखेंगे तो आप परेशान हो जाएँगे, तनाव में आ जाएँगे। आप सोचने लगेंगे, 'क्या उसे पता चल गया है कि मैंने उसे धोखा दिया था?' आपकी प्रस्तुति इसलिए प्रभावी नहीं होगी क्योंकि आप पूरे मन से प्रस्तुति नहीं दे पाएँगे। इस बात की संभावना है कि आप इसके बाद उसी ग्राहक को दूसरी, तीसरी, चौथी और कई बार सामान बेचने का अवसर गँवा देंगे। लंबे समय में इस तरह की ग़लत सेल्स तकनीकें आपकी अंतरात्मा को तो चोट पहुँचाएँगी ही, आपकी आमदनी को भी कम कर देंगी।"

इसके बाद मैंने पॉल को बताया कि जब किसी बिज़नेसमैन या प्रोफ़ेशनल आदमी को यह डर सताता है कि उसकी पत्नी को उसके विवाहेतर प्रेमसंबंध का पता चल जाएगा तो वह असफल होने लगता है। वह दिन-रात यही सोचता रहता है, "क्या उसे पता चल जाएगा? क्या उसे पता चल जाएगा?" इस कारण उसका आत्मविश्वास कमज़ोर हो जाता है और इसका परिणाम यह होता है कि वह नौकरी या घर में कोई भी काम ठीक तरह से नहीं कर पाता।

मैंने पॉल को याद दिलाया कि कई अपराधी कोई सबूत या संकेत नहीं छोड़ते, फिर भी वे सिर्फ़ इसलिए पकड़े जाते हैं क्योंकि वे अपराधियों की तरह व्यवहार करते हैं और उन्हें देखकर यह समझ में आ जाता है कि इन्होंने कोई ग़लत काम किया है। उनकी अपराधबोध की भावनाएँ उन्हें संदिग्ध आदमियों की सूची में शामिल कर देती हैं।

हममें से हर एक में सही होने, सही सोचने और सही काम करने की इच्छा होती है। जब हम इस इच्छा के विपरीत व्यवहार करते हैं तो हम अपनी अंतरात्मा में कैंसर की बीमारी आमंत्रित कर लेते हैं। यह कैंसर बढ़ता है और हमारे आत्मविश्वास को कम करता जाता है। इसलिए इस तरह का कोई काम न करें, जिसे करने के बाद आपको यह डर सताने लगे, "क्या मैं पकड़ा जाऊँगा? क्या लोगों को इस बात का पता चल जाएगा? क्या मैं बचने में सफल हो पाऊँगा?"

धोखा देकर और अपना आत्मविश्वास कम करके "अच्छे नंबर" लाने की यानी कि सफल होने की कोशिश कभी न करें।

मुझे यह बताते हुए ख़ुशी हो रही है कि पॉल को सीख मिल गई। उसने सही काम करने का व्यावहारिक मूल्य समझ लिया। मैंने सुझाव दिया कि वह बैठ जाए और एक बार फिर से परीक्षा दे। उसने मुझसे सवाल किया, "परंतु क्या आप मुझे कॉलेज से नहीं निकालेंगे?" मेरा जवाब था, "मैं निष्कासन के नियम जानता हूँ। परंतु, अगर हम धोखा देने वाले सारे विद्यार्थियों को कॉलेज से निकाल देंगे तो हमारे आधे प्रोफ़ेसरों की छुट्टी हो जाएगी। और अगर हम धोखा देने का विचार करने वाले सभी विद्यार्थियों को निकाल देंगे, तो हमें कॉलेज में ताले लगाने पड़ेंगे।"

"इसलिए मैं इस घटना को भूलने के लिए तैयार हूँ, अगर तुम एक काम करो।"

"बिलकुल," उसने कहा।

मैंने उसे एक पुस्तक दी। पुस्तक का नाम था *फ़िफ़्टी इयर्स विथ द गोल्डन रूल*। इसे देते हुए मैंने उससे कहा, "पॉल, इस पुस्तक को पढ़ो और पढ़ने के बाद इसे वापस कर देना। जे. सी. पेनी के ख़ुद के शब्दों में यह जानो कि किस तरह सही काम करने की वजह से वे अमेरिका के सबसे अमीर व्यक्तियों के समूह में शामिल हो गए।"

सही काम करने से आपकी अंतरात्मा संतुष्ट रहती है। और इससे आत्मविश्वास भी बढ़ता है। जब हम कोई ग़लत काम करते हैं, तो दो नकारात्मक बातें होती हैं। पहली बात तो यह कि हममें अपराधबोध आ

जाता है और इस अपराधबोध से हमारा आत्मविश्वास कम हो जाता है। दूसरी बात यह कि देर-सबेर दूसरे लोगों को हमारे ग़लत काम की जानकारी मिल जाती है और उनका हम पर से विश्वास उठ जाता है।

सही काम करें और अपने आत्मविश्वास को बनाए रखें। यही *सफल चिंतन का कारगर तरीक़ा है।*

यहाँ एक मनोवैज्ञानिक सिद्धांत दिया जा रहा है जो 25 बार पढ़ने लायक़ है। इसे तब तक पढ़ते रहें, जब तक कि यह आपके दिमाग़ में पूरी तरह से न घुस जाए : *विश्वासपूर्ण चिंतन के लिए विश्वासपूर्ण काम करें।*

महान मनोवैज्ञानिक डॉ. जॉर्ज डब्ल्यू. क्रेन ने अपनी प्रसिद्ध पुस्तक *अप्लाइड साइकलॉजी* (शिकागो : हॉपकिन्स सिंडीकेट, इन्क. 1950) में लिखा है, "याद रखें, काम ही भावनाओं के अग्रज होते हैं। हम अपनी भावनाओं को तो सीधे नियंत्रित नहीं कर सकते। परंतु हम अपने कामों को नियंत्रित करके अपनी भावनाओं को नियंत्रित कर सकते हैं। ... वैवाहिक समस्याओं और ग़लतफ़हमियों को दूर करने के लिए सच्चे मनोवैज्ञानिक तथ्यों को जानें। हर दिन सही काम करें और जल्दी ही आपमें सही भावनाएँ जाग जाएँगी! यह सुनिश्चित कर लें कि आप अपने जीवनसाथी के साथ डेटिंग करें, उसका चुंबन लें, हर दिन उसकी सच्ची तारीफ़ करें, और भी ऐसी ही छोटी-छोटी चीज़ें करें, और आपको प्यार कम होने की चिंता कभी नहीं करनी पड़ेगी। आप प्रेम के काम करते रहेंगे, तो जल्दी ही आपमें प्रेम की भावना भी उत्पन्न हो जाएगी।"

मनोवैज्ञानिकों के अनुसार शारीरिक गतिविधियों में बदलाव करके हम अपने रवैए को बदल सकते हैं। उदाहरण के तौर पर, आप अगर मुस्कराने की क्रिया करते हैं, तो आप सचमुच मुस्कराने के मूड में आ जाएँगे। जब आप अपने शरीर को झुकाने के बजाय तान लेते हैं तो आप ज़्यादा सुपीरियर महसूस करने लगते हैं। इसके उलट अगर, त्यौरियाँ चढ़ाकर देखें तो पाएँगे कि आप त्यौरियाँ चढ़ाने के मूड में आ गए हैं।

यह सिद्ध करना तो आसान है कि अपनी क्रियाओं पर क़ाबू करके आप अपनी भावनाओं को बदल सकते हैं। जो लोग अपना परिचय देने

में संकोच करते हैं, वे अपने संकोच को आत्मविश्वास में बदल सकते हैं अगर वे सिर्फ़ कुछ सामान्य क्रियाएँ करें : पहली बात तो यह कि सामने वाले से गर्मजोशी से हाथ मिलाएँ। इसके बाद, सामने वाले व्यक्ति की तरफ़ एकल सीधे देखें। और तीसरी बात, सामने वाले से कहें, "मुझे आपसे मिलकर ख़ुशी हुई।"

इन तीन साधारण क्रियाओं से आपका संकोच अपने आप और तत्काल दूर हो जाएगा। आत्मविश्वास से भरी क्रिया की वजह से आपमें अपने आप आत्मविश्वास आ जाएगा।

आत्मविश्वासपूर्ण चिंतन करने के लिए आत्मविश्वास की क्रियाएँ करें। जिस तरह की भावनाएँ आप स्वयं में जगाना चाहते हैं, उस तरह के काम करें। नीचे आत्मविश्वास बढ़ाने वाले पाँच अभ्यास दिए जा रहे हैं। इन्हें सावधानी से पढ़ें। फिर इनका अभ्यास करने की पूरी कोशिश करें और आप अपना आत्मविश्वास काफ़ी बढ़ा-चढ़ा पाएँगे।

1. *आगे की बेंच पर बैठें।* कभी आपने मीटिंग या चर्च या क्लासरूम या किसी और तरह की सभा में इस बात पर ग़ौर किया है कि पीछे की सीटें सबसे पहले भर जाती हैं? ज़्यादातर लोग पीछे की लाइन में इसलिए बैठते हैं ताकि वे "लोगों की नज़रों में न आएँ"। और वे लोगों की नज़रों में आने से इसलिए बचना चाहते हैं क्योंकि उनमें आत्मविश्वास नहीं होता।

आगे बैठने से आत्मविश्वास बढ़ता है। इसका अभ्यास करें। आगे से यह नियम बना लें कि आप जितना आगे बैठ सकते हों, बैठें। यह बात तो पक्की है कि आगे बैठने से आप थोड़े ज़्यादा नज़रों में रहते हैं, परंतु याद रखें सफलता के लिए लोगों की नज़रों में रहना ज़रूरी होता है।

2. *नज़रें मिलाकर बात करने का अभ्यास करें।* कोई व्यक्ति किस तरह अपनी आँखों का प्रयोग करता है, इससे भी हमें उसके बारे में काफ़ी जानकारी मिल सकती है। अगर कोई आपकी आँखों में सीधे नहीं देखता है, तो आपके मन में यह सवाल तत्काल आ जाता है, "यह व्यक्ति क्या छुपाने की कोशिश कर रहा है? यह व्यक्ति किस बात से डरा हुआ है? क्या यह मुझे धोखा देना चाहता है? इस व्यक्ति के इरादे क्या हैं?"

आम तौर पर, आँखों के संपर्क में असफलता से दो बातें पता चलती हैं। पहली यह, "मैं आपके सामने आने पर असहज अनुभव करता हूँ। मैं आपसे हीन अनुभव करता हूँ। मैं आपसे डरा हुआ अनुभव करता हूँ।" या सामने वाले से आँखें न मिलाने से यह बात पता चलती है, "मैं अपराधबोध से ग्रस्त हूँ। मैंने ऐसा कुछ किया है या सोचा है जो मैं नहीं चाहता कि आपको पता चल जाए। मुझे डर है कि अगर मैं आपसे नज़रें मिलाऊँगा तो आप मेरे दिल की बात समझ जाएँगे।"

जब आप नज़रें मिलाने से बचते हैं, तो आप सामने वाले पर अच्छी छाप नहीं छोड़ पाते। आप कहते हैं, "मैं डरा हुआ हूँ। मुझमें आत्मविश्वास की कमी है।" इस डर को जीतने का यही तरीक़ा है कि आप सामने वाले से नज़रें मिलाकर बात करें।

नज़रें मिलाकर बात करने से सामने वाले को यह संदेश जाता है, "मैं ईमानदार और सच्चा हूँ। मैं जो कह रहा हूँ, मैं उसमें पूरी तरह यक़ीन करता हूँ। मैं डरा हुआ नहीं हूँ। मैं आत्मविश्वास से भरा हुआ हूँ।"

अपनी आँखों से काम लें। दूसरे व्यक्ति की आँखों में आँखें डालकर बात करें। इससे न सिर्फ़ आपमें आत्मविश्वास *आ जाएगा*, बल्कि इससे सामने वाला भी आप पर विश्वास *करने लगेगा*।

3. *25 प्रतिशत तेज़ चलें।* जब मैं छोटा था, तो काउंटी सीट पर जाना ही अपने आपमें एक रोचक अनुभव होता था। जब सारे काम हो चुके होते और हम कार में लौट आते, तो मेरी माँ अक्सर कहा करती थीं, "डेवी, यहाँ थोड़ी देर चुपचाप बैठो और देखो कि लोग किस तरह चल रहे हैं।"

माँ इस खेल को बहुत अच्छी तरह से खेलती थीं। वे कहा करती थीं, "उस आदमी को देखो। वह परेशान सा दिख रहा है?" या, "तुम्हें क्या लगता है वह महिला क्या करने जा रही है?" या, "उस आदमी की तरफ़ देखो। वह कोहरे में लिपटा हुआ लगता है।"

लोगों को चलते हुए देखना सचमुच मज़ेदार था। मनोरंजन का यह तरीक़ा फ़िल्म देखने से सस्ता पड़ता था (मुझे बाद में पता चला कि इस खेल को खेलने के पीछे माँ का एक कारण यह भी था)। और इससे

ज़्यादा शिक्षा भी मिलती थी।

मैं अब भी लोगों को चलते हुए देखता हूँ। कॉरीडॉर में, लॉबी में, फ़ुटपाथ पर लोगों को चलते हुए देखकर मैं समझ लेता हूँ कि उनकी मानसिक स्थिति कैसी है।

मनोवैज्ञानिक झुकी हुई मुद्राओं और सुस्त चाल का संबंध ख़ुद के बारे में, अपनी नौकरी के बारे में, अपने आस-पास के लोगों के बारे में अप्रिय रवैए से जोड़ते हैं। परंतु मनोवैज्ञानिक यह भी बताते हैं कि आप अपनी मुद्रा को बदलकर और अपनी चलने की गति को बदलकर अपने रवैए को सचमुच बदल सकते हैं। आप भी देखें। अगर देखेंगे, तो आप यह पाएँगे कि शरीर की क्रिया मानसिक क्रिया का परिणाम है। जो व्यक्ति हारा हुआ है, चोट खाया हुआ है वह मरा-मरा चलता है, सुस्त चलता है। उसमें आत्मविश्वास शून्य होता है।

औसत लोग "औसत" चाल चलते हैं। उनकी गति "औसत" होती है। उनके चेहरे पर लिखा होता है, "मुझे अपने आप पर नाज़ नहीं है।"

एक तीसरा समूह भी होता है। इस समूह के लोगों में प्रबल आत्मविश्वास होता है। वे आम लोगों से तेज़ चलते हैं। उनकी चाल में फुर्ती होती है। उनकी चाल दुनिया को बताती है, "मैं किसी महत्त्वपूर्ण काम से किसी महत्वपूर्ण जगह जा रहा हूँ। इससे भी बड़ी बात यह है कि जो काम मैं 15 मिनट बाद करने जा रहा हूँ, मुझे उसमें सफलता मिलेगी।"

आत्मविश्वास बढ़ाने के लिए 25 प्रतिशत तेज़ चलने की तकनीक का प्रयोग करके देखें। अपने कंधों को सीधा कर लें, अपने सिर को ऊपर उठा लें, और थोड़े तेज़ क़दमों से आगे की तरफ़ बढ़े चलें। आप पाएँगे कि आपका आत्मविश्वास भी बढ़ चुका है।

कोशिश करें और परिणाम ख़ुद देखें।

4. *बोलने की आदत डालें।* कई तरह के समूहों के साथ काम करते हुए मैंने यह पाया है कि बहुत से समझदार और योग्य लोग चर्चाओं में भाग नहीं लेते हैं। चर्चा के दौरान उनका मुँह ही नहीं खुल पाता। ऐसा नहीं है कि उनके पास बाक़ी लोगों जितने अच्छे विचार नहीं होते या वे

बोल नहीं सकते। इसका कारण सिर्फ़ यह होता है कि उनमें आत्मविश्वास नहीं होता।

यह चुप्पा व्यक्ति अपने बारे में इस तरह की बातें सोचता है, "मेरा विचार शायद काम का नहीं है। अगर मैं कुछ कहूँगा तो हो सकता है कि लोग मुझे मूर्ख समझें। इसलिए बेहतर यही है कि मैं चुपचाप बैठा रहूँ। इसके अलावा, समूह के बाक़ी लोग मुझसे बेहतर जानते हैं। मैं दूसरों के सामने यह जताना नहीं चाहता कि मैं कितना नासमझ हूँ।"

जितनी बार यह चुप्पा व्यक्ति बोलने में असफल रहता है, वह अपने आपको उतना ही ज़्यादा अक्षम और हीन बनाता जाता है। अक्सर वह ख़ुद से यह कमज़ोर-सा वादा करता है (अंदर से वह जानता है कि इस वादे को वह कभी पूरा नहीं कर पाएगा) कि वह "अगली बार" मौक़ा पड़ने पर ज़रूर बोलेगा।

यह बहुत महत्वपूर्ण है : हर बार जब चुप्पा व्यक्ति बोलने में असफल रहता है, तो वह आत्मविश्वास को ख़त्म करने वाले ज़हर की एक और ख़ुराक गटक लेता है। अपने आप पर उसका विश्वास उतना ही कम होता जाता है।

सकारात्मक पहलू यह है कि आप जितना ज़्यादा बोलते हैं, आपका आत्मविश्वास उतना ही ज़्यादा बढ़ता जाता है और आपके लिए अगली बार बोलना उतना ही ज़्यादा आसान हो जाता है। बोलने की आदत डालें। आत्मविश्वास बढ़ाने के लिए यह आदत विटामिन की तरह काम करती है।

आत्मविश्वास बढ़ाने की इस तकनीक का प्रयोग करें। हर ओपन मीटिंग में बोलने का नियम बना लें। आप *जिस* बिज़नेस वार्ता, कमिटी मीटिंग, कम्युनिटी फ़ोरम में भाग लें, उसमें *अपने आप* कुछ न कुछ कहें। इस मामले में कोई अपवाद न रखें। कोई टिप्पणी करें, कोई सुझाव दें, कोई सवाल पूछें। और आख़िरी में कभी न बोलें। आपको सबसे पहले बोलने की आदत डालनी चाहिए, आपको झिझक तोड़नी होगी।

और मूर्ख दिखने के बारे में चिंता न करें। आप मूर्ख नहीं दिखेंगे। अगला व्यक्ति चाहे आपसे सहमत न हो, परंतु कोई दूसरा व्यक्ति आपसे

ज़रूर सहमत होगा। अपने आपसे यह सवाल करना छोड़ दें, "क्या मैं कभी बोलने की हिम्मत कर पाऊँगा ?"

इसके बजाय, समूह के लीडर का ध्यान आकर्षित करने का लक्ष्य बनाएँ ताकि आप बोल सकें।

बोलने के विशेष प्रशिक्षण और अनुभव के लिए अपने स्थानीय टोस्टमास्टर के क्लब में शामिल हो जाएँ। हज़ारों लोगों ने इस तरह के सुनियोजित कार्यक्रम में शामिल होकर लोगों के *साथ* और लोगों के *सामने* चर्चा करके अपना आत्मविश्वास बढ़ाया है।

5. *बड़ी मुस्कराहट दें।* ज़्यादातर लोगों का कहना है कि मुस्कराहट से उन्हें सच्ची ताक़त मिलती है। उन्हें बताया गया है कि मुस्कराहट आत्मविश्वास की कमी को दूर करने के लिए एक बढ़िया दवा है। परंतु ज़्यादातर लोग इस बात में इसलिए यक़ीन नहीं करते, क्योंकि जब वे डरे होते हैं तो वे मुस्कराने की कोशिश ही नहीं करते।

यह छोटा-सा प्रयोग करके देखें। आप पराजित अनुभव करें और बड़ी मुस्कराहट दें : एक साथ, एक ही समय में यह संभव नहीं है। आप ऐसा कर ही नहीं सकते। बड़ी मुस्कराहट आपको आत्मविश्वास देती है। बड़ी मुस्कराहट आपका डर भगाती है, चिंता दूर करती है और निराशा हर लेती है।

और एक सच्ची मुस्कराहट सिर्फ़ आपके आत्मविश्वास को ही नहीं बढ़ाती, या सिर्फ़ आपके मन से बुरी भावनाओं को ही नहीं हटाती। सच्ची मुस्कराहट से लोगों का विरोध भी पिघल जाता है– और यह तत्काल होता है। अगर आप किसी को बड़ी-सी, सच्ची मुस्कराहट दें, तो सामने वाला व्यक्ति आपसे ग़ुस्सा हो ही नहीं सकता। कुछ समय पहले की बात है मेरे साथ एक घटना हुई, जिसमें ऐसा ही हुआ। मैं चौराहे पर हरी बत्ती जलने का इंतज़ार कर रहा था कि तभी **भड़ाम** की आवाज़ आई! मेरे पीछे वाले ड्राइवर का पैर ब्रेक पर से हट गया था और उसने मेरी कार के बम्पर में पीछे से टक्कर मार दी थी। मैंने शीशे में से देखा कि वह बाहर निकल रहा था। मैं भी तत्काल बाहर निकल आया और नियमों की पुस्तक को भूलते हुए बहस के लिए तैयार हो गया। मैं मानता हूँ कि

मैं उससे बहस करके उसे नीचा दिखाने के लिए पूरी तरह तैयार था।

परंतु सौभाग्य से, इसके पहले कि मुझे ऐसा करने का मौक़ा मिलता, वह मेरे पास आया, मुस्कराया और उसने गंभीरता से कहा, "दोस्त, मेरा ऐसा कोई इरादा नहीं था।" उसकी मुस्कराहट और उसके गंभीर वाक्य को सुनकर मेरा ग़ुस्सा काफ़ूर हो गया। जवाब में मैंने इस तरह की बात कही, "चलता है। ऐसा तो होता ही रहता है।" पलक झपकते ही हमारा विरोध मित्रता में बदल गया।

बड़ी मुस्कराहट दें और आप महसूस करेंगे कि "एक बार फिर ख़ुशी के दिन लौट आए हैं।" परंतु मुस्कराहट *बड़ी* होनी चाहिए। आधी मुस्कराहट से काम नहीं चलेगा। आधी मुस्कराहट की सफलता की कोई गारंटी नहीं है। तब तक मुस्कराएँ जब तक आपके दाँत न दिखने लगें। बड़ी मुस्कराहट की सफलता की पूरी गारंटी है।

मैंने कई बार सुना है, "हाँ, परंतु जब मैं डरा हुआ होता हूँ, या मैं ग़ुस्से में होता हूँ तो मेरी मुस्कराने की इच्छा ही नहीं होती।"

बिलकुल नहीं होती होगी। किसी की नहीं होती। परंतु यही तो ख़ास बात है कि आप ऐसे वक़्त भी खुद कहें, "मैं मुस्कराकर दिखा दूँगा।"

फिर मुस्कराएँ।

मुस्कराहट की शक्ति का दोहन करें।

इन पाँच तकनीकों के प्रयोग से लाभ उठाएँ

1. कार्य करने से डर दूर होता है। अपने डर को चिन्हित कर लें और फिर रचनात्मक कार्य करें। अकर्मण्यता - किसी परिस्थिति के बारे में कुछ न करने की आदत - से डर बढ़ता है और आत्मविश्वास कम होता है।

2. अपनी यादों के बैंक में केवल सकारात्मक विचार ही जमा करने की कोशिश करें। नकारात्मक, ख़ुद को नीचा दिखाने वाले विचारों को मानसिक राक्षस न बनने दें। अप्रिय घटनाओं या परिस्थितियों को याद करने की आदत छोड़ दें।

3. लोगों को सही पहलू से देखें। याद रखें, लोग ज़्यादातर मामलों में एक जैसे होते हैं और बहुत कम मामलों में एक-दूसरे से अलग होते हैं। सामने वाले के बारे में संतुलित नज़रिया रखें। आख़िर, वह भी आप ही की तरह एक इंसान है। और आप समझने के रवैए का भी प्रयोग करें। कई लोग भौंकते हैं, परंतु बहुत कम लोग सचमुच काटते हैं।

4. वही काम करने की आदत डालें जो आपकी अंतरात्मा के हिसाब से ठीक हैं। इससे आपके जीवन में अपराधबोध का ज़हर नहीं घुल पाता। सही काम करना सफलता के लिए एक बहुत व्यावहारिक नियम है।

5. अपने हर काम से यह झलकने दें, "मुझमें आत्मविश्वास है, काफ़ी आत्मविश्वास है।" अपने रोज़मर्रा के जीवन में इन छोटी-छोटी तकनीकों का प्रयोग करें।

अ. "आगे की बेंच" पर बैठें।

ब. नज़रें मिलाने का अभ्यास करें।

स. 25 प्रतिशत तेज़ चलें।

द. बोलने की आदत डालें।

इ. बड़ी मुस्कराहट दें।

4

बड़ा कैसे सोचें?

हाल ही में मैंने एक बड़ी औद्योगिक कंपनी के रोज़गार विशेषज्ञ से चर्चा की। यह विशेषज्ञ हर साल चार महीने कॉलेजों में जाकर वहाँ के प्रतिभाशाली सीनियर छात्रों को अपनी कंपनी के जूनियर एक्ज़ीक्यूटिव प्रशिक्षण कार्यक्रम के लिए चुनती थी। उसकी बातों से लगा जैसे वह छात्रों के रवैए से निराश थी।

"मैं हर दिन 8 से 12 ऐसे कॉलेज सीनियर्स का इंटरव्यू लेती हूँ, जो हमारे साथ काम करना चाहते हैं। हम स्क्रीनिंग इंटरव्यू में जिस बात पर सबसे ज़्यादा ध्यान देते हैं, वह होती है उनकी प्रेरणा, उनका प्रयोजन। हम यह जानना चाहते हैं कि क्या यह आदमी कुछ साल बाद हमारे लिए बड़े प्रोजेक्ट कर सकता है, हमारे ब्रांच ऑफ़िस या फ़ैक्टरी को सँभाल सकता है, या किसी और तरीक़े से कंपनी के लिए बड़ी ज़िम्मेदारी उठा सकता है।

"मुझे यह कहना पड़ेगा कि मैं जिन लोगों से चर्चा करती हूँ, उनमें से ज़्यादातर सीनियर्स के व्यक्तिगत लक्ष्यों को देखकर मैं ख़ुश नहीं हूँ। आपको यह जानकर हैरत होगी कि यह 22 साल के लड़के हमारी बाक़ी किसी चीज़ से ज़्यादा हमारे रिटायरमेंट प्लान में रुचि लेते हैं। उनका दूसरा पसंदीदा सवाल होता है, "क्या मुझे घूमने को मिलेगा?" उनमें से ज़्यादातर लोगों के लिए *सफलता* शब्द *सुरक्षा* का पर्यायवाची होता है। हम इस तरह के लोगों को अपनी कंपनी से जोड़ने का जोखिम क्यों उठाएँ?

"आज के युवा बाक़ी बातों में तो इतने आधुनिक हो गए हैं, लेकिन मेरी समझ में यह नहीं आता कि वे अब भी अपने भविष्य के बारे में

इतना संकुचित रवैया क्यों रखते हैं? हर दिन अवसर बढ़ते जा रहे हैं। वैज्ञानिक और औद्योगिक क्षेत्रों में हमारा देश रिकॉर्ड तरक़्क़ी कर रहा है। हमारी जनसंख्या तेज़ी से बढ़ रही है। अगर अमेरिका में तरक़्क़ी का कोई युग है, तो यही है।"

अब अगर इतने सारे लोगों की सोच इतनी छोटी है, तो इसका मतलब यह हुआ कि अगर आप सचमुच बड़ा सोचते हैं तो आपके सामने बहुत कम प्रतियोगिता है और आपके लिए एक बहुत बड़े करियर का रास्ता खुला हुआ है।

सफलता के मामले में लोगों को इंच या पौंड के हिसाब से नहीं नापा जाता, न ही उन्हें कॉलेज की डिग्रियों से या पारिवारिक पृष्ठभूमि के पैमाने से नापा जाता है; उन्हें तो उनकी सोच के आकार से नापा जाता है। आप कितना बड़ा सोचते हैं, यही आपकी उपलब्धियों के आकार को तय करता है। देखते हैं कि हम किस तरह अपनी सोच को बड़ा कर सकते हैं।

कभी आपने ख़ुद से पूछकर देखा है, "मेरी सबसे बड़ी कमज़ोरी क्या है?" शायद इंसान की सबसे बड़ी कमज़ोरी ख़ुद का मूल्यांकन कम करने की होती है- यानी कि ख़ुद को सस्ते में बेचने की कमज़ोरी। आत्म-मूल्यांकन में कमी अनगिनत तरीक़ों से साफ़ दिखती है। जॉन अख़बार में एक नौकरी का विज्ञापन देखता है। वह इसी तरह की नौकरी करना चाहता है। परंतु वह इसके लिए कोई कोशिश नहीं करता क्योंकि वह सोचता है, "मैं इस नौकरी के लिए पर्याप्त योग्य नहीं हूँ, इसलिए कोशिश करने की मेहनत क्यों करूँ?" या जिम जोन के साथ डेटिंग पर जाना चाहता है, परंतु वह उससे नहीं पूछता क्योंकि उसे लगता है कि वह तैयार नहीं होगी।

टॉम को लगता है कि मिस्टर रिचर्ड्स उसके माल के अच्छे ग्राहक हो सकते हैं, परंतु टॉम मिस्टर रिचर्ड्स से मिलने नहीं जाता। उसे लगता है कि मिस्टर रिचर्ड्स जैसे बड़े आदमी उससे नहीं मिलेंगे। पीट नौकरी का आवेदन भर रहा है। उसमें एक प्रश्न पूछा जाता है, "आप शुरुआत में कितनी तनख़्वाह चाहेंगे?" पीट एक छोटी-सी रक़म लिख देता है क्योंकि उसे लगता है कि वह इससे ज़्यादा तनख़्वाह के योग्य नहीं है, जबकि वह इससे ज़्यादा तनख़्वाह पाना चाहता है।

हज़ारों सालों से दार्शनिक हमें यह अच्छी सलाह देते आ रहे हैं : *ख़ुद को जानें*। परंतु ज़्यादातर लोग इस सलाह का मतलब यह निकालते हैं कि *ख़ुद के नकारात्मक पहलू को जानें*। ज़्यादातर आत्म-मूल्यांकनों में लोग अपनी ग़लतियों, कमियों, अयोग्यताओं की लंबी सी मानसिक सूची बना लेते हैं।

हमें अपनी कमियाँ पता हों; अच्छी बात है। इनसे हमें यह पता चलता है कि हमें इन क्षेत्रों में सुधार करना है। परंतु अगर हम सिर्फ़ अपने नकारात्मक पहलू को ही जान पाएँ तो हम परेशानी में फँस जाएँगे। हमारा मूल्य अपनी नज़रों में कम हो जाएगा।

यहाँ एक अभ्यास दिया गया है जिससे आप अपने सच्चे आकार को नाप सकते हैं। मैंने इसे एक्ज़ीक्यूटिव्ज़ और सेल्स पर्सनेल के अपने प्रशिक्षण कार्यक्रमों में आज़माया है। यह वाक़ई काम करता है।

1. अपने पाँच प्रमुख गुणों को तय करें। किसी निष्पक्ष दोस्त की मदद लें – जैसे आपकी पत्नी, आपका सीनियर, आपका प्रोफ़ेसर – कोई समझदार व्यक्ति जो आपको सच्ची राय दे सके। (गुणों के उदाहरण हैं शिक्षा, अनुभव, तकनीकी योग्यता, हुलिया, संतुलित घरेलू जीवन, रवैया, व्यक्तित्व, लीडरशिप की योग्यता)।

2. हर गुण के सामने अपने उन तीन परिचित व्यक्तियों के नाम लिख लें जो बेहद सफल हैं परंतु उनमें यह गुण उतनी मात्रा में *नहीं* है, जितनी मात्रा में यह गुण आपमें है।

इस अभ्यास को पूरा कर लेने पर आप पाएँगे कि आप किसी न किसी बात में कई सफल लोगों से आगे हैं।

ईमानदारी से आप एक ही निष्कर्ष पर पहुँच सकते हैं : आप जितना सोचते हैं, आप उससे बड़े हैं। इसलिए, आप अपनी सोच को भी अपने असली आकार के हिसाब से बना लें। उतना ही बड़ा सोचें जितने बड़े आप हैं! और कभी, ख़ुद को सस्ते में न बेचें!

जो व्यक्ति "अचल" शब्द के लिए "दुर्भेद्य' शब्द का प्रयोग करता है या "बचत" की जगह "मितव्ययिता" शब्द का प्रयोग करता है, उसके बारे

में हम यह जान जाते हैं कि उसकी शब्दावली का दायरा बड़ा है। परंतु क्या उसके पास एक बड़े चिंतक की शब्दावली है? शायद नहीं। जो लोग कठिन शब्दों का प्रयोग करते हैं, जो लोग ऐसे आलंकारिक वाक्यों का प्रयोग करते हैं जिन्हें समझने में आम लोगों को कठिनाई होती है वे दरअसल दिखावटी और घमंडी लोग होते हैं। और दिखावटी लोग आम तौर पर छोटे चिंतक होते हैं।

किसी व्यक्ति की शब्दावली का महत्वपूर्ण पैमाना उसके शब्दों की संख्या या आकार नहीं है। असली महत्व की बात तो यह है कि उसके शब्दों का उस पर और सामने वाले पर क्या प्रभाव पड़ रहा है।

यहाँ एक मूलभूत बात बताई जा रही है : *हम शब्दों और वाक्यों में नहीं सोचते हैं। हम तस्वीरों और/या बिंबों में सोचते हैं।* शब्द विचारों के लिए कच्चा माल हैं। जब इन्हें बोला जाता है या पढ़ा जाता है तो हमारा दिमाग़ी कंप्यूटर इन शब्दों को अपने आप तस्वीरों में बदल लेता है। हर शब्द, हर वाक्य, आपके दिमाग़ में एक अलग तस्वीर बनाता है। अगर कोई यह कहता है, "जिम ने एक नया स्पलिट-लेवल ख़रीदा है," तो हमारे दिमाग़ में एक अलग तस्वीर बनती है। परंतु अगर आपको बताया जाता है, "जिम ने एक नया रैंच हाउस ख़रीदा है" तो आपके दिमाग़ में दूसरी ही तस्वीर बनती है। हमारे दिमाग़ में अलग-अलग तस्वीरें अलग-अलग शब्दों की वजह से बनती हैं।

इसे इस तरीक़े से देखें। जब आप बोलते हैं या लिखते हैं तो आप एक तरह से दूसरे लोगों के दिमाग़ में फ़िल्में दिखाने वाले प्रोजेक्टर का काम कर रहे हैं। और आप जिस तरह की फ़िल्म दिखाएँगे, सामने वाले पर आपका प्रभाव वैसा ही पड़ेगा।

मान लीजिए आप लोगों को यह बताते हैं, "मुझे यह बताते हुए दुःख हो रहा है कि हम असफल हो गए हैं।" इस वाक्य का उन लोगों पर क्या असर होगा? वे लोग इन शब्दों में हार और निराशा और दुःख के चित्र देखेंगे, जो "असफल" शब्द में छुपे हुए हैं। इसके बजाय अगर आप कहते हैं, "यह रहा एक नया उपाय, जिससे हम सफल हो सकते हैं," तो इससे उनका उत्साह बढ़ जाएगा और वे एक बार फिर कोशिश करने के लिए तैयार हो जाएँगे।

मान लीजिए आप कहते हैं, "हमारे सामने एक समस्या है।" ऐसा कहने पर दूसरों के दिमाग़ में आप एक ऐसी तस्वीर बना देंगे जो सुलझाने में मुश्किल और अप्रिय होगी। इसके बजाय यह कहें, "हमारे सामने एक चुनौती है।" और इस वाक्य से आप एक ऐसी मानसिक तस्वीर बना देते हैं जिसमें आनंद है, खेल है, करने के लिए कुछ अच्छा है।

या किसी समूह से कहें, "हमने काफ़ी बड़ा ख़र्च कर डाला।" और लोगों को लगता है कि ख़र्च हुआ पैसा कभी वापस नहीं लौटेगा। निश्चित रूप से यह नकारात्मक वाक्य है। इसके बजाय यह कहें, "हमने काफ़ी बड़ा निवेश किया है," और लोग एक ऐसी तस्वीर बना लेंगे जिसमें बाद में लाभ लौटता हुआ दिखता है, और यह एक बहुत सुखद दृश्य होता है।

मुद्दे की बात यह है : बड़े चिंतकों में अपने और दूसरों के मस्तिष्क में सकारात्मक, प्रगतिशील और आशावादी तस्वीरें बनाने की कला होती है। *बड़ी सोच के लिए हमें ऐसे शब्दों और वाक्यों का प्रयोग करना चाहिए जो बड़े, सकारात्मक मानसिक चित्र प्रदान कर सकें।*

नीचे बाएँ हाथ के कॉलम में कुछ वाक्य दिए गए हैं जिनसे छोटे, नकारात्मक, निराशाजनक विचार उत्पन्न होते हैं। दाएँ हाथ के कॉलम में उसी परिस्थिति को बड़े, सकारात्मक अंदाज़ में प्रस्तुत किया गया है।

पढ़ते समय खुद से पूछें, "मैं किस तरह के मानसिक चित्र देख रहा हूँ?"

छोटे, नकारात्मक मानसिक चित्र उत्पन्न करने वाले वाक्य	बड़े, सकारात्मक मानसिक चित्र उत्पन्न करने वाले वाक्य
1. इससे कोई फ़ायदा नहीं होगा, हम हार चुके हैं।	हम अभी हारे नहीं हैं। हम कोशिश करते रहेंगे। यह रहा एक नया उपाय जिससे हम सफल हो सकते हैं।
2. मैंने पहले भी यह बिज़नेस किया था और मैं इसमें असफल हो गया था। मैं अब दुबारा भूलकर भी कोशिश नहीं करूँगा।	मैं एक बार इसमें ज़रूर असफल हुआ था, परंतु उसमें ग़लती मेरी ही थी। अब मैं एक बार फिर कोशिश करके देखूँगा और उस ग़लती को नहीं दोहराऊँगा।

छोटे, नकारात्मक मानसिक चित्र उत्पन्न करने वाले वाक्य	बड़े, सकारात्मक मानसिक चित्र उत्पन्न करने वाले वाक्य
3. मैंने कोशिश करके देखा है, परंतु यह माल बिकता ही नहीं है। लोग इसे नहीं ख़रीदना चाहते।	अब तक मैं यह माल नहीं बेच पाया हूँ। परंतु मैं जानता हूँ कि यह अच्छा है और मैं ऐसा फ़ॉर्मूला ढूँढ़ ही लूँगा जिससे यह धड़ाधड़ बिकने लगे।
4. बाज़ार माल से अटा पड़ा है। सोचिए, 75 प्रतिशत संभावित माल तो पहले ही बिक चुका है। बेहतर है कि मैं इससे बाहर निकल आऊँ।	सोचिए, 25 प्रतिशत बाज़ार तो खुला पड़ा है। मैं बिलकुल कोशिश करूँगा। यह बहुत बड़ा अवसर है!
5. उनके ऑर्डर छोटे होते हैं। मैं अब उनके पास नहीं जाऊँगा।	उनके ऑर्डर अब तक छोटे हैं। मैं ऐसी योजना बनाता हूँ जिनसे वे मुझसे और ज़्यादा माल ख़रीदें।
6. आपकी कंपनी में चोटी पर पहुँचने में मुझे पाँच साल लगेंगे और पाँच साल बहुत लंबा समय है। मेरी इसमें कोई रुचि नहीं है।	पाँच साल का समय ज़्यादा नहीं होता। ज़रा सोचिए, इसके बाद भी मेरे पास चोटी के पद पर रहने के लिए 30 साल का समय बचता है।
7. प्रतियोगी कंपनी के पास हर लाभ है। मैं उनके विरुद्ध अपना माल कैसे बेच सकता हूँ?	प्रतियोगी कंपनी दमदार है। मैं इससे इन्कार नहीं करता, परंतु किसी के पास भी पूरे लाभ नहीं होते। हम बैठकर सोचें और ऐसा तरीक़ा खोजें जिससे हम उन्हें हरा सकें।
8. कोई भी वह माल नहीं ख़रीदेगा।	वर्तमान स्वरूप में, शायद इसे न बेचा जा सके। परंतु हम कुछ परिवर्तनों के बारे में विचार करके इसे बेच सकते हैं।

छोटे, नकारात्मक मानसिक चित्र उत्पन्न करने वाले वाक्य	बड़े, सकारात्मक मानसिक चित्र उत्पन्न करने वाले वाक्य
9. हम तब तक इंतज़ार करें, जब तक मंदी नहीं आ जाती, फिर हम स्टॉक ख़रीदेंगे।	हम अभी निवेश करते हैं। हम मंदी के बारे में भला क्यों सोचें, हम समृद्धि पर अपना पैसा क्यों न लगाएँ।
10. मैं इस काम के लिए ज़्यादा युवा (बूढ़ा) हूँ।	युवा (बूढ़ा) होना एक फ़ायदे की बात है।
11. यह उपाय सफल नहीं होगा। मैं यह साबित कर सकता हूँ। चित्र : अँधेरा, उदासी, निराशा, दुःख, असफलता।	यह उपाय सफल होगा। मैं यह साबित कर सकता हूँ। चित्र : चमक, आशा, सफलता, आनंद, विजय।

बड़े चिंतक की शब्दावली विकसित करने के चार तरीक़े

यहाँ चार तरीक़े दिए जा रहे हैं, जिनकी मदद से आप बड़े चिंतक की शब्दावली विकसित कर सकते हैं।

1. अपनी भावनाओं को व्यक्त करने के लिए बड़े, सकारात्मक, आशावादी शब्दों और वाक्यों का प्रयोग करें। जब कोई आपसे पूछता है, "आप आज कैसा महसूस कर रहे हैं?" और आप उसे जवाब देते हैं, "मैं थका हुआ हूँ (मुझे सिरदर्द है, काश कि आज शनिवार होता, मेरा आज बहुत बुरा हाल है)" तो आप अपनी स्थिति को अपने ही हाथों ख़राब कर रहे हैं। इसका अभ्यास करें : यह एक बहुत आसान बात है, परंतु इसमें बहुत शक्ति है। जब भी कोई आपसे पूछे, "आप कैसे हैं?" या "आप आज कैसा महसूस कर रहे हैं?" तो जवाब में हमेशा कहें, *"बहुत बढ़िया! धन्यवाद और आप कैसे हैं?"* या कहें "बेहतरीन" या "शानदार"। हर मौक़े पर कहें कि आप बढ़िया महसूस कर रहे हैं और आप सचमुच बढ़िया महसूस करने लगेंगे और ज़्यादा बड़ा भी। एक ऐसे व्यक्ति बनें जो हमेशा बढ़िया महसूस करता है। इससे दोस्त बनते हैं।

2. दूसरे लोगों का वर्णन करते समय चमकीले, ख़ुशनुमा, सकारात्मक शब्दों और वाक्यों का प्रयोग करें। यह नियम बना लें कि आप अपने सभी दोस्तों और सहयोगियों के लिए बड़े, सकारात्मक शब्दों का प्रयोग करेंगे। जब आप किसी के साथ किसी तीसरे अनुपस्थित व्यक्ति के बारे में बात कर रहे हों, तो आप उसकी बड़े शब्दों में प्रशंसा करें, "हाँ, वह *बढ़िया* आदमी है।" "लोग कहते हैं उसका काम *बहुत बढ़िया* है।" इस बात का बहुत ध्यान रखें कि आप उसकी बुराई न करें या घटिया भाषा का इस्तेमाल न करें। देर सबेर तीसरे व्यक्ति को पता चल जाता है कि आपने क्या कहा था, और आपने जो बुराई की थी, वह आपको ही बुरा बना सकती है।

3. दूसरों का उत्साह बढ़ाने के लिए सकारात्मक भाषा का प्रयोग करें। हर मौक़े पर लोगों की तारीफ़ करें। अपनी पत्नी या अपने पति की हर रोज़ तारीफ़ करें। अपने साथ काम करने वालों की रोज़ तारीफ़ करें। अगर सच्ची तारीफ़ की जाए, तो यह सफलता का औज़ार बन जाती है। इसका प्रयोग करें! इसका प्रयोग बार-बार, हर बार करें। लोगों के हुलिए, उनके काम, उनकी उपलब्धियों, उनके परिवार की तारीफ़ करें।

4. दूसरों के सामने योजना प्रस्तुत करते समय सकारात्मक शब्दों का प्रयोग करें। जब लोग इस तरह की बात सुनते हैं- "मैं आपको एक *अच्छी* ख़बर सुनाना चाहता हूँ। हमारे सामने एक सुनहरा अवसर है..." तो उनके दिमाग़ में आशा जाग जाती है। परंतु जब वे इस तरह की कोई बात सुनते हैं, "चाहे आप इसे पसंद करें या न करें, हमें यह काम करना है," तो दिमाग़ की फ़िल्म बोझिल, बोरिंग हो जाती है और वे भी इसी तरह के हो जाते हैं। जीत का वादा करें और उनकी आँखों में चमक आ जाएगी। जीत का वादा करें और आपको समर्थन हासिल हो जाएगा। महल बनाएँ, क़ब्र न खोदें!

यह न देखें कि क्या है, यह देखें कि क्या हो सकता है

बड़े चिंतक सिर्फ़ यही नहीं देखते कि क्या है, वे यह भी देख सकते हैं कि क्या हो सकता है। यहाँ पर चार उदाहरण दिए जा रहे हैं कि ऐसा किस तरह किया जा सकता है।

1. *रियल एस्टेट की क़ीमत कैसे बढ़ती है?* एक बेहद सफल रिएल्टर, जो ग्रामीण इलाक़े की जायदाद का विशेषज्ञ है, का कहना है कि अगर हम भविष्य की कल्पना कर सकें, तो इससे हमें बहुत लाभ हो सकता है। जहाँ आज कुछ नहीं है, वहाँ कल क्या हो सकता है, इस बात की कल्पना करना हमें सीखना चाहिए।

मेरे दोस्त ने कहा, "ग्रामीण इलाक़ा होने के कारण यहाँ ज़्यादातर ज़मीन-जायदाद बहुत आकर्षक नहीं होती। मैं इसलिए सफल हुआ हूँ क्योंकि मैं अपने ग्राहकों को यह नहीं बताता कि उनके फ़ार्म की हालत अभी कैसी है।

"मैं अपने पूरे सेल्स प्लान को इस बात के चारों तरफ़ बनाता हूँ कि यह फ़ार्म भविष्य में क्या बन *सकता* है। ग्राहक को अगर मैं सीधे तरीक़े से यह बताऊँ, 'इस फ़ार्म में इतने एकड़ ज़मीन, इतने एकड़ पेड़ हैं और यह शहर से इतने मील दूर है' तो इससे वह उत्साहित नहीं होगा और इसे कभी नहीं ख़रीदेगा। परंतु जब मैं उसे एक ऐसी योजना बताता हूँ कि वह इस फ़ार्म पर क्या-क्या कर सकता है, तो वह इस फ़ार्म को ख़ुशी-ख़ुशी ख़रीद लेता है। मैं आपको बताता हूँ कि मैं ऐसा किस तरह करता हूँ।"

उसने अपना ब्रीफ़केस खोला और एक फ़ाइल निकाली। "यह फ़ार्म," उसने कहा, "अभी-अभी हमारे पास आया है। यह भी बाक़ी फ़ार्मों की तरह है। यह शहर से 43 मील की दूरी पर है। इसका घर टूटी-फूटी हालत में है और पिछले पाँच साल से यहाँ खेती नहीं हुई है। अब मैं आपको यह बताता हूँ कि मैंने क्या किया है। मैंने इस जगह का पूरा अध्ययन करने के लिए पिछले सप्ताह यहाँ दो दिन गुज़ारे। मैंने इस पूरी जगह के कई चक्कर लगाए। मैंने पड़ोसी फ़ार्मों को भी देखा। मैंने वर्तमान और प्रस्तावित हाइवे प्लान के संदर्भ में भी फ़ार्म की लोकेशन को देखा। मैंने ख़ुद से पूछा, 'यह फ़ार्म किस बड़े काम के लिए उपयुक्त है?'

"मुझे इसमें तीन संभावनाएँ दिखीं। मैंने तीनों की योजना बना ली।" उसने मुझे हर योजना दिखाई। हर योजना स्पष्ट थी और विस्तार से बनी थी। एक प्लान में सुझाव दिया गया था कि फ़ार्म को घुड़सवारी के अस्तबल में बदल दिया जाए। इस प्लान में बताया गया था कि विचार दमदार है : शहर बढ़ रहा है, लोग गाँव को ज़्यादा पसंद करने लगे हैं,

लोग मनोरंजन पर ज़्यादा ख़र्च करने लगे हैं, सड़कें अच्छी हैं। इस प्लान में बताया गया था कि किस तरह यहाँ पर काफ़ी घोड़े रखे जा सकते हैं जिससे घुड़सवारी से काफ़ी आमदनी की जा सकती है। घुड़सवारी के अस्तबल का विचार काफ़ी अच्छा और प्रेरक था। योजना को स्पष्ट, विस्तृत और दमदार होना चाहिए, मैं "देख" सकता था कि पेड़ों के बीच से गुज़रते हुए एक दर्जन दंपति घुड़सवारी का आनंद ले रहे थे।'

इसी तरीक़े से इस मेहनती सेल्समैन ने दूसरी विस्तृत योजना बनाई कि किस तरह इसे वृक्षों के फ़ार्म में बदला जा सकता है और तीसरी योजना थी कि यहाँ पर वृक्षों के फ़ार्म के साथ-साथ पोल्ट्री फ़ार्म भी शुरू किया जा सकता है।

"अब, जब मैं अपने ग्राहकों से चर्चा करता हूँ तो मुझे उन्हें यह विश्वास नहीं दिलाना होता कि इसकी वर्तमान हालत में इस फ़ार्म को ख़रीदना एक अच्छा सौदा है। मैं उन्हें एक ऐसी तस्वीर दिखाता हूँ जिसमें फ़ार्म पैसा बनाने वाला व्यवसाय बन जाता है।

"इससे मैं न सिर्फ़ ज़्यादा फ़ार्म बेच सकता हूँ और ज़्यादा तेज़ी से बेच सकता हूँ, बल्कि जायदाद बेचने के मेरे तरीक़े का एक और फ़ायदा भी है। मैं अपने प्रतियोगियों से ज़्यादा क़ीमत पर फ़ार्म बेच सकता हूँ। लोग ज़मीन और एक विचार के लिए जो क़ीमत देते हैं वह सिर्फ़ ज़मीन के लिए दी गई क़ीमत से स्वाभाविक तौर पर ज़्यादा होती है। इसी कारण ज़्यादातर लोग अपने फ़ार्मों को मेरे यहाँ से बेचना चाहते हैं और हर बिक्री पर मेरा कमीशन बढ़ता जाता है।'

इसका संदेश यह है : *वर्तमान में चीज़ें कैसी हैं, यह देखने के बजाय यह देखें कि वे भविष्य में कैसी हो सकती हैं। कल्पनाशक्ति से हर चीज़ ज़्यादा क़ीमती बन जाती है। बड़ा चिंतक हमेशा इस बात की कल्पना कर लेता है कि भविष्य में क्या किया जा सकता है। वह केवल वर्तमान में ही नहीं उलझा रहता।*

2. *एक ग्राहक का कितना मूल्य होता है?* एक डिपार्टमेंट स्टोर एक्ज़ीक्यूटिव मैनेजरों की मीटिंग को संबोधित कर रही थीं। उन्होंने कहा, "हालाँकि मेरे विचार आपको पुराने ज़माने के लगेंगे, परंतु मैं उस विचारधारा

की हूँ कि अगर आप अपने ग्राहकों से दोस्ताना, शालीन व्यवहार करेंगे तो वे बार-बार आपके पास आएँगे। एक दिन मैं अपने स्टोर में घूम रही थी। मैंने अपने सेल्समैन को एक ग्राहक से बहस करते सुना। ग्राहक ग़ुस्से में बाहर चला गया।

"इसके बाद, सेल्समैन ने दूसरे सेल्समैन से कहा, 'मैं 1.98 डॉलर के ग्राहक के पीछे अपना समय क्यों ख़राब करूँ। उसकी ज़रूरत के सामान के लिए पूरे स्टोर को क्यों छानूँ? वह इस क़ाबिल ही नहीं है।"

"मैं वहाँ से चली आई," एक्ज़ीक्यूटिव ने कहा, "परंतु मैं अपने दिमाग़ से उस बात को नहीं निकाल पाई। मैंने सोचा कि यह बहुत गंभीर मामला है जब हमारे सेल्समैन अपने ग्राहकों को 1.98 की श्रेणी में रखते हैं। मैंने तभी यह फ़ैसला किया कि सोच के इस ढँग को बदलना होगा। जब मैं वापस अपने ऑफ़िस में पहुँची, तो मैंने अपने रिसर्च डायरेक्टर को बुलाया और उससे पूछा कि हमारे स्टोर में पिछले साल औसत ग्राहक ने कितने पैसे का माल ख़रीदा। उसने मुझे जो आँकड़ा बताया, उससे मुझे भी हैरत हुई। हमारे रिसर्च डायरेक्टर के आँकड़ों के हिसाब से औसत ग्राहक ने हमारे स्टोर से 362 डॉलर का सामान ख़रीदा।

"इसके बाद मैंने अपने सुपरवाइज़र्स की मीटिंग बुलाई और उन्हें यह घटना बताई। फिर मैंने उन्हें यह बताया कि हमारे ग्राहक का मूल्य वास्तव में कितना है। एक बार मैंने जब इन लोगों को यह समझा दिया कि किसी ग्राहक को एक बार की ख़रीदारी के हिसाब से नहीं तौलना चाहिए बल्कि सालाना ख़रीदारी के हिसाब से तौलना चाहिए, तो हमारे स्टोर में ग्राहकों के प्रति दृष्टिकोण पूरी तरह बदल गया।"

रिटेलिंग एक्ज़ीक्यूटिव की यह बात किसी भी तरह के बिज़नेस पर लागू होती है। बार-बार के बिज़नेस में लाभ होता है। अक्सर, कई धंधों में शुरुआत में तो कोई लाभ ही नहीं होता। ग्राहकों की भविष्य की ख़रीद को देखें, यह न देखें कि वे वर्तमान में क्या ख़रीद रहे हैं।

ग्राहकों को मूल्यवान समझने से वे बड़े, नियमित संरक्षकों में बदल जाते हैं। ग्राहकों को तुच्छ समझने से वे किसी दूसरी जगह से सामान ख़रीदने लगते हैं। एक विद्यार्थी ने एक बार मुझे यह महत्वपूर्ण घटना

सुनाई और बताया कि वह एक रेस्तराँ में कभी नाश्ता क्यों नहीं करता।

"एक दिन लंच के लिए," विद्यार्थी ने कहा, "मैंने एक नए रेस्तराँ में जाने का फ़ैसला किया। यह रेस्तराँ दो सप्ताह पहले ही खुला था। मेरे लिए अभी पैसा बहुत महत्वपूर्ण है, इसलिए मैं सुनिश्चित कर लेता हूँ कि मैं जो ख़रीद रहा हूँ, उसकी क़ीमत क्या है। मीट सेक्शन के पास से गुज़रते समय मैंने टर्की को देखा और उस पर क़ीमत डली थी 39 सेंट।

"जब मैं कैश रजिस्टर के पास गया, तो चेकर ने मेरी ट्रे को देखा और कहा '1.09' मैंने विनम्रता से उससे दुबारा चेक करने को कहा, क्योंकि मेरे हिसाब से बिल 99 सेंट का होना चाहिए था। मेरी तरफ़ घूरने के बाद उसने फिर से हिसाब जोड़ा। हिसाब में जो अंतर आ रहा था वह टर्की की क़ीमत के कारण था। उसने 39 सेंट की जगह मुझसे 49 सेंट लिए थे। फिर मैंने उसका ध्यान उस साइनबोर्ड की तरफ़ खींचा जिसमें लिखा हुआ था 39 सेंट।

"इससे वह भड़क गई। 'मुझे इस बात की परवाह नहीं है कि साइनबोर्ड पर क्या लिखा है। इसका दाम है 49 सेंट। देखिए। यह रही आज की मूल्य सूची। किसी ने शायद ग़लती से वहाँ पर साइनबोर्ड लगा दिया होगा। आपको 49 सेंट ही देने होंगे।'

"फिर मैंने उसे यह समझाने की कोशिश की कि मैंने टर्की ली ही इसलिए थी क्योंकि इसका मूल्य 39 सेंट था। अगर इसका मूल्य 49 सेंट होता तो मैं इसकी जगह कोई दूसरी चीज़ ले लेता।

"इसके बाद भी उसका जवाब था, 'चाहे जो हो, आपको 49 सेंट देने होंगे।' मैंने ऐसा ही किया क्योंकि मैं वहाँ खड़े रहकर तमाशा खड़ा नहीं करना चाहता था। परंतु मैंने उसी समय यह फ़ैसला भी कर लिया कि मैं दुबारा उस रेस्तराँ में नहीं जाऊँगा। मैं हर साल लंच पर 250 डॉलर ख़र्च करता हूँ और यह बात तो पक्की है कि मैं उस रेस्तराँ में एक पाई भी ख़र्च नहीं करूँगा।"

यह छोटे नज़रिए का एक उदाहरण है। चेकर ने क़ीमत का छोटा-सा अंतर ही देखा, उसने संभावित 250 डॉलर की सेल नहीं देखी।

3. *अंधे दूध वाले का मामला।* हैरत की बात है कि लोग किस तरह

भावी संभावना के प्रति अंधे होते हैं। कुछ साल पहले एक युवा दूध वाला हमारे घर पर दूध के बिज़नेस के सिलसिले में आया। मैंने उसे समझाया कि हमारा दूध वाला अच्छा दूध देता है और हम उसकी सेवाओं से संतुष्ट हैं। फिर मैंने उसे सुझाव दिया कि वह पड़ोस की महिला से पूछ ले।

इसके जवाब में उसने कहा, "मैंने पड़ोस की महिला से पहले ही बात कर ली है, परंतु वे लोग दो दिन में एक क्वार्ट दूध ही लेते हैं और मैं इतनी कम रक़म के लिए यहाँ रुकूँ यह फ़ायदे का सौदा नहीं होगा।"

"शायद आपकी बात सही हो," मैंने कहा, "परंतु जब आप मेरी पड़ोसन से बात कर रहे थे, तो आपने यह नहीं देखा कि उस घर में दूध की माँग एक-दो महीने में बढ़ने वाली है? उनके यहाँ बच्चा पैदा होने वाला है, जो निश्चित रूप से काफ़ी दूध पिएगा।"

उस युवक ने मेरी तरफ़ ऐसे देखा जैसे उसे घूँसा मार दिया गया हो और फिर उसने कहा, "कोई इंसान कितना अंधा हो सकता है?"

कभी जो परिवार दो दिन में एक क्वार्ट दूध ख़रीदता था, आज वही परिवार दो दिन में 7 क्वार्ट दूध ख़रीदता है, परंतु वह दूध वाला भविष्यदर्शी नहीं था। उस छोटे बच्चे के अब दो छोटे भाई और एक छोटी बहन और हो चुके हैं। और मुझे जानकारी मिली है कि उनके यहाँ एक और बच्चा पैदा होने वाला है।

हम कितने अंधे हो सकते हैं? इसलिए यह देखें कि क्या हो सकता है, सिर्फ़ यही न देखें कि क्या है।

जो स्कूल टीचर जिमी के सिर्फ़ वर्तमान व्यवहार के बारे में सोचेगा वह यही सोचेगा कि जिमी बदतमीज़, पिछड़ा और गँवार है। परंतु अगर टीचर ऐसा सोचेगा तो इससे जिमी का विकास नहीं हो पाएगा। परंतु जो टीचर जिमी की संभावनाओं को देख सकेगा वही उसका विकास कर पाएगा।

ज़्यादातर लोग 'स्किड रो' से गुज़रते समय केवल हारे हुए शराबियों को देख पाते हैं। परंतु कुछ निष्ठावान लोग 'स्किड रो' से गुज़रते समय एक सुधरे हुए नागरिक की संभावना को भी देख सकते हैं। और चूँकि वे भविष्य की संभावना को देख पाते हैं, इसलिए वे यहाँ पर एक सफल

सुधार कार्यक्रम शुरू कर पाते हैं।

4. *कौन सी चीज़ आपका मूल्य तय करती है?* कुछ सप्ताह पहले एक प्रशिक्षण सत्र के बाद एक युवक मुझसे मिलने आया और उसने मुझसे कहा कि वह मेरे साथ कुछ मिनट बात करना चाहता है। मैं इस युवक को जानता हूँ। इसकी उम्र अभी 26 साल है और यह बहुत ही ग़रीब घर से आया था। इसके अलावा मैं यह भी जानता था कि इसके शुरुआती वयस्क जीवन में इस पर मुसीबतों का पहाड़ टूटा था। मैं यह भी जानता था कि वह ठोस भविष्य के लिए ख़ुद को तैयार करने का सच्चा प्रयास कर रहा था।

कॉफ़ी पीते हुए हमने उसकी तकनीकी समस्या का हल ढूँढ़ लिया और फिर हमारी चर्चा इस तरफ़ मुड़ गई कि किस तरह ग़रीब लोग भविष्य के प्रति आशावादी नज़रिया रख सकते हैं। उसकी बातों ने इस सवाल का सीधा और बढ़िया जवाब दे दिया।

"मेरे पास बैंक में 200 डॉलर हैं। क्लर्क की मेरी नौकरी में तनख़्वाह ज़्यादा नहीं है और न ही यह कोई ज़िम्मेदारी वाली नौकरी है। मेरी कार चार साल पुरानी है और मैं अपनी पत्नी के साथ दूसरी मंज़िल के एक छोटे-से अपार्टमेंट में रहता हूँ।

"परंतु, प्रोफ़ेसर," उसने कहा, "मैंने तय कर लिया है कि मेरे पास जो नहीं है, उसे मैं अपनी राह में बाधा नहीं बनने दूँगा।"

मैं उसकी बात पूरी तरह नहीं समझ पाया इसलिए मैंने उसे विस्तार से उसका पूरा मतलब समझाने के लिए कहा।

"देखिए," उसने कहा, "मैं काफ़ी समय से लोगों का अध्ययन कर रहा हूँ और मैंने यह पाया है : जो लोग ग़रीब होते हैं वे अपने वर्तमान को देखते हैं। वे सिर्फ़ अपने वर्तमान को ही देख पाते हैं। वे भविष्य को नहीं देख पाते, वे सिर्फ़ अपने घटिया वर्तमान को ही देख पाते हैं।

"मेरे पड़ोसी का उदाहरण लें। वह लगातार रोता रहता है कि उसकी तनख़्वाह कम है, उसकी छत लगातार टपकती रहती है, प्रमोशन किसी दूसरे व्यक्ति को मिल जाते हैं, डॉक्टर के बिल लगातार बढ़ते जा रहे हैं। वह लगातार ख़ुद को याद दिलाता रहता है कि वह ग़रीब है और

इसलिए वह यह मान लेता है कि वह हमेशा ग़रीब ही बना रहेगा। वह इस तरह व्यवहार कर रहा है जैसे उसे ज़िंदगी भर उसी टूटे-फूटे अपार्टमेंट में रहने की सज़ा मिली हो।"

मेरा दोस्त अपने दिल की बात बोल रहा था और एक पल रुकने के बाद उसने आगे कहा, "अगर मैं अपने वर्तमान की तरफ़ देखूँ - पुरानी कार, कम तनख़्वाह, सस्ता अपार्टमेंट और हैमबर्गर का भोजन - तो मैं भी जल्दी ही निराश हो जाऊँगा। मैं देखूँगा कि मेरी हस्ती कुछ नहीं है और मैं ज़िंदगी भर बिना हस्ती वाला आदमी *बना* रहूँगा।

"परंतु मैं अपने भविष्य की कल्पना करता हूँ। मैं यह देखता हूँ कि मैं कुछ साल बाद क्या बन सकता हूँ। मैं अपने आपको क्लर्क के रूप में नहीं देखता, बल्कि एक्ज़ीक्यूटिव के रूप में देखता हूँ। मैं अपने छोटे अपार्टमेंट को नहीं देखता हूँ, बल्कि मैं बढ़िया नए उपनगरीय घर को देखता हूँ। और जब मैं अपने भविष्य को इस तरह से देखता हूँ तो मैं ज़्यादा बड़ा अनुभव करता हूँ और बड़ा सोच पाता हूँ। और मेरे पास इस बात का बहुत अनुभव है कि इससे फ़ायदा होता है।"

क्या यह ख़ुद को मूल्यवान बनाने की बढ़िया योजना नहीं है? यह युवक वास्तव में अच्छी ज़िंदगी की तरफ़ तेज़ी से बढ़ रहा है। उसने सफलता के इस मूलभूत सिद्धांत को अपने जीवन में उतार लिया है : 'आपके पास क्या नहीं है, यह महत्वपूर्ण नहीं होता। इसके बजाय यह महत्वपूर्ण होता है कि आपके पास भविष्य में क्या होगा।

दुनिया हम पर क़ीमत का जो टैग लगाती है वह उस टैग के अनुरूप ही होता है जो हम ख़ुद पर लगाते हैं।

यहाँ आपको यह बताया जा रहा है कि आप किस तरह अपने भविष्य की शक्ति को विकसित कर सकते हैं, यानी आप अपनी संभावनाओं को किस तरह देख सकते हैं। मैं इन्हें "मूल्य बढ़ाने वाले अभ्यास" कहता हूँ।

1. चीज़ों का मूल्य बढ़ाने का अभ्यास करें। रियल एस्टेट का उदाहरण याद करें। ख़ुद से पूछें, "किस तरह मैं इस कमरे या इस घर या इस बिज़नेस का मूल्य बढ़ा सकता हूँ?" चीज़ों का मूल्य बढ़ाने के लिए

विचार खोजें। कोई भी चीज़ चाहे वह ख़ाली प्लॉट हो, घर हो या बिज़नेस हो, उसका मूल्य वही होता है जो उसके प्रयोग के विचार में छुपा होता है।

2. लोगों का मूल्य बढ़ाने का अभ्यास करें। जब आप सफलता की दुनिया में ऊपर और ऊपर जाएँगे तो आपके पास ज़्यादातर काम "लोगों का विकास" करना होगा। ख़ुद से पूछें, "मैं किस तरह अपने अधीनस्थों का 'मूल्य बढ़ा सकता हूँ?' मैं किस तरह उन्हें ज़्यादा प्रभावी बना सकता हूँ?" याद रखें, किसी व्यक्ति से सर्वश्रेष्ठ प्रदर्शन करवाने के लिए आपको उसकी सर्वश्रेष्ठ क्षमताओं की कल्पना करनी होती है।

3. ख़ुद का मूल्य बढ़ाने का अभ्यास करें। ख़ुद के साथ हर रोज़ एक इंटरव्यू रखें। ख़ुद से पूछें, "आज मैं अपने आपको अधिक मूल्यवान बनाने के लिए क्या कर सकता हूँ?" अपने मूल्य की कल्पना अपने वर्तमान से न करें, इस बात से न करें कि आप आज क्या हैं, बल्कि अपने मूल्य की कल्पना अपने भविष्य से करें, इस बात से करें कि आप क्या बन सकते हैं। फिर उस संभावित मूल्य को हासिल करने के तरीक़े अपने आप आपके दिमाग़ में आ जाएँगे। कोशिश करके देखें।

मध्यम आकार की प्रिंटिंग कंपनी (60 कर्मचारी) के रिटायर्ड मालिक-मैनेजर ने मुझे बताया कि उसने अपना उत्तराधिकारी कैसे चुना।

"पाँच साल पहले," उसने कहा, "मुझे अकाउंटिंग और ऑफ़िस के बाक़ी काम के लिए अकाउंटेंट की ज़रूरत थी। मैंने हैरी नाम के 26 वर्षीय युवक को काम पर रख लिया। उसे प्रिंटिंग बिज़नेस की कोई समझ नहीं थी, परंतु उसके रिकॉर्ड से पता चलता था कि वह एक अच्छा अकाउंटेंट था। डेढ़ साल पहले जब मैं रिटायर हुआ तो हमने उसे अपनी कंपनी का प्रेसिडेंट और जनरल मैनेजर बना दिया।

"जब मैं इस बारे में सोचता हूँ तो मुझे लगता है कि हैरी में एक गुण ऐसा था जो उसे बाक़ी सब लोगों से आगे कर देता था। हैरी पूरी कंपनी में गंभीरता से सच्ची रुचि लेता था। वह सिर्फ़ चेक नहीं लिखता था, वह सिर्फ़ रिकॉर्ड नहीं रखता था। जब भी वह देखता था कि वह बाक़ी कर्मचारियों की मदद कर सकता था, वह तत्काल काम में जुट जाता था।

"हैरी के आने के एक साल के भीतर, हमारे कुछ कर्मचारी चले

गए। हैरी मेरे पास एक फ़्रिंज-बेनिफ़िट प्रोग्राम लेकर आया और उसका कहना था कि इससे लागत कम आएगी। और इससे सचमुच लाभ हुआ।

"हैरी ने और भी कई काम किए जिनसे सिर्फ़ उसके विभाग को नहीं, बल्कि पूरी कंपनी को फ़ायदा हुआ। उसने हमारे उत्पादन विभाग का लागत अध्ययन तैयार किया और बताया कि किस तरह 30,000 डॉलर की नई मशीनों में निवेश करके हम ज़्यादा लाभ कमा सकते हैं। एक बार हमारा माल नहीं बिक पा रहा था। हैरी हमारे सेल्स मैनेजर के पास गया और उनसे इस तरह की बात कही, 'मैं सेल्स के बारे में तो नहीं जानता, परंतु मैं आपकी मदद करने की कोशिश करूँगा।' और उसने ऐसा ही किया। हैरी के दिमाग़ में कई अच्छे विचार थे जिनकी वजह से हमारी बिक्री बढ़ गई।

"जब भी कोई नया कर्मचारी कंपनी में आता था, हैरी उस आदमी की काफ़ी मदद करता था। हैरी पूरी कंपनी में सच्ची रुचि लेता था।

"जब मैं रिटायर हुआ, तो हैरी ही मेरा उत्तराधिकारी बनने लायक था।

"परंतु मुझे ग़लत मत समझना," मेरे दोस्त ने कहा, "हैरी ने उत्तराधिकारी बनने के लिए कोई कोशिश नहीं की। वह किसी के काम में अड़ंगा नहीं लगाता था। वह नकारात्मक रूप से आक्रामक नहीं था। वह लोगों की पीठ पीछे बुराई नहीं करता था और वह ऑर्डर भी नहीं देता था। वह सिर्फ़ मदद करता था। हैरी इस तरह बर्ताव करता था जैसे कंपनी में होने वाली हर चीज़ से उसे फ़र्क़ पड़ता था। उसने कंपनी के बिज़नेस को अपना बिज़नेस मान लिया था।"

हैरी के उदाहरण से हम भी सीख सकते हैं। "मैं अपना काम कर रहा हूँ और यही काफ़ी है" वाला रवैया छोटी, नकारात्मक सोच है। बड़े चिंतक अपने आपको टीम के सदस्य के रूप में देखते हैं और अकेले नहीं, बल्कि टीम के साथ जीतते या हारते हैं। वे जितनी मदद कर सकते हैं, करते हैं, चाहे इसके बदले में उन्हें कोई सीधा लाभ हो रहा हो या न हो रहा हो। वह आदमी जो अपने डिपार्टमेंट के बाहर की हर समस्या को यह कहकर टाल देता है, "इससे मुझे कोई लेना-देना नहीं है, उसी डिपार्टमेंट के लोगों को इस बात की चिंता करने दो।" उसका रवैया उसे कभी

लीडर नहीं बनवा सकता।

इसका अभ्यास करें। बड़े चिंतक बनने का अभ्यास करें। कंपनी की रुचि को अपनी रुचि की तरह देखें। बड़ी कंपनियों में काम करने वाले बहुत कम लोग अपनी कंपनी में सच्ची, निःस्वार्थ रुचि लेते हैं। परंतु बहुत कम लोग ही बड़े चिंतक बनने के क़ाबिल होते हैं। और इन्हीं थोड़े से लोगों को ज़्यादा ज़िम्मेदारी, ज़्यादा तनख़्वाह वाली नौकरियाँ दी जाती हैं।

बहुत से लोग अपनी उपलब्धि की राह में छोटी, घटिया, महत्वहीन चीज़ों को बाधा बना लेते हैं। हम इन चार उदाहरणों को देखें :

1. अच्छे भाषण के लिए क्या ज़रूरी होता है?

हर व्यक्ति चाहता है कि वह सबके सामने बढ़िया बोल सके। परंतु ज़्यादातर लोगों की यह चाहत पूरी नहीं हो पाती। ज़्यादातर लोग घटिया वक्ता होते हैं।

क्यों? इसका कारण सीधा-सा है। ज़्यादातर लोग बोलते समय बड़ी, महत्वपूर्ण बातों के बजाय छोटी, घटिया बातों पर ध्यान देते हैं। चर्चा की तैयारी करते समय ज़्यादातर लोग ख़ुद को मानसिक निर्देश देते रहते हैं, "मुझे सीधे खड़े रहना चाहिए," "इधर-उधर नहीं हिलना है और अपने हाथों का प्रयोग नहीं करना है," "जनता को यह पता न चलने दें कि आप नोट्स की मदद ले रहे हैं," "याद रखें, ग्रामर की ग़लती न होने दें," "इस बात का ध्यान रखें कि आपकी टाई सीधी रहे," "ज़ोर से बोलें, पर ज़्यादा ज़ोर से नहीं।" इत्यादि।

अब जब वक्ता बोलने के लिए खड़ा होता है तो क्या होता है? वह डरा हुआ होता है क्योंकि उसने अपने दिमाग़ में एक सूची बना ली है कि उसे क्या चीज़ें नहीं करनी चाहिए। 'क्या मैंने कोई ग़लती कर दी है?' संक्षेप में, वह फ़्लॉप हो जाता है। वह इसलिए फ़्लॉप होता है क्योंकि उसने एक अच्छे वक्ता के छोटे, घटिया, तुलनात्मक रूप से महत्वहीन गुणों पर ध्यान केंद्रित किया है और अच्छे वक्ता के बड़े गुणों पर ध्यान केंद्रित नहीं किया है : *जिस बारे में आप बोलने जा रहे हैं, उसका ज्ञान और दूसरे लोगों को बताने की उत्कट इच्छा।*

अच्छे वक्ता का असली इम्तहान इस बात में नहीं होता कि वह सीधा खड़ा होता है या नहीं, वह ग्रामर में ग़लतियाँ करता है या नहीं, बल्कि इस बात में होता है कि वह जनता तक अपनी बात अच्छी तरह से पहुँचा पाता है या नहीं। हमारे ज़्यादातर चोटी के वक्ताओं में कई सारे दोष होते हैं, कइयों की तो आवाज़ ही ख़राब है। अमेरिका के बहुत से प्रसिद्ध वक्ताओं को तो अगर भाषण देने की परीक्षा में बिठाया जाए कि "क्या करना चाहिए और क्या नहीं करना चाहिए" तो उनमें से कई तो फ़ेल हो जाएँगे।

परंतु इन सभी सफल सार्वजनिक वक्ताओं में एक बात पाई जाती है। *उनके पास कहने को कुछ होता है और उनमें दूसरे लोगों को अपनी बात बताने की प्रबल इच्छा होती है।*

छोटी-छोटी बातों पर ध्यान देकर जनता में सफलता से बोलने की कला को प्रभावित न होने दें।

2. झगड़े की वजह क्या होती है?

कभी आपने ख़ुद से यह सवाल किया है कि आख़िर झगड़े की वजह क्या होती है? 99 प्रतिशत मामलों में झगड़े छोटी-छोटी, महत्वहीन बातों से शुरू होते हैं, जैसे : जॉन थोड़ा थका हुआ, तनाव में घर लौटता है। डिनर में उसे मज़ा नहीं आता और वह शिकायत करने लगता है। उसकी पत्नी जोन का दिन भी अच्छा नहीं गुज़रा, इसलिए वह आत्मरक्षा में कह देती है, "इस बजट में मैं इससे अच्छा खाना कैसे बनाऊँ?" या "अगर हमारे पास बाक़ी सबकी तरह नया गैस स्टोव हो, तो मैं इससे बेहतर खाना पका सकती हूँ।" इससे जॉन का गर्व आहत हो जाता है और वह बदले में जोन पर हमला कर देता है, "देखो, जोन, सवाल पैसे की कमी का नहीं है, सवाल इस बात का है कि तुम्हें घर चलाना आता ही नहीं है।"

और फिर लड़ाई शुरू हो जाती है! जब तक शांति स्थापित होती है, तब तक दोनों ही पक्ष एक-दूसरे पर तरह-तरह के आरोप लगा चुके होते हैं। एक-दूसरे के माँ-बाप, सेक्स, पैसे, शादी से पहले के वादे, शादी के बाद के वादे और इसी तरह के दूसरे मामलों को बीच में लाया जाता

है। दोनों ही दल युद्ध में तनावग्रस्त और नर्वस होते हैं। दोनों के मतभेद पूरी तरह नहीं सुलझ पाते और दोनों को ही अपनी अगली लड़ाई में इस्तेमाल करने के लिए नए हथियार मिल जाते हैं। छोटी-छोटी चीज़ों की वजह से, छोटे चिंतन की वजह से ज़्यादातर झगड़े होते हैं। इसलिए झगड़ों से अगर आप बचना चाहते हैं, तो आपको छोटे चिंतन से बचना होगा।

यहाँ एक आज़माई हुई तकनीक बताई जा रही है। किसी की शिकायत करने से पहले, उस पर आरोप लगाने से पहले, उसे डाँटने से पहले, आत्मरक्षा में उस पर हमला करने से पहले, ख़ुद से पूछें, "क्या यह वास्तव में महत्वपूर्ण है?" ज़्यादातर मामला महत्वपूर्ण होता ही नहीं है और आप झगड़े से बच जाते हैं।

ख़ुद से पूछें, "क्या यह सचमुच महत्वपूर्ण है कि उसकी सिगरेट की राख बिखर गई या उसने टूथपेस्ट का ढक्कन नहीं लगाया या वह शाम को देर से घर लौटा?"

"क्या यह सचमुच महत्वपूर्ण है कि उसने थोड़ा पैसा उड़ा दिया है या उसने कुछ ऐसे लोगों को घर पर बुलवा लिया है जिन्हें मैं पसंद नहीं करता?"

जब आप नकारात्मक क्रिया करने वाले हों, तो ख़ुद से पूछें, "क्या यह सचमुच महत्वपूर्ण है?" इस सवाल में जादू है और यह आपके घर का माहौल सुधार सकता है। यह ऑफ़िस में भी काम करता है। जब आपके सामने वाला ड्राइवर आपके सामने कट मारता है तो यह ट्रैफ़िक में भी काम करता है। यह ज़िंदगी की किसी भी ऐसी परिस्थिति में काम करता है जिसमें झगड़े का अंदेशा हो।

3. जॉन को सबसे छोटा ऑफ़िस मिला और वह बर्बाद हो गया

कुछ साल पहले, मैंने देखा कि छोटे चिंतन के कारण किस तरह एक आदमी का एड्वर्टाइज़िंग के क्षेत्र में अच्छी संभावनाओं वाला करियर तबाह हो गया।

विज्ञापन कंपनी में समान पदों पर कार्यरत चार युवा एक्ज़ीक्यूटिव्ज़ को नए ऑफ़िस दिए गए। तीन ऑफ़िस तो आकार-प्रकार एवं साज-सज्जा में एक-से थे, परंतु चौथा ऑफ़िस थोड़ा छोटा था।

जे.एम. को चौथा ऑफ़िस दिया गया। इससे उसका गर्व आहत हुआ। तत्काल उसे महसूस हुआ कि उसके साथ भेदभाव किया गया है। नकारात्मक चिंतन, ग़ुस्सा, कड़वाहट, ईर्ष्या ने उसके दिमाग़ पर क़ब्ज़ा कर लिया। जे.एम. को लगने लगा कि लोग उसे कम योग्य समझते हैं। परिणाम यह हुआ कि जे.एम. अपने साथी एक्ज़ीक्यूटिव्ज़ के प्रति शत्रुता रखने लगा। सहयोग करने के बजाय वह उनके प्रयासों को विफल करने की कोशिश करने लगा। माहौल बिगड़ता गया। तीन महीने बाद जे.एम. का व्यवहार इतना ख़राब हो गया कि मैनेजमेंट के पास उसे हटाने के सिवा कोई चारा ही नहीं बचा।

एक छोटी-सी बात पर बुरा मानने के कारण जे.एम. का करियर तबाह हो गया। भेदभाव के बारे में सोचने की उसे इतनी जल्दी थी कि वह यह नहीं देख पाया कि कंपनी तेज़ी से विकास कर रही थी और ऑफ़िस में जगह की कमी थी। उसने यह नहीं सोचा कि जिस एक्ज़ीक्यूटिव ने ऑफ़िस बाँटे थे, उसे तो यह भी नहीं पता था कि कौन-सा ऑफ़िस छोटा है और कौन-सा बड़ा। सिवाय जे.एम. के कंपनी में और किसी भी आदमी को ऐसा नहीं लगा कि उसके छोटे ऑफ़िस से उसकी इज़्ज़त घट गई हो।

महत्वहीन बातों पर छोटी सोच से आप आहत हो सकते हैं जैसे आपका नाम डिपार्टमेंट की सूची में सबसे आख़िर में लिख दिया जाए या आपको ऑफ़िस के किसी मेमो की चौथी कार्बन कॉपी दी जाए। बड़ा सोचें और इन छोटी-छोटी बातों का बुरा मानना छोड़ दें।

4. हकलाने के बावजूद सफलता पाई जा सकती है

एक सेल्स एक्ज़ीक्यूटिव ने मुझे बताया कि अगर सेल्समैन में दूसरे गुण हों, तो सेल्समैनशिप में हकलाने के बावजूद सफलता पाई जा सकती है।

"मेरा एक दोस्त भी सेल्स एक्ज़ीक्यूटिव है और वह मज़ाकिया

स्वभाव का है। कुछ महीने पहले मेरे इस मज़ाकिया दोस्त के पास एक युवक आया और उससे सेल्समैन की नौकरी माँगी। इस युवक को हकलाने की आदत थी और मेरे दोस्त ने फ़ैसला किया कि वह मेरे साथ मज़ाक़ कर सकता है। इसलिए मेरे दोस्त ने इस हकलाने वाले उम्मीदवार से कहा कि उसे तो सेल्समैन की ज़रूरत नहीं है, परंतु उसके एक दोस्त (यानी कि मुझे) को एक सेल्समैन की ज़रूरत है। फिर उसने मुझे फ़ोन किया और मुझसे उस युवक की इतनी तारीफ़ कर दी कि मुझे कहना ही पड़ा, 'उसे अभी मेरे पास भेज दो!'

"तीस मिनट बाद वह युवक मेरे सामने खड़ा था। उसके तीन शब्द बोलने से पहले ही मैं समझ गया कि मेरे दोस्त ने उसे मेरे पास क्यों भेजा था, 'मैं-मैं-मैं ज-ज-जैक आर.' उसने कहा, 'मिस्टर एक्स ने मुझे आपके पास नौ-नौकरी के लिए भे-भेजा है।' हर शब्द बोलने के लिए उसे संघर्ष करना पड़ रहा था। मैंने ख़ुद से सोचा, 'यह आदमी एक डॉलर के नोट को वॉल स्ट्रीट में ९० सेंट में भी नहीं बेच पाएगा।' मुझे अपने दोस्त पर ग़ुस्सा आया, परंतु मुझे उस युवक से सच्ची हमदर्दी भी थी इसलिए मैंने सोचा कि कम से कम उससे कुछ विनम्र प्रश्न तो पूछ लिए जाएँ ताकि मैं कोई अच्छा-सा बहाना बना सकूँ कि मैं उसे काम पर क्यों नहीं रख सकता।

"चर्चा के दौरान मैंने पाया कि यह आदमी काम का था। उसमें बुद्धि थी। उसमें आत्मविश्वास था, परंतु इसके बावजूद मैं इस तथ्य को नहीं पचा पाया कि वह हकलाता था। आख़िरकार मैंने उससे इंटरव्यू का आख़िरी सवाल करने का फ़ैसला किया, 'आपने यह कैसे सोचा कि आप इस जॉब में सफल हो पाएँगे?'

उसने जवाब दिया, "मैं तेज़ी से सीख सकता हूँ, मैं-मैं-मैं लोगों को पसंद करता हूँ, मैं-मैं-मैं सोचता हूँ कि आपकी कंपनी अच्छी है और मैं-मैं-मैं पैसे कमाना चाहता हूँ। अभी मे-मे-मेरे साथ हकलाने की समस्या है, परंतु इससे मु-मु-मुझे कोई परेशानी नहीं है, इसलिए मु-मु-मुझे नहीं लगता कि इससे किसी और को भी कोई परेशानी होगी।"

"उसके जवाब ने मुझे बता दिया कि उसके पास सेल्समैन बनने की सचमुच महत्वपूर्ण योग्यता थी। मैंने तत्काल उसे मौक़ा देने का फ़ैसला कर लिया और आपको यह जानकर हैरत होगी कि वह एक सफल सेल्समैन

बन चुका है।"

अगर बाक़ी बड़ी योग्यताएँ हों, तो बोलने वाले व्यवसाय में हकलाने की आदत भी आपकी सफलता की राह में बाधा नहीं बन सकती।

इन तीन उपायों का अभ्यास करें ताकि आप छोटी-छोटी बातों के बारे में सकारात्मक रूप से सोच सकें :

1. अपनी नज़र बड़े लक्ष्य पर लगाए रखें। कई बार हम उस सेल्समैन की तरह होते हैं जो सामान बेचने में असफल रहने के बाद अपने मैनेजर को बताता है, "परंतु मैंने ग्राहक के सामने साबित कर दिया कि वह ग़लती पर था।" बेचने में बड़ा लक्ष्य सामान बेचना होता है, बहस में जीतना नहीं होता।

शादी में बड़ा लक्ष्य शांति, सुख, ख़ुशी होता है- बहस में जीतना नहीं होता या यह कहना नहीं होता, "मैं तुम्हें यह बात पहले ही बता सकता था।"

कर्मचारियों के साथ काम करते समय, बड़ा लक्ष्य उनकी पूरी क्षमता का उपयोग करना होता है- छोटी-छोटी ग़लतियों पर उन्हें नीचा दिखाना नहीं होता।

पड़ोसियों के साथ बड़ा लक्ष्य आपसी सम्मान और दोस्ती होता है- यह देखना नहीं होता कि उनका कुत्ता कभी-कभार रात में भौंकता है, इसलिए उस कुत्ते को जंगल में छोड़ देना चाहिए।

मिलिट्री की भाषा में कहा जाए तो संग्राम में हारकर युद्ध जीतना बेहतर होता है, संग्राम को जीतकर युद्ध हारना अच्छा नहीं होता।

अपनी नज़र को बड़े लक्ष्य पर जमाए रखें।

2. ख़ुद से पूछें, "क्या यह सचमुच महत्वपूर्ण है?" नकारात्मक रूप से उत्तेजित होने के बजाय अपने आप से पूछें, "क्या यह मामला इतना महत्वपूर्ण है कि मैं इस बारे में इतनी चिंता करूँ?" अगर आप ख़ुद से यह सवाल पूछेंगे तो आप छोटे-छोटे मामलों पर कुंठित होने से बच सकते हैं। अगर हम झगड़े की परिस्थितियों में ख़ुद से पूछें, "क्या यह सचमुच महत्वपूर्ण है?" तो हम कम से कम 90 प्रतिशत झगड़ों से बच सकते हैं।

3. छोटेपन के जाल में न फँसें। भाषण देते समय समस्याएँ पैदा

करने के बजाय समस्याएँ सुलझाएँ। कर्मचारियों को सलाह देते समय उन्हीं बातों पर ध्यान केंद्रित करें, जो महत्वपूर्ण हैं, जिनसे फ़र्क़ पड़ता है। सतही मुद्दों में उलझकर न रह जाएँ। महत्वपूर्ण चीज़ों पर ध्यान केंद्रित करें।

अपनी सोच का आकार नापने के लिए यह टेस्ट दें

नीचे बाएँ कॉलम में कुछ आम स्थितियाँ दी गई हैं। बीच वाले और दाएँ कॉलम में यह तुलना की गई है कि इसी स्थिति का सामना छोटे चिंतक और बड़े चिंतक किस तरह करते हैं। ख़ुद ही देख लें। फिर फ़ैसला करें कि जहाँ मैं जाना चाहता हूँ वहाँ मैं किस रास्ते पर चलकर पहुँच सकता हूँ? छोटे चिंतन से या बड़े चिंतन से?

एक ही परिस्थिति का सामना दो तरीक़ों से किया जा सकता है। फ़ैसला आपके हाथ में है।

परिस्थिति	छोटे चिंतक की शैली	बड़े चिंतक की शैली
ख़र्च का अकाउंट	1. ख़र्च में कटौती करके आमदनी बढ़ाने के तरीक़े खोजता है।	1. ज़्यादा माल बेचकर आमदनी बढ़ाने के तरीक़े खोजता है।
चर्चा	2. अपने दोस्तों, अर्थ-व्यवस्था, अपनी कंपनी, प्रतियोगी कंपनियों के नकारात्मक पहलुओं के बारे में बात करता है।	2. अपने दोस्तों, कंपनी, प्रतियोगी कंपनियों के सकारात्मक पहलुओं के बारे में बात करता है।
प्रगति	3. छँटनी करने या यथा-स्थिति बनाए रखने में विश्वास करता है।	3. विस्तार में विश्वास करता है।
भविष्य	4. भविष्य में ज़्यादा संभावना नहीं देखता।	4. बहुत उज्जवल भविष्य देखता है।

परिस्थिति	छोटे चिंतक की शैली	बड़े चिंतक की शैली
काम	5. काम से बचने के तरीक़े खोजता है।	5. ज़्यादा काम और काम करने के ज़्यादा असरदार तरीक़े खोजता है, विशेष तौर पर दूसरों की मदद करने के।
प्रतियोगिता	6. औसत लोगों के साथ प्रतियोगिता करता है।	6. सर्वश्रेष्ठ लोगों के साथ प्रतियोगिता करता है।
बजट समस्याएँ	7. आवश्यक मदों में कटौती करके पैसे बचाने के तरीक़े खोजता है।	7. आमदनी बढ़ाने के तरीक़े खोजता है और आवश्यक मदों में ज़्यादा ख़र्च करता है।
लक्ष्य	8. छोटे लक्ष्य बनाता है।	8. बड़े लक्ष्य बनाता है।
लक्ष्य की दृष्टि	9. केवल थोड़े समय के लिए लक्ष्य बनाता है।	9. लंबे समय के लिए लक्ष्य बनाता है।
सुरक्षा	10. सुरक्षा की समस्याओं में उलझा रहता है।	10. यह मानता है कि सफलता मिलेगी तो सुरक्षा अपने आप मिल जाएगी।
साथी	11. छोटे चिंतकों से घिरा रहता है।	11. बड़े, प्रगतिशील विचारों वाले लोगों से घिरा रहता है।
ग़लतियाँ	12. छोटी ग़लतियों को बढ़ा-चढ़ाकर दिखाता है। राई का पहाड़ बना देता है।	12. महत्वहीन बातों, छोटी-छोटी ग़लतियों को नज़रअंदाज़ कर देता है।

याद रखें, बड़ी सोच से हर तरह से फ़ायदा होता है!

1. अपने आपको सस्ते में न बेचें। ख़ुद के कम मूल्यांकन का अपराध कभी न करें। अपने गुणों, अपनी योग्यताओं पर ध्यान केंद्रित करें। यह जान लें, आप जितना समझते हैं, आप उससे कहीं बेहतर हैं।

2. बड़े चिंतक की शब्दावली का प्रयोग करें। बड़े, चमकीले, आशावादी शब्दों का प्रयोग करें। ऐसे शब्दों का प्रयोग करें जिनसे विजय, आशा, सुख, आनंद के भाव निकलते हों। ऐसे शब्दों का प्रयोग न करें जिनसे असफलता, हार, दुःख के निराशाजनक चित्र बनते हों।

3. अपनी दृष्टि को विस्तार दें। सिर्फ़ यह न देखें कि क्या है, बल्कि यह भी देखें कि क्या हो सकता है। चीज़ों, लोगों और ख़ुद का मूल्य बढ़ाने का अभ्यास करें।

4. अपनी नौकरी के बारे में बड़ा दृष्टिकोण रखें। सोचें, सचमुच सोचें कि आपकी वर्तमान नौकरी महत्वपूर्ण है। आप अपनी *वर्तमान* नौकरी के बारे में क्या सोचते हैं इसी बात पर आपका अगला प्रमोशन निर्भर करता है।

5. छोटी-छोटी बातों से ऊपर उठें। अपने ध्यान को बड़े लक्ष्यों पर लगाएँ। छोटे मामलों में उलझने के बजाय ख़ुद से पूछें, "क्या यह सचमुच महत्वपूर्ण है ?"

बड़ा सोचकर बड़े बन जाएँ!

✡✡✡

5

रचनात्मक तरीक़े से कैसे सोचें और सपने देखें?

सबसे पहले तो *रचनात्मक सोच* को लेकर फैली एक ग़लतफ़हमी को दूर कर लें। न जाने क्यों विज्ञान, इंजीनियरिंग, साहित्य और कला को ही रचनात्मक काम माना जाता है। ज़्यादातर लोगों की नज़र में रचनात्मक सोच का अर्थ होता है बिजली या पोलियो वैक्सीन की खोज, या उपन्यास लिखना रंगीन टेलीविज़न का आविष्कार करना।

निश्चित रूप से ये तमाम उपलब्धियाँ रचनात्मक सोच का परिणाम हैं। अंतरिक्ष को इंसान इसीलिए जीत पाया, क्योंकि उसने रचनात्मक सोच का सहारा लिया। हमें यह बात समझ लेनी चाहिए कि रचनात्मक सोच का संबंध केवल कुछ ख़ास व्यवसायों से नहीं होता, न ही अति बुद्धिमान लोगों से इसका कोई विशेष संबंध होता है।

फिर, रचनात्मक सोच क्या है?

कम आमदनी वाला परिवार अपने बच्चे को किसी मशहूर यूनिवर्सिटी में भेजने की योजना बनाता है। यह रचनात्मक सोच है।

कोई परिवार अपने आस-पास की बहुत बुरी जगह को सबसे सुंदर जगह में बदल देता है। यह रचनात्मक सोच है।

कोई पादरी ऐसी योजना बनाता है जिससे रविवार शाम की उपस्थिति दुगुनी हो जाती है। यह रचनात्मक सोच है।

अगर आप रिकॉर्ड-कीपिंग को आसान बनाने के तरीक़े ढूँढ़ते हैं, "असंभव" ग्राहक को सामान बेचने के तरीक़े ढूँढ़ते हैं, रचनात्मक रूप से बच्चों को व्यस्त रखते हैं, ऐसा उपाय करते हैं कि आपके कर्मचारी दिल लगाकर काम करें, या आप किसी "निश्चित" झगड़े को रोक लेते हैं– ये सभी व्यावहारिक जीवन में रचनात्मक सोच के उदाहरण हैं।

रचनात्मक सोच का अर्थ है किसी भी काम को करने के नए, सुधरे हुए तरीक़े खोजना। हर जगह सफलता इसी बात में छुपी होती है कि आप चीज़ों को बेहतर तरीक़े से करने के उपाय किस तरह खोजते हैं; फिर चाहे वह सफलता घर में हो, काम-धंधे में हो या समाज में हो। आइए देखते हैं कि हम अपनी रचनात्मक सोच की योग्यता को किस तरह विकसित कर सकते हैं और इसकी आदत कैसे डाल सकते हैं।

क़दम एक : विश्वास करें कि काम किया जा सकता है। एक मूलभूत सत्य जान लें– *किसी भी काम को करने के लिए पहले आपको यह विश्वास करना होगा कि इसे किया जा सकता है।* एक बार आप यह सोच लें कि यह काम संभव है तो फिर आप उसे करने का तरीक़ा भी सोच ही लेंगे।

प्रशिक्षण देते समय मैं रचनात्मक सोच के इस पहलू को समझाने के लिए अक्सर यह उदाहरण देता हूँ। मैं लोगों से पूछता हूँ, "आपमें से कितने लोगों को यह लगता है कि 30 साल बाद हम जेलविहीन समाज में रह सकेंगे?"

हमेशा समूह के चेहरे पर हवाइयाँ उड़ती नज़र आई हैं। उन्हें हमेशा यही लगा कि शायद उन्होंने ग़लत सुन लिया है या फिर मैं गंभीर क़िस्म का मज़ाक़ कर रहा हूँ। इसलिए थोड़ा ठहरने के बाद मैं फिर पूछता हूँ, "आपमें से कितने लोगों को यह लगता है कि 30 साल बाद हम जेलविहीन समाज में रह सकेंगे?"

एक बार यह पक्का हो जाने के बाद कि मैं मज़ाक़ नहीं कर रहा हूँ, कोई न कोई इस तरह की बात कहता है, "आप यह कहना चाहते हैं कि 30 साल बाद सभी हत्यारे, चोर-उचक्के और बलात्कारी जेल में बंद रहने के बजाय सड़कों पर खुले आम घूमेंगे। आप जानते हैं इसका

नतीजा क्या होगा ? हममें से कोई भी सुरक्षित नहीं रह पाएगा। हमारे समाज का काम जेल के बिना चल ही नहीं सकता।"

तभी दूसरे लोग भी बोलने लगते हैं।

"अगर जेलें न हों, तो हमारी क़ानून व्यवस्था ठप्प हो जाएगी।"

"कुछ लोग तो पैदाइशी अपराधी होते हैं।"

"जितनी हैं, हमें उससे ज़्यादा जेलों की ज़रूरत है।"

"क्या आपने आज सुबह के अख़बार में हत्या की वह ख़बर पढ़ी थी ?"

और लोग बोलते जाते हैं, एक के बाद एक अच्छे कारण बताते हैं कि हमारे समाज में जेलों का होना क्यों ज़रूरी है। एक आदमी ने तो यहाँ तक सुझाव दिया कि हमारे समाज में जेलें इसलिए होनी चाहिए ताकि पुलिस और जेल के संतरियों की नौकरी बची रह सके।

मैं दस मिनट तक लोगों को यह "सिद्ध" करने देता हूँ कि जेलों को समाप्त क्यों नहीं किया जाना चाहिए, इसके बाद मैं उनसे कहता हूँ, 'मैंने आपसे पूछा था कि जेलों को ख़त्म क्यों करना चाहिए। यह सवाल पूछने के पीछे मेरा एक ख़ास मक़सद था।

"आपमें से हर एक ने मुझे यही तर्क दिए हैं कि जेलों को ख़त्म क्यों नहीं किया जाना चाहिए। अब आप मेहरबानी करके मुझ पर एक एहसान करें। आप कुछ मिनट तक अपने दिमाग़ पर ज़ोर डालकर यह यक़ीन कर लें कि हम जेलों को ख़त्म कर *सकते* हैं।"

प्रयोग में दिलचस्पी लेते हुए लोग कहते हैं, "ठीक है, सिर्फ़ मज़े के लिए, सिर्फ़ प्रयोग के लिए ऐसा करने में हमें क्या दिक़्क़त हो सकती है ?" फिर मैं पूछता हूँ, "अब हम यह मान लेते हैं कि हम जेलों को ख़त्म करना चाहते हैं, परंतु हम किस तरह से शुरुआत करेंगे ?"

पहले तो सुझाव धीमे-धीमे आते हैं। कोई थोड़ा झिझकते हुए कहता है, "अगर ज़्यादा युवा केंद्र स्थापित किए जाएँ, तो अपराधों को कम किया सकता है।"

थोड़ी ही देर में पूरा समूह, जो दस मिनट पहले तक इस विचार के पूरी तरह ख़िलाफ़ था, अब सच्चे उत्साह से काम में जुट जाता है।

"अपराध कम करने के लिए हमें ग़रीबी दूर करने के उपाय सोचने होंगे। ज़्यादातर अपराध ग़रीबी के कारण होते हैं।"

"अनुसंधान के ज़रिए अपराध करने से पहले ही संभावित अपराधी का पता लगाया जाना चाहिए।"

"कुछ तरह के अपराधियों के इलाज के लिए मेडिकल ऑपरेशन किए जाने चाहिए।"

"क़ानून के रखवालों को सुधार के रचनात्मक तरीक़े सिखाने चाहिए।"

ये उन 78 विचारों में से कुछ हैं जो मुझे सुनने को मिले। मेरा प्रयोग यह था कि किस तरह जेलविहीन समाज का निर्माण किया जा सकता है।

जब आप *विश्वास* करते हैं, तो आपका दिमाग़ तरीक़े ढूँढ़ ही लेता है।

इस प्रयोग का सिर्फ़ एक संदेश है : *जब आप यह विश्वास करते हैं कि कोई काम असंभव है, तो आपका दिमाग़ आपके सामने यह सिद्ध कर देता है कि यह क्यों असंभव है। परंतु जब आप विश्वास करते हैं, सचमुच विश्वास करते हैं कि कोई काम किया जा सकता है, तो आपका दिमाग़ आपके लिए काम में जुट जाता है और तरीक़े ढूँढ़ने में आपकी मदद करता है।*

यह विश्वास कि कोई काम किया जा सकता है, रचनात्मक समाधानों का रास्ता खोल देता है। यह विश्वास कि कोई काम नहीं किया जा सकता, असफल व्यक्तियों की सोच है। यह बात सारी परिस्थितियों पर लागू होती है, चाहे वे परिस्थितियाँ छोटी हों या बड़ी। जिन राजनीतिक नेताओं को यह विश्वास नहीं होता कि स्थाई विश्व शांति संभव है, वे शांति स्थापित करने में असफल हो जाएँगे क्योंकि उनके दिमाग़ शांति स्थापित करने के रचनात्मक उपाय नहीं ढूँढ़ पाएँगे। जिन अर्थशास्त्रियों का विश्वास है कि

बिज़नेस में मंदी अपरिहार्य है, वे बिज़नेस चक्र को हराने के रचनात्मक तरीक़े कभी विकसित नहीं कर पाएँगे।

इसी तरीक़े से, अगर आपको विश्वास हो, तो आप किसी भी व्यक्ति को पसंद करने के तरीक़े खोज *सकते* हैं।

अगर आपको विश्वास हो, तो आप अपनी व्यक्तिगत समस्याओं का हल ढूँढ़ *सकते* हैं।

अगर आपको विश्वास हो, तो आप नए, बड़े घर को ख़रीदने का तरीक़ा खोज *सकते* हैं।

विश्वास रचनात्मक शक्तियों को मुक्त करता है। अविश्वास इन पर ब्रेक लगा देता है।

विश्वास करें और आप सोचना शुरू कर देंगे- रचनात्मक रूप से।

अगर आप उसके काम में रुकावट न डालें, तो आपका दिमाग़ काम करने के उपाय खोज लेगा। दो साल पहले एक युवक ने मुझसे एक अच्छी सी नौकरी खोजने में मदद माँगी। वह किसी मेल ऑर्डर कंपनी के क्रेडिट विभाग में क्लर्क था और उसे लग रहा था कि वहाँ पर उसका भविष्य उज्जवल नहीं है। हमने उसके पिछले रिकॉर्ड के बारे में बात की और यह चर्चा की कि वह क्या करना चाहता था। उसके बारे में कुछ जानने के बाद मैंने कहा, “मैं आपकी प्रशंसा करता हूँ कि आप बेहतर नौकरी की सीढ़ी पर ऊपर की तरफ़ चढ़ना चाहते हैं। परंतु आजकल ऐसी नौकरी हासिल करने के लिए कॉलेज की डिग्री होना ज़रूरी है। आपने अभी बताया है कि आपने तीन सेमिस्टर पूरे कर लिए हैं। मैं आपको यही सलाह दूँगा कि आप अपने कॉलेज की शिक्षा को पूरा कर लें। आप दो सालों में ऐसा कर सकते हैं। फिर मैं आपको यक़ीन दिलाता हूँ कि आपको आपकी मनचाही नौकरी मिल जाएगी, और उसी कंपनी में मिल जाएगी जिसमें आप चाहते हैं।”

“मैं जानता हूँ,” उसने जवाब दिया, “कि कॉलेज की शिक्षा ज़रूरी है। परंतु मेरे लिए कॉलेज की पढ़ाई पूरी करना असंभव है।”

“असंभव ? क्यों ?” मैंने पूछा।

"एक कारण तो यह है," उसने बताया, "मैं चौबीस साल का हूँ। इसके अलावा मेरी पत्नी को दो महीने में दूसरा बच्चा होने वाला है। हमारा ख़र्च अभी ही जैसे–तैसे चल रहा है। मुझे नौकरी तो करनी ही पड़ेगी और इसलिए मेरे पास पढ़ने के लिए समय नहीं बचेगा। यह असंभव है, बिलकुल असंभव है।"

इस युवक ने ख़ुद को विश्वास दिला दिया था कि कॉलेज की पढ़ाई पूरी करना उसके लिए असंभव था।

फिर मैंने उससे कहा, "अगर तुम्हारा विश्वास है कि तुम्हारे लिए कॉलेज की पढ़ाई पूरी करना असंभव है, तो यह सचमुच असंभव है। परंतु इसी तर्क से, अगर तुम यह विश्वास कर लो कि तुम पढ़ाई पूरी कर सकते हो, तो कोई न कोई रास्ता ज़रूर निकल आएगा।

"अब मैं चाहता हूँ कि तुम यह करो। अपना मन बना लो कि तुम कॉलेज जा रहे हो। इस विचार को अपनी सोच पर हावी हो जाने दो। फिर सोचो, सचमुच सोचो, कि तुम ऐसा किस तरह कर सकते हो और अपने परिवार का ख़र्च चलाते हुए यह किस तरह संभव है। दो सप्ताह बाद आना और मुझे बताना कि तुम्हारे दिमाग़ में किस तरह के विचार आए।"

मेरा युवा मित्र दो सप्ताह बाद आया।

"मैंने आपकी कही बातों पर काफ़ी सोचा," उसने कहा। "मैंने कॉलेज जाने का फ़ैसला कर लिया है। हालाँकि मैंने विस्तार से इस बारे में नहीं सोचा है, परंतु मुझे लगता है कि कोई न कोई रास्ता ज़रूर निकल आएगा।"

और रास्ता निकल आया।

उसे ट्रेड एसोसिएशन की तरफ़ से स्कॉलरशिप मिल गई जिससे उसकी ट्यूशन फ़ी, पुस्तकों का और बाक़ी ख़र्च निकल गया। उसने अपनी नौकरी के समय को इस तरह से करवा लिया जिससे वह कक्षाओं में भाग ले सके। उसके उत्साह को देखकर और बेहतर ज़िंदगी की संभावना को देखकर उसकी पत्नी ने भी उसका पूरा साथ दिया। उन दोनों ने मिलकर अपने पैसों और समय का बजट सफलतापूर्वक बना ही लिया।

पिछले महीने उसे उसकी डिग्री मिल गई और अब वह एक बड़े कॉरपोरेशन में मैनेजमेंट ट्रेनी के रूप में काम कर रहा है।

जहाँ चाह, वहाँ राह।

विश्वास करें कि यह हो सकता है। यह रचनात्मक सोच की पहली आवश्यकता है। यहाँ दो सुझाव दिए जा रहे हैं जिनकी मदद से आप अपना आत्मविश्वास बढ़ा सकते हैं और अपनी रचनात्मक सोच की शक्ति को विकसित कर सकते हैं :

1. अपने शब्दकोश से *असंभव* शब्द को बाहर निकाल फेंकें। इस शब्द को कभी अपने दिमाग़ में या ज़ुबान पर न लाएँ। असंभव असफलता का शब्द है। जब आप कहते हैं "यह *असंभव* है" तो आपके दिमाग़ में ऐसे विचार आ जाते हैं जो साबित कर देते हैं कि आप सही सोच रहे हैं।

2. किसी ऐसे काम के बारे में सोचें जिसे आप पहले कभी करना चाहते हों, परंतु उस समय आपको यह असंभव लगा हो। अब ऐसे कारणों की सूची बनाएँ कि ऐसा किस तरह संभव हो सकता है। हममें से कई लोग अपनी इच्छाओं को कोड़े मारते हैं और उन्हें हरा देते हैं क्योंकि पूरे समय हम यही सोचते रहते हैं कि हम कोई काम क्यों नहीं कर पाएँगे जबकि हमें सोचना यह चाहिए कि हम कोई काम क्यों कर सकते हैं और किस तरह से कर सकते हैं।

हाल ही में मैंने अख़बार में यह पढ़ा कि ज़्यादातर राज्यों में काउंटियों की संख्या ज़रूरत से ज़्यादा है। लेख में संकेत किया गया था कि ज़्यादातर काउंटियों की सीमाएँ सदियों पुरानी हैं, उस ज़माने की हैं जब वाहन नहीं थे और जब यात्रा घोड़े और बग्घी से हुआ करती थी। परंतु आजकल काफ़ी तेज़ वाहन चलने लगे हैं और सड़कें भी अच्छी हैं, इसलिए अब यह उचित है कि तीन या चार काउंटियों को मिलाकर एक काउंटी बना दी जाए। इससे बहुत सी परेशानियाँ कम हो जाएँगी और जनता पर टैक्स का बोझ भी कम हो जाएगा।

लेखक ने कहा कि उसके विचार से उसके दिमाग़ में एक शानदार

विचार आया था, इसलिए उसने 30 लोगों से इंटरव्यू लिया और इस बारे में उनकी प्रतिक्रिया जाननी चाही। परिणाम- उनमें से एक आदमी ने भी यह नहीं कहा कि विचार में दम था, हालाँकि यह बात तो तय थी कि ऐसा होने पर उन्हें कम क़ीमत पर बेहतर स्थानीय सरकार मिल जाती।

यह पारंपरिक सोच का एक उदाहरण है। पारंपरिक तरीक़े से सोचने वाले व्यक्ति के दिमाग़ को लक़वा मार गया है। वह तर्क देता है, "ऐसा सदियों से होता आ रहा है। इसलिए यह अच्छा ही होगा और इसे ऐसे ही बने रहने देना चाहिए। बदलने का जोखिम क्यों उठाया जाए?"

"औसत" लोग हमेशा प्रगति से चिढ़ते हैं। कई लोगों ने तो मोटरगाड़ी का विरोध इस आधार पर किया था कि प्रकृति ने इंसान को पैदल चलने या घोड़े की सवारी करने के लिए बनाया था। कई लोगों को हवाईजहाज़ का विचार इसलिए पसंद नहीं आया था क्योंकि इंसान को पक्षियों के लिए "आरक्षित" क्षेत्र में दख़ल देने का कोई "अधिकार" नहीं था। बहुत से "यथास्थितिवादी" (status-quoers) अब भी मानते हैं कि इंसान की जगह अंतरिक्ष में नहीं है।

एक चोटी के मिसाइल विशेषज्ञ ने हाल ही में इस तरह की सोच का जवाब दिया। डॉ. वॉन ब्रॉन का कहना है, "मनुष्य की जगह वहीं है, जहाँ मनुष्य जाना चाहता है।"

1900 के आस-पास एक सेल्स एक्ज़ीक्यूटिव ने सेल्स मैनेजमेंट का एक "वैज्ञानिक" सिद्धांत खोजा। इसका काफ़ी प्रचार हुआ और इसे पाठ्यपुस्तकों तक में शामिल कर लिया गया। यह सिद्धांत था – हर माल बेचने का एक सर्वश्रेष्ठ तरीक़ा होता है। सर्वश्रेष्ठ तरीक़ा खोज लो। और फिर उससे इधर-उधर मत हिलो।

इस आदमी की कंपनी की क़िस्मत अच्छी थी, जो सही वक़्त पर नए मैनेजमेंट ने आकर डूबती हुई कंपनी को दीवालिया होने से बचा लिया।

इस अनुभव के विपरीत क्रॉफ़ोर्ड एच. ग्रीनवॉल्ट की फिलॉसफी देखें। ग्रीनवॉल्ट एक बहुत बड़ी कंपनी के प्रेसिडेन्ट हैं। कोलंबिया यूनिवर्सिटी में अपने लेक्चर में उन्होंने कहा, "एक अच्छा काम कई तरीक़ों से किया जा सकता है – और जितने आदमी हों, उतने ही तरीक़े हो सकते हैं।"

सच तो यह है कि किसी भी काम को करने का कोई एक ही सर्वश्रेष्ठ तरीक़ा नहीं होता। घर सजाने का, लॉन को लैंडस्केप करने का, या माल बेचने का या बच्चे पालने का या स्टीक पकाने का कोई एक सर्वश्रेष्ठ तरीक़ा नहीं होता। जितने रचनात्मक मस्तिष्क होंगे, उतने ही सर्वश्रेष्ठ तरीक़े हो सकते हैं।

कोई भी चीज़ बर्फ़ में नहीं उगती। अगर हम अपने दिमाग़ पर परंपरा की बर्फ़ जमने दें, तो नए विचार नहीं पनप सकते। इस प्रयोग को जल्दी ही करें। नीचे दिए गए विचार किसी को सुनाएँ और फिर उसकी प्रतिक्रिया देखें।

1. डाकतार विभाग काफ़ी समय से सरकारी एकाधिकार में है, क्यों न इसे प्राइवेट कंपनियों के हवाले कर दिया जाए।

2. राष्ट्रपति के चुनाव हर चार साल की जगह दो या छह साल में होने चाहिए।

3. रिटेल स्टोर्स के खुलने का समय सुबह 9 बजे से शाम साढ़े पाँच बजे के बजाय शाम को 1 बजे से 8 बजे तक होना चाहिए।

4. रिटायरमेंट की उम्र बढ़ाकर 70 साल कर देनी चाहिए।

ये विचार दमदार हैं या नहीं, व्यावहारिक हैं या नहीं; यह बात महत्वपूर्ण नहीं है। महत्वपूर्ण यह है कि कोई व्यक्ति इन पर क्या प्रतिक्रिया देता है। अगर वह इन विचारों पर हँसता है और उस पर ग़ौर ही नहीं करता (और शायद 95 प्रतिशत लोग इस पर हँसेंगे) तो इस बात की संभावना है कि वह परंपरा के लक़वे से ग्रस्त है। परंतु बीस में से एक व्यक्ति यह कहेगा, "यह एक दिलचस्प विचार है। मुझे इसके बारे में विस्तार से बताएँ।" और इस व्यक्ति में एक ऐसा दिमाग़ होगा जो रचनात्मक तरीक़े से सोच सकता है।

रचनात्मक सोच की सबसे बड़ी दुश्मन है– पारंपरिक सोच। जो भी व्यक्ति रचनात्मक तरीक़े से सफल होना सीखना चाहता है, उसे इस बारे में सावधान रहना चाहिए। पारंपरिक सोच आपके दिमाग़ पर बर्फ़ की तह जमा देती है, आपकी प्रगति को रोक देती है, आपकी रचनात्मक शक्ति

को विकसित नहीं होने देती। पारंपरिक सोच से जूझने के तीन तरीक़े हैं :

1. नए विचारों का स्वागत करें। इन विचार-शत्रुओं को नष्ट करें, "यह काम नहीं करेगा," "इसे किया ही नहीं जा सकता," "यह बेकार है," और "यह मूर्खतापूर्ण है।"

मेरा एक सफल दोस्त एक बीमा कंपनी में अच्छे पद पर है। उसने मुझसे कहा, "मैं इस बात का दावा नहीं करता कि मैं इस बिज़नेस में सबसे स्मार्ट आदमी हूँ। परंतु मुझे लगता है कि मैं बीमा उद्योग में सबसे अच्छा स्पंज हूँ। मैं सारे अच्छे विचारों को सोख लेता हूँ।"

2. प्रयोगशील व्यक्ति बनें। बँधे-बँधाए रुटीन को तोड़ें। नए रेस्तराँओं में जाएँ, नई पुस्तकें पढ़ें, नए थिएटर में जाएँ, नए दोस्त बनाएँ, किसी दिन अलग रास्ते से काम पर जाएँ, इस साल अलग ढंग से छुट्टियाँ मनाएँ, इस सप्ताह के अंत में कुछ नया और अलग करें।

अगर आप डिस्ट्रीब्यूशन का काम करते हैं, तो प्रॉडक्शन, अकाउंटिंग, फ़ाइनैन्स और बिज़नेस के दूसरे पहलुओं को सीखने में रुचि लें। इससे आपकी सोच व्यापक होगी और आप ज़्यादा ज़िम्मेदारी उठाने क़ाबिल बन सकेंगे।

3. प्रगतिशील बनें, प्रगतिविरोधी न बनें। ऐसा न कहें, "मैं जहाँ नौकरी करता था, वहाँ यह काम इस तरीक़े से होता था, इसलिए हमें यहाँ भी इसे उसी तरीक़े से करना चाहिए" बल्कि यह कहें, "जहाँ मैं नौकरी करता था, वहाँ पर यह काम इस तरीक़े से होता था। इसे बेहतर तरीक़े से किस तरह किया जा सकता है?" पीछे ले जाने वाली बातें न सोचें, प्रगति का विरोध न करें। आगे ले जाने वाली बातें सोचें, प्रगतिशील तरीक़े से सोचें। सिर्फ़ इसलिए कि, बचपन में आप सुबह पेपर बाँटने या गाय का दूध निकालने के लिए 5:30 बजे उठ जाते थे, आप अपने बच्चों से ऐसा करने की उम्मीद नहीं रख सकते।

कल्पना कीजिए क्या होगा अगर फ़ोर्ड मोटर कंपनी का मैनेजमेंट यह सोच ले, "इस साल हमने ऑटोमोबाइल के इतिहास में सर्वोच्च, सर्वोत्कृष्ट, सर्वश्रेष्ठ कार बना ली है। इससे आगे सुधार हो पाना संभव नहीं है।

इसलिए, सभी इंजीनियरिंग प्रयोग और डिज़ाइनिंग के प्रयोग अब हमेशा के लिए बंद किए जाते हैं।" फ़ोर्ड कॉरपोरेशन जैसी दिग्गज कंपनी भी इस तरीक़े का रवैया अपनाकर अपना बिज़नेस चौपट कर लेगी।

सफल बिज़नेस कंपनियों की तरह ही सफल लोग भी ख़ुद से यह सवाल पूछते हैं, "मैं किस तरह अपने प्रदर्शन की क्वालिटी सुधार सकता हूँ? मैं किस तरह इस काम को बेहतर कर सकता हूँ?"

मिसाइल बनाने से लेकर बच्चे पालने तक के सभी मानवीय कामों में पूर्णता संभव नहीं है। इसका मतलब यह है कि हर काम में सुधार की गुंजाइश हमेशा रहती है। सफल लोग इस बात को जानते हैं और वे हमेशा बेहतर तरीक़े खोजते रहते हैं। (नोट : सफल व्यक्ति यह नहीं पूछता, "क्या इसे बेहतर तरीक़े से किया जा सकता है?" वह *जानता* है कि यह संभव है। इसलिए वह यह सवाल पूछता है, "इसे बेहतर तरीक़े से *कैसे* किया जा सकता है?")

कुछ महीने पहले, मेरी एक भूतपूर्व छात्रा ने बिज़नेस में उतरने के चार साल के भीतर ही अपना चौथा हार्डवेयर स्टोर खोल लिया। यह बहुत बड़ी बात थी। मैं जानता था कि उस महिला ने केवल 3,500 डॉलर की छोटी सी पूँजी से बिज़नेस शुरू किया था, उसे दूसरे प्रतियोगियों की ज़बरदस्त प्रतियोगिता का सामना करना पड़ रहा था और उसे बिज़नेस में उतरे हुए अभी ज़्यादा समय भी नहीं हुआ था।

स्टोर खुलने के कुछ समय बाद ही उसे बधाई देने के लिए मैं उसके स्टोर में गया।

मैंने उससे बातों-बातों में पूछा कि जब बाक़ी के व्यापारी एक स्टोर तक ठीक से नहीं चला पा रहे हैं, तो वह किस तरह तीन स्टोर्स सफलतापूर्वक चला रही है और उसने चौथा स्टोर भी शुरू कर दिया है।

"स्वाभाविक है," उसने जवाब दिया, "मैं इसके लिए मेहनत करती हूँ परंतु जल्दी उठने और देर तक मेहनत करने के कारण ही मैं चार स्टोर्स खोलने में सफल नहीं हुई हूँ। मेरे बिज़नेस में ज़्यादातर लोग कड़ी मेहनत करते हैं। मैं अपनी सफलता के लिए जिस बात को इसका सबसे ज़्यादा श्रेय देना चाहूँगी वह है मेरा बनाया हुआ 'साप्ताहिक सुधार कार्यक्रम।'"

"साप्ताहिक सुधार कार्यक्रम ? यह वाक्य सुनने में अच्छा लगता है। परंतु यह साप्ताहिक सुधार कार्यक्रम क्या है ?" मैंने पूछा।

"इसमें कोई बड़ी बात नहीं है," उसने कहा, "यह सिर्फ़ एक योजना है जिसमें हर हफ़्ते अपने प्रदर्शन को सुधारने के तरीक़ों पर मैं विचार करती हूँ।

"भविष्य में ज़्यादा सफल होने के लिए मैंने अपने काम को चार भागों में बाँट लिया है : ग्राहक, कर्मचारी, माल और प्रमोशन। पूरे सप्ताह मैं नोट्स बनाती हूँ और अपने दिमाग़ में आने वाले हर उस विचार को लिख लेती हूँ कि मैं किस तरह अपने बिज़नेस को सुधार सकती हूँ।

"फिर हर सोमवार को मैं सुबह चार घंटे अपने लिखे विचारों को पढ़ती हूँ और यह तय करती हूँ कि किन विचारों का प्रयोग मैं अपने बिज़नेस में कर सकती हूँ।

"इस चार घंटे के समय में मैं अपने काम का कड़ा मूल्यांकन करती हूँ। मैं सिर्फ़ इतना ही नहीं चाहती कि मेरे स्टोर में ज़्यादा ग्राहक आएँ। इसके बजाय मैं ख़ुद से पूछती हूँ, 'ज़्यादा ग्राहकों को आकर्षित करने के लिए मैं और क्या कर सकती हूँ ?' 'मैं किस तरह नियमित, वफ़ादार ग्राहकों को बढ़ा सकती हूँ ?' "

फिर उसने मुझे उन छोटे-छोटे उपायों के बारे में बताया जिनके कारण उसके तीन स्टोर सफल हुए थे : माल जमाने का तरीक़ा; सुझाव देकर सामान बेचने की कला, जिसमें वह अपने ग्राहकों को दो या तीन ऐसे सामान भी ख़रीदवा देती थी जिन्हें ख़रीदने के इरादे से वे उसके स्टोर में नहीं घुसे थे; हड़ताल के समय अपने बेकाम ग्राहकों के लिए उधार देने की स्कीम; प्रतियोगिताएँ और ईनाम जो उसने मंदी के दौर में बिक्री बढ़ाने के लिए शुरू किए थे।

"मैं ख़ुद से पूछती हूँ, 'मैं अपने बिज़नेस को सुधारने के लिए क्या कर सकती हूँ ?' और इसके जवाब में मेरे दिमाग़ में बहुत से विचार आते हैं। मैं आपको सिर्फ़ एक उदाहरण बताना चाहती हूँ। चार हफ़्ते पहले मैंने सोचा कि मैं अपने स्टोर में छोटे बच्चों को आकर्षित करने के लिए कुछ करूँ। मैंने सोचा कि अगर छोटे बच्चे स्टोर में आना चाहेंगे, तो उनके

माँ-बाप अपने आप मेरे स्टोर से सामान ख़रीदने लगेंगे। मैं इस बारे में सोचती रही और एक योजना बनाई : मैंने चार से आठ साल की उम्र के बच्चों के लिए छोटे-छोटे खिलौने लाइन से रखवा दिए। खिलौनों को रखने में ज़्यादा जगह नहीं लगी थी और बच्चे इन्हें धड़ाधड़ ख़रीद रहे थे, जिससे मुझे बहुत फ़ायदा हुआ। परंतु इससे भी बड़ा फ़ायदा यह हुआ कि इन खिलौनों के कारण मेरे स्टोर में ज़्यादा ग्राहक आने लगे हैं।

"यक़ीन कीजिए," उसने आगे कहा, "मेरा साप्ताहिक सुधार कार्यक्रम सचमुच काम करता है। मैं सिर्फ़ अपने आपसे यह सवाल पूछती हूँ, 'मैं किस तरह अपने काम को सुधार सकती हूँ?' और मुझे जवाब अपने आप मिल जाते हैं। ऐसा दिन शायद ही कोई होता हो जब मेरे दिमाग़ में ज़्यादा मुनाफ़ा कमाने की कोई योजना न आती हो।

"और मैंने सफल बिज़नेस के बारे में एक और महत्वपूर्ण बात सीखी है, जो हर बिज़नेसमैन को सीखनी चाहिए।"

"वह क्या?" मैंने पूछा।

"सिर्फ़ यह। आप बिज़नेस शुरू करते समय कितना जानते हैं, यह महत्वपूर्ण नहीं होता। परंतु आप बिज़नेस शुरू करने के बाद कितना सीखते हैं और अपने आपको कितना सुधारते हैं, यह बेहद महत्वपूर्ण होता है।"

बड़ी सफलता उन्हीं लोगों का दरवाज़ा खटखटाती है जो लगातार ख़ुद के सामने और दूसरों के सामने ऊँचे लक्ष्य रखते हैं, जो अपनी कार्यक्षमता सुधारना चाहते हैं, जो कम लागत पर बेहतर माल देना चाहते हैं, जो कम प्रयास में ज़्यादा काम करना चाहते हैं। ऊँची सफलता उसी व्यक्ति को मिलती है जिसका रवैया होता है मैं-इसे-बेहतर-तरीक़े-से-कर-सकता-हूँ।

जनरल इलेक्ट्रिक का स्लोगन है : प्रगति हमारा सबसे महत्वपूर्ण प्रॉडक्ट है।

क्यों न आप भी प्रगति को अपना सबसे महत्वपूर्ण प्रॉडक्ट बनाएँ।

मैं-इसे-बेहतर-तरीक़े-से-कर-सकता-हूँ वाली फिलॉसफी जादू की

तरह काम करती है। जब आप ख़ुद से पूछते हैं, "मैं इसे किस तरह सुधार सकता हूँ?" तो आपका रचनात्मक बल्ब जल उठता है और आपके दिमाग़ में काम करने के बेहतर तरीक़े अपने आप आने लगते हैं।

यहाँ एक दैनिक अभ्यास दिया जा रहा है जिसकी मदद से आप मैं-इसे-बेहतर-तरीक़े-से-कर-सकता-हूँ रवैए की शक्ति को पहचान सकते हैं और विकसित कर सकते हैं।

हर दिन काम शुरू करने से पहले 10 मिनट यह सोचें, "आज मैं अपने काम को किस तरह सुधार सकता हूँ, पहले से बेहतर कर सकता हूँ?" पूछें, "आज मैं अपने कर्मचारियों का उत्साह किस तरह बढ़ा सकता हूँ?" "आज मैं अपने ग्राहकों के लिए क्या ख़ास काम कर सकता हूँ?" "मैं अपनी व्यक्तिगत कार्यक्षमता किस तरह बढ़ा सकता हूँ?"

यह अभ्यास आसान भी है और बड़े काम का भी। इसे आज़माकर देखें और आप पाएँगे कि इसके रचनात्मक तरीक़ों का उपयोग करने पर आप बड़ी सफलता हासिल कर सकते हैं।

❖ ❖ ❖

जब भी मैं और मेरी पत्नी एक दंपति से मिलने जाया करते थे, हमारी चर्चा "कामकाजी महिलाओं" के बारे में होने लगती थी। शादी से पहले श्रीमती एस. नौकरी करती थीं और उन्हें नौकरी करना अच्छा लगता था।

"परंतु अब," वे कहा करती थीं, "अब मेरे दो बच्चे स्कूल में पढ़ रहे हैं, मुझे घर सँभालना पड़ता है और खाना बनाना पड़ता है। अब मेरे पास नौकरी करने का समय ही नहीं है।"

फिर एक रविवार की शाम को मिस्टर और मिसेज़ एस. अपने बच्चों के साथ कहीं से आ रहे थे। उनकी कार का एक्सीडेंट हो गया। किसी और को तो कोई ख़ास चोट नहीं आई, लेकिन मिस्टर एस. की रीढ़ की हड्डी में गंभीर चोट आई और वे हमेशा के लिए अपंग हो गए। अब मिसेज़ एस. के पास नौकरी करने के अलावा कोई विकल्प नहीं बचा था।

जब हमने उस दुर्घटना के कुछ महीनों बाद मिसेज़ एस. को देखा,

तो हम यह देखकर दंग रह गए कि उन्होंने अपनी नई ज़िम्मेदारियों को बख़ूबी सँभाल लिया था।

"आप जानते हैं," उन्होंने कहा, "छह महीने पहले मैं कल्पना भी नहीं कर सकती थी कि मैं घर सँभालने के साथ-साथ फ़ुल टाइम नौकरी भी कर पाऊँगी। परंतु एक्सीडेंट के बाद मैंने यह फ़ैसला किया कि मुझे समय निकालना ही पड़ेगा। यक़ीन मानिए, मेरी कार्यक्षमता पहले से 100 प्रतिशत ज़्यादा बढ़ चुकी है। मैं ऐसे बहुत से काम किया करती थी, जो महत्वपूर्ण नहीं थे और जिन्हें करने की कोई ज़रूरत नहीं थी। फिर मैंने यह भी जाना कि मेरे बच्चे मेरी मदद कर सकते थे और वे मेरी मदद करना चाहते थे। मैंने समय बचाने के दर्जनों तरीक़े ढूँढ़ लिए- स्टोर के कम चक्कर लगाना, कम टीवी देखना, टेलीफ़ोन पर कम बात करना, समय को कम बर्बाद करना।"

इस अनुभव से हमें एक सीख मिलती है : *काम करने की क्षमता एक मानसिक स्थिति है।* हम कितना ज़्यादा काम कर सकते हैं, यह इस बात पर निर्भर करता है कि हम अपनी क्षमताओं के बारे में क्या सोचते हैं। जब आपको सचमुच विश्वास होता है कि आप ज़्यादा काम कर सकते हैं, तो आपका दिमाग़ रचनात्मक तरीक़े से सोचता है और आपको रास्ता दिखा देता है।

एक युवा बैंक एक्ज़ीक्यूटिव ने "काम करने की क्षमता" के बारे में अपना अनुभव मुझे सुनाया।

"हमारी बैंक का एक एक्ज़ीक्यूटिव अचानक नौकरी छोड़कर चला गया। इससे हमारे डिपार्टमेंट में समस्या पैदा हो गई। जो आदमी गया था, उसका काम महत्वपूर्ण था और उसके काम को किए बिना बैंक का काम नहीं चल सकता था। यह काम इतना अर्जेन्ट था कि इसे टाला भी नहीं जा सकता था।

"उसके जाने के एक दिन बाद, बैंक के वाइस प्रेसिडेंट यानी कि मेरे विभाग के इन्चार्ज ने मुझे बुलाया। उन्होंने बताया कि उन्होंने मेरे विभाग के बाक़ी दो लोगों से पूछा था कि जब तक कि कोई दूसरा आदमी काम पर न रखा जाए, तब तक क्या वे उस आदमी के काम को सँभाल सकते

हैं। 'दोनों ने ही सीधे तो मना नहीं किया,' परंतु दोनों का ही कहना था कि उनके पास काम का पहले से ही बहुत बोझ है। इतना काम है कि उन्हें सिर उठाने तक की फ़ुरसत नहीं मिलती। मैं सोच रहा था कि क्या आप कुछ समय के लिए यह अतिरिक्त काम कर लेंगे?'

"मेरी पूरी नौकरी में मैंने यह सीखा है कि जो भी चीज़ अवसर की तरह दिखे, उसे ठुकराना नहीं चाहिए। इसलिए मैं तत्काल राज़ी हो गया और मैंने वादा किया कि मैं अपना काम तो करूँगा ही, दूसरे आदमी का काम भी सँभाल लूँगा। वाइस-प्रेसिडेन्ट यह सुनकर ख़ुश हो गया।

"मैं उसके ऑफ़िस से बाहर निकलते समय सोच रहा था कि मैंने अपने ऊपर कितनी बड़ी ज़िम्मेदारी ले ली है। मैं भी अपने विभाग के बाक़ी दो लोगों की तरह बहुत व्यस्त था, परंतु मैंने उनकी तरह अतिरिक्त काम से जी नहीं चुराया था। मेरा दृढ़ निश्चय था कि मैं दोनों काम एक साथ करने का कोई न कोई रास्ता ढूँढ़ ही निकालूँगा। मैंने उस दोपहर अपना काम ख़त्म किया और जब ऑफ़िस बंद हो गया तो मैंने बैठकर विचार किया कि किस तरह मैं अपनी कार्यक्षमता बढ़ा सकता हूँ। मैंने एक पेंसिल ली और अपने हर विचार को लिखना शुरू कर दिया।

"और आप जानते हैं, मेरे दिमाग़ में बहुत से अच्छे विचार आने लगे। जैसे, अपनी सेक्रेटरी से यह कहना कि वह मेरे लिए आने वाले सामान्य टेलीफ़ोन कॉल हर दिन एक निश्चित समय ही मुझे ट्रांसफ़र किया करे। वह किसी निश्चित समय ही बाहर जाने वाले टेलीफ़ोन कॉल लगाया करे। मैंने अपनी चर्चा की अवधि को भी 15 मिनट से घटाकर 10 मिनट कर लिया। मैं अपने सभी डिक्टेशन हर दिन एक ही बार में देने लगा। मैंने यह भी पाया कि मेरी सेक्रेटरी मेरी मदद कर सकती थी और मेरे बदले में कई काम सँभाल सकती थी।

"मैं यह काम पिछले दो साल से कर रहा था, और सच कहूँ, तो मुझे यह जानकर इतनी हैरत हुई कि मैं अब तक कितनी कम क्षमता से काम कर रहा था।

"एक हफ़्ते के समय में ही मैं पहले से दुगुने पत्र डिक्टेट करने लगा, पहले से 50 प्रतिशत ज़्यादा फ़ोन कॉल करने और सुनने लगा, पहले से

50 प्रतिशत ज़्यादा मीटिंगों में भाग लेने लगा- और यह सब बिना तनाव के करने लगा।

"इसी तरह दो सप्ताह और गुज़र गए। वाइस-प्रेसिडेन्ट ने मुझे बुलवाया। उन्होंने मेरी तारीफ़ की कि मैंने इस अतिरिक्त ज़िम्मेदारी को इतनी अच्छी तरह सँभाला है। उन्होंने आगे कहा कि वे एक आदमी की तलाश कर रहे थे और इसके लिए वे बैंक के अंदर और बाहर कई लोगों को परख चुके थे। परंतु उन्हें अब तक सही आदमी नहीं मिला था। फिर उन्होंने स्वीकार किया कि उन्होंने बैंक की एक्ज़ीक्यूटिव कमेटी के सामने यह प्रस्ताव रखा है कि इन दो कामों को मिलाकर एक ही आदमी को सौंप दिया जाए, उन्होंने इस काम के लिए मुझे चुना है और उन्होंने यह प्रस्ताव भी रखा कि मेरी तनख़्वाह काफ़ी बढ़ा दी जाए। कमेटी ने उनकी बात मान ली और मुझे हर तरह से फ़ायदा हुआ।

"मैंने यह साबित कर दिया कि मेरी क्षमता उतनी ही होती है, जितनी क्षमता का विश्वास मेरे मन में होता है। मैं उतना ही काम कर सकता हूँ, जितना काम करने की मैं ठान लेता हूँ।"

काम करने की क्षमता एक मानसिक स्थिति है।

हर दिन तेज़ी से आगे बढ़ती बिज़नेस की दुनिया में यही होता है। बॉस किसी कर्मचारी को बुलाता है और बताता है कि कोई विशेष काम करना है। फिर वह कहता है, "मैं जानता हूँ कि तुम्हारे पास पहले से ही बहुत काम है, परंतु क्या तुम उसके साथ यह काम भी कर पाओगे?" अक्सर कर्मचारी जवाब देता है, "मुझे अफ़सोस है, परंतु मुझ पर पहले से ही काम का बहुत ज़्यादा बोझ है। काश मैं इस काम को कर सकता, परंतु मेरे पास इस काम को करने के लिए समय ही नहीं है।"

इन परिस्थितियों में बॉस को कर्मचारी की बात का बुरा तो नहीं लगता, क्योंकि यह "अतिरिक्त काम" है। परंतु बॉस महसूस करता है कि इस काम को करना तो है ही, इसलिए वह ऐसे कर्मचारी की तलाश करता है जिस पर बाक़ी लोगों जितना ही काम का बोझ है, परंतु जो यह समझता है कि वह यह अतिरिक्त ज़िम्मेदारी निभा सकता है। और यही कर्मचारी सफलता में बाक़ी सबसे आगे निकल जाता है।

बिज़नेस में, घर में, समाज में, सफल तालमेल होता है – अपने काम को लगातार बेहतर तरीक़े से करते रहें (अपने काम की क्वालिटी सुधारें) और आप जितना पहले करते थे, उससे ज़्यादा करें (अपने काम की क्वांटिटी बढ़ाएँ)।

क्या आपको नहीं लगता कि ऐसा करने से आपको फ़ायदा होगा ? दो क़दम की इस तकनीक को देखें :

1. ज़्यादा काम करने के अवसर को उत्साहपूर्वक स्वीकार करें। नई ज़िम्मेदारी के लिए आपसे पूछा जा रहा है, इससे यह साबित होता है कि आपके बॉस को आपकी क्षमता पर भरोसा है। अपनी नौकरी में ज़्यादा ज़िम्मेदारी लेने से आप बाक़ी लोगों से अलग दिखते हैं और इससे पता चलता है कि आप उनसे ज़्यादा महत्वपूर्ण हैं। जब आपके पड़ोसी आपसे किसी मामले में पहल करने को कहें, तो उनकी बात मान लें। इससे आपको समाज में लीडर बनने में मदद मिलती है।

2. इसके बाद, इस बात पर ध्यान केंद्रित करें, "मैं इस काम को किस तरह और ज़्यादा कर सकता हूँ ?" आपको इस सवाल के रचनात्मक जवाब मिल जाएँगे। कुछ जवाब इस तरह के होंगे कि आप अपने वर्तमान काम को योजनाबद्ध तरीक़े से करें या अपनी रोज़मर्रा की गतिविधियों का शॉर्टकट ढूँढ़ें या महत्वहीन कामों को करना पूरी तरह छोड़ दें। परंतु, मैं इस बात को दोहराना चाहता हूँ, ज़्यादा काम करने के रास्ते आपको मिल ही जाएँगे।

मैंने अपने जीवन में इस अवधारणा को पूरी तरह स्वीकार कर लिया है – अगर आप कोई काम करवाना चाहते हैं, तो इसे किसी व्यस्त आदमी को दे दें। मैं महत्वपूर्ण काम ऐसे आदमियों को नहीं देता जिनके पास बहुत सा ख़ाली समय है। मैंने दुःखद अनुभव से सीखा है कि वह आदमी जिसके पास बहुत फ़ुरसत होती है, वह कभी अच्छा काम नहीं कर पाता।

मैं जितने भी सफल, योग्य व्यक्तियों को जानता हूँ वे सभी बेहद व्यस्त हैं। जब मैं उनके साथ कोई प्रोजेक्ट शुरू करता हूँ, तो मैं जानता हूँ कि यह प्रोजेक्ट सफलतापूर्वक पूरा हो जाएगा।

मैंने दर्जनों उदाहरण देखे हैं कि मैं किसी व्यस्त आदमी से समय पर

काम करवा सकता हूँ। परंतु जिन लोगों के पास 'दुनिया भर का समय है' मैं उनसे समय पर काम नहीं करवा पाया हूँ। ऐसे लोगों के साथ काम करने का मेरा अनुभव निराशाजनक ही रहा है।

प्रगतिशील बिज़नेस मैनेजमेंट लगातार पूछता है, "हम किस तरह अपने आउटपुट को, अपने उत्पादन को बढ़ा सकते हैं?" आप ख़ुद से क्यों नहीं पूछते, "मैं किस तरह अपने आउटपुट को, अपने उत्पादन को बढ़ा सकता हूँ?" आपका दिमाग़ अपने आप ऐसे रचनात्मक उपाय बता देगा कि ऐसा किस तरह किया जा सकता है।

सभी तरह के सैकड़ों लोगों के इंटरव्यू लेने के बाद मैंने यह खोज की है : जो आदमी जितना बड़ा होता है, वह *आपको* बोलने का उतना ही ज़्यादा मौक़ा देता है; जो आदमी जितना छोटा होता है, वह आपके सामने उतना ही ज़्यादा बोलता है।

बड़े लोग लगातार *सुनते* हैं।

छोटे लोग लगातार *बोलते* हैं।

यह भी नोट करें : हर क्षेत्र में चोटी के लीडर्स सलाह सुनने में ज़्यादा समय लगाते हैं, सलाह देने में कम समय लगाते हैं। जब कोई लीडर निर्णय लेता है तो वह पूछता है, "आप इस बारे में क्या सोचते हैं?" "आपका सुझाव क्या है?" "आप इन परिस्थितियों में क्या करते?" "आपको यह कैसा लगता है?"

इसे इस तरीक़े से देखें : लीडर निर्णय लेने वाली एक इंसानी मशीन है। किसी भी चीज़ के उत्पादन के लिए कच्चे माल की ज़रूरत होती है। रचनात्मक निर्णय के उत्पादन के लिए दूसरों के विचार और सुझाव ही कच्चा माल होते हैं। इस बात की उम्मीद न करें कि दूसरे लोग आपको रेडीमेड समाधान सुझा देंगे। उनसे सलाह लेने का और उनके सुझाव सुनने का यह उद्देश्य नहीं होता। दूसरे लोगों के विचार सुनने से आपके दिमाग़ में नए विचार आते हैं जिनसे साबित होता है कि आपका दिमाग़ ज़्यादा रचनात्मक हो चुका है।

हाल ही में मैंने एक एक्ज़ीक्यूटिव मैनेजमेंट सेमिनार में एक स्टाफ़

इन्स्ट्रक्टर के रूप में भाग लिया। सेमिनार बारह सत्रों का था। हर सत्र में एक एक्ज़ीक्यूटिव आकर 15 मिनट का लेक्चर देता था, "मैंने अपनी ज़िंदगी की सबसे महत्वपूर्ण मैनेजमेंट समस्या को किस तरह सुलझाया ?"

नवें सत्र में एक एक्ज़ीक्यूटिव ऐसा आया, जो एक बड़ी मिल्क-प्रोसेसिंग कंपनी में वाइस-प्रेसिडेन्ट था। इस एक्ज़ीक्यूटिव का लेक्चर ज़रा हटकर था। यह बताने के बजाय कि उसने अपनी समस्या को किस तरह सुलझाया, उसने अपने लेक्चर का टॉपिक रखा "ज़रूरत है : मेरी सबसे बड़ी मैनेजमेंट समस्या को सुलझाने के लिए मदद की।" उसने अपनी समस्या को बताया और फिर हम लोगों से इसे सुलझाने के संबंध में विचार माँगे। उसे बहुत सारे विचार दिए गए और उसने उन सभी विचारों को एक स्टेनोग्राफ़र से लिखवा लिया।

बाद में मैंने इस व्यक्ति से चर्चा की और उसकी अद्भुत तकनीक पर उसे बधाई दी। उसका कहना था, "इस समूह में बहुत से बुद्धिमान लोग हैं। मैंने यही सोचा कि क्यों न उनकी बुद्धिमत्ता का लाभ उठाया जाए। इस बात की काफ़ी संभावना है कि किसी ने उस सत्र के दौरान ऐसा कुछ कहा हो जिससे मुझे समस्या सुलझाने में मदद मिले।"

यह ध्यान रखें : एक्ज़ीक्यूटिव ने समस्या बताने के बाद लोगों की *बातें सुनीं*। इस तरह उसे निर्णय पर पहुँचने के लिए कच्चा माल मिल गया और उसे यह लाभ भी हुआ कि जनता को उसके लेक्चर में मज़ा आ गया क्योंकि इसमें उन्हें सक्रिय होने का, अपना योगदान देने का मौक़ा मिल गया।

सफल बिज़नेस कंपनियाँ ग्राहकों के सर्वेक्षण में काफ़ी रक़म ख़र्च करती हैं। वे लोगों से किसी सामान के स्वाद, क्वालिटी, आकार और सजावट के बारे में कई तरह के सवाल पूछती हैं। लोगों की राय जानने से उन्हें यह तय करने में मदद मिलती है कि इस सामान को ज़्यादा बेचने योग्य किस तरह बनाया जा सकता है। इससे निर्माता यह भी जान जाता है कि वह किस तरह के विज्ञापन दे, ताकि ज़्यादा से ज़्यादा लोग उसका सामान ख़रीदें। सफल उत्पादों को विकसित करने का तरीक़ा यह है कि आप जितने विचार जान सकें, जानने की कोशिश करें। सामान ख़रीदने वाले लोगों की राय जानें और फिर उस सामान को बेचने का कोई ऐसा

तरीक़ा खोजें जिससे वह सामान ज़्यादा से ज़्यादा लोगों को भा जाए।

एक ऑफ़िस में मैंने एक पोस्टर लगा देखा जिस पर लिखा था, "जॉन ब्राउन को कोई सामान बेचने के लिए आपको चीज़ों को जॉन ब्राउन की नज़रों से देखना होगा।" और जॉन ब्राउन की नज़रों से चीज़ों को देखने के लिए आपको जॉन ब्राउन की बातों को सुनना होगा।

आपके कान आपके दिमाग़ के वॉल्व हैं। वे आपके दिमाग़ में कच्चा माल डालते हैं जिसे आप रचनात्मक ऊर्जा में बदल सकते हैं। हम बोलने से कुछ नया नहीं सीखते। परंतु हम पूछने और सुनने से बहुत कुछ सीख सकते हैं।

पूछने और सुनने के माध्यम से अपनी रचनात्मकता को बढ़ाने के लिए इस तीन-स्तरीय कार्यक्रम को आज़माएँ :

1. दूसरे लोगों को बोलने के लिए प्रोत्साहित करें। व्यक्तिगत चर्चा में या समूह बैठकों में लोगों से ऐसे आग्रह करें, "मुझे अपना अनुभव बताएँ…" या "आपको क्या लगता है इस बारे में क्या किया जाना चाहिए…?" "आपको क्या लगता है सबसे महत्वपूर्ण बात क्या है?" दूसरे लोगों को बोलने के लिए प्रोत्साहित करें और इससे आपको दो फ़ायदे होंगे : आपका दिमाग़ उस कच्चे माल को सोख लेगा जिसे आप रचनात्मक विचार में बदल सकते हैं। इसके अलावा आपके बहुत सारे दोस्त भी बन जाएँगे। अगर आप लोगों को बोलने के लिए प्रोत्साहित करते हैं तो दोस्त बनाने का इससे बढ़िया कोई दूसरा तरीक़ा हो ही नहीं सकता।

2. अपने विचारों को दूसरों के सामने सवालों के रूप में रखें। दूसरे लोगों को मौक़ा दें कि वे आपके विचारों को बेहतर शक्ल दें। आप-इस-बारे-में-क्या-सोचते-हैं की शैली में सुझाव दें। हठधर्मी न बनें। किसी नए विचार को इस तरह प्रस्तुत न करें जैसे यह सीधा आसमान से आया हो। पहले थोड़ा-सा अनौपचारिक शोध कर लें। देखें कि इस विचार के बारे में आपके साथियों की क्या प्रतिक्रिया है। अगर आप ऐसा करते हैं, तो यक़ीनन आपका विचार पहले से बेहतर हो जाएगा।

3. सामने वाला जो कह रहा है, उसे ध्यान से सुनें। सुनने का मतलब यही नहीं होता कि आप अपना मुँह बंद रखें। सुनने का मतलब है कि

जो कहा जा रहा है, आपका पूरा ध्यान उसी तरफ़ है। ज़्यादातर लोग सुनने के बजाय सुनने का नाटक करते हैं। वे सामने वाले की बात ख़त्म होने का इंतज़ार करते हैं, ताकि वे अपनी बात कहना शुरू कर सकें। सामने वाले की बात पूरे ध्यान से सुनें। उसका मूल्यांकन करें। इसी तरह आप अपने दिमाग़ के लिए कच्चा माल इकट्ठा कर सकते हैं।

अधिकांश प्रसिद्ध विश्वविद्यालय सीनियर बिज़नेस एक्ज़ीक्यूटिव्ज़ के लिए एडवांस्ड मैनेजमेंट ट्रेनिंग प्रोग्राम्स आयोजित कर रहे हैं। प्रायोजकों के अनुसार इन कार्यक्रमों का लक्ष्य इन एक्ज़ीक्यूटिव्ज़ को रेडीमेड फ़ॉर्मूले देना नहीं, बल्कि नए विचारों के आदान-प्रदान का अवसर देना है। यहाँ एक्ज़ीक्यूटिव्ज़ कॉलेज के हॉस्टल में एक साथ रहते हैं, जिससे उनमें आपसी विचार-विमर्श ज़्यादा अच्छी तरह होता है। संक्षेप में, एक्ज़ीक्यूटिव्ज़ को इससे सबसे बड़ा फ़ायदा यह होता है कि उन्हें नए विचार करने की प्रेरणा मिलती है।

एक साल पहले मैंने अटलांटा के सेल्स मैनेजमेंट स्कूल में एक सप्ताह में दो सत्र आयोजित किए जिन्हें *नेशनल सेल्स एक्ज़ीक्यूटिव्ज़ इन्क* ने प्रायोजित किया था। कुछ सप्ताह बाद मैं एक सेल्समैन मित्र से मिला जिसके मैनेजर ने उस प्रशिक्षण सत्र में भाग लिया था।

"स्कूल में आपने हमारे सेल्स मैनेजर को बहुत सारी बातें सिखा दी हैं कि कंपनी को बेहतर तरीक़े से कैसे चलाया जा सकता है।" मेरे युवा मित्र ने कहा। उत्सुकतावश, मैंने उससे पूछा कि वह विस्तार से बताए कि उसे अपने मैनेजर में क्या बदलाव दिखे। मेरे मित्र ने कई बातें गिना दीं- कंपन्सेशन प्लान में सुधार, महीने में एक बार की जगह दो बार सेल्स मीटिंग्स, नए बिज़नेस कार्ड्स और स्टेशनरी, सेल्स टेरिटरी का पुनर्गठन- और मज़े की बात यह थी कि प्रशिक्षण कार्यक्रम में इनमें से किसी का भी सीधे उल्लेख नहीं किया गया था। सेल्स मैनेजर को डिब्बाबंद तकनीकें नहीं दी गई थीं। इसके बजाय, उसने कुछ ज़्यादा बहुमूल्य सीखा, यह सीखा कि दूसरों के विचारों से वह किस तरह अपने विचार उत्प्रेरित कर सकता है ताकि उसे और उसकी कंपनी को फ़ायदा हो।

पेंट निर्माता के यहाँ काम करने वाले एक युवा अकाउंटेंट ने मुझे बताया कि दूसरों के विचारों को सुनने के कारण उसे एक बार बहुत

सफलता मिली थी।

"मैंने रियल एस्टेट में कभी ज़्यादा रुचि नहीं ली," उसने मुझे बताया। "मैं कई सालों से प्रोफ़ेशनल अकाउंटेंट हूँ और मैं अपने काम से काम रखता हूँ। एक दिन एक रिएल्टर मित्र ने मुझे शहर के रियल एस्टेट समूहों के साथ लंच के लिए बुलाया।

"उस दिन का वक्ता एक वृद्ध आदमी था जिसने शहर को बढ़ते हुए देखा था। उसकी चर्चा का विषय था, 'अगले बीस साल।' उसने यह भविष्यवाणी की कि कुछ ही समय में शहर इतना फैल जाएगा कि वह आस-पास की कृषि भूमि को भी अपने में समेट लेगा। उसने यह भी भविष्यवाणी की कि 2 से 5 एकड़ के जेन्टलमैन-साइज़ के फ़ार्म हाउस की रिकॉर्डतोड़ माँग होने वाली है। ऐसे फ़ार्म हाउस, जिनमें बिज़नेसमैन या प्रोफ़ेशनल व्यक्ति स्विमिंग पूल बनवा सकें, घोड़े रख सकें, बगीचा लगा सकें और दूसरी ऐसी ही शौकिया चीज़ें बनवा सकें।

"इस आदमी की बातें सुनकर मुझे प्रेरणा मिली। उसने जिस तरह के फ़ार्म हाउस का ज़िक्र किया था, मैं भी उसी तरह का फ़ार्म हाउस तलाश रहा था। अगले कुछ दिनों तक मैंने अपने कई दोस्तों से पूछा कि किसी दिन 5 एकड़ की एस्टेट के मालिक बनने के बारे में उनका क्या विचार है। हर एक को यह विचार बहुत पसंद आया।

"मैं इस बारे में लगातार सोचता रहा और ख़ुद से यह सवाल पूछता रहा कि मैं इस विचार को किस तरह फ़ायदेमंद बिज़नेस में बदल सकता हूँ। फिर एक दिन जब मैं नौकरी पर जा रहा था, तो अचानक मेरे दिमाग़ में जवाब कौंध गया। क्यों न एक फ़ार्म ख़रीदा जाए और इसे छोटे एस्टेट में बाँट दिया जाए? इस तरह मुझे ज़मीन सस्ते भाव में मिल सकती थी और मैं एस्टेट को महँगे दामों में बेच सकता था।

"शहर से बाईस मील दूर मुझे 50 एकड़ का फ़ार्म 8,500 डॉलर में मिल गया। मैंने उसे ख़रीद लिया और ख़रीदते समय केवल एक तिहाई नक़द दिया और बाक़ी रक़म की क़िस्तें बाँध लीं।"

"फिर जहाँ पेड़ नहीं थे, वहाँ मैंने चीड़ के वृक्ष रोप दिए। मैंने ऐसा किया क्योंकि मुझे किसी रियल एस्टेट बिज़नेस के आदमी ने यह बताया

था, 'लोग आजकल पेड़ पसंद करते हैं, बहुत सारे पेड़ हों तो और भी अच्छी बात है!'

"मैं अपने संभावित ग्राहकों को यह दिखाना चाहता था कि आज से कुछ साल बाद उनके एस्टेट में ढेर सारे चीड़ के सुंदर वृक्ष लगे होंगे।

"फिर मैंने एक सर्वेयर को बुलाकर उस 50 एकड़ के फ़ार्म को 5 एकड़ के दस फ़ार्म हाउस में बाँट दिया।

"अब मैं फ़ार्म हाउस बेचने के लिए तैयार था। मैंने शहर में कई युवा एक्ज़ीक्यूटिव्ज़ के नाम-पते लिए और छोटे पैमाने पर सबको सीधे चिट्ठियाँ लिखीं। मैंने बताया कि किस तरह सिर्फ़ 3,000 डॉलर में, जिसमें शहर में एक छोटा-सा प्लॉट ही मिल पाएगा, वे शहर से थोड़ी-सी दूर पर एस्टेट ख़रीद सकते हैं। मैंने उन्हें मनोरंजन और स्वास्थ्यप्रद जीवन की संभावना के बारे में भी बताया।

"छह हफ़्तों में ही, केवल शाम को और सप्ताहांत में काम करके, मैंने सभी 10 फ़ार्म हाउस बेच दिए। कुल आमदनी हुई 30,000 डॉलर। कुल ख़र्च, जिसमें ज़मीन, विज्ञापन, सर्वेइंग और क़ानूनी ख़र्च शामिल था - 10,400 डॉलर। और लाभ 19,600 डॉलर।

"मुझे इतना फ़ायदा इसलिए हुआ क्योंकि मैंने दूसरे समझदार लोगों के विचारों से लाभ उठाया। अगर मैं रियल एस्टेट के लोगों के साथ लंच में नहीं जाता, क्योंकि वे मेरे व्यवसाय से जुड़े लोग नहीं थे, तो मेरे दिमाग़ में मुनाफ़ा कमाने की यह सफल योजना आ ही नहीं सकती थी।"

मानसिक उत्प्रेरण हासिल करने के कई तरीक़े होते हैं, परंतु यहाँ पर दो तरीक़े दिए जा रहे हैं जिन्हें आप अपने जीवन में उतार सकते हैं।

पहला तरीक़ा यह है कि आप कम से कम एक ऐसे प्रोफ़ेशनल समूह से जुड़ें, जो आपके व्यवसाय से संबंधित हो। सफलता की चाह रखने वाले लोगों के साथ मिलें-जुलें, उनके साथ विचारों का आदान-प्रदान करें। कितनी बार हम किसी को यह कहते सुनते हैं, "आज मीटिंग में मुझे यह बढ़िया विचार मिला," या "कल की मीटिंग में मैंने यह सोचा…" याद रखें, वह दिमाग़ जो केवल अपने ही बनाए हुए भोजन पर ज़िंदा रहता है, जल्दी ही कुपोषण का शिकार हो जाता है, कमज़ोर हो जाता है और रचनात्मक,

प्रगतिशील विचारों को सोचने में असमर्थ हो जाता है। दूसरों के विचारों से प्रेरित होना आपके मस्तिष्क के लिए उत्तम आहार साबित होता है।

दूसरी बात, अपने व्यवसाय के बाहर के कम से कम किसी एक समूह से जुड़ें। अपने व्यवसाय के बाहर के लोगों से मिलने से आपकी सोच व्यापक होती है और आप बड़ी तस्वीर देख पाते हैं। आप यह जानकर हैरान होंगे कि आपके व्यवसाय के बाहर के लोगों से नियमित रूप से मिलने से आपकी नौकरी पर भी सकारात्मक असर होता है।

विचार आपकी सोच के फल हैं। परंतु उनका दोहन करना पड़ता है और तभी उनका मूल्य होता है।

हर साल बलूत का पेड़ इतने फल गिराता है कि अगर सभी बीज उग जाएँ तो एक अच्छा-ख़ासा जंगल तैयार हो जाए। परंतु इन बीजों में से शायद एक या दो बीज ही उग पाते हैं। ज़्यादातर बीज गिलहरियाँ खा जाती हैं और पेड़ के नीचे की ज़मीन इतनी सख़्त होती है कि बचे हुए बीज उस पर उग ही नहीं पाते।

ऐसा ही विचारों के साथ होता है। केवल कुछ ही विचारों के फल मिल पाते हैं। विचार बहुत जल्दी नष्ट होने वाले बीज हैं। अगर हम रखवाली न करें, तो गिलहरियाँ (नकारात्मक रूप से सोचने वाले लोग) हमारे ज़्यादातर विचारों को नष्ट कर देंगी। विचार जब पैदा होते हैं, तभी से उनकी ख़ास देखभाल करनी होती है। और तब तक करनी होती है जब तक कि वे बड़े न हो जाए और उनमें फल न लगने लगें। अपने विचारों के दोहन के लिए और उन्हें विकसित करने के लिए इन तीन तरीक़ों का प्रयोग करें :

1. विचारों को बच निकलने का मौक़ा न दें। उन्हें लिख लें। हर दिन आपके दिमाग़ में बहुत से अच्छे विचार आते हैं, परंतु वे जल्दी ही मर जाते हैं क्योंकि आपने उन्हें काग़ज़ पर नहीं लिखा है और आप कुछ समय बाद उन्हें भूल जाते हैं। नए विचारों की पहरेदारी के लिए याददाश्त एक कमज़ोर चौकीदार है। अपने पास नोटबुक या डायरी रखें। जब भी आपके दिमाग़ में कोई अच्छा विचार आए, उसे लिख लें। यात्रा करने का शौकीन मेरा एक दोस्त अपने साथ एक डायरी रखता है जिस पर वह

अपने विचार तत्काल लिख लेता है। रचनात्मक मस्तिष्क वाले मनुष्य जानते हैं कि अच्छा विचार कभी भी, कहीं भी आ सकता है। विचारों को निकल भागने का मौक़ा न दें; अन्यथा आप अपने विचार के फल नष्ट कर लेंगे। उन्हें बाँधकर रखें।

2. इसके बाद, अपने विचारों का अवलोकन करें। इन विचारों को एक फ़ाइल में लगा लें। यह फ़ाइल बड़ी हो सकती है या फिर छोटी फ़ाइल से भी काम चल सकता है। परंतु फ़ाइल ज़रूर बनाएँ और इसके बाद आप अपने विचारों का नियमित रूप से विश्लेषण करें। जब आप इन विचारों का अवलोकन करेंगे तो आपको कुछ विचार बेकार या महत्वहीन लगेंगे। उन्हें बाहर निकाल दें। परंतु जब तक आपको कोई विचार दमदार लगता है, उसे अंदर ही रहने दें।

3. अपने विचार को विकसित करें। इसे फलने-फूलने दें। इसके बारे में सोचते रहें। इस विचार को इससे संबद्ध विचारों के साथ बाँध दें। अपने विचार से संबंधित सामग्री पढ़ते रहें। सभी पहलुओं की जाँच कर लें। फिर जब समय आए, तो काम में जुट जाएँ और अपनी नौकरी, अपने भविष्य को सुधारने के लिए इसका उपयोग करें।

जब किसी आर्किटेक्ट के मन में नई इमारत का विचार आता है, तो वह एक शुरुआती ड्राइंग बनाता है। जब एड्वर्टाइज़िंग के किसी रचनात्मक व्यक्ति के दिमाग़ में नए टीवी विज्ञापन का विचार आता है तो वह इसे स्टोरीबोर्ड फ़ॉर्म में लिख लेता है और ऐसी ड्रॉइंग बना लेता है जिनसे यह पता चलता है कि पूरा होने के बाद यह विचार किस तरह दिखेगा। विचारों वाले लेखक पहला ड्राफ़्ट तैयार करते हैं।

नोट : अपने विचार को काग़ज़ पर आकार दें। यह दो कारणों से ज़रूरी है। जब विचार निश्चित आकार ले लेता है, तो आप इसका पूरी तरह अध्ययन कर सकते हैं, इसकी कमियाँ देख सकते हैं, इसे बेहतर बनाने के लिए प्रयास कर सकते हैं। इसके अलावा, विचार किसी और को "बेचे" जाने होते हैं – ग्राहक, कर्मचारियों, बॉस, दोस्तों, साथी क्लब के सदस्यों, निवेशकों इत्यादि को। कोई न कोई तो होना चाहिए जो आपका विचार ख़रीदे, अन्यथा आपके विचार का कोई मूल्य नहीं है।

एक बार दो जीवन बीमा सेल्समैन मुझसे मिले। दोनों ही मेरा बीमा करना चाहते थे। दोनों ने ही मुझसे वादा किया कि वे नई बीमा पॉलिसी के साथ मेरे पास आएँगे, जिसमें कुछ बदलाव किए गए थे। पहला सेल्समैन आया और उसने मुझे मुँहज़बानी योजना बता दी। जो मैं चाहता था, उसने मुझे शब्दों के माध्यम से समझा दिया। परंतु मैं उसकी बात पूरी तरह से समझ नहीं पाया। उसने टैक्स, ऑप्शन्स, सोशल सिक्युरिटी और बीमा योजना के सारे तकनीकी पहलुओं पर विस्तार से रोशनी डाली, परंतु मेरे पल्ले कुछ नहीं पड़ा और अंततः मुझे उसे मना करना पड़ा।

दूसरे सेल्समैन ने एक अलग शैली का इस्तेमाल किया। उसने अपनी अनुशंसाओं को चार्ट के माध्यम से लिखकर प्रस्तुत किया। सारे डीटेल्स डायग्राम में दिए गए थे। मुझे उसका प्रस्ताव आसानी से समझ में आ गया क्योंकि मैं उसे साफ़ देख सकता था। मैंने उससे बीमा करवा लिया।

अपने विचारों को बेचे जाने वाले रूप में तैयार करें। मौखिक विचार के बजाय लिखित विचार या डायग्राम के रूप में प्रस्तुत विचार को बेचना कई गुना ज़्यादा आसान होता है।

संक्षेप में, इन उपायों का प्रयोग करें और रचनात्मक तरीक़े से सोचें

1. विश्वास करें कि काम किया जा सकता है। जब आप यह विश्वास करते हैं कि आप कोई काम कर सकते हैं, तो आपका दिमाग़ उसे करने के तरीक़े ढूँढ़ ही लेगा। इसका कोई रास्ता है, यह सोचने भर से रास्ता निकालना आसान हो जाता है।

अपनी सोचने और बोलने की शब्दावलियों से "असंभव", "यह काम नहीं करेगा," "मैं यह नहीं कर सकता," "कोशिश करने से कोई फ़ायदा नहीं" जैसे वाक्य निकाल दें।

2. परंपरा को अपने दिमाग़ को कमज़ोर न बनाने दें। नए विचारों को स्वीकार करें। प्रयोगशील बनें। नई शैलियों को आज़माएँ। अपने हर काम में प्रगतिशील रहें।

3. अपने आपसे हर रोज़ पूछें, "मैं इसे किस तरह बेहतर तरीक़े से कर सकता हूँ?" आत्म-सुधार की कोई सीमा नहीं है। जब आप ख़ुद से पूछते हैं, "मैं किस तरह बेहतर कर सकता हूँ" तो अच्छे जवाब अपने आप उभरकर सामने आएँगे। कोशिश करें और देखें।

4. ख़ुद से पूछें, "मैं यह काम और ज़्यादा किस तरह कर सकता हूँ?" काम करने की क्षमता एक मानसिक अवस्था है। जब आप ख़ुद से यह सवाल पूछेंगे तो आपके दिमाग़ में अच्छे शॉर्टकट अपने आप आ जाएँगे। बिज़नेस में सफलता का संयोग है : अपने काम को लगातार बेहतर तरीक़े से करते रहें (अपने काम की क्वालिटी सुधारें) और आप जितना पहले करते थे, उससे ज़्यादा करें (अपने काम की क्वांटिटी बढ़ाएँ)।

5. पूछने और सुनने की आदत डालें। पूछें और सुनें और आपको सही निर्णय पर पहुँचने के लिए कच्चा माल मिल जाएगा। याद रखें : बड़े लोग लगातार *सुनते* हैं; छोटे लोग लगातार *बोलते* हैं।

6. अपने मस्तिष्क को व्यापक बनाएँ। दूसरों के विचारों से प्रेरणा लें। ऐसे लोगों के साथ उठें-बैठें जिनसे आपको नए विचार, काम करने के नए तरीक़े सीखने को मिल सकते हों। अलग-अलग व्यवसायों और सामाजिक रुचियों वाले लोगों से मिलें।

6

जैसा सोचेंगे, वैसा बनेंगे

ज़्यादातर लोगों का व्यवहार उलझन भरा होता है। क्या आपने कभी सोचा कि कोई सेल्समैन एक ग्राहक को इज़्ज़त क्यों देता है जबकि वह दूसरे ग्राहक को नज़रअंदाज़ कर देता है? कोई आदमी एक महिला के लिए दरवाज़ा क्यों खोल देता है, जबकि दूसरी महिला के लिए नहीं खोलता? कोई कर्मचारी एक सुपीरियर के आदेशों का फटाफट पालन क्यों करता है, जबकि दूसरे सुपीरियर के आदेशों का पालन मन मारकर करता है? या हम किसी आदमी की बात ध्यान से क्यों सुनते हैं, जबकि दूसरे आदमी की बात अनसुनी कर देते हैं?

अपने चारों तरफ़ देखें। आप देखेंगे कि कई लोगों को "हे, मैक" या "और, यार" कहकर बुलाया जाता है, जबकि कई लोगों से महत्वपूर्ण "यस, सर" कहा जाता है। देखिए। आप पाएँगे कि कुछ लोगों को एहमियत, वफ़ादारी और तारीफ़ मिलती है जबकि बाक़ी लोगों को ये सब चीज़ें नहीं मिलतीं।

और क़रीब से देखने पर आप पाएँगे कि जिन लोगों को सबसे ज़्यादा सम्मान मिलता है वे सबसे ज़्यादा सफल भी होते हैं।

इसका कारण क्या है? एक शब्द में इसका जवाब दिया जाए तो इसका कारण है : *सोच*। सोच के कारण ही ऐसा *होता* है। दूसरे लोग हममें वही देखते हैं, जो हम अपने आपमें देखते हैं। हमें उसी तरह का व्यवहार मिलता है जिसके क़ाबिल हम ख़ुद को *समझते* हैं।

सोच के कारण ही सारा फ़र्क़ पड़ता है। वह आदमी जो ख़ुद को हीन

समझता है, चाहे उसकी योग्यताएँ कितनी ही क्यों न हों, वह हीन ही बना रहेगा। आप जैसा सोचते हैं, वैसा ही काम करते हैं। अगर कोई व्यक्ति अपने आपको हीन समझता है, तो वह उसी तरीक़े से काम करेगा। चाहे वह अपनी हीनता छुपाने का कितना भी प्रयास करे, यह मूलभूत भावना लंबे समय तक छुपी नहीं रह सकती। जो व्यक्ति यह महसूस करता है कि वह महत्वपूर्ण नहीं है, *वह सचमुच महत्वपूर्ण नहीं होता*।

दूसरी तरफ़, जो व्यक्ति यह समझता है कि वह कोई काम कर सकता है, *वह सचमुच उस काम को कर लेगा*।

महत्वपूर्ण बनने के लिए यह *सोचना* ज़रूरी है कि हम महत्वपूर्ण हैं। *सचमुच* ऐसा सोचें। तभी दूसरे लोग भी हमारे बारे में ऐसा सोचेंगे। यहाँ पर मैं एक बार फिर तर्क देना चाहता हूँ :

> आप क्या सोचते हैं, इससे तय होता है कि आप कैसा काम करते हैं।
>
> आप क्या करते हैं इससे तय होता है :
>
> *दूसरे आपके साथ कैसा व्यवहार करते हैं।*

सफलता के आपके व्यक्तिगत कार्यक्रम के दूसरे पहलुओं की तरह ही सम्मान पाना मूलभूत रूप से बहुत आसान है। दूसरे लोगों का सम्मान पाने के लिए आपको सबसे पहले तो यह सोचना होगा कि आप उस सम्मान के क़ाबिल हैं। और आप अपने आपको जितने सम्मान के क़ाबिल समझेंगे, दूसरे लोग आपको उतना ही सम्मान देंगे। इस सिद्धांत को आज़माकर देख लें। क्या आपके दिल में किसी ग़रीब और असफल आदमी के लिए सम्मान होता है ? बिलकुल नहीं। क्यों ? क्योंकि वह ग़रीब और असफल आदमी ख़ुद का सम्मान नहीं करता। वह आत्म-सम्मान के अभाव में अपनी ज़िंदगी बर्बाद कर रहा है।

आत्म-सम्मान हमारे हर काम में साफ़ दिख जाता है। इसलिए हमें इस तरफ़ ध्यान देना होगा कि हम किस तरह अपना आत्म-सम्मान बढ़ा सकते हैं और दूसरों से सम्मान हासिल कर सकते हैं।

महत्वपूर्ण दिखें– इससे ख़ुद को महत्वपूर्ण समझने में मदद मिलती है। नियम : याद रखें कि आपका व्यक्तित्व बोलता है। आप कैसे दिखते हैं, इससे आपकी छवि बनती है। सुनिश्चित कर लें कि आपके बाहरी व्यक्तित्व से आपके बारे में सकारात्मक छवि ही बने। घर से चलते समय सुनिश्चित कर लें कि आप वैसे ही दिख रहे हैं जैसे आप दिखना चाहते हैं।

एक बहुत ही बढ़िया विज्ञापन छपा था, "सही कपड़े पहनें। इसके बिना काम नहीं चलेगा!" यह विज्ञापन *अमेरिकन इंस्टीट्यूट ऑफ़ मेन्स एंड बॉयज़ वेअर* ने प्रायोजित किया था। इस विज्ञापन को हर ऑफ़िस, रेस्ट रूम, बेडरूम, और स्कूलरूम में लगाकर रखना चाहिए। एक और विज्ञापन में एक पुलिस वाला बोलता है :

> आप किसी बच्चे के हावभाव से समझ लेते हैं कि यह बच्चा बदमाश है। यह ठीक नहीं है, परंतु ऐसा ही होता है – लोग किसी बच्चे को उसके कपड़ों से पहचानते हैं। और एक बार आप किसी बच्चे के बारे में राय बना लेते हैं, तो फिर उस राय को बदलना, उस बच्चे के *प्रति* अपने रवैए को बदलना बहुत मुश्किल होता है। अपने बच्चे को देखें। उसे उसके टीचर की नज़र से देखें, आपके पड़ोसी की नज़र से देखें। उसका जो हुलिया है, वह जो कपड़े पहनता है, क्या उससे उसकी ग़लत छवि बन रही है? क्या आपको यह पक्का विश्वास है कि वह सही दिखता है, सही *कपड़े* पहनता है और हर जगह सही व्यवहार करता है?

यह विज्ञापन बच्चों के बारे में था। परंतु इसे वयस्कों पर भी लागू किया जा सकता है। आप शब्दों में थोड़ा सा हेर-फेर कर लें और *पड़ोसियों* की जगह *सहयोगी* कर लें, *टीचर* की जगह *सुपीरियर* कर लें और *उसे* की जगह *अपने आपको* कर लें। अब यह वाक्य इस तरह का हो गया : *अपने आपको अपने सुपीरियर की नज़रों से देखें, अपने सहयोगियों की नज़र से देखें।*

साफ़-सुथरा दिखने में बहुत कम ख़र्च होता है। इस स्लोगन को शब्दशः लें। इससे यह सीख लें : सही कपड़े पहनें; इससे *हमेशा* फ़ायदा

होता है। याद रखें - महत्वपूर्ण दिखें क्योंकि इससे महत्वपूर्ण सोचने में मदद मिलती है।

कपड़ों का इस्तेमाल आत्मविश्वास बढ़ाने के साधन के रूप में करें। हमारे मनोविज्ञान के प्रोफ़ेसर परीक्षा के एक दिन पहले हमें सलाह दिया करते थे, "इस महत्वपूर्ण परीक्षा के लिए अच्छे कपड़े पहनना। नई टाई पहनकर आना। अपने सूट को अच्छे से प्रेस कर लेना। अपने जूते चमका लेना। अच्छे दिखना क्योंकि तुम्हें परीक्षा में अच्छा प्रदर्शन करना है।"

प्रोफ़ेसर का मनोविज्ञान बिलकुल सही था। इस बारे में कोई ग़लतफ़हमी न पालें। आपके बाहरी रूप-रंग या हुलिए से आपके मानसिक हुलिए पर बहुत प्रभाव पड़ता है। आप बाहर से कैसे दिखते हैं, यह इस बात को प्रभावित करता है कि आप किस तरह सोचते हैं या आप अंदर से कैसा महसूस करते हैं।

सभी बच्चे "हैट स्टेज" से गुज़रते हैं। इसका मतलब है कि वे जिस पात्र का अभिनय करना चाहते हैं, वे उसका हैट पहनकर उसकी नक़ल करते हैं। मुझे अपने पुत्र डेवी के साथ हुई हैट की एक घटना हमेशा याद रहेगी। एक दिन वह अड़ गया कि उसे लोन रेंजर ही बनना है परंतु उसके पास लोन रेंजर का हैट नहीं था।

मैंने उसे समझाने की बहुत कोशिश की कि वह दूसरा हैट पहनकर लोन रेंजर बन जाए। परंतु उसने आपत्ति की, "पर, डैड, मैं बिना लोन रेंजर हैट पहने लोन रेंजर की तरह नहीं *सोच* पाऊँगा।"

मैंने आख़िरकार हार मान ली और उसे उसका मनचाहा हैट ख़रीदकर दे दिया। और हैट पहनने के बाद वह सचमुच लोन रेंजर *बन गया।*

मैं इस घटना को अक्सर याद कर लेता हूँ क्योंकि इससे पता चलता है कि हमारे बाहरी व्यक्तित्व का हमारी सोच पर क्या प्रभाव होता है। जिसने भी सेना में नौकरी की है, वह जानता है कि जब कोई आदमी सिपाही की यूनिफ़ॉर्म में होता है, तभी वह सिपाही की तरह महसूस कर पाता है, तभी वह सिपाही की तरह सोच पाता है। जब कोई महिला पार्टी की ड्रेस पहन लेती है, तभी वह पार्टी में जाने की इच्छुक होती है।

इसी तरह से, अगर कोई एक्ज़ीक्यूटिव वाले कपड़े पहन ले, तो वह एक्ज़ीक्यूटिव की तरह दिखने लगता है, उसकी तरह सोचने लगता है। एक सेल्समैन ने मुझे यह बात इस तरह समझाई, "मैं तब तक समृद्ध अनुभव नहीं कर सकता – और मुझे यह अनुभव करना ही होता है क्योंकि इसके बिना मैं बड़ी सेल नहीं कर सकता – जब तक कि मुझे यह विश्वास न हो कि मैं उस तरह का दिखता हूँ।"

आपकी वेशभूषा आपसे कुछ कहती है; परंतु यह दूसरों से भी कुछ कहती है। इसी के आधार पर तय होता है कि दूसरे लोग आपके बारे में क्या सोचते हैं। सिद्धांत में यह सुनना अच्छा लगता है कि लोगों को आदमी की बुद्धि देखनी चाहिए, कपड़े नहीं। परंतु इससे धोखा न खाएँ। लोग आपके बाहरी व्यक्तित्व के हिसाब से आपका मूल्यांकन करते हैं। आपका बाहरी व्यक्तित्व ही लोगों के मूल्यांकन का *पहला* आधार होता है। और *पहली* छाप हमेशा के लिए हो जाती है, चाहे बाद में कुछ भी हो।

एक दिन सुपरमार्केट में मैंने एक टेबल पर अंगूर रखे देखे जिन पर क़ीमत डली थी एक पौंड 15 सेंट। दूसरी टेबल पर भी बिलकुल वैसे ही अंगूर रखे थे, परंतु उन्हें पॉलीथीन के बैग में पैक किया हुआ था और उन पर क़ीमत लिखी हुई थी 2 पौंड 35 सेंट।

मैंने वज़न करने वाले युवक से पूछा, "इन दोनों तरह के अंगूरों में क्या फ़र्क़ है?"

"दोनों में फ़र्क़ है", उसने जवाब दिया, "पॉलीथीन के कवर का। पॉलीपैक वाले अंगूर साधारण अंगूरों से दो गुना ज़्यादा बिकते हैं। क्योंकि वे ज़्यादा आकर्षक दिखते हैं।"

अगली बार जब आप ख़ुद को बेचने जाएँ, तो अंगूरों के उदाहरण को ध्यान में रखें। अच्छी "पैकिंग" हो, तो आप अपने आपको ज़्यादा अच्छी तरह से बेच पाएँगे- और ज़्यादा क़ीमत में भी।

इससे हमें यह शिक्षा मिलती है- आपकी पैकिंग जितनी अच्छी होगी, आपको जनता उतना ही पसंद करेगी।

कल आप उन लोगों को देखें जिन्हें रेस्तराँ, बसों, भीड़ भरी लॉबियों, स्टोर्स और ऑफ़िस में सबसे ज़्यादा सम्मान मिलता है। लोग

सामने वाले आदमी पर एक नज़र डालते हैं, अवचेतन में उसका मूल्यांकन करते हैं और उसके साथ उसी तरह का व्यवहार करते हैं।

हम किसी आदमी की तरफ़ देखते हैं और "और, यार" वाला व्यवहार करते हैं। हम दूसरे आदमी की तरफ़ देखते हैं और "यस, सर" वाला व्यवहार करते हैं।

हाँ, आदमी का बाहरी आवरण बोलता है। अच्छी वेशभूषा वाले व्यक्ति की सकारात्मक छाप पड़ती है। इससे लोगों तक यह संदेश पहुँचता है, "यह एक महत्वपूर्ण व्यक्ति है - बुद्धिमान, अमीर और भरोसेमंद। इस व्यक्ति का सम्मान करना चाहिए, इसकी तारीफ़ करनी चाहिए और इस पर भरोसा करना चाहिए। यह ख़ुद का सम्मान करता है और मैं भी उसका सम्मान करूँगा।"

फटेहाल या गंदे कपड़े पहने व्यक्ति की लोगों पर नकारात्मक छाप पड़ती है। ऐसे कपड़ों से यह संदेश पहुँचता है, "यह रहा एक असफल व्यक्ति - लापरवाह, अयोग्य, महत्वहीन। वह सिर्फ़ एक औसत आदमी है। उसकी तरफ़ कोई विशेष ध्यान नहीं देना चाहिए। उसे धक्के खाने की आदत होगी।"

जब मैं अपने प्रशिक्षण कार्यक्रमों में इस बात पर ज़ोर देता हूँ कि "अपने पहनावे का सम्मान करो" तो मुझसे हमेशा यही सवाल पूछा जाता है, "मैं आपकी बात से सहमत हूँ। पहनावा महत्वपूर्ण है। परंतु मैं इतने महँगे कपड़े कैसे पहन पाऊँगा जिन्हें पहनकर मुझमें आत्मविश्वास जाग जाए और दूसरे मेरा सम्मान करने लगें?"

यह सवाल कई लोगों को परेशान करता है। इसने मुझे भी काफ़ी समय तक परेशान किया था। परंतु इसका जवाब दरअसल बहुत ही आसान है - *दुगुनी क़ीमत दो और आधी संख्या ख़रीदो।* इस सूत्र को दिमाग़ में अच्छी तरह बिठा लें। फिर इस पर अमल करें। हैट, सूट, जूते, मोज़े, कोट- जो भी कपड़े आप पहनें, इसी हिसाब से पहनें। जहाँ तक दिखने का सवाल है, क्वालिटी ज़्यादा महत्वपूर्ण होती है, क्वांटिटी कम महत्वपूर्ण होती है। जब आप इस सिद्धांत पर अमल करेंगे तो पाएँगे कि न सिर्फ़ इससे आपकी नज़रों में आपका सम्मान बढ़ेगा, बल्कि दूसरे लोगों

की नज़रों में भी आपका सम्मान कई गुना बढ़ जाएगा। और आप पाएँगे कि ज़्यादा महँगे कपड़े पहनने के बाद भी आप फ़ायदे में रहे क्योंकि :

1. आपके कपड़े ज़्यादा समय तक चलेंगे क्योंकि वे सस्ते कपड़ों से ज़्यादा टिकाऊ होते हैं, और जब तक वे चलेंगे, तब तक उनकी "क्वालिटी" बनी रहेगी।

2. जो आप ख़रीदेंगे, वह ज़्यादा समय तक फ़ैशन में बना रहेगा। अच्छे कपड़े हमेशा फ़ैशन में बने रहते हैं।

3. आपको अच्छी सलाह मिलेगी। जो दुकानदार 200 डॉलर का सूट बेचता है वह 100 डॉलर का सूट बेचने वाले दुकानदार के बजाय "सही कपड़ा चुनने" में आपकी ज़्यादा मदद करेगा।

याद रखें : आपकी वेशभूषा आपसे कुछ कहती है और यह दूसरों से भी कुछ कहती है। सुनिश्चित कर लें कि वह सबसे यही कहे, "यह रहा एक व्यक्ति जो अपना सम्मान करता है। यह व्यक्ति महत्वपूर्ण है। इसके साथ ऐसा व्यवहार करो जैसा महत्वपूर्ण व्यक्तियों के साथ किया जाता है।"

आपको दूसरों के लिए अपने पहनावे पर ध्यान देना चाहिए, और *उससे भी महत्वपूर्ण बात यह है कि आपको ख़ुद के लिए ऐसा करना चाहिए*– अपने सबसे अच्छे स्वरूप में सबके सामने ख़ुद को पेश करना चाहिए।

आप अपने बारे में जो सोचते हैं, वही आप होते हैं। अगर आपके पहनावे से आपको लगता है कि आप हीन हैं, तो आप वाक़ई हीन होते हैं। अगर आपको लगता है कि आप छोटे हैं, तो आप सचमुच छोटे बन जाते हैं। सर्वश्रेष्ठ दिखने की कोशिश करें तभी आप ख़ुद को सर्वश्रेष्ठ समझेंगे और सर्वश्रेष्ठ काम कर पाएँगे।

यह सोचें कि काम महत्वपूर्ण है। काम के बारे में तीन ईंट उठाने वालों की यह कहानी अक्सर सुनाई जाती है। यह बहुत बढ़िया कहानी है, इसलिए इसे एक बार और सुनने में कोई हर्ज़ नहीं।

जब यह सवाल पूछा गया, "तुम क्या कर रहे हो ?" तो पहले ईंट

जमाने वाले ने कहा, "ईंट जमा रहा हूँ।" दूसरे ने जवाब दिया, "प्रति घंटे 9.3 डॉलर कमा रहा हूँ।" और तीसरे ने जवाब दिया, "मैं? मैं तो दुनिया का सबसे महान गिरजाघर बना रहा हूँ।

यह कहानी हमें यह नहीं बताती कि बाद में इन तीन ईंट वालों की ज़िंदगी में क्या हुआ, परंतु आपको क्या लगता है क्या हुआ होगा? शायद पहले दोनों ईंट वाले ज़िंदगी भर वही काम करते रहे होंगे – ईंट ढोने और ईंट जमाने का। उनमें भविष्य की दृष्टि नहीं थी। वे अपने काम का सम्मान नहीं करते थे। उन्हें कोई चीज़ पीछे से धकेलकर महान सफलता की तरफ़ नहीं ले जा रही थी।

परंतु आप शर्त लगा सकते हैं कि तीसरा कारीगर जिसने यह कहा था कि वह महान गिरजाघर बना रहा था, उसने हमेशा ईंटें नहीं उठाई होंगी। शायद वह फ़ोरमैन बन गया होगा या शायद एक कॉन्ट्रैक्टर या शायद एक आर्किटेक्ट। वह आगे की तरफ़ गया होगा, ऊपर की तरफ़ बढ़ा होगा। क्यों? क्योंकि इंसान की सोच ही उसकी प्रगति का आधार है। तीसरे नंबर का कारीगर ऊँचा सोच सकता था, उसके विचार ऊँचे थे और उसे अपने काम के महत्व का एहसास था।

काम के बारे में आपकी क्या सोच है, उससे आपके बारे में बहुत कुछ पता चलता है और यह भी पता चलता है कि आपमें ज़्यादा बड़ी ज़िम्मेदारी उठाने की क्षमता है या नहीं।

मेरा दोस्त नियुक्तियाँ देने वाली एक फ़र्म चलाता है। उसने मुझसे हाल ही में कहा, "हम किसी की नौकरी के आवेदन में इस बात पर ख़ास ध्यान देते हैं कि वर्तमान नौकरी के बारे में किसी कर्मचारी की राय क्या है। जब हम देखते हैं कि उसकी नज़र में उसका वर्तमान काम महत्वपूर्ण है, तो हम पर इसका हमेशा अच्छा प्रभाव पड़ता है।

"क्यों? सिर्फ़ इसलिए क्योंकि अगर आवेदक की नज़र में उसका वर्तमान काम महत्वपूर्ण है, तो उसकी नज़र में उसका अगला काम भी महत्वपूर्ण होगा। हमने यह पाया है कि जो आदमी अपने काम का जितना सम्मान करता है, वह अपने काम को उतनी ही अच्छी तरह से करता है। दोनों में बड़ा गहरा संबंध होता है।"

आपकी वेशभूषा की तरह, आपकी अपने काम के बारे में सोच भी आपके सुपीरियर, सहयोगियों, अधीनस्थों से कुछ कहती है - दरअसल, आपके संपर्क में आने वाले हर व्यक्ति से कुछ न कुछ कहती है।

कुछ महीनों पहले मैंने एक दोस्त के साथ कुछ घंटे का समय बिताया। मेरा यह मित्र एक अप्लायंस निर्माता के यहाँ पर्सनेल डायरेक्टर (personnel director) है। हमने "आदमी बनाने" के बारे में बात की। उसने अपना "पर्सनेल ऑडिट सिस्टम" मुझे समझाया और कहा कि उसने इससे बहुत सीखा है।

"हमारे यहाँ ८०० लोगों का ग़ैर-उत्पादक स्टाफ़ है। हमारे पर्सनेल ऑडिट सिस्टम में मैं अपने एक सहयोगी के साथ हर छह महीने में अपने हर कर्मचारी का इंटरव्यू लेता हूँ। हमारा लक्ष्य सीधा-सा है। हम जानना चाहते हैं कि हम उसके काम में उसकी क्या मदद कर सकते हैं। हम सोचते हैं कि यह एक अच्छी परंपरा है क्योंकि हमारे यहाँ काम करने वाला हर व्यक्ति हमारे लिए महत्वपूर्ण है, वरना वह हमारे यहाँ काम नहीं कर रहा होता।

"हम कर्मचारियों से सीधे सवाल नहीं पूछते हैं। इसके बजाय हम उन्हें प्रोत्साहित करते हैं कि वे जो कहना चाहते हों, कहें। हम उनके सच्चे विचार सुनना चाहते हैं। हर इंटरव्यू के बाद हम उनके काम के बारे में उनके रवैए का मूल्यांकन कई बिंदुओं पर करते हैं।

"मैंने इससे यह सीखा," उसने आगे कहा, "हमारे कर्मचारी ए ग्रुप या बी ग्रुप में से किसी एक ग्रुप में फ़िट होते हैं और उनके किसी ग्रुप में फ़िट होने का आधार होता है अपने काम के बारे में उनका रवैया।

"बी ग्रुप के लोग मुख्य तौर पर सुरक्षा, कंपनी की रिटायरमेंट योजनाओं, मेडिकल लीव की नीतियों, छुट्टी के समय, बीमा योजना में सुधार और ओवरटाइम के बारे में बात करते हैं। वे यह जानना चाहते हैं कि जिस तरह उन्हें पिछले मार्च में ओवरटाइम दिया गया था, क्या इस बार भी मार्च में उन्हें ओवरटाइम दिया जाएगा। वे अपनी नौकरी की मुश्किलों के बारे में भी काफ़ी बातें करते हैं। वे हमें विस्तार से बताते हैं कि उन्हें अपने साथी-कर्मचारियों की कौन सी बातें या आदतें पसंद नहीं हैं। कुल मिलाकर, बी ग्रुप के लोग - और इस ग्रुप में हमारे

ग़ैर-उत्पादक स्टाफ़ के लगभग ८० प्रतिशत कर्मचारी आते हैं - अपनी नौकरियों को आवश्यक बुराई समझते हैं।

"अपनी नौकरी के बारे में ए ग्रुप के व्यक्ति का नज़रिया बिलकुल अलग होता है। वह अपने भविष्य के बारे में चिंतित होता है और हमें सुझाव देता है कि वह किस तरह अपने काम को और बेहतर तरीक़े से कर सकता है। वह हमसे किसी और बात की उम्मीद नहीं करता, वह हमसे सिर्फ़ अवसर चाहता है। ए ग्रुप के लोग बड़े पैमाने पर सोचते हैं। वे बिज़नेस सुधारने के सुझाव देते हैं। वे मेरे ऑफ़िस में होने वाले इंटरव्यू को रचनात्मक और लाभदायक समझते हैं। जबकि बी ग्रुप के लोग मानते हैं कि इंटरव्यू या हमारा पर्सनेल ऑडिट सिस्टम एक ब्रेनवॉशिंग अभियान है और इससे जैसे-तैसे छुटकारा पाकर वे ख़ुश होते हैं।

"किसी के रवैए का उसकी सफलता से क्या संबंध है, यह देखने का तरीक़ा हमारे पास है। कर्मचारियों को प्रमोशन देना, उनकी तनख़्वाह बढ़ाना और बाक़ी ख़ास लाभ देने की जितनी भी सिफ़ारिशें होती हैं, वे सब मेरे पास आती हैं। हमेशा यही देखने में आया है कि लाभ देने की सिफ़ारिशें ए ग्रुप के लोगों के लिए की जाती हैं। और हमेशा यही देखने में आया है कि जितनी भी समस्याएँ होती हैं, वे बी ग्रुप के लोगों की तरफ़ से आती हैं।

"मेरे काम में सबसे बड़ी चुनौती यह है," उसने कहा, "कि बी ग्रुप के लोगों को किस तरह प्रेरित किया जाए और उनकी किस तरह मदद की जाए कि वे बी ग्रुप से ए ग्रुप में आ जाएँ। यह आसान नहीं है क्योंकि जब तक व्यक्ति ख़ुद अपनी नौकरी को महत्वपूर्ण नहीं समझे और अपने काम के बारे में सकारात्मक विचार नहीं रखे, तब तक उसकी कोई मदद नहीं की जा सकती।"

यह इस बात का प्रत्यक्ष प्रमाण है कि आप अपने बारे में जैसा सोचते हैं, आप वैसे ही होते हैं। आपकी विचार शक्ति आपको वैसा ही बना देती है। यह सोचें कि आप कमज़ोर हैं, यह सोचें कि आपमें योग्यता कम है, यह सोचें कि आप असफल हो जाएँगे, यह सोचें कि आप सेकंड क्लास हैं - इस तरीक़े से सोचें और आप निश्चित रूप से असफल ज़िंदगी जीने के लिए विवश हो जाएँगे।

परंतु इसके बजाय यह सोचें, *मैं महत्वपूर्ण हूँ। मुझमें योग्यता है। मैं फ़र्स्ट-क्लास कर्मचारी हूँ। मेरा काम महत्वपूर्ण है।* इस तरीक़े से सोचें और आप सफलता की चोटी पर पहुँच पाएँगे।

जीतने का सीधा-सा तरीक़ा यह जानना है कि आप अपने बारे में सकारात्मक सोचकर अपने लक्ष्य तक पहुँच सकते हैं। दूसरे लोग आपकी योग्यता का अनुमान आपके कामों से लगाते हैं। और आपके काम आपके विचारों से नियंत्रित होते हैं।

आप जो *सोचते* हैं आप वही *होते* हैं।

सुपरवाइज़र के पहलू से देखें और अपने आपसे पूछें कि आप किस व्यक्ति को प्रमोशन देंगे या किस व्यक्ति की तनख़्वाह बढ़ाने की सिफ़ारिश करेंगे :

1. उस सेक्रेटरी की, जो अपने बॉस के ऑफ़िस में न रहने पर मैग्ज़ीन पढ़ती है या उस सेक्रेटरी की जो इसी समय में अपने बॉस के छोटे-मोटे काम कर देती है ताकि वापस लौटने पर वह अपना काम बेहतर ढँग से कर सके?

2. उस कर्मचारी को जो कहता है, "कोई परवाह नहीं, मुझे हमेशा दूसरी नौकरी मिल सकती है। अगर उन्हें मेरे काम का तरीक़ा पसंद नहीं आता, तो मैं यह काम छोड़ सकता हूँ।" या उस कर्मचारी को जो आलोचना को रचनात्मक रूप से लेता है और ज़्यादा अच्छा काम करने का गंभीर प्रयास करता है?

3. उस सेल्समैन को जो ग्राहक को बताता है, "अरे, मैं तो वही करता हूँ जो मुझसे करने के लिए कहा जाता है। उन्होंने कहा बाहर जाओ और देखो कि आपको कुछ चाहिए तो नहीं।" या उस सेल्समैन को जो कहता है, "मिस्टर ब्राउन, मैं आपकी क्या मदद कर सकता हूँ?"

4. उस फ़ोरमैन को, जो किसी कर्मचारी से कहता है, "सच बात कहूँ, तो मैं अपने काम को ज़्यादा पसंद नहीं करता। ऊपर के लोग मेरी नाक में दम किए रहते हैं। आधे से ज़्यादा समय तो मैं यह समझ ही नहीं पाता कि बॉस क्या बोल रहे हैं," या उस सुपरवाइज़र को जो कहता है,

"किसी भी काम में कोई न कोई गड़बड़ बात तो होती ही है। परंतु मैं आपको आश्वस्त कर दूँ। ऊपर के लोग काफ़ी समझदार हैं। वे हमारी समस्याएँ समझते हैं और हमारा भला चाहते हैं।"

क्या इससे आपको यह पता नहीं चल जाता कि कई लोग सारी ज़िंदगी एक ही स्तर पर क्यों बने रहते हैं? उनकी सोच, और केवल उनकी सोच, ही उन्हें वहाँ बनाए रखती है।

एक एड्वर्टाइज़िंग एक्ज़ीक्यूटिव ने मुझे एक बार बताया कि किस तरह उसकी एजेंसी अपने नए, अनुभवहीन लोगों को अनौपचारिक प्रशिक्षण देती है।

"कंपनी की नीति यह है," उसने कहा, "कि हम किसी भी नए युवक को शुरुआती सर्वश्रेष्ठ प्रशिक्षण दें। आम तौर पर यह युवक कॉलेज ग्रैजुएट होता है और हम शुरू में इसे मेल ब्वॉय का काम सौंपते हैं। हम ऐसा इसलिए नहीं करते क्योंकि हमें एक ऑफ़िस से दूसरे ऑफ़िस में डाक पहुँचाने के लिए किसी कॉलेज ग्रैजुएट की ज़रूरत होती है। हमारा लक्ष्य यह होता है कि इस नए युवक को हमारी एजेंसी के सभी तरह के कामों का अनुभव हो जाए। जब वह यह काम अच्छी तरह से सीख लेता है तो हम उसे नया काम देते हैं।

"कभी-कभार यह होता है कि जब हम उस नए युवक को बताते हैं कि उसे शुरुआत में डाक लाना और ले जाना है तो उसे लगता है कि डाकिए का काम करना छोटा और महत्वहीन है। जब ऐसा होता है, तो हम समझ जाते हैं कि हमने ग़लत व्यक्ति चुन लिया है। अगर उसमें यह देखने की दूरदृष्टि नहीं है कि मेल ब्वॉय का काम सीखना ज़रूरी है, कि यह महत्वपूर्ण कार्यों की दिशा में पहला व्यावहारिक क़दम है, तो हमारी एजेंसी में उसका कोई भविष्य नहीं है।"

याद रखें, एक्ज़ीक्यूटिव्ज़ जब इस सवाल का जवाब सोचते हैं, *उस स्तर पर वह व्यक्ति क्या करेगा?* तो इसके पहले वे इस सवाल का जवाब ढूँढ़ते हैं, *अभी वह जो काम कर रहा है, वह कैसा कर रहा है?*

यहाँ पर एक तर्क दिया जा रहा है, जो दमदार, सीधा-सा और

आसान है। आगे पढ़ने से पहले इसे कम से कम पाँच बार पढ़ें :

वह व्यक्ति जो *सोचता* है कि उसका काम महत्वपूर्ण है

उसे मानसिक संकेत मिलते हैं कि वह बेहतर काम कैसे कर सकता है।

और बेहतर काम का मतलब होता है

ज़्यादा प्रमोशन, ज़्यादा तनख़्वाह, ज़्यादा प्रतिष्ठा, ज़्यादा सुख।

हम सभी ने देखा होगा कि बच्चे किस तरह जल्दी से अपने माता-पिता के रवैए, आदतें, डर और रुचियों को सीख लेते हैं। चाहे भोजन की रुचि हो, व्यवहार के तरीक़े हों, धार्मिक और राजनीतिक विचार हों, या किसी और तरह का व्यवहार हो, बच्चा आम तौर पर अपने माँ-बाप की सोच का जीता-जागता प्रतिबिंब होता है; वह नक़ल करके सीखता है।

और यही वयस्कों के साथ भी होता है। लोग ज़िंदगी भर दूसरों की नक़ल करते रहते हैं। वे अपने लीडर्स और सुपरवाइज़र्स की नक़ल करते हैं; उनके विचारों और कार्यों पर इन लोगों का बहुत प्रभाव पड़ता है।

आप इसे आसानी से परख सकते हैं। अपने किसी दोस्त और उसके बॉस का अध्ययन करें और यह देखें कि दोनों की सोच और कार्यों में कितनी समानता है।

आपका दोस्त इन क्षेत्रों में अपने बॉस की नक़ल कर सकता है : भाषा और शब्दों का चयन, सिगरेट पीने का तरीक़ा, चेहरे के कुछ भाव और आदतें, कपड़ों का चुनाव और कार का चयन। इसके अलावा और भी बहुत सारे क्षेत्रों में समानता दिखाई दे सकती है।

नक़ल की शक्ति को देखने का एक और तरीक़ा कर्मचारियों के रवैए और "बॉस" के रवैए की तुलना करना है। अगर बॉस नर्वस, तनावग्रस्त, चिंतित होगा तो उसके क़रीबी सहयोगी भी इसी तरह के होंगे। परंतु जब मिस्टर बॉस सफल महसूस करते हैं, अच्छा महसूस करते हैं तो उनके कर्मचारी भी सफल और अच्छा महसूस करते हैं।

इससे हमें यह शिक्षा मिलती है : *हम अपने काम के बारे में जिस तरह सोचते हैं, उससे यह तय होता है कि हमारे अधीनस्थ अपने काम के बारे में किस तरह सोचेंगे।*

हमारे अधीनस्थों का काम के बारे में जो रवैया होता है, वह काम के बारे में हमारे अपने रवैए का प्रतिबिंब होता है। यह याद रखना महत्वपूर्ण है कि हमारे अच्छे-बुरे रवैए का असर हमारे अधीनस्थों के रवैए पर पड़ता है, जिस तरह कि किसी बच्चे पर अपने माँ-बाप के रवैए का असर पड़ता है।

सफल लोगों के सिर्फ़ एक गुण पर ध्यान केंद्रित करें- उत्साह। कभी आपने देखा कि डिपार्टमेंट के उत्साही सेल्समैन ने आपको, यानी ग्राहक को, किसी सामान के बारे में ज़्यादा रोमांचित कर दिया हो। या कभी आपने ग़ौर किया कि किसी उत्साही धर्मोपदेशक या वक्ता ने अपने श्रोताओं को उत्साही और सजग बना दिया? अगर आपमें उत्साह होगा, तो आपके आस-पास के लोगों में भी उत्साह होगा।

परंतु आप अपने भीतर उत्साह किस तरह भर सकते हैं। मूलभूत क़दम आसान है- उत्साहपूर्वक सोचें। हमेशा आशावादी, प्रगतिशील विचार रखें, "यह बहुत बढ़िया काम है और मैं यह काम कर सकता हूँ।"

आप जो सोचते हैं, आप वही होते हैं। उत्साह के बारे में सोचें और आप उत्साही बन जाएँगे। अपने अधीनस्थों से अच्छी क्वालिटी का काम करवाने के लिए आपको उस काम के बारे में उत्साही होना पड़ेगा। दूसरे भी आपके उत्साह को देखकर उत्साहित हो जाएँगे और आपका काम बढ़िया ढँग से हो जाएगा।

परंतु, अगर आप नकारात्मक रूप से अपनी कंपनी को ख़र्च, सप्लाई, समय और दूसरे छोटे-छोटे तरीक़ों से "धोखा" देते हैं, तो आप अपने अधीनस्थों से क्या उम्मीद कर सकते हैं? अगर आप देर से ऑफ़िस आएँगे और जल्दी चले जाएँगे; तो आप अपने "कर्मचारियों" से क्या उम्मीद रखेंगे?

हमें अपने काम के बारे में सही रवैया इसलिए भी रखना चाहिए ताकि हमारे अधीनस्थ अपने काम के बारे में सही रवैया रख सकें। हमारे

सुपीरियर हमारे काम की क्वालिटी और क्वांटिटी का मूल्यांकन करते समय उसी काम का मूल्यांकन करते हैं, जो हमारे अधीनस्थों ने किया है।

इसे इस तरह से देखें – आप किसे डिवीज़न सेल्स मैनेजर का प्रमोशन देंगे – उस ब्रांच सेल्स मैनेजर को जिसके सेल्समैन बढ़िया काम कर रहे हैं या उस ब्रांच सेल्स मैनेजर को जिसके सेल्समैन केवल औसत प्रदर्शन कर रहे हैं ? या आप किसे प्रॉडक्शन मैनेजर के पद पर प्रमोशन देंगे – उस सुपरवाइज़र को जो अपने उत्पादन के लक्ष्य को पूरा कर लेता है, या उस सुपरवाइज़र को जिसका डिपार्टमेंट लक्ष्य से काफ़ी पीछे रहता है ?

यहाँ दो सुझाव दिए जा रहे हैं जिनकी मदद से आप दूसरों से अच्छा और ज़्यादा काम करवा सकते हैं :

1. हमेशा अपने काम के बारे में सकारात्मक रवैया रखें ताकि आपके अधीनस्थ भी "सीख लें" कि काम के बारे में इस तरह से सोचना चाहिए।

2. जब आप हर दिन काम पर जाएँ, तो ख़ुद से पूछें, "क्या मैं ऐसा हूँ जिससे सामने वाला कुछ सीख ले सके ? क्या मेरी आदतें ऐसी हैं जो मैं अपने अधीनस्थों में देखना चाहूँगा ?"

हर दिन अपना उत्साह बढ़ाएँ

कुछ महीने पहले एक ऑटोमोबाइल सेल्समैन ने मुझे सफलता दिलाने वाली तकनीक के बारे में बताया। यह तकनीक बहुत बढ़िया थी। इसे पढ़ें।

"हमारे काम का एक बड़ा हिस्सा है टेलीफ़ोन करना," सेल्समैन ने बताया, "जिसमें हम दो घंटे तक अपने संभावित ग्राहकों को फ़ोन करके डिमांस्ट्रेशन के लिए अपॉइंटमेंट लेते हैं। जब मैंने तीन साल पहले कार बेचना शुरू किया, तो मुझे यहीं पर सबसे ज़्यादा मुश्किल आती थी। मैं संकोची और डरा हुआ रहता था और मैं जानता था कि मेरी आवाज़ फ़ोन पर कैसी सुनाई देती होगी। सामने वाले आदमी के लिए यह बोलना स्वाभाविक ही होता था, 'सॉरी, मेरी इसमें कोई रुचि नहीं है' और इसके बाद वह फ़ोन काट देता था।

"हर सोमवार की सुबह हमारे सेल्स मैनेजर एक सेल्स मीटिंग लेते थे। यह मीटिंग बहुत प्रेरणादायक हुआ करती थी और इससे मुझे काफ़ी प्रेरणा मिलती थी। और इसका परिणाम यह होता था कि सोमवार को मैं सप्ताह के किसी और दिन के मुक़ाबले ज़्यादा डिमांस्ट्रेशन हासिल करने में कामयाब हो जाता था। परंतु समस्या यह थी कि सोमवार की मेरी प्रेरणा मंगलवार तक ख़त्म हो जाती थी और बाक़ी हफ़्ते मेरा प्रदर्शन एक बार फिर निराशाजनक हुआ करता था।

"तभी मेरे दिमाग़ में एक विचार आया। अगर मेरा सेल्स मैनेजर मुझे प्रेरित कर सकता था, तो मैं अपने आपको प्रेरित क्यों नहीं कर सकता? क्यों न मैं फ़ोन कॉल करने के पहले अपने आपको एक प्रेरक भाषण दूँ। उस दिन मैंने फ़ैसला किया कि मैं कोशिश करके देखूँगा। बिना किसी को बताए मैं ख़ाली मैदान में गया और एक ख़ाली कार में बैठ गया। वहाँ कुछ देर बैठकर मैंने ख़ुद से बातें कीं। मैंने अपने आपको बताया, "मैं एक अच्छा कार सेल्समैन हूँ और मैं सर्वश्रेष्ठ सेल्समैन बनने जा रहा हूँ। मैं अच्छी कारें बेचता हूँ और मेरा धंधा अच्छा चल रहा है। जिन लोगों को मैं फ़ोन कर रहा हूँ उन्हें इन कारों की ज़रूरत है और मैं इन्हें बेचने जा रहा हूँ।'

"शुरुआत से ही यह आत्म-प्रेरक तकनीक सफल हुई। मुझे इतना अच्छा लगा कि मुझे फ़ोन करने में ज़रा भी हिचक नहीं हुई। मैं फ़ोन करने के लिए उत्सुक होने लगा। मैं आजकल ख़ाली प्लॉट में ख़ाली कार में बैठकर ख़ुद को प्रेरणा नहीं देता हूँ, परंतु मैं अब भी इस तकनीक का प्रयोग करता हूँ। किसी भी नंबर को डायल करने से पहले मैं अपने आपको यह याद दिलाता हूँ कि मैं एक बेहतरीन सेल्समैन हूँ और मैं सफल होने जा रहा हूँ। और मुझे सफलता मिलती है।"

यह बहुत शानदार विचार है, नहीं क्या? सफलता की चोटी पर पहुँचने के लिए आपको यह अनुभव करना होगा कि आप सफलता की चोटी पर हैं। अपने आपसे प्रेरक चर्चा करें और यह जानें कि ऐसा करने से आप कितने बड़े और विश्वासपूर्ण बन सकते हैं।

हाल ही में, मैंने एक ट्रेनिंग प्रोग्राम आयोजित किया। इसमें हर व्यक्ति को दस मिनट तक "लीडर बनने" के विषय पर बोलना था। एक

ट्रेनी ने बहुत बुरा प्रदर्शन किया। उसके घुटने काँप रहे थे और उसके हाथ थरथरा रहे थे। वह भूल गया कि वह क्या कहने वाला था। पाँच या छह मिनट तक इधर-उधर की बात करने के बाद, वह पूरी तरह असफल होकर बैठ गया।

सत्र के बाद, मैंने उससे सिर्फ़ इतना कहा कि वह अगले सत्र की शुरुआत के पंद्रह मिनट पहले वहाँ आ जाए।

वह वादे के मुताबिक़ अगले सत्र के पंद्रह मिनट पहले वहाँ आ गया। हम दोनों पिछली रात के उसके बुरे अनुभव के बारे में बात करने लगे। मैंने उससे पूछा कि भाषण देने के पाँच मिनट पहले उसके दिमाग़ में किस तरह के विचार आ रहे थे।

"मैं बहुत डरा हुआ था। मैं जानता था कि मैं दूसरों के सामने ख़ुद को मूर्ख साबित कर दूँगा। मैं जानता था कि मैं फ़्लॉप होने वाला हूँ। मैं यह सोचता जा रहा था, 'लीडर बनने के बारे में मैं क्या बोल सकता हूँ?' मैंने यह याद करने की कोशिश की कि मैं क्या बोलने वाला हूँ परंतु मुझे असफल होने के अलावा और कोई बात सूझ ही नहीं रही थी।"

"यही तो," मैंने बीच में कहा, "यही तो आपकी समस्या की जड़ है। बोलने के पहले ही आपने अपने आपको हरा दिया। आपने ख़ुद को विश्वास दिला दिया कि आप असफल होने वाले हैं। फिर इसमें हैरत की क्या बात है कि आप असफल हो गए? साहस बढ़ाने के बजाय आपने डर बढ़ाने का विकल्प चुना।

"अब इस शाम का सत्र शुरू होने में सिर्फ़ चार मिनट का समय बचा है," मैंने उससे कहा। "मैं चाहता हूँ कि अब आप यह करें। अगले कुछ मिनट तक अपने आपसे प्रेरणा भरी बातें करें। हॉल के बाहर उस ख़ाली कमरे में चले जाएँ और ख़ुद से कहें, 'मैं बहुत अच्छा भाषण देने जा रहा हूँ। मैं अपनी बात सच्चे दिल से कहूँगा और लोग पूरा मन लगाकर सुनेंगे।' इन शब्दों को लगातार दोहराते रहें, और पूरे विश्वास से ऐसा करें। फिर आप हॉल में आएँ और अपना भाषण देना शुरू कर दें।"

काश कि आप वहाँ होते और दोनों भाषणों के अंतर को सुन सकते। उस छोटी-सी, ख़ुद की दी गई प्रेरणादायक चर्चा का असर यह

हुआ कि वह बहुत बढ़िया भाषण देने में कामयाब हुआ।

संदेश - प्रेरणादायक आत्म-प्रशंसा का अभ्यास करें। आत्म-निंदा के शब्दों से ख़ुद को छोटा न बनाएँ।

आप जैसा सोचते हैं, आप वैसे ही होते हैं। अपने बारे में बड़ी बातें सोचें और आप सचमुच बड़े बन जाएँगे।

"ख़ुद को ख़ुद के हाथों बेचने" का विज्ञापन बनाएँ। एक मिनट के लिए अमेरिका के बेहद लोकप्रिय ब्रांड कोका कोला के बारे में सोचें। हर दिन आपकी आँख या कान में कई बार "कोक" दिखाई या सुनाई दे जाता है। जो लोग कोका कोला बनाते हैं वे आपको लगातार "कोक" बेचते हैं और इसके पीछे एक कारण होता है। अगर वे आपको लगातार "कोक" नहीं बेचेंगे तो हो सकता है कि "कोक" में आपकी रुचि कम हो जाए और एक दिन यह पूरी तरह ख़त्म हो जाए। इससे उनकी बिक्री घट जाएगी।

परंतु कोका कोला कंपनी ऐसा नहीं होने देती। वे आपको बहुत बार "कोक" बेचते हैं, बार-बार बेचते हैं।

हर दिन हम लोग ऐसे आधे-ज़िंदा-आधे-मुर्दा लोगों को देखते हैं जिन्होंने ख़ुद को ख़ुद के हाथों नहीं बेचा है। उनमें अपने सबसे महत्वपूर्ण सामान यानी ख़ुद के लिए कोई आत्म-सम्मान नहीं है। ये लोग नीरस हैं। ख़ुद को छोटा समझते हैं। उन्हें लगता है उनकी कोई हस्ती नहीं है और चूँकि उन्हें ऐसा लगता है, इसलिए सचमुच ऐसा ही होता है।

आधे-ज़िंदा-आधे-मुर्दा आदमी को इस बात की ज़रूरत है कि वह ख़ुद को ख़ुद के हाथों बेच दे। उसे यह महसूस करना होगा कि वह एक फ़र्स्ट क्लास आदमी है। उसे ख़ुद पर सच्चा, पूरा विश्वास करना ही होगा।

टॉम स्टैली एक युवक है जो तेज़ी से सफलता के रास्ते पर जा रहा है। टॉम दिन में तीन बार ख़ुद को ख़ुद के हाथों बेचता है। और वह ऐसा "टॉम स्टैली के 60 सेकंड के विज्ञापन" के माध्यम से करता है। वह अपने विज्ञापन को हमेशा अपने पर्स में अपने साथ रखता है। इस विज्ञापन में उसने क्या लिखा है :

टॉम स्टैली से मिलें- एक महत्वपूर्ण, *सचमुच* महत्वपूर्ण

व्यक्ति। टॉम, आप एक बड़े चिंतक हैं, इसलिए आप बड़ा सोचें। हर चीज़ के बारे में *बड़ा सोचें*। आपमें बढ़िया काम करने की बहुत योग्यता है इसलिए हमेशा बढ़िया काम करें।

टॉम, आप सुख, प्रगति और अमीरी में विश्वास करते हैं।

इसलिए : सिर्फ़ सुख के बारे में बात करें,
सिर्फ़ प्रगति के बारे में बात करें,
सिर्फ़ अमीरी के बारे में बात करें।

आपमें बहुत क्षमताएँ हैं, टॉम, आपमें बहुत क्षमताएँ हैं।

इसलिए आप अपनी क्षमताओं का उपयोग अपनी नौकरी में करें। आपको कोई चीज़ सफल होने से रोक नहीं सकती, टॉम, कोई भी चीज़।

टॉम, आप उत्साही हैं। अपने उत्साह को सबके सामने दिखने दें।

आप अच्छे दिखते हैं, टॉम, और आप अच्छा अनुभव करते हैं। ऐसे ही बने रहें।

टॉम स्टैली, आप कल बहुत बढ़िया आदमी थे और आप आज उससे भी बढ़िया आदमी बनकर दिखाएँगे। अब ऐसा करके दिखाएँ, टॉम। आगे बढ़ें।

टॉम मानता है कि इस विज्ञापन की मदद से ही वह इतना सफल और महत्वपूर्ण बन पाया। "ख़ुद को ख़ुद के हाथों बेचने से पहले मैं सोचा करता था कि मैं हर एक की तुलना में हीन हूँ, छोटा हूँ। अब मैं महसूस करता हूँ कि मेरे पास सफल होने के सारे गुण हैं और मैं सफल हो रहा हूँ। और मैं हमेशा सफल होता रहूँगा।"

आप अपना "ख़ुद के हाथों ख़ुद को बेचने का विज्ञापन" कैसे बनाएँ? पहले तो अपने गुणों को चुनें, आपमें कौन सी योग्यताएँ और क़ाबिलियत हैं? ख़ुद से पूछें, "मुझमें क्या ख़ास बात है?" अपने बारे में वर्णन करते समय ज़रा भी संकोच न करें।

इन गुणों को एक काग़ज़ पर अपने शब्दों में लिख लें। फिर अपने

बारे में विज्ञापन लिखें। टॉम स्टैली के विज्ञापन को एक बार फिर पढ़ें। यह देखें कि वह किस तरह टॉम से बात करता है। अपने आपसे बात करें। बिलकुल स्पष्ट रहें। जब आप विज्ञापन तैयार करें तो किसी और के बारे में न सोचें, *ख़ुद* के बारे में सोचें।

तीसरी बात, आप दिन में कम से कम एक बार इस विज्ञापन को अकेले में *ज़ोर से* पढ़ें। शीशे के सामने पढ़ने से ज़्यादा फ़ायदा होगा। इसे पढ़ते समय शारीरिक गतिविधियों की भी मदद लें। अपने विज्ञापन को दृढ़ निश्चय के साथ पढ़ें। इसे पढ़ते समय अपने शरीर में रक्त का प्रवाह तेज़ हो जाने दें। इसे जोश के साथ पढ़ें।

चौथी बात, आप अपने विज्ञापन को हर दिन चुपचाप कई बार पढ़ें। जब भी आपको किसी परिस्थिति में साहस की ज़रूरत हो, इसे पढ़ें। जब भी आप ख़ुद को निराश या असफल पाएँ, इसे पढ़ें। अपने विज्ञापन को हमेशा अपने पास रखें - और इसका प्रयोग करें।

एक बात और। बहुत से लोग, शायद ज़्यादातर लोग, सफलता की इस तकनीक को पढ़कर "हँस" सकते हैं। इसलिए क्योंकि ये लोग यह मानने को तैयार नहीं होते कि विचारों को नियंत्रित करके सफलता पाई जा सकती है। परंतु, मेहरबानी करके, औसत व्यक्तियों के फ़ैसले को न मानें। आप औसत व्यक्ति नहीं हैं। अगर आपको "ख़ुद के हाथों ख़ुद को बेचने" के सिद्धांत के बारे में कोई शंका है तो अपनी पहचान के सबसे सफल व्यक्ति से सलाह लें कि वह इस बारे में क्या सोचता है। उससे पूछें, और फिर ख़ुद के हाथों ख़ुद को बेचना शुरू करें।

अपनी सोच को विकसित करें। महत्वपूर्ण लोगों की तरह सोचें।

अपनी सोच को विकसित करने का मतलब है अपने कार्यों को विकसित करना और इसी से सफलता मिलती है। यहाँ आपको एक आसान तरीक़ा बताया जा रहा है जिसकी मदद से आप महत्वपूर्ण लोगों की तरह सोच पाएँगे। नीचे दिए गए फ़ॉर्म को मार्गदर्शक की तरह प्रयुक्त करें।

मैं किस तरह सोचता हूँ? चेक लिस्ट :

परिस्थिति	खुद से पूछें
1. जब मैं चिंतित होता हूँ	क्या कोई महत्वपूर्ण व्यक्ति इस बारे में चिंतित होगा ? क्या मेरी पहचान का सबसे सफल व्यक्ति इस बात से विचलित होगा ?
2. एक विचार	अगर यह विचार किसी महत्वपूर्ण व्यक्ति के पास होता, तो वह क्या करता ?
3. मेरा पहनावा	क्या मैं ऐसा दिखता हूँ जिसके पास अधिकतम आत्म-सम्मान है ?
4. मेरी भाषा	क्या मैं सफल लोगों की भाषा बोलता हूँ ?
5. जो मैं पढ़ता हूँ	क्या महत्वपूर्ण व्यक्ति इसे पढ़ते हैं ?
6. चर्चा	क्या सफल लोग ऐसी चर्चा करते हैं ?
7. जब मैं ग़ुस्सा होता हूँ	क्या कोई महत्वपूर्ण व्यक्ति इस बात पर ग़ुस्सा होता ?
8. मेरे मज़ाक़	क्या महत्वपूर्ण व्यक्ति इस तरह के मज़ाक़ करते हैं ?
9. मेरी नौकरी	महत्वपूर्ण व्यक्ति अपनी नौकरी के बारे में दूसरों को किस तरह बताते हैं ?

अपने दिमाग़ में यह सवाल जमकर बिठा लें, 'क्या महत्वपूर्ण व्यक्ति इसी तरीक़े से काम करता है ? बड़े, ज़्यादा सफल बनने के लिए इस

सवाल का उपयोग करें।

संक्षेप में, याद रखें :

1. महत्वपूर्ण दिखें; इससे आपको महत्वपूर्ण सोचने में मदद मिलती है। आपकी वेशभूषा आपसे कुछ कहती है। सुनिश्चित कर लें कि यह आपके आत्मविश्वास और हौसले को बढ़ाए। आपकी वेशभूषा सामने वाले से भी कुछ कहती है। सुनिश्चित कर लें कि यह सबसे कहे, "यह रहा एक महत्वपूर्ण व्यक्ति - बुद्धिमान, अमीर और भरोसेमंद।"
2. यह सोचें कि आपका काम महत्वपूर्ण है। इस तरीक़े से सोचें और आपको ऐसे मानसिक संकेत मिलने लगेंगे कि आप अपने काम को किस तरह बेहतर ढँग से कर सकते हैं। सोचें कि आपका काम महत्वपूर्ण है और आपके अधीनस्थ भी सोचने लगेंगे कि उनका काम महत्वपूर्ण है।
3. हर दिन कई बार अपने आपसे प्रेरणादायक बातें करें। "ख़ुद के हाथों ख़ुद को बेचने" का विज्ञापन बनाएँ। हर मौक़े पर ख़ुद को याद दिलाएँ कि आप एक फ़र्स्ट-क्लास इंसान हैं।
4. ज़िंदगी की हर परिस्थिति में ख़ुद से पूछें, "क्या महत्वपूर्ण व्यक्ति इसी तरह से सोचते हैं ?" फिर जवाब के हिसाब से काम करें।

✪ ✪ ✪

7

अपने माहौल को सुधारें : फ़र्स्ट क्लास बनें

आपका दिमाग़ एक अद्‌भुत मशीन है। जब आपका दिमाग़ एक तरीक़े से काम करता है, तो यह आपको असाधारण सफलता के रास्ते पर आगे ले जा सकता है। परंतु वही दिमाग़ जब दूसरे तरीक़े से काम करता है तो यह आपको पूरी तरह असफल करा सकता है।

मस्तिष्क पूरी सृष्टि में सबसे नाज़ुक, सबसे संवेदनशील यंत्र है। आइए देखें कि मस्तिष्क में जो विचार आते हैं वे क्यों आते हैं।

करोड़ों लोग अपने खान-पान का ध्यान रखते हैं। अमेरिका को कैलोरी गिनने वालों का देश कहा जाता है। हम विटामिन, मिनरल और दूसरे भोज्य पूरकों पर करोड़ों डॉलर ख़र्च करते हैं और हम सब जानते हैं कि हम ऐसा क्यों करते हैं। पोषण पर हुए शोध से हमने यह जाना है कि शरीर को हम जो आहार देते हैं, उसका शरीर पर अच्छा या बुरा प्रभाव पड़ता है। शारीरिक स्टैमिना, बीमारी से बचाव, शरीर का आकार, यहाँ तक कि हम कितना लंबा जिएँगे - इन सबका संबंध हमारे खान-पान से होता है।

शरीर वैसा ही बनता है जैसा भोजन शरीर को खिलाया जाता है। इसी तरह दिमाग़ वैसा ही बनता है जैसा भोजन दिमाग़ को खिलाया जाता है। दिमाग़ का भोजन पैकैटों या डिब्बों में नहीं आता और आप इसे किसी स्टोर में नहीं ख़रीद सकते। आपका माहौल ही आपका दिमाग़ी भोजन है-

और इसमें वे अनगिनत चीज़ें आ जाती हैं जिनसे आपका चेतन और अवचेतन विचार प्रभावित होता है। हम किस तरह का दिमाग़ी भोजन करते हैं इससे हमारी आदतें, रवैए और व्यक्तित्व निर्धारित होते हैं। हममें से हर एक को कोई न कोई ख़ास क्षमता विरासत में मिली है, जिसका विकास हम कर सकते हैं। परंतु हम उस क्षमता को कितना और किस तरह विकसित कर पाते हैं, यह हमारे दिमाग़ी भोजन पर निर्भर करता है।

मस्तिष्क पर माहौल का बहुत प्रभाव पड़ता है जिस तरह कि शरीर पर भोजन का पड़ता है।

आपने कभी सोचा कि अगर आप अमेरिका की जगह किसी दूसरे देश में पैदा हुए होते तो आप किस तरह के इंसान होते? आपको कौन सा खाना पसंद होता? आप कैसे कपड़े पहनना पसंद करते? आपको कौन से मनोरंजन ज़्यादा अच्छे लगते? आप किस तरह की नौकरी कर रहे होते? आपका धर्म कौन सा होता?

आप इन सभी सवालों के जवाब नहीं दे सकते। परंतु एक बात तो तय है, कि अगर आप किसी दूसरे देश में बड़े हुए होते तो आप एक बिलकुल ही अलग तरह के इंसान होते। क्यों? क्योंकि आप एक अलग माहौल में रह रहे होते और आप उससे निश्चित रूप से प्रभावित हुए होते। जैसा कहा जाता है, कोई भी इंसान अपने आस-पास के माहौल का प्रॉडक्ट होता है।

इसे ध्यान से समझ लें। माहौल हमें आकार देता है, हमें सोचने का तरीक़ा देता है। आप एक भी ऐसी आदत नहीं गिना सकते जो आपने दूसरों से न सीखी हो। छोटी-छोटी चीज़ें जैसे आपकी चाल, खाँसने का तरीक़ा, कप पकड़ने का अंदाज़; आपका संगीत, साहित्य, मनोरंजन, कपड़ों का शौक़ - सभी हमारे माहौल की देन हैं।

इससे भी ज़्यादा महत्वपूर्ण यह है कि आपकी सोच का आकार, आपके लक्ष्य की ऊँचाई, आपका रवैया और आपका समूचा व्यक्तित्व आपके माहौल द्वारा तय किया जाता है।

अगर आप नकारात्मक लोगों के साथ ज़्यादा समय तक रहेंगे तो आपकी सोच नकारात्मक हो जाएगी, छोटे लोगों के साथ निकट संपर्क

रहने पर आपमें छोटी आदतें आ जाएँगी। दूसरी ओर, बड़े विचारों वाले लोगों के साथ रहने पर आपकी सोच का स्तर भी ऊँचा हो जाएगा। महत्वाकांक्षी लोगों के निकट संपर्क में रहने पर आपमें भी महत्वांकाक्षा आ जाएगी।

विशेषज्ञ सहमत हैं कि आप *आज* जिस तरह के इंसान हैं, आज आपका व्यक्तित्व, या महत्वाकांक्षा, या स्टेटस जैसा भी है, यह आपके मनोवैज्ञानिक माहौल के कारण है। और विशेषज्ञ यह भी मानते हैं कि आप आज से एक, पाँच, दस या बीस साल बाद क्या *बनेंगे* यह भी पूरी तरह आपके भविष्य के माहौल पर निर्भर करता है।

आप महीनों और सालों तक बदलते रहेंगे। हम इतना तो जानते ही हैं। परंतु आप *किस तरह* बदलेंगे यह आपके भावी माहौल पर निर्भर करता है, उस दिमाग़ी भोजन पर निर्भर करता है जो आप अपने आपको खिलाएँगे। आइए देखते हैं कि हम संतुष्टि और समृद्धि के लिए अपने भावी माहौल को किस तरह अपने मनमाफ़िक बना सकते हैं।

पहला क़दम – सफलता के लिए ख़ुद को ढालें। ऊँचे स्तर की सफलता की राह में सबसे पहली बाधा यह भावना है कि महान सफलता हमारी पहुँच के बाहर है। यह रवैया कई, ढेर सारी दमनकारी शक्तियों से उपजता है जो हमारी सोच को औसत स्तर का बनाए रखती हैं।

इन दमनकारी शक्तियों को समझने के लिए हमें अपने बचपन की तरफ़ नज़र डालनी होगी। बचपन में हम सभी के लक्ष्य काफ़ी ऊँचे हुआ करते हैं। बहुत छोटी उम्र में ही हम अनजान को जीतने की योजनाएँ बनाते हैं, लीडर बनने की, ऊँचे महत्व के पद हासिल करने की, रोमांचक काम करने की, अमीर और प्रसिद्ध बनने की – संक्षेप में, हम चाहते हैं कि हम पहले नंबर पर हों, सबसे बड़े और सबसे श्रेष्ठ बन जाएँ। और अपने अज्ञान में हम साफ़ रास्ता देख सकते हैं कि हम इन लक्ष्यों को हासिल कर लेंगे।

परंतु होता क्या है? इसके पहले कि हम उस उम्र में आएँ जब हम अपने महान लक्ष्यों की तरफ़ आगे क़दम बढ़ा सकें, बहुत सी दमनकारी शक्तियाँ हम पर हावी हो जाती हैं।

हर तरफ़ से हम सुनते हैं, "सपने देखना मूर्खता है," और यह कि हमारे विचार "अव्यावहारिक, मूर्खतापूर्ण, नादानी भरे या बकवास" हैं, कि "सफल होने के लिए आपके पास ढेर सारा पैसा होना चाहिए," कि "आप सफल तभी हो सकते हैं जब या तो आपकी क़िस्मत अच्छी हो या फिर आपके बहुत से महत्वपूर्ण दोस्त हों," या आप अभी "ज़्यादा बूढ़े" या "ज़्यादा युवा" हैं।

"आप-आगे-नहीं-बढ़-सकते-इसलिए-कोशिश-करने-से-कोई-फ़ायदा-नहीं" वाला प्रचार आपके दिमाग़ पर बमबारी करके उसे ध्वस्त कर देता है और इसका परिणाम यह होता है कि ज़्यादातर लोगों को तीन समूहों में बाँटा जा सकता है :

पहला समूह। जिन्होंने पूरी तरह घुटने टेक दिए हैं : ज़्यादातर लोग अंदर से यह मान चुके हैं कि उनके पास आवश्यक योग्यता नहीं है। असली सफलता, असली उपलब्धि दूसरों के लिए है जो किसी मायने में आपसे ज़्यादा भाग्यवान या तक़दीर वाले हैं। आप ऐसे लोगों को आसानी से पहचान सकते हैं क्योंकि वे काफ़ी देर तक आपको यह समझाते हैं कि वे अपने जीवन से क्यों संतुष्ट हैं और वे सचमुच कितने "ख़ुश" हैं।

एक बहुत बुद्धिमान व्यक्ति है जिसकी उम्र 32 साल है। उसने अपने आपको एक सुरक्षित परंतु औसत नौकरी के पिंजरे में क़ैद कर लिया है, और कुछ समय पहले उसने मुझे घंटों तक यह समझाया कि वह अपने काम से पूरी तरह संतुष्ट है। उसने तर्क दिए, बड़े-बड़े और बड़े अच्छे तर्क दिए, परंतु वह जानता था कि यह हक़ीक़त नहीं है। दरअसल वह चाहता तो यह था कि उसे भी चुनौतीपूर्ण स्थितियाँ मिलें, जिनका सफलतापूर्वक सामना करके वह आगे बढ़ सके और अपनी क्षमताओं को विकसित कर सके। परंतु "दमनकारी शक्तियों की बहुतायत" के कारण उसे इस बात का विश्वास हो चला था कि वह बड़े काम करने के क़ाबिल नहीं है।

यह समूह वास्तव में उस नौकरी बदलने वाले समूह का ठीक उल्टा है जो अपनी हर नौकरी से असंतुष्ट रहता है और लगातार नौकरियाँ बदलता रहता है। अपने आपको किसी खोल में बंद कर लेना, जिसे एक ऐसी क़ब्र कहा गया है जिसके दोनों सिरे खुले हैं, भी उतना ही बुरा हो सकता है जितना कि बिना लक्ष्य के इधर-उधर भटकना, यह आशा करना

कि अवसर कहीं से आकर आपसे टकरा जाएगा।

दूसरा समूह। वे लोग जिन्होंने आंशिक रूप से समर्पण किया है : दूसरा परंतु कुछ छोटा समूह वयस्क जीवन में जब प्रवेश करता है तो उसे सफलता की काफ़ी आशा होती है। ऐसे लोग अपने आपको तैयार करते हैं। वे मेहनत करते हैं। वे योजना बनाते हैं। परंतु, एक या दो दशक बाद, उनकी प्रेरणा की आग ज़माने की नकारात्मक हवाओं से बुझने लगती है, ऊँचे पदों के लिए प्रतियोगिता करने का उनका उत्साह ठंडा पड़ने लगता है। यह समूह तब फ़ैसला करता है कि महान सफलता उनकी पहुँच के बाहर है।

वे यह तर्क देते हैं, "हम औसत व्यक्ति से ज़्यादा कमा रहे हैं और हम औसत व्यक्ति से बेहतर ज़िंदगी गुज़ार रहे हैं। हम हमेशा कोल्हू के बैल की तरह क्यों जुते रहें?"

वास्तव में, इस समूह ने भी अपने भीतर कुछ डर बिठा लिए हैं– असफलता का डर, सामाजिक निंदा का डर, असुरक्षा का डर, जो है उसे खो देने का डर। यह लोग संतुष्ट नहीं होते क्योंकि अंदर से वे जानते हैं कि उन्होंने समर्पण कर दिया है। इस समूह में कई प्रतिभाशाली, बुद्धिमान लोग होते हैं जो ज़िंदगी की राह में सिर्फ़ इसलिए घिसटते हुए चलते हैं क्योंकि वे खड़े होकर दौड़ने से डरते हैं।

तीसरा समूह। वे लोग जिन्होंने कभी समर्पण नहीं किया – यह समूह, जिसमें शायद दो या तीन प्रतिशत लोग ही आते होंगे, अपने दिमाग़ में निराशा को कभी हावी नहीं होने देता। ऐसा व्यक्ति दमनकारी शक्तियों के सामने समर्पण नहीं करता। वह घुटनों के बल चलने में विश्वास नहीं करता। इसके बजाय, यह लोग सफलता की साँस लेते हैं, सफलता का जीवन जीते हैं। यह समूह सबसे सुखी होता है क्योंकि इसकी उपलब्धियाँ सबसे ज़्यादा होती हैं। ये लोग चोटी के सेल्समैन, एक्ज़ीक्यूटिव, और हर क्षेत्र के लीडर बन जाते हैं। इन्हें अपना जीवन रोमांचक, प्रेरक, बहुमूल्य और महत्वपूर्ण लगता है। यह लोग हर नए दिन का स्वागत करते हैं, दूसरे लोगों के साथ उत्साह से मिलते हैं और हर दिन का पूरी तरह आनंद उठाते हैं।

हम ईमानदारी से सोचें। हम सभी तीसरे समूह में होना पसंद करेंगे, ऐसे समूह में जिसे हर साल ज़्यादा बड़ी सफलताएँ मिलती जाती हैं, ऐसे समूह में जहाँ बड़े काम होते हैं और उनके बड़े परिणाम मिलते हैं।

इस समूह में आने – और बने रहने – के लिए हमें अपने माहौल के दमनकारी प्रभावों से जूझना होगा। अगर आप यह जानना चाहें कि आपको पहले और दूसरे समूहों के लोग किस तरह पीछे खींचते हैं, तो आप इस उदाहरण का अध्ययन करें।

मान लीजिए आप अपने "औसत" दोस्तों से पूरी गंभीरता से यह कहें, "किसी न किसी दिन मैं इस कंपनी का वाइस-प्रेसिडेंट बनकर दिखाऊँगा।"

यह सुनकर उनकी प्रतिक्रिया क्या होगी? आपके दोस्त शायद यह सोचेंगे कि आप मज़ाक़ कर रहे हैं। और अगर उन्हें यक़ीन हो जाए कि आप गंभीर हैं, तो शायद वे यह कहेंगे, "नादान आदमी, तुम्हें अभी ज़िंदगी में बहुत कुछ सीखना है।"

आपकी पीठ पीछे वे तो यहाँ तक कहेंगे कि आपके दिमाग़ के पेंच ढीले हो गए हैं या आपका दिमाग़ खिसक गया है।

अब हम यह मान लें कि आप अपनी कंपनी के प्रेसिडेंट से यही बात इतनी ही गंभीरता से कहते हैं। उसकी प्रतिक्रिया क्या होगी? चाहे जो हो, एक बात तो पक्की है : वह हँसेगा नहीं। वह आपकी तरफ़ ग़ौर से देखेगा और ख़ुद से पूछेगा, "क्या यह आदमी गंभीर है?"

परंतु वह, मैं एक बार फिर दोहरा दूँ, *हँसेगा नहीं*।

क्योंकि बड़े लोग *बड़े* विचारों पर *हँसा* नहीं करते।

या मान लें आप औसत लोगों से यह कहें कि आपकी योजना 50,000 डॉलर का घर ख़रीदने की है, तो वे आप पर हँस सकते हैं क्योंकि उन्हें लगेगा कि यह असंभव है। परंतु आप अगर यह योजना किसी ऐसे व्यक्ति को बताएँ जो 50,000 डॉलर के घर में रह रहा हो, तो उसे आश्चर्य नहीं होगा। वह जानता है कि यह असंभव नहीं है, क्योंकि वह ऐसा कर चुका है।

याद रखें– *जो लोग आपको बताते हैं कि इसे किया नहीं जा सकता, वे उपलब्धियों के मामले में हमेशा असफल लोग होते हैं, हमेशा औसत लोग होते हैं। इन लोगों के विचार ज़हर की तरह होते हैं।*

जो लोग आपको यह समझाना और विश्वास दिलाना चाहते हैं कि आप यह नहीं कर सकते, आपको उन लोगों के ख़िलाफ़ अपनी सुरक्षा का इंतज़ाम कर लेना चाहिए। नकारात्मक सलाह को केवल चुनौती के रूप में स्वीकार करें और आप उस काम को करके दिखा दें।

इस बारे में बेहद सावधान रहें– नकारात्मक सोच वाले लोगों को अपनी सफलता की योजना बदलने का मौक़ा न दें। नकारात्मक लोग हर जगह होते हैं और उन्हें दूसरों का बना-बनाया खेल बिगाड़ने में बड़ा मज़ा आता है।

कॉलेज में मैं दो सेमिस्टर में डब्ल्यू. डब्ल्यू. के साथ था। वह एक अच्छा दोस्त था, जो आपको कभी-कभार ज़रूरत पड़ने पर थोड़ा-बहुत क़र्ज़ दे दिया करता था या दूसरे तरीक़ों से भी मदद कर दिया करता था। इन अच्छी आदतों के बावजूद, डब्ल्यू. डब्ल्यू. ज़िंदगी के प्रति निराशावादी और कटु था, उसे अपना भविष्य पूरी तरह अंधकारमय नज़र आता था, उसे सफल होने का कोई मौक़ा नहीं दिखता था। उसकी मानसिकता पूरी तरह नकारात्मक थी।

उस समय मैं अख़बार की एक कॉलमिस्ट का दीवाना हुआ करता था। यह कॉलमिस्ट आशावादी थी, सकारात्मक रवैए वाली थी, और मानती थी कि ज़िंदगी में अवसरों की कोई कमी नहीं है। जब भी डब्ल्यू. डब्ल्यू. मुझे इस कॉलमिस्ट के लेख पढ़ते हुए देखता था या जब भी चर्चा में उसका नाम आता था, तो वह कहता था, "भगवान के लिए, डेव। मुख्य पृष्ठ पढ़ो। वहीं तुम्हें ज़िंदगी की सच्चाई नज़र आएगी। तुम्हें पता होना चाहिए कि यह आशावादी कॉलमिस्ट कमज़ोर लोगों के दिमाग़ को बहला-फुसलाकर अपने पैसे कमा रही है।"

जब भी हमारी चर्चा ज़िंदगी में सफलता हासिल करने के बारे में हुआ करती थी, तो डब्ल्यू. डब्ल्यू. पैसा-कमाने का अपना फ़ॉर्मूला बताता था। उसके शब्दों में फ़ॉर्मूला था– "डेव, पैसा कमाने के आजकल तीन रास्ते हैं। पहला, अमीर औरत से शादी कर लो। दूसरा, अच्छे, साफ़-सुथरे ढँग

से, क़ानूनी तरीक़े से धोखा दो। तीसरा तरीक़ा यह कि सही लोगों से जान-पहचान कर लो, जिनकी अच्छी पकड़ हो।”

डब्ल्यू. डब्ल्यू. हमेशा अपने फ़ॉर्मूले को सही साबित करने के लिए ढेरों उदाहरण दिया करता था। मुख्य पृष्ठ पर छपी ख़बरों का हवाला देते हुए वह बताता था कि हज़ारों लेबर लीडर्स में से एक लीडर ने अपनी यूनियन के पैसे का ग़बन किया और रफ़ू-चक्कर हो गया। वह उस दुर्लभ ख़बर की तलाश भी किया करता था कि किस तरह एक फल बेचने वाले ने करोड़पति लड़की से शादी कर ली। और वह एक ऐसे आदमी को जानता था जिसका परिचित एक बड़े आदमी का परिचित था और इस कारण उसे एक बड़ा मौक़ा हाथ लग गया और वह अमीर बन गया।

डब्ल्यू. डब्ल्यू. मुझसे कई साल बड़ा था और उसे इंजीनियरिंग की कक्षाओं में अच्छे नंबर मिला करते थे। मैं उसे बड़े भाई की तरह मानता था। मैं इस बात के बहुत क़रीब आ गया था कि अपने मूलभूत विश्वासों पर उसकी विचारधारा को हावी हो जाने दूँ और अपनी सकारात्मक विचारधारा को उसकी नकारात्मक विचारधारा से प्रभावित हो जाने दूँ।

सौभाग्य से, एक शाम डब्ल्यू. डब्ल्यू. से लंबी चर्चा के बाद मैंने ख़ुद को सँभाला। मुझे यह एहसास हुआ कि मैं असफलता की आवाज़ सुन रहा था। मुझे यह लगा कि डब्ल्यू. डब्ल्यू. मुझे नहीं समझा रहा है, बल्कि अपने आप को तसल्ली दे रहा है कि उसकी सोच सही है। इसके बाद मैं डब्ल्यू. डब्ल्यू. को एक नए अंदाज़ में देखने लगा, जैसे कोई वैज्ञानिक प्रयोग करते समय किसी चूहे को देखता है। उसकी बातों को मानने के बजाय मैंने उसका अध्ययन शुरू किया। मैं यह समझने की कोशिश कर रहा था कि उसकी ऐसी विचारधारा क्यों थी और उसकी यह नकारात्मक सोच उसे कहाँ ले जाएगी। मैंने अपने नकारात्मक दोस्त को एक व्यक्तिगत प्रयोग में बदल लिया।

मैं डब्ल्यू. डब्ल्यू. से 11 साल से नहीं मिला। परंतु मेरा एक दोस्त उससे कुछ महीने पहले ही मिला था। डब्ल्यू. डब्ल्यू. वॉशिंगटन में एक कम तनख़्वाह वाला ड्राफ़्ट्समैन है। मैंने अपने मित्र से पूछा कि क्या डब्ल्यू. डब्ल्यू. में कोई बदलाव आया है।

"नहीं, अगर कोई बदलाव आया है, तो सिर्फ़ यही कि वह पहले से ज़्यादा नकारात्मक हो गया है। वह ज़िंदगी में बहुत सारी कठिनाइयाँ झेल रहा है। उसके चार बच्चे हैं और उसकी कम तनख़्वाह में उनका ठीक से गुज़ारा नहीं हो पाता। डब्ल्यू. डब्ल्यू. में इतना दिमाग़ है कि वह इससे पाँच गुना ज़्यादा कमा सकता है परंतु उसे यह नहीं मालूम कि इस दिमाग़ का किस तरह उपयोग किया जाए।"

नकारात्मक लोग हर जगह होते हैं। कुछ नकारात्मक लोग, जैसा मेरा दोस्त डब्ल्यू. डब्ल्यू. था, दिल के साफ़ होते हैं और आपका भला करना चाहते हैं। परंतु कई नकारात्मक लोग आपसे जलते हैं। चूँकि वे ख़ुद ज़िंदगी की दौड़ में पीछे रह गए हैं, इसलिए वे आपको भी गिराना चाहते हैं। वे ख़ुद को अयोग्य समझते हैं, इसलिए वे आपको भी अपनी तरह अयोग्य, औसत बनाना चाहते हैं।

बेहद सावधान रहें। नकारात्मक लोगों का अध्ययन करें। उन्हें अपनी सफलता की योजना नष्ट न करने दें।

एक युवा कर्मचारी ने मुझे बताया कि उसने अपना डिपार्टमेंट बदल लिया है। उसने कहा, "हमारे डिपार्टमेंट का एक आदमी सुबह-शाम हमारी कंपनी की बुराई किया करता था। चाहे मैनेजमेंट कुछ भी करे, वह उसमें बुराई ढूँढ़ ही लेता था। वह सुपरवाइज़र से लेकर मालिक तक हर एक के बारे में नकारात्मक सोच रखता था और नकारात्मक बातें कहता था। हम जो माल बेचते थे, वह उसकी नज़र में घटिया था। हमारी हर नीति में कोई न कोई ख़ामी थी। जहाँ तक उसका ख़्याल था, हमारी कंपनी की हर चीज़ में, हर व्यक्ति में कहीं न कहीं, कोई न कोई गड़बड़ी थी।

"हर सुबह जब मैं काम पर आता था तो उसकी जली-कटी बातें सुनकर मैं तनावग्रस्त हो जाया करता था और शाम को जब मैं घर जाता था, उसके पहले भी वह कर्मचारी 45 मिनट तक इस बात पर भाषण देता था कि उस दिन हमारे साथ क्या-क्या ग़लत हुआ, वह दिन क्यों ख़राब गुज़रा। मैं बहुत निरुत्साहित, निराश होकर घर लौटता था। आख़िरकार, मैंने फ़ैसला किया कि मैं दूसरे डिपार्टमेंट में चला जाऊँ। इससे बहुत ज़्यादा फ़र्क़ पड़ा क्योंकि अब मैं ऐसे लोगों के साथ हूँ जो दोनों पहलुओं पर विचार कर सकते हैं।"

उस युवक ने अपना माहौल बदल लिया। उसने सही काम किया, है ना ?

इस बारे में कोई ग़लतफ़हमी न पालें। आपको आपके संगी-साथियों के आधार पर पहचाना जाता है। एक जैसे लोग एक साथ रहते हैं। सभी कर्मचारी एक-से नहीं होते। कुछ नकारात्मक होते हैं, कुछ सकारात्मक। कुछ इसलिए काम करते हैं क्योंकि काम करना उनकी "मजबूरी" है। कुछ इसलिए काम करते हैं क्योंकि वे महत्वाकांक्षी हैं और आगे बढ़ना चाहते हैं। कुछ सहयोगी बॉस की हर बात या उसके हर काम की बुराई करते हैं; कुछ दूसरे सहयोगी ज़्यादा निष्पक्ष दृष्टि से सोचते हैं और यह महसूस करते हैं कि अच्छे लीडर बनने से पहले उन्हें अच्छा अनुयाई बनना चाहिए।

हम किस तरह सोचते हैं, यह हमारे समूह से तय होता है। *सुनिश्चित कर लें कि आप ऐसे समूह में हों जो सही सोचता है।*

आपके काम के माहौल में कई बाधाएँ आएँगी। हर समूह में ऐसे लोग होंगे जिन्हें अपनी अयोग्यता का एहसास होगा और वे आपकी राह में बाधा बनकर खड़े हो जाएँगे और आपको प्रगति नहीं करने देंगे। कई महत्वाकांक्षी लोगों की हँसी उड़ाई जाती है, उन्हें धमकाया तक जाता है और सिर्फ़ इसलिए क्योंकि वे लोग ज़्यादा सफल होते हैं और ज़्यादा काम करते हैं। हम इस बात को ठीक से समझ लें। कुछ लोग ईर्ष्या की वजह से आपको नीचा दिखाना चाहते हैं और वे ऐसा इसलिए करते हैं क्योंकि आप सफलता की सीढ़ी पर ऊपर की तरफ़ चढ़ना चाहते हैं।

यह फ़ैक्टरियों में अक्सर होता है जहाँ साथी कर्मचारी ऐसे व्यक्ति से चिढ़ते हैं जो उत्पादन बढ़ाना चाहता है। यह मिलिट्री में भी होता है जहाँ नकारात्मक लोगों का समूह उस युवा सिपाही की हँसी उड़ाता है और उसका अपमान करता है जो ऑफ़िसर्स स्कूल में जाना चाहता है।

यह बिज़नेस में भी होता है, जब ज़िंदगी की दौड़ में पीछे रह जाने वाले लोग आगे निकलने वाले लोगों का रास्ता रोकने की कोशिश करते हैं।

आपने यह हाईस्कूल में भी बार-बार देखा होगा कि कुछ आवारा लड़के उस सहपाठी का मज़ाक़ उड़ाते हैं जो अच्छी तरह पढ़ता है और अच्छे नंबर लाता है। कई बार तो उस प्रतिभाशाली विद्यार्थी का तब तक

मज़ाक़ उड़ाया जाता है जब तक कि वह इस निष्कर्ष पर नहीं पहुँच जाता कि प्रतिभाशाली होने में समझदारी नहीं है।

अपने आस-पास के ऐसी नकारात्मक सोच वालों को नज़रअंदाज़ कर दें।

अक्सर आपसे इस तरह की जो बातें कही जाती हैं, उनका उद्देश्य आपको नीचा दिखाना नहीं होता। वे तो केवल बोलने वाले की असफलता और निराशा को उजागर करती हैं।

नकारात्मक सोच वाले लोगों को इस बात की छूट न दें कि वे आपको भी अपने स्तर तक नीचे ले आएँ। उनकी बातों को उसी तरह से फिसल जाने दें जैसे बतख की पीठ से पानी फिसला करता है। इस तरह के लोगों से जुड़ें जो सकारात्मक सोचते हैं, जो प्रगतिशील सोच रखते हैं। उनके साथ ऊपर की तरफ़ बढ़ें।

आप भी ऐसा कर सकते हैं, बशर्ते कि आपकी सोच सही हो!

परंतु एक सावधानी रखें – ये देखें कि आपको सलाह देने वाला कौन है। ज़्यादातर संगठनों में आपको बहुत से ऐसे लोग मिल जाएँगे जो आपको "फोकट की सलाह" देंगे। वे रुचि लेकर आपको सफलता के गुर या नुस्ख़े या फ़ॉर्मूले बताना चाहेंगे। एक बार मैंने इसी तरह के फोकटिया सलाहकार को एक प्रतिभाशाली नए कर्मचारी को सलाह देते हुए सुना। सलाहकार कह रहा था, "यहाँ काम करने का तरीक़ा यही है कि आप हर काम से बचें। अगर उन्हें पता चल गया कि आपमें प्रतिभा है, तो वे आप पर काम लादते चले जाएँगे। ख़ास तौर पर मिस्टर ज़ेड. (डिपार्टमेंट के मैनेजर) से जितना बने दूर रहना। अगर उन्हें पता चल गया कि आपके पास कम काम है तो वे आपको गले तक काम में डुबो देंगे...।"

यह फोकटिया सलाहकार 30 साल से उस कंपनी में काम कर रहा है और उसे आज तक प्रमोशन नहीं मिला है। उस व्यक्ति के लिए यह कितना अच्छा सलाहकार हो सकता है जो अभी नया-नया काम शुरू कर रहा है और बिज़नेस में ऊपर की तरफ़ प्रगति करना चाहता है!

जो जानते हैं, उन्हीं से सलाह लेने का नियम बनाएँ। बहुत से लोग

यह सोचते हैं कि सफल लोगों से मिलना आसान नहीं होता। यह बात ग़लत है। सच तो यह है कि इनसे मिलना मुश्किल *नहीं होता*। देखने में यह आता है कि जो व्यक्ति जितना ज़्यादा सफल होगा, वह उतना ही विनम्र होता है और दूसरों की मदद करने के लिए तैयार रहता है। चूँकि ऐसे लोग अपने काम और सफलता में सचमुच रुचि लेते हैं इसलिए वे यह देखना चाहते हैं कि हर काम सफलतापूर्वक हो और जब वे रिटायर हों तो उनका उत्तराधिकारी इतना क़ाबिल हो कि वह हर काम सफलतापूर्वक कर सके। उन लोगों से मिलना मुश्किल होता है जो "भविष्य में बड़ा बनने के सपने देखने वाले लोग" होते हैं।

एक एक्ज़ीक्यूटिव ने जिसे एक घंटे के 40 डॉलर मिला करते थे इस बात को स्पष्ट किया - "मैं एक व्यस्त महिला हूँ, परंतु मेरे ऑफ़िस के दरवाज़े पर 'डू नॉट डिस्टर्ब' का बोर्ड नहीं लगा रहता। लोगों को सलाह देना मेरा मुख्य काम है। हम अपनी कंपनी के हर व्यक्ति को प्रशिक्षण देते हैं। परंतु अगर किसी को व्यक्तिगत परामर्श या "सलाह" की ज़रूरत हो, तो उसे बस कहने भर की देर है।

"मैं अपने यहाँ आने वाले की हर समस्या सुनने के लिए तैयार हूँ, चाहे वह समस्या कंपनी से संबंधित हो या व्यक्तिगत। वह व्यक्ति जो अपनी नौकरी के बारे में ज़्यादा जानना चाहता है और काम करने के ज़्यादा अच्छे तरीक़े सीखना चाहता है, उसकी मदद करना मुझे सबसे अच्छा लगता है।

"परंतु," उसका कहना था, "मुझे ऐसे फालतू लोगों को सलाह देने में समय बर्बाद करना पसंद नहीं है जो गंभीरता से सलाह नहीं ले रहे हों।"

जब आपके पास सवाल हों, *तो फ़र्स्ट क्लास बनें*। असफल व्यक्ति से सलाह लेना उसी तरह की बात है जैसे नीमहकीम से कैंसर का इलाज पूछना।

आजकल कई एक्ज़ीक्यूटिव किसी महत्वपूर्ण पद पर किसी को नौकरी देते समय उसकी पत्नी का इंटरव्यू भी लेते हैं। एक सेल्स एक्ज़ीक्यूटिव ने मुझे बताया, "मैं यह सुनिश्चित कर लेता हूँ कि हमारे संभावित सेल्समैन का परिवार उसे सहयोग करता हो। सेल्समैन की नौकरी में यात्रा करनी पड़ती

है, काम के घंटे अनियमित होते हैं और भी इसी तरह की कई दिक़्क़तें होती हैं। ऐसी परिस्थिति में ऐसा सहयोगी परिवार होना चाहिए जो सेल्समैन की राह में दिक़्क़तें खड़ी न करे।"

आज लोग इस बात को समझ चुके हैं कि छुट्टी के दिन में जो होता है और शाम को 6 बजे से सुबह 9 बजे तक जो होता है उससे किसी इंसान के काम पर फ़र्क़ पड़ता है, उससे इस बात पर फ़र्क़ पड़ता है कि वह इंसान सुबह 9 बजे से शाम को 6 बजे तक किस तरह काम करेगा। जिसकी नौकरी के बाहर की ज़िंदगी रचनात्मक है वह उस व्यक्ति से ज़्यादा सफल होगा जिसकी घरेलू ज़िंदगी बोझिल और नीरस है।

हम पारंपरिक तरीक़े से दो साथी कर्मचारियों जॉन और मिल्टन को देखें कि वे अपना वीकएंड किस तरह गुज़ारते हैं। और इसके क्या परिणाम होते हैं।

जॉन वीकएंड में अपनी मनोवैज्ञानिक ख़ुराक इस तरह लेता है। आम तौर पर एक शाम वह अपने चुनिंदा, दिलचस्प दोस्तों के साथ गुज़ारता है। दूसरी शाम को वे लोग घूमने जाते हैं – शायद कोई फ़िल्म देखते हैं, किसी सामुदायिक कार्यक्रम में जाते हैं या किसी दोस्त के घर जाते हैं। जॉन शनिवार की सुबह ब्वॉय स्काउट वर्क में लगाता है। शनिवार की दोपहर को वह घर के छोटे-मोटे काम निबटाता है। अक्सर वह किसी ख़ास प्रोजेक्ट पर काम करता है। अभी वह पिछवाड़े एक आँगन बना रहा है। रविवार को जॉन अपने परिवार के साथ कुछ ख़ास करता है। हाल ही में एक रविवार को वे लोग पहाड़ पर चढ़ने गए। दूसरे रविवार को वे संग्रहालय घूमने गए। कभी-कभार वे आस-पास देहात में पिकनिक मनाने चले जाते हैं क्योंकि जॉन भविष्य में देहात में ज़मीन-जायदाद ख़रीदना चाहता है।

रविवार की शाम शांति से गुज़रती है। जॉन आम तौर पर कोई पुस्तक पढ़ता है या फिर समाचार सुनता है।

जॉन के वीकएंड व्यस्त और सुनियोजित रहते हैं। कई तरह की रोचक गतिविधियों के कारण बोरियत का सवाल ही नहीं उठता। जॉन को काफ़ी मनोवैज्ञानिक ऊर्जा मिल जाती है।

मिल्टन की मनोवैज्ञानिक ख़ुराक जॉन की तुलना में कम संतुलित है। उसके वीकएंड की कोई योजना नहीं होती। मिल्टन आम तौर पर शुक्रवार की रात को "थका हुआ" होता है, परंतु वह अपनी पत्नी से औपचारिकतावश पूछ लेता है, "कुछ करने का इरादा तो नहीं है ?" परंतु योजना वहीं पर ख़त्म हो जाती है। मिल्टन और उसकी पत्नी कभी-कभार ही कहीं आते-जाते हैं। मिल्टन शनिवार की सुबह देर तक सोता है और बाक़ी दिन किसी न किसी तरह के काम में उलझा रहता है। शनिवार की रात को मिल्टन और उसका परिवार सामान्यतः फ़िल्म देखने जाता है या टीवी देखता है ("और करने के लिए है ही क्या ?")। मिल्टन रविवार की सुबह का ज़्यादातर हिस्सा बिस्तर में ही गुज़ारता है। रविवार की दोपहर वे लोग बिल और मैरी के यहाँ जाते हैं या फिर मैरी और बिल उनके यहाँ आ जाते हैं। (बिल और मैरी ही ऐसे इकलौते दंपति हैं जिनके यहाँ मिल्टन और उसकी पत्नी नियमित रूप से आते-जाते हैं।)

मिल्टन का पूरा वीकएंड बोरियत भरा होता है। रविवार की रात तक पूरे परिवार में तनाव-सा छा जाता है। उनमें कोई लड़ाई-झगड़ा तो नहीं होता, परंतु घंटों का मनोवैज्ञानिक युद्ध चलता रहता है।

मिल्टन का वीकएंड बोझिल, निराशाजनक, बोरियत भरा होता है। मिल्टन को कोई मनोवैज्ञानिक ऊर्जा नहीं मिलती।

अब इन घरेलू माहौलों का जॉन और मिल्टन पर क्या असर होगा ? कुछ सप्ताह में तो शायद इसका असर हमें नज़र नहीं आएगा। लेकिन अगर यही सिलसिला महीनों या सालों तक चलता रहा तो उसका असर साफ़ नज़र आएगा।

जॉन के माहौल से उसे ताज़गी मिलती है, ऊर्जा मिलती है, नए-नए विचार मिलते हैं, उसकी सोच व्यापक होती है। वह उस एथलीट की तरह है जो विटामिन की गोलियाँ खा रहा है।

मिल्टन का माहौल ऐसा है जो उसे मनोवैज्ञानिक रूप से भूखा रख रहा है। उसका सोचने का यंत्र ख़राब हो चुका है। वह उस एथलीट की तरह है जिसे कैंडी और बियर दी जा रही है।

जॉन और मिल्टन आज एक ही स्तर पर हो सकते हैं, परंतु आगे

आने वाले सालों में दोनों के बीच का फ़ासला बढ़ता जाएगा और जॉन मिल्टन की तुलना में काफ़ी आगे निकल जाएगा।

मज़ाकिया लोग कहेंगे, "शायद इसलिए कि जॉन में मिल्टन से ज़्यादा दम है।"

परंतु बात यह नहीं है। बात यह है कि इन दोनों के दिमाग़ को इनके माहौल ने जो मनोवैज्ञानिक ख़ुराक दी है, उसका असर इनकी नौकरियों पर तो होना ही है।

हर किसान जानता है कि अगर वह खेत में खाद डालेगा तो फ़सल ज़्यादा पैदा होगी। अगर हम बेहतर परिणाम पाना चाहते हैं, तो हमारी सोच को भी अतिरिक्त पोषण की ज़रूरत होती है।

मेरी पत्नी और मैं पिछले महीने एक डिपार्टमेंट स्टोर के मालिक की पार्टी में गए। मेरी पत्नी और मैं उससे बात करने के लिए थोड़ा रुक गए, जबकि बाक़ी लोग वहाँ से चल दिए। मैंने स्टोर के मालिक से पूछा, "शाम से ही मैं आपसे यह सवाल पूछना चाहता था कि आपने हम लोगों को इस पार्टी में क्यों बुलाया। मैंने उम्मीद की थी कि यहाँ पर आपके प्रोफ़ेशन से संबंधित लोग ही होंगे। परंतु आपके अतिथि तो अलग-अलग व्यवसाय से संबंधित थे। कोई लेखक था, कोई डॉक्टर था, कोई इंजीनियर था, कोई अकांउटेंट था तो कोई टीचर।"

वह मुस्कराया, "हम अक्सर अपने प्रोफ़ेशन के लोगों को पार्टी देते हैं। परंतु हेलेन और मैं यह भी पसंद करते हैं कि हम ऐसे लोगों से भी मिलें जिनका प्रोफ़ेशन अलग हो। मुझे लगता है कि अगर हम केवल अपने ही व्यवसाय के लोगों से मिलेंगे-जुलेंगे तो हमारी मानसिकता संकुचित हो जाएगी।

"इसके अलावा," उसने आगे कहा, "मेरा बिज़नेस लोगों से जुड़ा बिज़नेस है। हर दिन हर प्रोफ़ेशन के हज़ारों लोग मेरे स्टोर में सामान ख़रीदते हैं। दूसरे लोगों के बारे में मैं जितना ज़्यादा जानूँगा - उनके विचार, उनकी रुचियाँ, उनका दृष्टिकोण - मुझे उतना ही ज़्यादा फ़ायदा होगा क्योंकि मैं उन्हें उसी तरह की सेवा और सामान दे पाऊँगा जो वे चाहते हैं।"

कुछ नियमों का पालन करके आप भी अपने सामाजिक माहौल को फ़र्स्ट क्लास बना सकते हैं :

1. नए समूहों में आएँ-जाएँ। अपनी सामाजिक गतिविधियों को किसी छोटे समूह में सीमित रखने से बोरियत और असंतुष्टि होती है। साथ ही यह भी महत्त्वपूर्ण है कि सफलता के लिए लोगों को समझना ज़रूरी होता है। हर तरह के लोगों के बारे में जानें, उनसे सीखें, उनका अध्ययन करें। केवल एक समूह का अध्ययन करके लोगों के बारे में जानकारी हासिल करने का विचार उसी तरह का है जिस तरह एक छोटी-सी पुस्तक पढ़कर गणितज्ञ बनने का विचार।

नए दोस्त बनाएँ, नए संगठनों में शमिल हों, अपने सामाजिक दायरे को बढ़ाएँ। इसके अलावा अलग-अलग लोगों से मिलने से आपके जीवन का आनंद बढ़ जाता है और आपकी सोच व्यापक होती है। यह आपके दिमाग़ के लिए अच्छा भोजन है।

2. ऐसे दोस्त चुनें जिनके विचार आपसे अलग हों। आज के आधुनिक युग में, संकीर्ण विचारधारा के व्यक्ति का भविष्य बहुत उज्जवल नहीं है। ज़िम्मेदारी और महत्वपूर्ण पद उसी व्यक्ति को मिलते हैं जो दोनों पहलुओं को देख सकता है। अगर आप रिपब्लिकन हैं, तो आपके कुछ दोस्त डेमोक्रेट होने चाहिए और अगर आप डेमोक्रेट हैं तो आपके कुछ दोस्त रिपब्लिकन होने चाहिए। दूसरे धर्म के लोगों से मिलें। अपने विपरीत स्वभाव के लोगों से दोस्ती करें। परंतु इस बात को सुनिश्चित कर लें कि उनकी मानसिकता भी प्रगतिशील हो, उनमें भी सफलता की चाह हो।

3. ऐसे दोस्त चुनें जो छोटी, महत्वहीन बातों से ऊपर उठ सकते हों। जो लोग आपके विचारों या अपकी चर्चा के बजाय आपके घर के सामान या सजावट में रुचि लेते हैं वे छोटी मानसिकता के लोग होते हैं। अपने मनोवैज्ञानिक माहौल की रक्षा करें। ऐसे दोस्त चुनें जो सकारात्मक चीज़ों में रुचि रखते हों। ऐसे दोस्त चुनें जो आपको सचमुच सफल देखना चाहते हों। ऐसे दोस्त बनाएँ जो आपकी योजनाओं और आदर्शों में उत्साह भर दें। अगर आप ऐसा नहीं करते, अगर आप घटिया सोच वालों को अपना सबसे पक्का दोस्त बनाते हैं, तो आप भी धीरे-धीरे एक घटिया चिंतक में बदल जाएँगे।

हमारे देश में ज़हर का बहुत ध्यान रखा जाता है - शारीरिक ज़हर का।

हर रेस्तराँ फ़ूड पॉइज़निंग के बारे में सतर्क रहता है। अगर किसी रेस्तराँ में ऐसे एक-दो मामले हो जाएँ तो फिर ग्राहक वहाँ जाना छोड़ देते हैं। हमारे यहाँ सैकड़ों क़ानून हैं जिनमें जनता को सैकड़ों तरह के शारीरिक ज़हर से सुरक्षा दी जाती है। हमें ज़हर को बच्चों की पहुँच से दूर रखना चाहिए। हम शारीरिक ज़हर से बचने के लिए हरसंभव प्रयास करते हैं। और हमें ऐसा करना भी चाहिए।

परंतु एक और तरह का ज़हर होता है जो शायद शारीरिक ज़हर से थोड़ा ज़्यादा हानिकारक होता है - विचारों का ज़हर - जिसे "गपशप" कहा जाता है। विचारों के ज़हर और शारीरिक ज़हर में दो अंतर होते हैं। वैचारिक ज़हर दिमाग़ को प्रभावित करता है, शरीर को नहीं और इसके अलावा यह ज़्यादा सूक्ष्म होता है। जिस व्यक्ति को वैचारिक ज़हर दिया जा रहा है, आम तौर पर उसे इस बात का पता ही नहीं चलता।

वैचारिक ज़हर सूक्ष्म होता है, परंतु इससे "बड़ी" चीज़ें हो जाती हैं। यह हमारी सोच का आकार घटाता है, क्योंकि हम अपनी सोच को छोटी, महत्वहीन बातों पर केंद्रित करने लगते हैं। यह लोगों के बारे में हमारी सोच को उथला और घटिया कर देता है क्योंकि इसमें तथ्यों को तोड़-मरोड़कर पेश किया जाता है और यह हममें अपराधबोध भी पैदा कर देता है जो तब साफ़ दिखाई दे जाता है जब हम उस व्यक्ति के सामने आते हैं जिसके बारे में गपशप की जा रही थी। वैचारिक ज़हर में *सही* सोच 0 प्रतिशत होती है और 100 प्रतिशत *ग़लत* सोच होती है।

और यह बात सही नहीं है कि सिर्फ़ महिलाएँ ही गपशप में मज़ा लेती हैं। हर दिन बहुत सारे पुरुष गपशप करते नज़र आते हैं, वैचारिक ज़हर के माहौल में रहते नज़र आते हैं। हर दिन हज़ारों गप्पें होती हैं, जिनका विषय होता है "बॉस की वैवाहिक या आर्थिक कठिनाइयाँ", "बिल की बिज़नेस में आगे निकलने की जोड़-तोड़", "जॉन के ट्रांसफ़र की संभावना," "टॉम को प्रमोशन दिए जाने के छुपे हुए कारण", और "उन्होंने उस नए व्यक्ति को क्यों रखा।" गपशप इस तरह से चलती है - "मैंने सुना है... नहीं, क्यों... इससे मुझे हैरानी नहीं हुई... उसके साथ तो यह होना ही था... किसी को बताना नहीं, यह गोपनीय है..."

बातचीत हमारे मनोवैज्ञानिक माहौल का एक बहुत बड़ा हिस्सा है। कुछ चर्चाएँ स्वस्थ होती हैं। इनसे आपको प्रोत्साहन मिलता है। आपको ऐसा लगता है जैसे आप वसंत की कुनकुनी धूप में टहल रहे हों। कुछ चर्चाओं से आपको विजेता होने का एहसास होता है।

परंतु कई बार चर्चा इस तरह की होती है जैसे आप किसी ज़हरीले, रेडियोएक्टिव बादल से गुज़र रहे हों। इससे आपको बीमारी का एहसास होने लगता है। इससे आप हारा हुआ महसूस करने लगते हैं।

गपशप लोगों के बारे में नकारात्मक चर्चाएँ हैं और वैचारिक ज़हर का शिकार व्यक्ति यह समझता है कि उसे इसमें मज़ा आ रहा है। वह लोगों के बारे में नकारात्मक बातें सोच-सोचकर एक क़िस्म का ज़हरीला आनंद लेता है। वह यह समझ ही नहीं पाता कि ऐसा करने से वह सफल लोगों की नज़रों में लगातार छोटा होता जा रहा है और उनका उस पर से भरोसा कम होता जा रहा है।

एक बार जब मैं और मेरे दोस्त बेंजामिन फ्रैंकलिन के बारे में चर्चा कर रहे थे, तो इसी तरह का वैचारिक ज़हर का शिकार व्यक्ति हमारी चर्चा में शामिल हो गया। जैसे ही मिस्टर किलजॉय को हमारी चर्चा का विषय मालूम चला, उन्होंने फ्रैंकलिन के व्यक्तिगत जीवन के कुछ प्रसंग हमें नकारात्मक रूप से सुनाए। शायद यह सच हो कि फ्रैंकलिन का व्यक्तिगत जीवन पाकसाफ़ नहीं रहा हो। परंतु मुद्दे की बात यह थी कि हम लोग बेंजामिन फ्रैंकलिन के व्यक्तिगत जीवन पर बात नहीं कर रहे थे और मुझे ख़ुशी हुई कि हम लोग अपने किसी परिचित व्यक्ति के बारे में चर्चा नहीं कर रहे थे।

लोगों के बारे में बोलें? हाँ, परंतु सकारात्मक पहलू से।

एक बात अच्छे से समझ लें : हर तरह की चर्चा गपशप *नहीं* होती। कई बार इधर-उधर की चर्चा, हँसी-मज़ाक़, हल्का-फुल्का मनोरंजन ज़रूरी होता है। उससे दिमाग़ तरोताज़ा होता है, परंतु शर्त यह है कि यह रचनात्मक होना चाहिए। आप इस टेस्ट से यह जान सकते हैं कि आप कितना गपियाते हैं या गप्प में आपकी कितनी रुचि है :

1. क्या मैं दूसरों के बारे में अफ़वाह फैलाता हूँ?

2. क्या मैं दूसरों के बारे में अच्छी बातें कहता हूँ ?
3. क्या मुझे स्कैंडल सुनना अच्छा लगता है ?
4. क्या मैं केवल तथ्यों के आधार पर ही किसी का मूल्यांकन करता हूँ ?
5. क्या मैं दूसरों को इस बात के लिए प्रोत्साहित करता हूँ कि वे मुझे अफ़वाहें सुनाएँ ?
6. क्या मैं अपनी चर्चा को इस बात से शुरू करता हूँ, "देखना किसी से कहना नहीं ?"
7. क्या मैं गोपनीय जानकारी को पूरी तरह गोपनीय रखता हूँ ?
8. क्या मैं दूसरों के बारे में बोलते समय अपराधबोध से ग्रस्त रहता हूँ ?

सही जवाब क्या है, यह बताने की ज़रूरत नहीं है।

इस बारे में एक मिनट सोचें : कुल्हाड़ी उठाकर अपने पड़ोसी का फ़र्नीचर तोड़ देने से आपका फ़र्नीचर बेहतर नहीं दिखने लगता। इसी तरह, दूसरे व्यक्ति पर शब्दों की कुल्हाड़ी या हथगोले चलाने से आप बेहतर इंसान नहीं बन जाते।

हमेशा फ़र्स्ट क्लास बने रहें। अपने हर काम में इस नियम का पालन करें। सामान या सेवाएँ ख़रीदने में भी। एक बार, फ़र्स्ट क्लास सोच की सफलता साबित करने के लिए मैंने एक ट्रेनी समूह से पूछा कि वे मुझे अपने जीवन की कुछ ऐसी घटनाएँ सुनाएँ जब उन्होंने चवन्नी बचाकर अठन्नी का नुक़सान कर लिया हो। यहाँ पर कुछ उदाहरण दिए जा रहे हैं :

"मैंने फ़ुटपाथ से एक सस्ता-सा सूट ख़रीद लिया। मैंने सोचा कि यह बढ़िया सौदा था, परंतु सूट ख़राब निकला।"

"मेरी कार में रिपेयरिंग होनी थी। मैं इसे एक सस्ते से गैरेज में ले गया जो अथॉराइज़्ड डीलर से 25 डॉलर कम में रिपेयरिंग करने के लिए तैयार हो गया। परंतु मेरी कार जल्दी ही फिर से ख़राब हो गई। अब वह गैरेज वाला यह मानने को तैयार नहीं है कि ग़लती उसकी है।"

"महीनों तक मैंने पैसे बचाने के लिए एक घटिया होटल में खाना

खाया। जगह साफ़-सुथरी नहीं थी, खाना भी अच्छा नहीं था और सर्विस-उसे सर्विस कहना ही मूर्खता होगी और ग्राहक भी थर्ड क्लास आते थे। एक दिन मेरा एक दोस्त ज़बरदस्ती मुझे एक बढ़िया रेस्तराँ में ले गया। उसने लंच का ऑर्डर दिया और मैंने भी। मुझे जो मिला उससे मैं हैरान हो गया- बढ़िया खाना, बढ़िया सर्विस, बढ़िया माहौल, और पैसे भी थोड़े-से ही ज़्यादा लगे। इस घटना से मैंने एक बड़ा सबक़ सीखा।"

ऐसे और भी कई प्रसंग सुनाए गए। एक व्यक्ति ने कहा कि उसने "बारगेन" अकाउंट का उपयोग किया था जिसके कारण वह टैक्स के झंझट में फँस गया था। दूसरे व्यक्ति ने बताया कि वह एक सस्ते डॉक्टर के पास चला गया था, जिसने उसे ग़लत बीमारी बता दी थी। कई और लोगों ने बताया कि किस तरह सस्ते के चक्कर में - घर की सस्ती मरम्मत, सस्ते होटल, और बाक़ी सस्ते सामान में - उन्होंने चोट खाई थी।

मैंने कई बार लोगों को यह कहते सुना है, "परंतु मैं फ़र्स्ट क्लास सामान कैसे ख़रीद सकता हूँ?" इसका सीधा-सा जवाब है, 'आप इसके अलावा कोई दूसरा सामान किस तरह ख़रीद सकते हैं?' लंबे समय में अच्छा माल ख़रीदना हमेशा सस्ता पड़ता है। इसके अलावा ढेर सारी घटिया चीज़ें होने से यह बेहतर है कि आपके पास कम चीज़ें हों, पर अच्छी हों। तीन जोड़ी घटिया जूते होने से एक जोड़ी बढ़िया जूते हमेशा बेहतर हैं।

लोग क्वालिटी के हिसाब से आपका मूल्यांकन करते हैं, चाहे वे अवचेतन में ऐसा करते हों। क्वालिटी का ध्यान रखें। इससे फ़ायदा होता है। और इसमें ज़्यादा ख़र्च भी नहीं होता। ज़्यादातर समय, फ़र्स्ट क्लास बनने में सेकंड क्लास की तुलना में कम पैसा लगता है।

सफलता का माहौल कैसे तैयार करें

1. माहौल के प्रति सचेत बनें। जिस तरह अच्छा भोजन शरीर को शक्ति देता है, उसी तरह अच्छे विचार आपके मस्तिष्क को शक्ति देते हैं।

2. अपने माहौल को अपना सहयोगी बनाएँ, अपना विरोधी नहीं। दमनकारी शक्तियों, नकारात्मक लोगों, आप-ऐसा-नहीं-कर-सकते कहने

वाले लोगों को अपना हौसला पस्त न करने दें।

3. छोटी सोच वाले लोगों के चक्कर में न आएँ। ईर्ष्यालु लोग तो चाहते ही हैं कि आप आगे न बढ़ पाएँ। उन्हें ख़ुश होने का मौक़ा न दें।

4. सफल लोगों से सलाह लें। आपका भविष्य महत्वपूर्ण है। फोकटिया सलाहकारों से सलाह लेने का जोखिम न लें, क्योंकि अक्सर यह देखा गया है कि असफल लोग ही फोकटिया सलाहकार होते हैं।

5. बहुत-सी मनोवैज्ञानिक ऊर्जा हासिल करें। नए समूहों में आएँ-जाएँ। करने के लिए नए और प्रेरक काम खोजें।

6. अपने माहौल से वैचारिक ज़हर को दूर रखें। गपशप से, परनिंदा से बचें। लोगों के बारे में बातें करें, परंतु सकारात्मक पहलू से।

7. अपने हर काम में फ़र्स्ट क्लास रहें। आप दूसरे किसी तरीक़े से काम करने का जोखिम नहीं उठा सकते।

☼☼☼

8

अपने विचारों को अपना दोस्त बनाएँ

क्या आप सामने वाले के विचार पढ़ सकते हैं? किसी के विचार पढ़ना कोई मुश्किल काम नहीं है। आप इस काम को जितना कठिन समझते हैं, यह दरअसल उससे बहुत आसान है। शायद आपने इस बारे में ठीक से सोचा नहीं है, परंतु यह सच है कि आप हर दिन दूसरों के विचार पढ़ते हैं और आप अपने ख़ुद के विचारों को भी पढ़ते हैं।

हम ऐसा किस तरह करते हैं? ऐसा अपने आप होता है और हम रवैए के मूल्यांकन से ऐसा कर पाते हैं।

आपने वह गाना सुना है, *You Don't Need to Know the Language to Say You're In Love* (प्यार का इज़हार करने के लिए भाषा जानने की ज़रूरत नहीं होती)। यह प्रसिद्ध गीत बिंग क्रॉसबी ने कुछ साल पहले गाया था। इस साधारण से गाने में मनोविज्ञान की पूरी पुस्तक का निचोड़ है। आपको प्यार का इज़हार करने के लिए भाषा जानने की ज़रूरत *नहीं* होती। जिसने भी प्रेम किया है, वह यह बात अच्छी तरह से जानता है।

और आपको यह बताने के लिए भी भाषा जानने की ज़रूरत नहीं है, "मैं आपको पसंद करता हूँ" या "मैं आपसे नफ़रत करता हूँ" या "मैं समझता हूँ कि आप महत्वपूर्ण हैं" या "महत्वहीन हैं" या "मैं आपसे ईर्ष्या करता हूँ।" आपको यह कहने के लिए शब्दों का इस्तेमाल नहीं करना

पड़ता, "मैं अपने काम को पसंद करता हूँ" या "मैं बोर हो चुका हूँ" या "मैं भूखा हूँ।" लोग इन वाक्यों को बिना आवाज़ किए बोल लेते हैं।

हम क्या सोच रहे हैं, यह हमारे हावभाव से समझ में आ जाता है। हमारे हावभाव हमारे मस्तिष्क के प्रतिबिंब हैं। वे बताते हैं कि हम क्या सोच रहे हैं।

आप ऑफ़िस की कुर्सी पर बैठे किसी व्यक्ति के विचार पढ़ सकते हैं। आप उसके हावभाव देखकर समझ सकते हैं कि अपने काम के बारे में उसका दृष्टिकोण क्या है। आप सेल्समैन, विद्यार्थियों, पतियों और पत्नियों के विचार समझ सकते हैं; आप न सिर्फ़ ऐसा कर सकते हैं, बल्कि आप अक्सर ऐसा *करते* हैं।

फ़िल्मों और टीवी सीरियलों के लोकप्रिय अभिनेता दरअसल अभिनय नहीं करते। वे अपनी भूमिकाओं को नहीं निभाते। इसके बजाय वे अपने अस्तित्व को भूल जाते हैं और सचमुच यह कल्पना करने लगते हैं कि वे अभिनय किए जाने वाले पात्र के शरीर में घुस गए हैं। उन्हें यह करना ही पड़ता है। इसके बिना वे नक़ली लगेंगे, उनके अभिनय में जान नहीं आ पाएगी और उनकी लोकप्रियता कम हो जाएगी।

हमारे दृष्टिकोण न सिर्फ़ दिख जाते हैं, बल्कि वे "सुनाई" भी दे जाते हैं। कोई सेक्रेटरी जब फ़ोन पर बात करती है और कहती है, "गुड मॉर्निंग, मिस्टर शूमेकर्स ऑफ़िस," तो इन पाँच शब्दों में वह सेक्रेटरी यह जता देती है, "मैं आपको पसंद करती हूँ। मुझे ख़ुशी है कि आपने फ़ोन किया। मुझे लगता है कि आप महत्वपूर्ण हैं। मैं अपने काम को पसंद करती हूँ।"

परंतु दूसरी सेक्रेटरी इन्हीं शब्दों के माध्यम से यह बोलती हुई लग सकती है, "आप मुझे परेशान कर रहे हैं। कितना अच्छा होता अगर आपका फ़ोन नहीं आया होता। मैं अपने काम से बोर हो गई हूँ और मैं ऐसे लोगों को पसंद नहीं करती, जो मुझे परेशान करें।"

हावभाव से, आवाज़ की टोन से और आवाज़ के उतार-चढ़ाव से हम किसी के भी रवैए को समझ जाते हैं। इसका कारण क्या है ? मनुष्य के इतिहास में बोलने वाली भाषा का जन्म तो हाल ही में हुआ है। अगर हम कालचक्र के हिसाब से देखें, तो पूरे इतिहास की घड़ी के मान से मनुष्य

ने इसी सुबह बोलना शुरू किया है। भाषा के जन्म से पहले, करोड़ों सालों से इंसान सिर्फ़ आवाज़ और इशारों और हावभाव से अपनी बात कहता आया है।

करोड़ों सालों तक इंसान दूसरे इंसानों के साथ संप्रेषण के लिए शब्दों का इस्तेमाल नहीं करता था, बल्कि अपने शरीर, अपने चेहरे के भाव और अपनी आवाज़ का इस्तेमाल करता था। और हम आज भी अपने दृष्टिकोण और अपनी भावनाएँ अभिव्यक्त करने के लिए इनका इस्तेमाल करते हैं। बच्चों के साथ व्यवहार करते समय हमारे पास सीधे शारीरिक स्पर्श के अलावा सिर्फ़ आवाज़, हावभाव और शरीर की गतिविधियाँ ही तो संप्रेषण का माध्यम हैं। और बच्चों में ऐसी छठी इंद्रिय होती है कि वे असली और नक़ली का फ़र्क़ तत्काल समझ लेते हैं।

प्रोफ़ेसर अर्विन एच. शेल, जो लीडरशिप में अमेरिका के प्रख्यात विशेषज्ञ हैं, कहते हैं, "सच कहा जाए तो उपलब्धि के लिए सुविधाओं और योग्यता के अलावा किसी और चीज़ की भी ज़रूरत होती है। मेरा यह मानना है कि इस उत्प्रेरक को सिर्फ़ एक शब्द में बयान किया जा सकता है – रवैया। जब आपका रवैया सही होगा, तभी आप अपनी योग्यताओं का अधिकतम उपयोग कर पाएँगे और आपको उसके अच्छे परिणाम अपने आप मिलेंगे।"

रवैए से फ़र्क़ पड़ता है। सही रवैए वाला सेल्समैन अपने लक्ष्य को प्राप्त ही नहीं करता, बल्कि उससे आगे निकल जाता है। सही रवैए वाला विद्यार्थी परीक्षा में फ़र्स्ट डिवीज़न लाता है। सही रवैए वाले दंपति सुखी वैवाहिक जीवन बिताते हैं। सही रवैए से आप लोगों के साथ प्रभावी व्यवहार करते हैं, आप लीडर बन जाते हैं। सही रवैए से आप हर तरह की परिस्थिति में जीत जाते हैं।

इन तीन रवैयों को विकसित करें। इन्हें अपने हर काम में अपना साथी बनाएँ।

1. *मुझमें उत्साह है* का रवैया विकसित करना।

2. *आप महत्वपूर्ण हैं* का रवैया विकसित करना।

3. *सेवाभाव* का रवैया विकसित करना।

अब हम देखते हैं कि ऐसा किस तरह किया जा सकता है।

सालों पहले, जब मैं कॉलेज में था, मैंने अमेरिकी इतिहास की कक्षा में अपना नाम लिखाया। मुझे क्लास बहुत अच्छी तरह याद है, इसलिए नहीं क्योंकि वहाँ मैंने अमेरिकन इतिहास के बारे में बहुत कुछ सीखा था, बल्कि इसलिए क्योंकि मैंने वहाँ पर सफल जीवन का यह मूलभूत सिद्धांत सीखा था : *दूसरों में उत्साह भरने के लिए, पहले ख़ुद में उत्साह भरें।*

इतिहास की कक्षा बहुत बड़ी थी और यह एक बड़े हॉल में लगा करती थी। प्रोफ़ेसर अधेड़ थे और बड़े ज्ञानी थे, परंतु उनके लेक्चर बहुत बोरिंग हुआ करते थे। इतिहास को जीवंत और रोचक विषय के रूप में पढ़ाने के बजाय वे हमें तथ्य और तारीख़ें गिनाते रहते थे। मुझे यह देखकर हैरानी होती थी कि वे इतने रोचक विषय को इतने बुरे तरीक़े से कैसे पढ़ा लेते हैं। परंतु वे ऐसा कर लेते थे।

आप समझ ही सकते हैं कि प्रोफ़ेसर की बोरियत भरी बातों का विद्यार्थियों पर क्या असर होता होगा। वे या तो बातें करते थे या फिर सो जाते थे। जब माहौल बहुत बिगड़ गया तो प्रोफ़ेसर ने दो पहरेदारों को तैनात कर दिया ताकि विद्यार्थियों को बातें करने और सोने से रोका जा सके।

कभी-कभार, प्रोफ़ेसर बीच में रुककर अपनी उँगली उठाकर छात्रों से कहते थे, "मैं तुम सबको चेतावनी देता हूँ। मेरी बात ध्यान से सुनो। तुम लोग बातें करना बंद कर दो और मेरा लेक्चर सुनो।" इससे विद्यार्थियों पर कोई ख़ास असर नहीं पड़ता था, क्योंकि इनमें से कई विद्यार्थी तो हाल ही में युद्ध से लौटे थे और उन्होंने टापुओं और लड़ाकू हवाई जहाज़ों में इतिहास रचा था।

जब मैं वहाँ बैठकर यह सोच रहा था कि जिस विषय को इतने बढ़िया तरीक़े से पढ़ाया जा सकता था, उसे यह प्रोफ़ेसर इतने बुरे तरीक़े से क्यों पढ़ा रहे हैं, तो मेरे दिमाग़ में यह सवाल भी आया, "विद्यार्थी प्रोफ़ेसर की बातों में रुचि क्यों नहीं ले रहे हैं?"

जवाब तत्काल मिल गया।

विद्यार्थियों को प्रोफ़ेसर की बातों में कोई रुचि इसलिए नहीं थी,

क्योंकि अपने लेक्चर या अपने विषय में प्रोफ़ेसर की ही कोई रुचि नहीं थी। वह इतिहास पढ़ाते-पढ़ाते बोर हो चुके थे और यह साफ़ नज़र आता था। दूसरों को उत्साहित करने के लिए आपको पहले ख़ुद उत्साहित होना पड़ेगा।

सालों तक मैंने इस सिद्धांत को सैकड़ों परिस्थितियों में आज़माया है। हर बार यह सच साबित हुआ है। जिस व्यक्ति में उत्साह नहीं होता, वह दूसरों को उत्साहित नहीं कर सकता। परंतु जो उत्साही होता है, उसके पीछे जल्दी ही बहुत से उत्साहित अनुयायी जमा हो जाते हैं।

उत्साही सेल्समैन को इस बारे में फ़िक्र नहीं होनी चाहिए कि उसके ग्राहकों में उत्साह की कमी हो सकती है। उत्साही टीचर को उत्साहहीन विद्यार्थियों के बारे में फ़िक्र नहीं करनी पड़ेगी। उत्साहित धर्मोपदेशक उनींदी भीड़ को देखकर कभी दुःखी नहीं होगा।

उत्साह से चीज़ें 1100 प्रतिशत बेहतर हो सकती हैं। दो साल पहले एक कंपनी के कर्मचारियों ने रेड क्रॉस में 94.35 डॉलर का दान दिया। इस साल उन्हीं कर्मचारियों ने लगभग 1,100 डॉलर दान में दिए, जो पिछली राशि से 1100 प्रतिशत ज़्यादा थी।

जिस कप्तान ने 94.35 डॉलर का चंदा लिया था, उसमें उत्साह नहीं था। उसने इस तरह की बातें कहीं, "मुझे लगता है यह एक महत्वपूर्ण संस्था है;" "मेरा इससे कभी सीधा सरोकार नहीं रहा है"; "यह एक बड़ा संगठन है और यह अमीर लोगों से काफ़ी चंदा लेता है इसलिए मुझे नहीं लगता कि आपके योगदान से कोई ख़ास फ़र्क़ पड़ने वाला है;" "अगर आप दान देना चाहते हों, तो मुझसे संपर्क कर लें।" इस व्यक्ति ने किसी को रेड क्रॉस में शामिल होने के लिए प्रेरित नहीं किया।

इस साल का चंदा लेने वाला ज़रा अलग क़िस्म का था। उसमें उत्साह था। उसने इतिहास के कई उदाहरण देकर लोगों को बताया कि रेड क्रॉस संकट के समय किस तरह इंसानों की सहायता करती है। उसने बताया कि रेड क्रॉस हर व्यक्ति के दान के सहारे चलती है। उसने कर्मचारियों को बताया कि वे रेड क्रॉस को उतना ही दान में दें, जितना वे अपने मुसीबत में फँसे पड़ोसी की मदद करने के लिए देंगे। उसने कहा,

"देखिए, रेड क्रॉस ने अब तक क्या-क्या किया है!" ध्यान दीजिए, उसने भीख नहीं माँगी। उसने यह नहीं कहा, "मुझे आपमें से हर आदमी से इतने डॉलर चाहिए।" उसने रेड क्रॉस के महत्व के बारे में उत्साह से बताया। इसके बाद उसे सफलता अपने आप मिल गई।

एक पल के लिए अपने किसी ऐसे क्लब या संगठन के बारे में सोचें जो निस्तेज हो चुका हो। शायद इसे पुनर्जीवित करने के लिए उत्साह की ज़रूरत हो।

जितना उत्साह होगा, परिणाम उतने ही मिलेंगे।

उत्साह का मतलब है, "यह कितना बढ़िया है!"

यहाँ तीन क़दमों का तरीक़ा बताया जा रहा है जो उत्साह की शक्ति को विकसित करने में आपकी मदद करेगा।

1. *गहराई में जाएँ।* यह छोटा सा प्रयोग करें। दो ऐसी चीज़ों के बारे में सोचें जिनमें आपकी बिलकुल भी रुचि नहीं है या बहुत कम रुचि है- जैसे ताश के पत्ते, किसी ख़ास क़िस्म का संगीत, कोई खेल। अब ख़ुद से पूछें, "मैं इन चीज़ों के बारे में कितना जानता हूँ?" 100 में से 99 मामलों में आपका जवाब होगा, "ज़्यादा नहीं।"

मैं यह स्वीकार करता हूँ कि कई सालों तक मुझे आधुनिक चित्रकला में कोई रुचि नहीं थी। मुझे आधुनिक चित्रकला में कुछ आड़ी-तिरछी लकीरें ही दिखा करती थीं। परंतु तभी मेरे एक चित्रकार दोस्त ने मुझे आधुनिक चित्रकला की जानकारी दी। सचमुच मैं इसमें जितनी गहराई तक गया, मैंने पाया कि यह बहुत दिलचस्प थी।

इस अभ्यास में उत्साह बढ़ाने की एक और महत्वपूर्ण कुंजी है : उत्साहित होने के लिए, उस चीज़ के बारे में ज़्यादा जानें जिसके बारे में आपमें कम उत्साह हो।

हो सकता है कि आप की भौंरों में ज़्यादा रुचि न हो। परंतु अगर आप भौंरों का अध्ययन करें, यह पता करें कि वे कितनी भलाई करते हैं, वे किस तरह दूसरे भौंरों के साथ संबंध जोड़ते हैं, वे किस तरह प्रजनन करते हैं, वे जाड़ों में कहाँ रहते हैं- अगर आप भौंरों के बारे में मिल सकने

वाली सारी जानकारी हासिल करेंगे, तो आप पाएँगे कि भौंरों में आपकी दिलचस्पी सचमुच बढ़ गई है।

मैं इस बात का प्रशिक्षण देता हूँ कि गहराई में जाने की तकनीक से उत्साह किस तरह विकसित किया जा सकता है। प्रशिक्षण देते समय मैं ग्रीनहाउस का उदाहरण देता हूँ। मैं समूह से यूँ ही पूछ लेता हूँ, "क्या आपमें से कोई ग्रीनहाउस बनाने और बेचने में रुचि रखता है?" मैंने आज तक इसके जवाब में **हाँ** नहीं सुना। फिर मैं समूह को बताता हूँ कि जैसे-जैसे हमारा जीवनस्तर बढ़ता जा रहा है, लोग अपनी मूलभूत आवश्यकता के बाहर की चीज़ों में ज़्यादा रुचि लेने लगे हैं। अमेरिका की कोई भी महिला अपने घर में संतरे या ऑर्किड के पेड़ लगाकर ख़ुश होगी। मैं बताता हूँ कि अगर लाखों परिवार प्राइवेट स्विमिंग पूल बनवा सकते हैं, तो करोड़ों लोग निश्चित रूप से ग्रीनहाउस भी ख़रीद सकते हैं क्योंकि ग्रीनहाउस की लागत स्विमिंग पूल की तुलना में बहुत कम होती है। मैं उन्हें बताता हूँ कि अगर आप 50 में से एक परिवार को भी 600 डॉलर का ग्रीनहाउस बेच लेते हैं तो आपका छह सौ मिलियन डॉलर का ग्रीनहाउस का बिज़नेस खड़ा हो जाएगा। और शायद पौधों और बीजों की आपूर्ति करने के लिए आप दो सौ पचास मिलियन डॉलर का उद्योग अलग डाल लेंगे।

इस अभ्यास के साथ दिक़्क़त यह होती है कि दस मिनट पहले तक जो समूह ग्रीनहाउस के बारे में बिलकुल भी रुचि नहीं ले रहा था, अब वह इतनी रुचि लेने लगता है कि अगले विषय पर जाना ही नहीं चाहता!

दूसरे लोगों में अपना उत्साह बढ़ाने के लिए भी गहराई में जाने की तकनीक का प्रयोग करें। सामने वाले व्यक्ति के बारे में सारी जानकारी इकट्ठी करें- वह क्या करता है, उसका परिवार, उसकी पृष्ठभूमि, उसके विचार और महत्वाकांक्षाएँ- और आप पाएँगे कि उसमें आपकी रुचि और उत्साह बढ़ रहा है। आप और गहराई में जाएँगे तो आपको निश्चित रूप से साझी दिलचस्पी के विषय मिल जाएँगे। और गहराई में जाएँगे तो आपको आख़िरकार एक बहुत ही आकर्षक व्यक्ति दिख जाएगा।

गहराई में जाने की तकनीक नई जगहों के प्रति भी उत्साह पैदा कर सकती है। कई साल पहले मेरे कुछ दोस्तों ने डेट्रॉएट से फ़्लोरिडा के एक

छोटे क़स्बे में जाकर रहने का फ़ैसला किया। उन्होंने अपने घर बेच दिए, अपने बिज़नेस समेट लिए और अपने दोस्तों से अलविदा कहकर वे रवाना हो गए।

छह हफ़्तों बाद वे वापस डेट्रॉइट में दिखे। उनके वापस लौटने का कारण उनके बिज़नेस से संबंधित नहीं था। इसके बजाय उनका कहना था, "हम छोटे क़स्बे में रह नहीं पाए। इसके अलावा, हमारे सभी दोस्त डेट्रॉइट में हैं। हमें वापस लौटना ही पड़ा।"

बाद में इन लोगों के साथ हुई चर्चा में मैंने उनकी वापसी का असली कारण जाना। कारण सिर्फ़ इतना था कि उन्हें छोटा शहर पसंद नहीं आया था। कुछ दिनों के प्रवास में उन्होंने उस जगह का सतही मुआयना किया–वहाँ का इतिहास, भविष्य की योजनाएँ, वहाँ के लोग। उनका शरीर तो फ़्लोरिडा में रह रहा था, परंतु वे अपना दिल डेट्रॉइट में छोड़ गए थे।

मैंने दर्जनों एक्ज़ीक्यूटिव्ज़, इंजीनियरों और सेल्समैनों से बात की जिन्हें उनकी कंपनी दूसरी जगह भेजना चाहती थी, परंतु वे वहाँ नहीं जाना चाहते थे। "मैं शिकागो (या सैन फ़्रांसिस्को या अटलांटा या न्यूयॉर्क या मियामी) जाने का सोच ही नहीं सकता" दिन में कई बार बोला जाता है।

नई जगह के बारे में उत्साह बढ़ाने का एक तरीक़ा यह है। नए समुदाय की गहराई में जाने का संकल्प करें। इसके बारे में हर जानकारी इकट्ठी करें। लोगों से मिलें-जुलें। पहले ही दिन से अपने को वहाँ का निवासी समझें। ऐसा करें, और आप अपने नए माहौल के बारे में उत्साहित हो जाएँगे।

आज करोड़ों अमेरिकी शेयर बाज़ार में पैसा निवेश कर रहे हैं। परंतु कई करोड़ लोग ऐसे भी हैं जिन्हें स्टॉक मार्केट में कोई रुचि नहीं है। ऐसा इसलिए है क्योंकि उन्हें शेयर बाज़ार का कोई ज्ञान नहीं है, यह किस तरह से काम करता है, शेयर के भाव ऊपर-नीचे क्यों आते हैं, और हमें यह नहीं भूलना चाहिए कि शेयर बाज़ार अमेरिकी व्यवसाय का दिन-प्रति-दिन का रोमांस है।

किसी भी चीज़ के बारे में – लोग, जगह, चीज़ – उत्साहित होने के लिए इसकी गहराई में जाएँ।

गहराई में जाएँ और आपमें अपने आप उत्साह पैदा हो जाएगा। अगली बार जब भी आप कोई ऐसा काम करें जो आप न करना चाहते हों, तो इस सिद्धांत का प्रयोग करें। अगली बार जब आप किसी काम से बोर हो रहे हों, तो इस सिद्धांत का प्रयोग करें। गहराई में जाएँ और आपकी रुचि अपने आप जाग जाएगी।

2. *हर काम दिल से करें।* उत्साह या उत्साह की कमी आपके हर काम में दिखती है, आपकी हर बात में प्रकट होती है। दिल से हाथ मिलाएँ। जब आप हाथ मिलाएँ, *तो ज़रा कसकर मिलाएँ*। अपने हाथ को यह कहने दें, "मुझे आपसे मिलकर *ख़ुशी हुई।*" "मैं आपसे दुबारा मिलकर ख़ुश हुआ।" कमज़ोर चूहे की तरह हाथ मिलाने से तो अच्छा है कि हाथ ही न मिलाया जाए। इससे लोग यह सोचते हैं, "यह व्यक्ति ज़िंदा नहीं, बल्कि मुर्दा है तभी मुर्दों की तरह हाथ मिला रहा है।" यह देखने की कोशिश करें कि क्या कोई सफल व्यक्ति चूहे की तरह हाथ मिलाता है। आप कोशिश ही करते रह जाएँगे और ऐसा लंबे समय तक देख नहीं पाएँगे।

दिल से मुस्कराएँ। अपनी आँखों से मुस्कराएँ। कोई भी नक़ली, चिपकी हुई, रबर जैसी मुस्कान पसंद नहीं करता। जब मुस्कराएँ, तो दिखना चाहिए कि *आप मुस्करा रहे हैं।* अपने थोड़े बहुत दाँत दिखाएँ। हो सकता है कि आपके दाँत आकर्षक न हों, परंतु उससे कोई ख़ास फ़र्क़ नहीं पड़ता। जब आप मुस्कराते हैं, तो लोग आपके दाँत नहीं देखते। वे एक गर्मजोशी से भरे उत्साही व्यक्तित्व को देखते हैं और उसे पसंद करते हैं।

दिल से "धन्यवाद" दें। रुटीन "धन्यवाद" का मतलब तो "ग्लिप, ग्लिप" कहने की तरह मशीनी अंदाज़ है। यह सिर्फ़ एक अभिव्यक्ति है। इससे कुछ भी संप्रेषित नहीं होता। इससे परिणाम हासिल नहीं होते। अपने "धन्यवाद" को इस तरह कहें ताकि सामने वाला यह सुने, "बहुत-बहुत धन्यवाद।"

दिल से बात करें। डॉ. जेम्स एफ़. बेन्डर, जो मानी हुई हस्ती हैं, अपनी पुस्तक *हाऊ टु टॉक वेल* (न्यूयॉर्क : मैकग्रॉ-हिल बुक कंपनी, 1949) में लिखते हैं, "क्या आपकी 'गुड मॉर्निंग' सचमुच गुड है? क्या आपकी 'बधाई' सचमुच उत्साह से दी गई है। जब आप कहते हैं, "आप कैसे हैं?" तो क्या आप सचमुच जानना चाहते हैं? जब आप अपने शब्दों

में भावनाओं के रंग भर देते हैं तो लोग आपकी बातें ध्यान से सुनने लगते हैं और आपको महत्व देने लगते हैं।"

लोग उस व्यक्ति के पीछे-पीछे जाते हैं जो अपनी कही हुई बातों में *यक़ीन* करता है। इसलिए *दिल से* बातें करें। अपने शब्दों में भावनाओं के रंग भरें। चाहे आप किसी गार्डन क्लब में बोल रहे हों, ग्राहक से बातें कर रहे हों, या अपने बच्चों से- अपने शब्दों में जोश झलकने दें। उत्साह से दिया गया प्रवचन महीनों तक, सालों तक याद रहता है। जबकि उत्साह के बिना दिया गया प्रवचन एक सप्ताह भी याद नहीं रहता।

और जब आप दिल से बोलते हैं तो आप अपने अंदर भी जोश भर लेते हैं। अभी आज़मा कर देख लें। ज़ोर से और जोश से कहें : "आज मैं बहुत ख़ुश हूँ!" यह वाक्य कहने के बाद क्या आप पहले से बेहतर महसूस नहीं कर रहे हैं। अपने आपमें जान फूँकें।

दिल से बोलें, दिल से काम करें। अपने हर काम, अपनी हर बात से लोगों को यह लगने दें, "इस व्यक्ति में जोश है, हौसला है।" "वह सचमुच यह काम करना चाहता है।" "वह निश्चित रूप से सफल होगा।"

3. *अच्छी ख़बर फैलाएँ*। आपके और हमारे सामने कितनी ही बार किसी व्यक्ति ने अचानक आकर कहा होगा, "मैं आपको एक अच्छी ख़बर सुनाना चाहता हूँ।" तत्काल हर एक का पूरा ध्यान उस व्यक्ति की तरफ़ चला जाता है। अच्छी ख़बर से सिर्फ़ ध्यान ही आकर्षित नहीं होता; अच्छी ख़बर से लोग ख़ुश भी होते हैं। अच्छी ख़बर से उत्साह विकसित होता है। अच्छी ख़बर से पाचन तंत्र भी ठीक रहता है।

चूँकि अच्छी ख़बर सुनाने वालों के मुक़ाबले आज बुरी ख़बर सुनाने वाले ज़्यादा हो गए हैं इसलिए उनके बहकावे में न आएँ। आज तक बुरी ख़बर सुनाकर किसी ने भी कोई दोस्त नहीं बनाया, किसी ने भी पैसा नहीं कमाया, न ही किसी ने कोई उपलब्धि हासिल की है।

अपने परिवार को अच्छी ख़बर सुनाएँ। उन्हें आज घटी अच्छी घटनाएँ सुनाएँ। उन्हें अपने रोचक, सुखद अनुभव सुनाएँ और अप्रिय घटनाओं को दफ़ना दें। अच्छी ख़बर फैलाएँ। बुरी ख़बर फैलाने का कोई अर्थ नहीं है। इससे आपका परिवार व्यर्थ ही चिंतित और नर्वस हो

जाएगा। हर दिन घर में सूरज की रोशनी लेकर जाएँ, रात का अँधेरा लेकर न जाएँ।

कभी आपने देखा है कि बच्चे मौसम के बारे में कितनी कम शिकायत करते हैं। उन्हें गर्म मौसम से तब तक कोई ख़ास तकलीफ़ नहीं होती जब तक कि उन्हें नकारात्मक विचार वाले लोग इसके नुक़सान से परिचित नहीं करवा देते। चाहे मौसम कैसा भी हो, आप मौसम के बारे में हमेशा अच्छा बोलने की आदत डाल लें। मौसम के बारे में शिकायत करने से आपका मूड ख़राब होता है और आप दूसरों का मूड भी ख़राब कर देते हैं।

आप कैसा महसूस करते हैं, इस बारे में भी अच्छी ख़बर सुनाएँ। "मुझे बहुत अच्छा लग रहा है" कहने वाले व्यक्ति बनें। हर मौक़े पर कहें, "मुझे बहुत अच्छा लग रहा है" और ऐसा कहने के बाद आपको सचमुच अच्छा लगने *लगेगा*। इसी तरह से अगर आप लोगों को यह बताएँगे, "मुझे बहुत बुरा लग रहा है" तो आपको सचमुच सब कुछ बुरा लगने लगेगा। हम कैसा महसूस करते हैं, यह काफ़ी हद तक हमारे विचारों पर निर्भर करता है। यह भी याद रखें कि सभी लोग उत्साही व्यक्तियों को पसंद करते हैं। शिकायत करने वालों और आधे-मुर्दा लोगों के आस-पास रहना किसी को भी पसंद नहीं होता।

अपने साथ काम करने वालों को अच्छी ख़बर सुनाएँ। उनका उत्साह बढ़ाते रहें, हर मौक़े पर उनकी तारीफ़ करते रहें। कंपनी के सकारात्मक कामों के बारे में उन्हें बताएँ। उनकी समस्याएँ सुनें। उनकी मदद करने की कोशिश करें। लोगों को प्रोत्साहित करें और उनका सहयोग हासिल करें। उनके अच्छे काम के लिए उनकी पीठ थपथपाएँ। उन्हें आशा बँधाएँ। उन्हें बताएँ कि आपको उन पर, उनकी क्षमताओं पर भरोसा है और आपको यह विश्वास भी है कि वे सफल हो सकते हैं। चिंता करने वालों की चिंता कम करने की कोशिश करें।

हर दिन सही रास्ते पर चलने के लिए यह छोटा सा प्रयोग नियमित रूप से करें। जब भी आप किसी व्यक्ति से विदा लें, ख़ुद से पूछें, "क्या मुझसे बात करने के बाद इस व्यक्ति का मूड पहले से बेहतर हुआ है ?" यह आत्म-प्रशिक्षण तकनीक सचमुच सफल होती है। अपने कर्मचारियों, अपने सहयोगियों, अपने परिवार, अपने ग्राहकों, यहाँ तक कि कभी-कभार

मिलने वाले परिचितों के साथ भी इस तकनीक का प्रयोग करें।

मेरा एक सेल्समैन मित्र अच्छी ख़बरों को ब्रॉडकास्ट करता है। वह हर महीने अपने ग्राहकों के पास जाता है और उन्हें नियम से कोई न कोई अच्छी ख़बर सुनाता है।

उदाहरण : "मैं पिछले सप्ताह ही आपके एक अच्छे दोस्त से मिला। उसने आपको नमस्ते कहलवाया है।" "पिछली बार मैं जब आपसे मिला था, तब से अब के बीच में बहुत बड़े परिवर्तन हो चुके हैं। पिछले महीने 350,000 बच्चों का जन्म हुआ है और ज़्यादा बच्चे पैदा होने का मतलब है हम दोनों के लिए ज़्यादा बिज़नेस।"

हम अक्सर यह सोचते हैं कि बैंक के प्रेसिडेंट बहुत रिज़र्व टाइप के भावहीन व्यक्ति होते हैं। परंतु एक बैंक प्रेसिडेंट ऐसा नहीं है। फ़ोन पर उनका जवाब देने का फ़ेवरिट तरीक़ा है, *"गुड मॉर्निंग। दुनिया कितनी अच्छी है। क्या मैं आपको कुछ पैसे उधार दे सकता हूँ?"* कई लोग कहेंगे बैंकर के लिए यह ठीक नहीं है, पर मैं यह बता दूँ कि जो बैंकर इस तरह की बात कहते हैं, उनका नाम है मिल्स लेन, जो *सिटिज़न्स एंड सदर्न बैंक* के जूनियर प्रेसिडेंट हैं और हम जानते हैं कि यह बैंक पूरे दक्षिण-पूर्व में सबसे बड़ा बैंक है।

अच्छी ख़बर के परिणाम भी अच्छे होते हैं। इसलिए अच्छी ख़बरें फैलाते रहें।

एक ब्रश निर्माता कंपनी के प्रेसिडेंट ने अपनी टेबल पर यह सूत्रवाक्य लगा रखा था। आगंतुक के सामने लिखा रहता था – "मुझसे या तो अच्छी बात कहें या कुछ न कहें।" मैंने उसकी तारीफ़ की कि उसने इतना बढ़िया विचार लिखा है जिससे लोग ज़्यादा आशावादी हो जाते हैं।

वह मुस्कराया और उसने कहा, "यह विचार हमें इस बारे में जागरूक बना देता है। परंतु मेरी तरफ़ से देखने पर तो यह विचार और भी महत्वपूर्ण बन जाता है।" उसने तख़्ती को पलट दिया और मैंने देखा कि उसकी तरफ़ यह विचार कुछ इस तरह लिखा गया था, "उनसे या तो अच्छी बात कहें, या कुछ न कहें।"

अच्छी ख़बर फैलाने से आप प्रेरित होते हैं, आपको अच्छा लगता

है। अच्छी ख़बर फैलाने से दूसरे लोगों को भी अच्छा लगता है।

आप महत्वपूर्ण हैं वाला रवैया विकसित करना

यह बेहद महत्वपूर्ण तथ्य है : हर इंसान में – चाहे वह इंडिया में रहता हो या इंडियानापोलिस में, चाहे वह मूर्ख हो या प्रतिभाशाली, चाहे वह सभ्य हो या जंगली, चाहे वह बच्चा हो या बूढ़ा – यह इच्छा होती है : *कि उसे महत्वपूर्ण समझा जाए।*

इस बारे में विचार करें। सबमें, हाँ हर एक में – आपके पड़ोसी, आप, आपकी पत्नी, आपके बॉस – हर व्यक्ति में यह स्वाभाविक इच्छा होती है कि वह "महत्वपूर्ण" है। महत्वपूर्ण बनने की इच्छा मनुष्य की सबसे प्रबल, सबसे प्रबल ग़ैर-शारीरिक भूख होती है।

सफल एड्वर्टाइज़र्स जानते हैं कि लोग प्रतिष्ठा, सम्मान, आदर चाहते हैं। इसीलिए तो विज्ञापनों में लोगों को लुभाने के लिए ऐसी बातें लिखी जाती हैं, "स्मार्ट युवा महिलाओं के लिए," "जो लोग ख़ास होते हैं वे अमुक सामान इस्तेमाल करते हैं," "आपको सबसे अच्छा माल चाहिए", "हर एक की तारीफ़ के क़ाबिल बनें," "उन महिलाओं के लिए जो दूसरी महिलाओं को जलाना चाहती हैं और पुरुषों को रिझाना चाहती हैं।" इस तरह के वाक्य वास्तव में लोगों को यह बताते हैं, "इस सामान को ख़रीदो और ख़ुद को महत्वपूर्ण लोगों की श्रेणी में शामिल कर लो।"

महत्वपूर्ण बनने की लालसा, महत्वपूर्ण बनने की भूख ही आपको सफलता की तरफ़ आगे ले जाती है। यह आपकी सफलता का सबसे बड़ा औज़ार है। परंतु, (और आगे बढ़ने से पहले इस वाक्य को दुबारा पढ़ें) हालाँकि "आप महत्वपूर्ण हैं" के रवैए से परिणाम मिलते हैं और हालाँकि इसमें कुछ भी ख़र्च नहीं होता, फिर भी बहुत कम लोग इस रवैए का इस्तेमाल करते हैं। अब यह बताना ज़रूरी है कि ऐसा क्यों होता है।

दार्शनिक दृष्टि से देखा जाए तो हमारे धर्म, हमारे क़ानून, हमारी पूरी संस्कृति – यह मनुष्य को महत्वपूर्ण मानते हैं। इन सबके अस्तित्व का आधार ही मनुष्य की महत्ता है।

मान लीजिए, आप अपने हवाई जहाज़ में उड़ रहे हों और किसी

वीरान जंगल में आपको मजबूरन उतरना पड़ जाए तो क्या होगा। जैसे ही इस दुर्घटना की ख़बर मिलेगी, आपकी खोज के लिए बड़े पैमाने पर खोज अभियान शुरू हो जाएगा। कोई भी यह नहीं पूछेगा, "क्या यह व्यक्ति महत्वपूर्ण है?" आपके बारे में कोई कुछ भी नहीं जानता सिवाय इसके कि आप एक इंसान हैं, फिर भी हेलीकॉप्टर, हवाई जहाज़ और खोजी दस्ते आपकी तलाश में जुट जाएँगे। और वे तब तक आपकी खोज करते रहेंगे, और इस अभियान में हज़ारों डॉलर ख़र्च करते रहेंगे, जब तक कि आप उन्हें मिल नहीं जाते या उन्हें यह विश्वास नहीं हो जाता कि अब खोज करने से कोई फ़ायदा नहीं होगा।

जब कोई छोटा बच्चा जंगल में ग़ुम जाता है या कुँए में गिर जाता है या किसी ऐसी ही ख़तरनाक परिस्थिति में फँस जाता है तो कोई इस बारे में नहीं पूछता कि वह बच्चा किसी "महत्वपूर्ण" परिवार का है या नहीं। बच्चे को बचाने की हरसंभव कोशिश सिर्फ़ इसलिए की जाती है क्योंकि हर बच्चा महत्वपूर्ण होता है।

समस्त जीवित प्राणियों में एक करोड़ में से एक प्राणी ही मनुष्य होता है। मनुष्य जैववैज्ञानिक रूप से दुर्लभ प्राणी है। ईश्वर की योजना में मनुष्य का महत्वपूर्ण स्थान है।

अब हम इसके व्यावहारिक पक्ष को देखें। जब ज़्यादातर लोग दार्शनिक चर्चा से रोज़मर्रा की परिस्थितियों पर आते हैं तो वे दुर्भाग्य से यह भूल जाते हैं कि मनुष्य महत्वपूर्ण होता है। कल, आप यह ध्यान से देखें कि किस तरह ज़्यादातर लोगों का रवैया यह कहता नज़र आता है, "आप कोई नहीं हैं, आपका कोई मूल्य नहीं है; आपका कोई अर्थ नहीं है, आपका मेरे लिए कोई महत्व नहीं है।"

"आप महत्वहीन हैं" वाले रवैए के पीछे भी एक कारण होता है। ज़्यादातर लोग दूसरे व्यक्ति की तरफ़ देखते हैं और सोचते हैं, "यह मेरे लिए कुछ नहीं कर सकता। इसलिए, यह व्यक्ति महत्वपूर्ण नहीं है।"

परंतु यहीं पर लोग बहुत बड़ी भूल करते हैं। सामने वाला व्यक्ति, चाहे उसका स्टेटस या उसकी आमदनी *कुछ भी* हो, आपके लिए दो कारणों से महत्वपूर्ण होता है।

पहला कारण यह, *जब आप लोगों को महत्व देते हैं, तो वे आपके लिए ज़्यादा काम करते हैं।* वर्षों पहले मैं डेट्रॉइट में हर सुबह एक बस में अपनी नौकरी पर जाता था। ड्राइवर एक सनकी बुड्ढा था। दर्जनों – शायद सैकड़ों – बार मैंने देखा कि उस ड्राइवर ने गाड़ी चला दी, जबकि सवारी भागती हुई, हाथ हिलाती हुई आ रही थी और दरवाज़े से एक या दो क़दम की दूरी पर थी। कई महीनों तक मैंने देखा कि यह ड्राइवर केवल एक यात्री के प्रति विशेष सम्मान दिखाता था, और ड्राइवर ने उस सवारी का कई बार ख़ास ध्यान रखा। कई बार तो ड्राइवर *इस* यात्री के आने का इंतज़ार तक करता था।

और वह ऐसा क्यों करता था? क्योंकि यह यात्री ड्राइवर को महत्व देता था। हर सुबह वह ड्राइवर का अभिवादन करता था, गंभीरता से उससे "गुड मॉर्निंग, सर" कहता था। कई बार यह यात्री ड्राइवर के पास बैठ जाता था और उससे छोटे-छोटे वाक्य कहता था, "आपका काम बड़ी ज़िम्मेदारी का है।" "इतने ट्रैफ़िक में गाड़ी चलाने के लिए बड़ी हिम्मत चाहिए।" "आपकी बस के हिसाब से तो घड़ी मिलाई जा सकती है।" यह यात्री ड्राइवर को इतना महत्वपूर्ण बना देता था जैसे वह 180 यात्रियों के जेट एयरलाइनर को उड़ा रहा हो। और बदले में वह ड्राइवर भी इस यात्री के साथ विशेष व्यवहार करता था।

"छोटे" लोगों को बड़े लोगों की तरह महत्व देने से फ़ायदा होता है।

आज, अमेरिका में हज़ारों ऑफ़िसों में, सेक्रेटरी सेल्समैन की सामान बेचने में मदद कर रहे हैं या उसका सामान बिकने नहीं दे रहे हैं, जो इस बात पर निर्भर करता है कि सेल्समैन का सेक्रेटरी के प्रति व्यवहार कैसा है। किसी भी व्यक्ति को अगर आप महत्वपूर्ण अनुभव कराते हैं तो वह आपकी परवाह करने लगेगा। और जब वह आपकी परवाह करेगा, तो वह आपके लिए ज़्यादा काम करेगा।

अगर आप लोगों को महत्वपूर्ण अनुभव कराएँगे, तो ग्राहक आपसे ज़्यादा सामान ख़रीदेंगे, आपके कर्मचारी आपके लिए ज़्यादा मेहनत करेंगे, आपके सहयोगी आपके साथ ज़्यादा सहयोग करेंगे, आपका बॉस आपकी ज़्यादा मदद करेगा।

"बड़े" लोगों को ज़्यादा बड़े होने का महत्व देना भी फ़ायदे का सौदा है। बड़ी सोच वाला व्यक्ति लोगों की सर्वश्रेष्ठ क्षमता के हिसाब से उनका मूल्यांकन करता है। चूँकि वह हमेशा लोगों के बारे में बड़ा सोचता है, इसलिए वह उनसे सर्वश्रेष्ठ प्रदर्शन करवाने में सफल होता है।

यहाँ सामने वाले को महत्व देने का दूसरा बड़ा कारण बताया जा रहा है : *जब आप दूसरों को महत्वपूर्ण अनुभव कराते हैं, तो आप ख़ुद को भी महत्वपूर्ण अनुभव कराते हैं।*

एक लिफ़्ट ऑपरेटर जो कई महीनों तक मुझे "ऊपर-नीचे" ले जाती रही, बहुत ही सामान्य, महत्वहीन सी महिला थी। वह पचास के क़रीब होगी, वह ज़रा भी आकर्षक नहीं थी और वह अपने काम में बिलकुल रुचि नहीं लेती थी। यह स्पष्ट था कि महत्वपूर्ण दिखने की उसकी चाह ज़रा भी संतुष्ट नहीं हुई थी। वह उन करोड़ों लोगों में से थी जो कई बार महीनों तक ऐसी ज़िंदगी जीते रहते हैं जिस दौरान उन्हें यह नहीं लगता कि कोई उनकी परवाह करता है या उनकी तरफ़ ध्यान देता है।

एक सुबह मैंने देखा कि उसने अपने बालों को नए स्टाइल से कटवाया था। ज़ाहिर था कि यह ब्यूटी पार्लर का काम नहीं था, यह तो घरेलू काम दिख रहा था। परंतु बाल कटे हुए थे और पहले से बेहतर दिख रहे थे।

इसलिए मैंने कहा, "मिस एस., (ध्यान दीजिए, मैंने उसका नाम जान लिया था) आपके बालों की कटिंग बड़ी अच्छी हुई है। अब यह सचमुच आकर्षक लग रहे हैं।" वह शर्मा गई, और उसने कहा, "थैंक यू, सर," और इसके बाद वह ख़यालों में इस क़दर खो गई कि वह अगली मंज़िल पर लिफ़्ट रोकना तक़रीबन भूल गई। उसे तारीफ़ अच्छी लगी थी।

अगली सुबह जब मैं लिफ़्ट में घुसा तो मैंने सुना, "गुड मॉर्निंग, डॉ. श्वार्ट्ज़।" मैंने इससे पहले इस लिफ़्ट ऑपरेटर को किसी का नाम लेते नहीं सुना था। और जब तक मैं उस ऑफ़िस में रहा, तब तक उस महिला ने मेरे अलावा किसी को भी नाम से नहीं बुलाया। मैंने ऑपरेटर को महत्वपूर्ण होने का एहसास दिलाया था। मैंने उसकी सच्ची तारीफ़ की थी और उसे नाम से पुकारा था।

मैंने उसे महत्वपूर्ण अनुभव कराया था। अब वह मुझे महत्वपूर्ण अनुभव कराकर एहसान उतार रही थी।

हम अपने आपको धोखे में न रखें। जिन लोगों में आत्म-महत्ता का भाव गहराई तक नहीं होता है, वे हमेशा औसत ज़िंदगी जीते रहेंगे। अच्छी तरह से इस बात को समझ लें : *आपको सफल होने के लिए महत्वपूर्ण अनुभव करना होगा। दूसरे लोगों को महत्वपूर्ण अनुभव कराने से आपको इसलिए फ़ायदा होता है क्योंकि इससे आप ज़्यादा महत्वपूर्ण बन जाते हैं। आज़माकर देखें।*

1. *तारीफ़ करने की आदत डालें।* दूसरों को यह बताने का नियम बना लें कि आप उनके किए काम की तारीफ़ करते हैं। कभी भी किसी को भी यह महसूस न होने दें कि आप उसके काम को रुटीन काम मान रहे हैं। गर्मजोशी से, सच्ची मुस्कराहट के साथ तारीफ़ करें। मुस्कराहट से दूसरों को पता चलता है कि आप उनकी तरफ़ ध्यान दे रहे हैं और आप उन्हें देखकर ख़ुश हुए हैं।

दूसरों को यह बताकर उनकी तारीफ़ करें कि आप उन पर कितने निर्भर हैं। गंभीरता से बोला गया इस तरह का वाक्य, "जिम, मैं नहीं जानता कि तुम्हारे बिना मेरा काम कैसे चल पाता" लोगों को उनके महत्व का एहसास करा देता है और इसके बाद वे आपके लिए पहले से ज़्यादा और बेहतर काम करते हैं।

सच्ची, व्यक्तिगत तारीफ़ करने की आदत डालें। लोग तारीफ़ सुनना पसंद करते हैं। चाहे किसी की उम्र 2 साल हो या 20 साल, 9 साल हो या 90 साल, हर मनुष्य तारीफ़ का भूखा होता है। उसे यह विश्वास दिलाया जाना चाहिए कि वह अच्छा काम कर रहा है, कि वह महत्वपूर्ण है। ऐसा न लगने दें कि आप केवल बड़ी उपलब्धियों की ही सराहना करते हैं। छोटी-छोटी बातों पर लोगों को तारीफ़ का उपहार दें : उनकी वेशभूषा, उनके काम करने का तरीक़ा, उनके विचार, उनकी वफ़ादारी, उनकी मेहनत। उपलब्धियों पर लोगों को चिट्ठी लिखकर उनकी तारीफ़ करें। किसी विशेष सफलता पर फ़ोन करें या मिलने जाएँ।

यह सोचने में अपना समय या अपनी मानसिक ऊर्जा बर्बाद न करें

कि कौन से लोग "बेहद महत्वपूर्ण" हैं, कौन से "महत्वपूर्ण" हैं, या कौन से "महत्वहीन" हैं। किसी के साथ कोई भेदभाव न करें। हर व्यक्ति चाहे वह स्वीपर हो या कंपनी का वाइस-प्रेसिडेंट आपकी नज़रों में महत्वपूर्ण है। किसी के साथ घटिया व्यवहार करके आप उससे बढ़िया परिणाम की उम्मीद नहीं कर सकते।

2. *लोगों का नाम लेने की आदत डालें।* हर साल चतुर निर्माता दूसरे निर्माताओं से ज़्यादा ब्रीफ़केस, पेंसिल, बाइबल, और सैकड़ों दूसरे सामान बेच लेते हैं। कारण यह होता है कि वे अपने सामान पर ख़रीदार का नाम लिख देते हैं। लोगों को अपने नाम का संबोधन अच्छा लगता है। जब किसी का नाम लिया जाता है, तो उसे ऐसा लगता है जैसे उसके कानों में शहद घोल दिया गया हो।

आपको दो ख़ास बातों का ध्यान रखना चाहिए। नाम का उच्चारण सही करें और उसकी स्पेलिंग में ग़लती न करें। अगर आप ग़लत उच्चारण करते हैं या ग़लत स्पेलिंग लिखते हैं, तो सामने वाला व्यक्ति समझ सकता है कि आपकी नज़रों में उसका कोई महत्व नहीं है।

एक और बात का ध्यान रखें। जब भी आप ऐसे लोगों से बात करें जिन्हें आप ठीक से न जानते हों, तो नाम के पहले उचित संबोधन - मिस, मिस्टर या मिसेज़ - लगाना न भूलें। आपके ऑफ़िस का चपरासी जोन्स के बजाय मिस्टर जोन्स कहा जाना ज़्यादा पसंद करता है। यही आपके अधीनस्थ कर्मचारी के बारे में भी सही है। यही हर तरह के, हर जगह के लोगों के बारे में सही है। इन छोटे-छोटे टाइटल्स से लोग अपने आपको बहुत महत्वपूर्ण समझने लगते हैं।

3. *प्रशंसा को झपटने के बजाय इसका निवेश करें।* हाल ही में मैं एक कंपनी के कार्यक्रम में अतिथि के रूप में गया। उस शाम डिनर के बाद कंपनी के वाइस प्रेसिडेंट ने दो डिस्ट्रिक्ट मैनेजर्स को पुरस्कार देने की घोषणा की। इनमें एक पुरुष था और दूसरी महिला थी। इन दोनों ही मैनेजर्स के संगठनों ने उस साल सर्वश्रेष्ठ प्रदर्शन किया था। फिर वाइस प्रेसिडेंट ने इन मैनेजर्स से कहा कि वे 15 मिनट में लोगों को यह बताएँ कि उनके संगठनों ने यह काम इतनी अच्छी तरह कैसे किया।

पहला डिस्ट्रिक्ट मैनेजर (मुझे बाद में पता चला कि उसे तीन महीने पहले ही मैनेजर बनाया गया था और इसलिए वह अपने संगठन के शानदार प्रदर्शन के लिए आंशिक रूप से ही ज़िम्मेदार था) उठा और उसने लोगों को बताया कि उसने ऐसा किस तरह किया।

उसने यह जताया जैसे *उसके* प्रयासों से और केवल *उसके* प्रयासों से ही उस संगठन की बिक्री इतनी बढ़ी है। उसके भाषण में बार-बार इस तरह के वाक्य आ रहे थे, "जब *मैंने* काम सँभाला, तो मैंने यह किया, मैंने वह किया;" "जब मैं आया तो हर चीज़ गड़बड़ थी; परंतु *मैंने* सब कुछ ठीक-ठाक कर दिया;" "यह आसान नहीं था, परंतु *मैंने* परिस्थिति का अध्ययन किया और मैंने निश्चय किया कि चाहे जो हो, मैं सफल होकर दिखाऊँगा।"

उसके बोलते समय उसके संगठन के सेल्समैनों के चेहरे पर निराशा साफ़ दिख रही थी। डिस्ट्रिक्ट मैनेजर सफलता का सारा श्रेय ख़ुद ही लिए जा रहा था और उन्हें नज़रअंदाज़ कर रहा था। रिकॉर्ड सेल में सेल्समैनों की कड़ी मेहनत का योगदान है, इस बात को मैनेजर ने नहीं बताया था।

इसके बाद, दूसरी डिस्ट्रिक्ट मैनेजर ने अपनी बात कही। परंतु इस महिला की शैली बिलकुल अलग थी। पहले तो उसने बताया कि उसके संगठन को जो सफलता मिली है, वह उसकी टीम के जी-जान से किए गए प्रयासों का परिणाम है। इस सफलता के असली हक़दार तो उसके सेल्समैन हैं। इसके बाद उस मैनेजर ने अपने हर सेल्समैन को खड़े होने के लिए कहा ताकि वह हर एक को उसके प्रयास के लिए बधाई दे सके, उसकी तारीफ़ कर सके।

दोनों के व्यवहार में कितना फ़र्क़ था। पहले मैनेजर ने वाइस प्रेसिडेंट की तारीफ़ झपटकर रख ली और ख़ुद ही पूरी तारीफ़ हड़प कर गया। उसके ऐसा करने से, उसके अपने ही लोग उससे चिढ़ गए। उसके सेल्समैनों का मनोबल कम हो गया। दूसरी मैनेजर ने तारीफ़ को अपने सेल्समैनों में बाँट दिया जिससे उनका मनोबल बढ़ गया और वे भविष्य में *ज़्यादा* अच्छा काम करने के लिए प्रेरित हुए। यह मैनेजर जानती थी कि ज़्यादा लाभ कमाने के लिए पैसे की तरह, तारीफ़ का भी निवेश करना चाहिए। वह जानती थी कि सेल्समैनों की इस तरह तारीफ़ करने से वे

अगले साल और ज़्यादा मेहनत करेंगे।

याद रखें, प्रशंसा ही शक्ति है। अपने सुपीरियर से मिलने वाली तारीफ़ का निवेश करें। अपने अधीनस्थों तक उस तारीफ़ को पहुँचा दें ताकि वे भविष्य में बेहतर काम करने के लिए प्रेरित हों। जब आप तारीफ़ बाँटते हैं, तो आपके अधीनस्थ यह समझ लेते हैं कि आप उन्हें मूल्यवान समझते हैं, उन्हें महत्व देते हैं।

यहाँ एक दैनिक अभ्यास दिया जा रहा है जिसके बहुत ज़्यादा लाभ होते हैं। अपने आपसे हर दिन यह पूछें, "मैं अपनी पत्नी और परिवार को सुखी बनाने के लिए आज क्या कर सकता हूँ?"

यह बहुत आसान लगता है, परंतु यह बड़े काम का नुस्ख़ा है। एक शाम, मैं सेल्स ट्रेनिंग कार्यक्रम में यह चर्चा कर रहा था, "सफल सेल्समैन बनने के लिए सही घरेलू माहौल कैसे बनाएँ।" अपनी बात को समझाने के लिए मैंने सेल्समैनों से पूछा (जो सभी शादी-शुदा थे), "आख़िरी बार, क्रिसमस को, अपनी शादी की सालगिरह को, या अपनी पत्नी के जन्मदिन को छोड़कर आपने कब उसे कोई ख़ास तोहफ़ा दिया था?"

मैं भी जवाबों को सुनकर हैरान रह गया। 35 सेल्समैनों में से सिर्फ़ एक ने पिछले महीने अपनी पत्नी को तोहफ़ा दिया था। समूह में से कइयों का जवाब था, "तीन से छह महीने पहले"। और एक तिहाई का जवाब था, "मुझे याद नहीं कि मैंने उसे कभी कोई तोहफ़ा दिया हो।"

कल्पना कीजिए! और इसके बाद भी कई लोग यह ताज्जुब करते हैं कि उनकी पत्नी उनके साथ वैसा व्यवहार नहीं करती, जैसा सिंहासन पर बैठे सम्राट के साथ किया जाता है।

मैं इन सेल्समैनों को यह समझाना चाहता था कि सच्चे दिल से दिए गए तोहफ़े में जादू की ताक़त होती है। अगली शाम को मैंने एक फूल वाले को सत्र के आख़िर में बुलवा लिया। मैंने उसका परिचय अपने सेल्समैनों से करवाया और कहा, "मैं चाहता हूँ कि आज आप यह देखें कि तोहफ़ा देने से घरेलू माहौल किस तरह सुधारा जा सकता है। मैंने इस फूल वाले से कहा है कि वह आपको एक गुलाब का फूल सिर्फ़ 50 सेंट में उपलब्ध कराए। अगर आपके पास 50 सेंट न हों, या आप सोचते हों कि

आपकी पत्नी इस लायक़ नहीं है कि उस पर इतनी बड़ी रक़म ख़र्च की जाए (इस बात पर वे सब हँसे), तो मैं अपनी तरफ़ से उसके लिए गुलाब ख़रीद दूँगा। मैं आपसे सिर्फ़ यही चाहता हूँ कि आप गुलाब लेकर अपनी पत्नी के पास जाएँ और कल शाम को आकर बताएँ कि इसका उस पर क्या असर हुआ।"

"और हाँ, उसे यह मत बताना कि आपने यह गुलाब उसके लिए कैसे और क्यों ख़रीदा।"

वे समझ गए।

बिना अपवाद के, हर व्यक्ति ने अगली शाम को आकर बताया कि 50 सेंट के छोटे से निवेश से उसकी पत्नी ख़ुश हो गई।

अपने परिवार के लिए अक्सर कुछ ख़ास करें। ज़रूरी नहीं है कि आप कोई महँगा तोहफ़ा ही ख़रीदें। महत्व इस बात का होता है कि आपको उनकी याद रही। ऐसा कुछ जो आपके परिवार के प्रति आपका प्रेम या परवाह प्रदर्शित करे, कारगर होगा।

अपने परिवार को अपनी टीम में शामिल करें। उसका सुनियोजित रूप से ध्यान रखें।

इस व्यस्त भागदौड़ भरे युग में कई सारे लोग अपने परिवार के लिए समय निकाल पाने में असमर्थ हैं। लेकिन अगर हम योजना बनाकर चलें, तो अवश्य ही समय निकलेगा। एक वाइस प्रेसिडेंट ने मुझे अपना तरीक़ा बताया जो उसके हिसाब से बहुत कारगर था :

"मेरे काम में बहुत ज़िम्मेदारियाँ हैं और हर शाम को ढेर सारा काम घर ले जाने के अलावा मेरे पास कोई विकल्प नहीं होता। परंतु मैं अपने परिवार को अनदेखा या नज़रअंदाज़ नहीं करता, क्योंकि वही तो मेरे जीवन का सबसे महत्वपूर्ण हिस्सा हैं। उन्हीं के लिए तो मैं इतनी कड़ी मेहनत कर रहा हूँ। मैंने एक टाइम टेबल बना लिया है जिससे मैं अपने परिवार पर भी पूरा ध्यान दे पाता हूँ और अपने काम पर भी। हर शाम 7:30 से 8:30 तक मैं अपने दोनों बच्चों को समय देता हूँ। मैं उनके साथ खेलता हूँ, उन्हें कहानियाँ सुनाता हूँ, उनके साथ तस्वीरें बनाता हूँ, उनके

सवालों के जवाब देता हूँ– यानी जो वे चाहते हैं, वही करता हूँ। इस एक घंटे के बाद मेरे बच्चों को तो संतोष होता ही है, मैं भी पूरी तरह तरोताज़ा हो जाता हूँ। 8:30 पर वे सोने चले जाते हैं और मैं दो घंटे तक काम करता हूँ।

"10:30 पर मैं अपना काम बंद कर देता हूँ और एक घंटा अपनी पत्नी के साथ बिताता हूँ। हम बच्चों के बारे में, उसके कामकाज के बारे में, भविष्य की योजनाओं के बारे में बात करते हैं। दिन ख़त्म करने के लिए यह एक घंटा बहुत शानदार साबित होता है।

"मैं रविवार को पूरी तरह अपने परिवार के लिए सुरक्षित रखता हूँ। पूरा दिन उनका होता है। मैं अपने परिवार की तरफ़ पूरा ध्यान देने के लिए योजना बनाता रहता हूँ जो न सिर्फ़ उनके लिए अच्छा है, बल्कि मेरे लिए भी अच्छा है। इससे मुझे नई ऊर्जा मिलती है।"

पैसे कमाना चाहते हैं? इसके लिए सेवाभाव विकसित कीजिए।

यह पूरी तरह स्वाभाविक है – वास्तव में यह बहुत अच्छी बात है – कि पैसा कमाया जाए और दौलत इकट्ठी की जाए। पैसा ही वह ताक़त है जो आपके परिवार को शक्ति देती है और मनचाही जीवनशैली देती है। पैसा ही वह ताक़त है जिसकी मदद से आप बदक़िस्मत लोगों की मदद कर सकते हैं। पैसा उन साधनों में से एक है जिनके सहारे आप जीवन को पूरी तरह से जी सकते हैं।

एक बार एकर्स ऑफ़ डायमंड्स के लेखक महान पादरी रसेल एच. कॉनवेल की आलोचना हुई। आलोचना का कारण यह था कि रसेल लोगों को पैसा कमाने के लिए प्रेरित करते थे। अपनी आलोचना के जवाब में उन्होंने कहा, "पैसे से ही आपकी बाइबल छपी हैं। पैसे से ही आपके चर्च बने हैं। पैसे से ही आप अपने मिशनरीज़ को भेज पाए हैं। अपने पादरियों को भी आप पैसा देते हैं। और अगर आप उन्हें पैसा देना बंद कर देंगे, तो आपके पास ज़्यादा पादरी भी नहीं बचेंगे।"

वह व्यक्ति जो कहता है कि वह ग़रीब रहना चाहता है वह या तो

अपराधबोध से ग्रस्त है या फिर वह अपने आपको अयोग्य समझता है। वह उस बच्चे की तरह है जिसे लगता है कि वह स्कूल में कभी फ़र्स्ट डिवीज़न नहीं ला पाएगा या कभी फ़ुटबॉल टीम में शामिल नहीं हो पाएगा, इसलिए वह यह जताता है कि वह फ़र्स्ट डिवीज़न नहीं लाना चाहता या फ़ुटबॉल नहीं खेलना चाहता।

पैसे कमाना एक बढ़िया लक्ष्य है। यह हैरानी की बात है कि ज़्यादातर लोग पैसा कमाते समय सीधी शैली के बजाय उल्टी शैली का प्रयोग क्यों करते हैं। हर कहीं आप देखते हैं कि लोगों का रवैया 'पहले पैसा' होता है। परंतु इन्हीं लोगों के पास सबसे कम पैसा होता है। क्यों? सिर्फ़ इसलिए क्योंकि जिन लोगों का रवैया "पहले पैसा" होता है वे पैसे के बारे में दीवाने हो जाते हैं। वे यह भूल जाते हैं कि पैसे की फ़सल तब तक नहीं काटी जा सकती जब तक कि आप पैसे के बीज को न बोएँ।

और पैसे का बीज है सेवा। इसीलिए "पहले सेवा" वाले रवैए से ही दौलत आती है। पहले सेवा कीजिए और पैसा अपने आप आपके पास आ जाएगा।

एक दिन मैं यात्रा के दौरान सिनसिनाटी से गुज़र रहा था। मुझे पेट्रोल भरवाना था। मैं एक साधारण-से परंतु बेहद व्यस्त सर्विस स्टेशन पर रुका।

चार मिनट बाद ही मैं जान गया कि यह सर्विस स्टेशन इतना लोकप्रिय क्यों था। मेरी कार में पेट्रोल भरने के बाद, गाड़ी में बिना कहे हवा चेक करने के बाद, और बाहर का शीशा साफ़ करने के बाद अटेंडेंट मेरे पास आया और कहा, "सर, आज काफ़ी धूल भरा दिन था। क्या मैं आपकी विंडशील्ड के अंदर की तरफ़ वाला काँच भी साफ़ कर दूँ।"

जल्दी ही और बड़े अच्छे तरीक़े से उसने अंदर की सफ़ाई कर दी। किसी और सर्विस स्टेशन में इस तरफ़ ध्यान ही नहीं दिया जाता।

इस छोटी सी विशेष सेवा के कारण न सिर्फ़ मुझे रात में बेहतर दिखने लगा (और इससे बहुत फ़र्क़ पड़ा था); बल्कि मुझे यह स्टेशन याद रहा। इत्तफ़ाक से, मैं अगले तीन महीनों में आठ बार सिनसिनाटी से गुज़रा। हर बार मैं इसी स्टेशन पर रुका। और हर बार मुझे जितनी

सर्विस की उम्मीद थी, उससे ज़्यादा सर्विस मिली। यह भी रोचक था कि हर बार जब भी मैं वहाँ पहुँचा (एक बार तो सुबह के 4 बज रहे थे), मुझे वहाँ बहुत सारी कारें खड़ी मिलीं। कुल मिलाकर मैंने इस स्टेशन से लगभग 100 गैलन पेट्रोल ख़रीदा होगा।

जब मैं पहली बार वहाँ आया था, तो अटेंडेंट यह सोच सकता था, "यह व्यक्ति बाहर का है। शायद यह दुबारा यहाँ नहीं आएगा। उसकी तरफ़ विशेष ध्यान देने से क्या फ़ायदा ? वह तो सिर्फ़ एक बार का ग्राहक है।"

परंतु उस सर्विस स्टेशन के अटेंडेंट ने इस तरह से नहीं सोचा। वहाँ पर पहले सेवा की जाती थी और यही कारण था कि उन्हें पेट्रोल भरने से फ़ुरसत ही नहीं मिलती थी, जबकि उनके आस-पास के पेट्रोल पंप वीरान से पड़े रहते थे। अगर पेट्रोल की क्वालिटी में कोई फ़र्क़ हो तो सच कहूँ मैंने उस तरफ़ ध्यान नहीं दिया। और क़ीमत भी वाजिब थी।

फ़र्क़ सिर्फ़ सेवाभाव का था। और यह स्पष्ट था कि सेवाभाव के कारण उन्हें काफ़ी फ़ायदा भी हो रहा था।

जब मेरी पहली यात्रा में अटेंडेंट ने मेरी विंडशील्ड को अंदर से साफ़ किया तो उसने पैसे का एक बीज बो दिया।

सेवा को महत्व दो और पैसा अपने आप आपके पास आ जाएगा-हमेशा।

पहले-सेवा वाले रवैए से हर स्थिति में लाभ होता है। मेरी शुरुआती नौकरी में मैं एक युवक के साथ काम करता था जिसे मैं एफ़. एच. का नाम देना चाहूँगा।

एफ़. एच. आपकी पहचान के बहुत से लोगों की तरह होगा। वह इस बात की चिंता किया करता था कि उसके पास पैसा कम था जबकि उसे पैसे की बहुत ज़रूरत थी। वह हमेशा पैसे की कमी के बारे में ही सोचता रहता था, और ज़्यादा पैसा कमाने के तरीक़ों के बारे में कभी विचार नहीं करता था। हर सप्ताह एफ़. एच. ऑफ़िस के समय में अपनी व्यक्तिगत बजट समस्याओं पर काम किया करता था। चर्चा का उसका फ़ेवरिट टॉपिक था, "मुझे यहाँ पर सबसे कम तनख़्वाह मिलती है। मैं आपको बता दूँ कि ऐसा क्यों होता है।"

एफ़. एच. का रवैया था, "यह कंपनी इतनी बड़ी है। यह करोड़ों कमा रही है। यह इतने सारे लोगों को इतनी मोटी-मोटी तनख़्वाह दे रही है, इसलिए मुझे भी ज़्यादा तनख़्वाह मिलनी चाहिए।"

जब तनख़्वाह बढ़ाने की बारी आती थी, तो एफ़. एच. को अनदेखा कर दिया जाता था। जब ऐसा कई बार हो चुका, तो एक दिन उसने फ़ैसला किया कि वह जाकर ज़्यादा तनख़्वाह की माँग करेगा। 30 मिनट बाद एफ़. एच. ग़ुस्से में वापस लौटा। उसके चेहरे पर साफ़ लिखा हुआ था कि अगले महीने भी उसे उतनी ही तनख़्वाह मिलने वाली है जितनी कि इस महीने मिली थी।

तत्काल एफ़. एच. ने अपनी भड़ास निकालना शुरू कर दिया। "हे भगवान, मेरे तो तनबदन में आग लग गई। जब मैंने तनख़्वाह बढ़ाने की बात की, तो जानते हो 'बुड्ढे' ने क्या कहा? उसने यह पूछने की ज़ुर्रत की, 'आपको ऐसा क्यों लगता है कि आपकी तनख़्वाह बढ़ानी चाहिए?'

"मैंने उसके सामने बहुत से कारण गिना दिए," एफ़. एच. ने कहा। "मैंने उसे बताया कि कई बार मुझसे जूनियर लोगों को प्रमोशन दिया गया है। मैंने उसे बताया कि मेरा ख़र्च दिनोंदिन बढ़ता जा रहा है और मेरी तनख़्वाह वहीं पर अटकी हुई है। और मैंने उसे बताया कि ऑफ़िस में मुझसे जो काम कहा जाता है, मैं वह काम कर देता हूँ।

"और इसके बाद मेरी तनख़्वाह क्यों नहीं बढ़नी चाहिए? मुझे ज़्यादा तनख़्वाह की *ज़रूरत* थी, परंतु मुझे ज़्यादा पैसे देने के बजाय आप उन लोगों की तनख़्वाह बढ़ा रहे हैं जिन्हें इसकी इतनी ज़्यादा ज़रूरत नहीं है।'

"और जानते हो इसके बाद उसने मेरे साथ कैसा व्यवहार किया," एफ़. एच. ने आगे कहा, "उसने ऐसा व्यवहार किया जैसे मैं भीख माँग रहा हूँ। उसने कहा, 'जब तुम्हारा रिकॉर्ड बताएगा कि तुम ज़्यादा तनख़्वाह के योग्य हो, तो तुम्हें अपने आप ही ज़्यादा तनख़्वाह मिलने लगेगी।'

"अवश्य ही मैं बेहतर काम कर सकता हूँ, अगर वे मुझे इसके लिए ज़्यादा पैसे दें, लेकिन एक बेवकूफ़ ही वह करेगा जिसका उसे पैसा नहीं मिलता।"

एफ़. एच. उस प्रजाति का एक उदाहरण है जो यह नहीं देख पाती

कि पैसा "कैसे" कमाया जाता है। उसकी आख़िरी टिप्पणी में उसकी ग़लती का सारांश था। एफ़. एच. चाहता था कि पहले कंपनी उसकी तनख़्वाह बढ़ाए, *फिर वह बेहतर काम करेगा।* परंतु सिस्टम इस तरह काम नहीं करता। बेहतर प्रदर्शन के वादे पर ही आपकी तनख़्वाह नहीं बढ़ जाती। उसके लिए आपको बेहतर प्रदर्शन करके दिखाना होगा। आप तब तक पैसे की फ़सल नहीं काट सकते जब तक आपने पैसे के बीज को नहीं बोया हो। और पैसे का बीज है सेवा।

सेवा को पहले नंबर पर रखें और मेवा यानी कि पैसा अपने आप आपके पास आ जाएगा।

यह सोचें कि कौन सा निर्माता फ़िल्मों से ज़्यादा पैसे कमाता है। फटाफट-अमीर-बनने-वाला निर्माता एक फ़िल्म बनाता है। वह पैसे को मनोरंजन (सेवा) से ज़्यादा महत्व देता है। वह एक ख़राब स्क्रिप्ट ख़रीदता है और घटिया लेखकों से इसकी पटकथा लिखवाता है। अभिनेताओं, सेट बनाने, रिकॉर्डिंग में भी वह पैसे को पहले नंबर पर रखता है। यह निर्माता सोचता है कि फ़िल्म देखने वाली जनता मूर्ख होती है और वह अच्छे-बुरे के फ़र्क़ को नहीं समझ पाएगी।

परंतु फटाफट-अमीर-बनने-वाला निर्माता शायद ही कभी जल्दी अमीर बन पाएगा। जनता कभी इतनी मूर्ख नहीं होती कि घटिया माल को ख़रीदे, और वह भी ऊँचे दामों पर।

जिस निर्माता को फ़िल्मों से सबसे ज़्यादा मुनाफ़ा होता है, वह मनोरंजन को पैसे के ऊपर रखता है। अपने दर्शकों को मूर्ख बनाने के बजाय वह उन्हें ज़्यादा से ज़्यादा मनोरंजन देने की कोशिश करता है। परिणाम यह होता है कि लोग उसकी फ़िल्म को पसंद करते हैं। उसकी तारीफ़ होती है। अख़बारों में उसके बढ़िया रिव्यू छपते हैं। और बॉक्स ऑफ़िस पर ख़ूब कमाई होती है।

एक बार फिर ध्यान रखें, पहले सेवा करें और पैसा अपने आप आपके पास आ जाएगा।

वह वेटर जो अपने ग्राहक को सबसे अच्छी सर्विस देने की कोशिश करता है उसे टिप के बारे में चिंता करने की कोई ज़रूरत नहीं है। टिप

उसे ज़रूर मिलेगी और अच्छी मिलेगी। परंतु उसी का साथी वेटर जो कॉफ़ी के ख़ाली कपों को अनदेखा कर देता है ("उन्हें अपने आप क्यों भरूँ। वैसे भी यह लोग ज़्यादा टिप देने वाले नहीं दिख रहे हैं"), ऐसे वेटर को ज़्यादा टिप कौन देगा ?

जो सेक्रेटरी अपने बॉस की उम्मीद से बेहतर लेटर टाइप करके दिखाती है, उसकी भविष्य की तनख़्वाह अच्छी ही होगी। परंतु जो सेक्रेटरी सोचेगी, "थोड़ी बहुत ग़लतियों के बारे में चिंता क्यों करूँ ? आख़िर 65 डॉलर प्रति सप्ताह में आप मुझसे क्या उम्मीद करते हैं ?" – उसे आगे भी 65 डॉलर प्रति सप्ताह ही मिलते रहेंगे।

वह सेल्समैन जो अपने ग्राहक की मन लगाकर सेवा करता है, उसे अपने ग्राहक के खोने या छिन जाने का कोई डर नहीं होना चाहिए।

यहाँ एक आसान परंतु सशक्त नियम दिया जा रहा है जो आपको बताएगा कि आप किस तरह पहले सेवा का रवैया रखें : *लोग जितनी उम्मीद करते हैं, लोगों को हमेशा उससे ज़्यादा दें।* थोड़ा अतिरिक्त देने से आप पैसे का बीज बो देते हैं। देर तक रुककर इच्छा से काम करना और डिपार्टमेंट के सामने आई किसी मुश्किल समस्या को दूर करना भी पैसे का बीज बोना है। ग्राहक की *अतिरिक्त* सेवा कर देना भी पैसे का बीज बोना है क्योंकि इससे ग्राहक आपके पास बार-बार आता है। कार्यक्षमता को बढ़ाने के लिए नए विचार बताना भी पैसे का बीज बोना है।

पैसे के बीज से पैसे का पेड़ उगता है और पैसे के फल लगते हैं। परंतु पैसे के इस बीज का नाम है सेवा। इसलिए सेवा को बो दें और पैसे की फ़सल काटें।

हर दिन कुछ समय इस सवाल का जवाब देने में बिताएँ, "मैं किस तरह अपेक्षा से ज़्यादा करके दिखा सकता हूँ ?" और फिर दिमाग़ में जो जवाब आएँ, उन पर अमल करें।

सेवा को पहले नंबर पर रखें और पैसा अपने आप आपके पास आ जाएगा।

संक्षेप में, सफलता की तरफ़ आगे ले जाने वाले रवैयों को विकसित करें।

1. *"मुझमें उत्साह है"* का रवैया विकसित करें। आपमें जितना उत्साह होगा, आपको उतने ही अच्छे परिणाम मिलेंगे। आप तीन तरह से अपने आपमें उत्साह भर सकते हैं :

A. गहराई में जाएँ। जब आपको कोई चीज़ नीरस लगे, तो उसके बारे में ज़्यादा से ज़्यादा जानने की कोशिश करें। इससे उत्साह बढ़ता है।

B. हर काम दिल से करें। आपकी मुस्कराहट, आपका हाथ मिलाना, आपकी चर्चा, आपकी चाल, हर बात में उत्साह और गर्मजोशी दिखनी चाहिए। ज़िंदादिली से काम करें।

C. अच्छी ख़बर फैलाएँ। किसी भी व्यक्ति ने बुरी ख़बर सुनाकर कोई अच्छी चीज़ हासिल नहीं की है।

2. *"आप महत्वपूर्ण हैं"* का रवैया विकसित करें। जब आप लोगों को महत्वपूर्ण अनुभव कराते हैं, तो लोग आपके लिए ज़्यादा काम करते हैं। तीन बातें याद रखें :

A. हर मौक़े पर तारीफ़ करें। लोगों को महत्वपूर्ण अनुभव कराएँ।

B. लोगों को उनके नाम से बुलाएँ।

3. *"पहले सेवा"* वाला रवैया विकसित करें और पैसा अपने आप आपके पास आ जाएगा। हर काम में यह नियम बना लें, लोग आपसे जितनी उम्मीद करते हैं, आप उससे ज़्यादा ही दें।

✿ ✿ ✿

9

लोगों के बारे में अच्छा सोचें

सफलता हासिल करने का यह एक मूलभूत नियम है। हम इसे अपने दिमाग़ में बिठा लें और इसे हमेशा याद रखें। यह नियम है : *सफलता दूसरे लोगों के सहयोग पर निर्भर करती है*। आपके और आपके लक्ष्य के बीच एकमात्र बाधा दूसरों का सहयोग है।

इसे इस तरीक़े से देखें : किसी अफ़सर को अपने आदेशों के पालन के लिए कर्मचारियों पर निर्भर होना पड़ता है। अगर वे उसके आदेश नहीं मानेंगे, तो कंपनी का प्रेसिडेंट उस अफ़सर को नौकरी से निकाल देगा, जबकि कर्मचारियों का कुछ नहीं बिगड़ेगा। सेल्समैन को अपना सामान बेचने के लिए ग्राहकों पर निर्भर होना पड़ता है। अगर ग्राहक उसका सामान न ख़रीदें, तो सेल्समैन असफल हो जाएगा। इसी तरह, कॉलेज का डीन भी अपने शैक्षणिक कार्यक्रम में सहयोग के लिए अपने प्रोफ़ेसरों पर निर्भर होता है। एक राजनेता अपने चुनाव के लिए मतदाताओं पर निर्भर होता है। एक लेखक अपनी पुस्तकों की बिक्री के लिए पाठकों पर निर्भर होता है। कोई चेन स्टोर मालिक सिर्फ़ इसलिए चेन स्टोर मालिक बना क्योंकि कर्मचारियों ने उसे लीडर माना और ग्राहकों ने उसकी व्यावसायिक योजना को पसंद किया।

इतिहास में ऐसे भी समय रहे हैं जब किसी व्यक्ति ने केवल अपनी ताक़त के दम पर सत्ता हासिल की है। उस दौर में या तो व्यक्ति "लीडर" के साथ सहयोग करता था, या फिर उसका सिर धड़ से अलग कर दिया जाता था।

परंतु यह जान लें कि आजकल या तो कोई व्यक्ति आपको *इच्छा से* सहयोग देगा या फिर वह आपको बिलकुल भी सहयोग नहीं देगा।

अब आप यह पूछ सकते हैं, "चलिए यह मान लिया, कि मैं जो सफलता चाहता हूँ, उसे हासिल करने के लिए मुझे दूसरों पर निर्भर रहना पड़ता है, परंतु मैं किस तरह इन लोगों को प्रेरित करूँ कि वे मुझे सहयोग दें और मुझे लीडर मानें ?"

इसका जवाब एक छोटे से वाक्य में दिया जा सकता है : *लोगों के बारे में अच्छा सोचें*। जब आप लोगों के बारे में अच्छा सोचेंगे तो वे आपको पसंद करेंगे और आपको सहयोग भी देंगे। यह अध्याय बताता है कि आप ऐसा कैसे कर सकते हैं।

दिन में हज़ारों बार इस तरह का दृश्य घटित होता है। किसी कमेटी या समूह की बैठक चल रही है। इसका लक्ष्य है किसी प्रमोशन, नई नौकरी, क्लब की सदस्यता, सम्मान के लिए नामों पर विचार जैसे कंपनी के नए प्रेसिडेंट, नए सुपरवाइज़र, नए सेल्स मैनेजर के लिए। समूह के सामने एक नाम रखा जाता है। चेयरमैन पूछता है, "इसके बारे में आपकी क्या राय है ?"

इसके बाद वहाँ बैठे सभी लोग अपनी-अपनी राय देते हैं। कई नामों के बारे में यह राय सकारात्मक होती है जैसे : "वह बढ़िया व्यक्ति है। लोग उसकी तारीफ़ करते हैं। उसका तकनीकी ज्ञान भी अच्छा है।"

"मिस्टर एफ़. ? वह मिलनसार है, ख़ुशमिज़ाज व्यक्ति। मुझे यक़ीन है कि यह व्यक्ति हमारे ऑफ़िस में ठीक तरह से फ़िट हो जाएगा।"

कई नामों पर विचार करते समय हम नकारात्मक वक्तव्य सुन सकते हैं। "मुझे लगता है कि हमें इस व्यक्ति के बारे में अच्छी तरह खोजबीन करनी चाहिए। उसकी लोगों से पटरी नहीं बैठ पाती।"

"मैं जानता हूँ कि उसका शैक्षणिक और तकनीकी ज्ञान अच्छा है। मुझे उसकी योग्यता पर कोई संदेह नहीं है। परंतु फिर भी मुझे इस बात की चिंता होती है कि वह हमारी कंपनी में किस तरह फ़िट होगा। लोग न तो उसे पसंद करते हैं, न ही उसकी इज़्ज़त करते हैं।"

यह एक बहुत ही महत्वपूर्ण सिद्धांत है : *दस में से नौ बार, "पसंद किए जाने" की बात सबसे पहले कही जाती है। और ज़्यादातर मामलों में "पसंद किए जाने" के तत्व को तकनीकी योग्यता से ज़्यादा महत्व दिया जाता है।*

यूनिवर्सिटी प्रोफ़ेसर के चयन में भी यही सिद्धांत महत्वपूर्ण भूमिका निभाता है। मेरे ख़ुद के एकैडमिक अनुभव से मैं जानता हूँ कि नए फ़ैकल्टी मेंबर के लिए नामों पर किस तरह विचार किया जाता है। जब भी नाम आता था, समूह उस पर इस तरह विचार करता था : "क्या वह फ़िट हो पाएगा?" "क्या छात्र उसे पसंद करेंगे?" "क्या वह स्टाफ़ के दूसरे लोगों को साथ लेकर चल सकेगा?"

ग़लत? अन-एकैडमिक? नहीं। अगर किसी व्यक्ति को पसंद नहीं किया जाता हो, तो वह अपने छात्रों को प्रभावी ढँग से नहीं पढ़ा सकता।

इस बात को ठीक से समझ लें। किसी आदमी को *ऊपर की तरफ़ खींचा नहीं जाता है। इसके बजाय, उसे बस सहारा दिया जाता है।* आज के दौर में किसी के पास इतनी फ़ुरसत या इतना धीरज नहीं है कि वह किसी दूसरे को नौकरी की सीढ़ी पर ऊपर *खींचे*। किसी व्यक्ति को इसलिए चुना जाता है क्योंकि वह बाक़ी सभी लोगों से ऊँचा नज़र आता है।

हमें ऊपर की सीढ़ी पर चढ़ने के लिए सहारा तब दिया जाता है जब लोगों को यह लगता है कि वे हमें पसंद करते हैं। आप जब भी एक दोस्त बनाते हैं, वह आपको एक इंच ऊपर पहुँचा देता है। और चूँकि *आप पसंद किए जाते हैं, इसलिए ऊपर उठाते समय सामने वाले को वज़न भी नहीं लगता।*

सफल लोगों के पास लोकप्रिय बनने की योजना होती है। क्या आपके पास है? जो लोग चोटी पर पहुँचते हैं वे इस बारे में ज़्यादा नहीं बताते कि लोगों के बारे में अच्छा सोचने की उनकी तकनीकें क्या हैं। परंतु आपको यह जानकर हैरानी होगी कि बहुत से महान लोगों के पास लोगों को प्रभावित करने की एक स्पष्ट, निर्धारित, यहाँ तक कि *लिखित* योजना भी होती है।

राष्ट्रपति लिंडन जॉनसन का उदाहरण लें। प्रेसिडेंट बनने के बहुत

पहले लिंडन जॉनसन ने सफलता का अपना दस सूत्रीय कार्यक्रम तैयार किया था। इतिहास गवाह है कि वे इन सूत्रों को अपने जीवन में उतारते थे और ये सूत्र हैं :

1. नाम याद रखने की आदत डालें। अगर आप ऐसा नहीं करते, तो सामने वाले को यह लग सकता है कि आपकी उनमें रुचि नहीं है।

2. एक ऐसे आरामदेह व्यक्ति बनें, जिससे आपके साथ होने पर कोई तनाव में न रहे। मज़ाकिया, अनुभवी टाइप के व्यक्ति बनें।

3. अपने दिमाग़ को ठंडा रखने की आदत डालें ताकि कठिन परिस्थितियाँ आपको उत्तेजित या परेशान न करें।

4. बड़बोले न बनें। सामने वाले को यह एहसास न होने दें कि आप ख़ुद को सर्वज्ञानी समझते हैं।

5. दिलचस्प बनने की आदत डालें, ताकि लोग आपके आस-पास रहना चाहें।

6. अपने व्यक्तित्व से "चुभने वाले" तत्वों को बाहर निकाल फेंकें।

7. सच्ची धार्मिक भावना से हर ग़लतफ़हमी दूर करने की पूरी कोशिश करें। अपनी शिकायतों को नाली में बहा दें।

8. लोगों को पसंद करने का अभ्यास करें, और कुछ समय बाद आप सचमुच उन्हें पसंद करने लगेंगे।

9. किसी की उपलब्धियों या सफलता पर बधाई देने का कोई मौक़ा न गँवाएँ, न ही दुःख या निराशा में संवेदना जताने का अवसर खोएँ।

10. लोगों को आध्यात्मिक शक्ति दें और वे आपको पसंद करने लगेंगे।

इन दस आसान परंतु बेहद प्रभावी "लोगों को पसंद करने" के नियमों की वजह से प्रेसिडेंट जॉनसन को उनके मतदाताओं ने, संसद ने पसंद किया। इन दस नियमों को जीवन में उतारने से प्रेसिडेंट जॉनसन को सहारा देकर ऊपर पहुँचाना ज़्यादा आसान हो गया।

इन नियमों को एक बार फिर से पढ़ें। ध्यान दें कि यहाँ बदला लेने

की बात नहीं कही गई है। यहाँ यह भी नहीं कहा गया है कि ग़लतफ़हमी दूर करने के लिए आप सामने वाले की पहल का इंतज़ार करें। यहाँ पर इस तरह का विचार भी नहीं है कि मैं ही सब कुछ जानता हूँ और बाक़ी सब लोग मूर्ख हैं।

चाहे वे बिज़नेस में हों, कला, विज्ञान या राजनीति में हों, महान लोग बहुत मानवीय, ख़ुशमिज़ाज होते हैं। उनमें ऐसी कला होती है कि लोग उन्हें पसंद करने लगते हैं।

परंतु, दोस्ती ख़रीदने की कोशिश न करें क्योंकि दोस्ती बिकाऊ नहीं होती। अगर सच्ची भावना हो, अगर आप सामने वाले को सचमुच पसंद करते हों तो तोहफ़े देना अच्छी बात है। परंतु अगर ऐसा नहीं है, तो तोहफ़े को अक्सर रिश्वत समझ लिया जाता है।

पिछले साल, क्रिसमस के कुछ दिन पहले मैं एक मध्यम आकार की ट्रकिंग फ़र्म के प्रेसिडेंट के ऑफ़िस में बैठा था। जब मैं विदा लेने वाला था तो वहाँ पर एक डिलीवरी मैन तोहफ़ा लेकर आया, जो उसे स्थानीय टायर-रिकैपिंग फ़र्म ने भिजवाया था। तोहफ़े को देखकर मेरे दोस्त का दिमाग़ ख़राब हो गया और उसने चिढ़कर डिलीवरी मैन से कहा कि वह तोहफ़े को वापस ले जाए और भेजने वाले को सौंप दे।

जब डिलीवरी मैन चला गया तो मेरे दोस्त ने मुझसे कहा, "मुझे ग़लत मत समझना। मुझे तोहफ़े लेना और देना दोनों ही पसंद है।"

फिर उसने मुझे उन तोहफ़ों के बारे में बताया जो उसे उसके दोस्तों ने दिए थे।

"परंतु," उसने आगे कहा, "जब तोहफ़ा रिश्वत की तरह दिया जाए, अपना काम निकलवाने के लिए दिया जाए, तो मैं इसे पसंद नहीं करता।" मैंने इस फ़र्म के साथ बिज़नेस करना तीन महीने पहले बंद कर दिया था, क्योंकि उनका काम ठीक नहीं था और मैं उनके कर्मचारियों को भी पसंद नहीं करता था। परंतु उनका सेल्समैन बार-बार हमारे यहाँ चला आता था।

"मुझे ग़ुस्सा इस बात पर आता है," उसने कहा, "कि पिछले सप्ताह यही सेल्समैन यहाँ पर आया और उसने यह कहने की हिमाकत की, 'हम

चाहेंगे कि आप हमें काम दें। मैं सांता से जाकर कहूँगा कि वह आपको इस साल कोई अच्छा सा तोहफ़ा ज़रूर भिजवा दे।' अगर मैंने यह तोहफ़ा वापस नहीं किया होता, तो अगली बार वह सेल्समैन आकर जो पहली बात कहता वह यह होती, 'आपको तोहफ़ा तो पसंद आया, है ना?"

दोस्ती ख़रीदी नहीं जा सकती। और जब हम इसे ख़रीदने की कोशिश करते हैं, तो हमें दो तरह से नुक़सान होता है :

1. हम पैसा गँवाते हैं।

2. हम दुर्भावना पैदा करते हैं।

दोस्ती करने में पहल करें– सफल लोग यही करते हैं। यह सोचना ज़्यादा आसान और स्वाभाविक है, "सामने वाले को पहल करनी चाहिए।" "उसे मेरे घर पहले आना चाहिए।" "पहले उसे बात शुरू करनी चाहिए।"

दूसरे लोगों को इस तरह से नज़रअंदाज़ करना बहुत आसान होता है।

हाँ, यह आसान है और स्वाभाविक है, परंतु लोगों के बारे में अच्छा सोचने का यह सही तरीक़ा नहीं है। अगर आप इस बात का इंतज़ार करेंगे कि दूसरा व्यक्ति दोस्ती की नींव रखे, तो आपके पास कभी ज़्यादा दोस्त नहीं होंगे।

वास्तव में, यही सच्चे लीडर की पहचान है कि वह लोगों से पहचान बढ़ाने में पहल करता है। अगली बार आप जब भी किसी बड़े समूह में खड़े हों, तो इस बात को ध्यान से देखें : *वहाँ पर मौजूद सबसे महत्वपूर्ण व्यक्ति वह होता है, जो अपना परिचय देने में सबसे ज़्यादा सक्रिय होता है।*

वह व्यक्ति सचमुच सफल होगा जो आपके पास आता है, आपसे हाथ मिलाता है और कहता है, "हलो, मैं जैक आर."। इस बात पर थोड़ा विचार करें और आप पाएँगे कि वह व्यक्ति इसलिए सफल होगा क्योंकि वह दोस्ती बनाने के लिए मेहनत कर रहा है।

लोगों के बारे में अच्छा सोचें। जैसा मेरे एक दोस्त का कहना है, "चाहे मैं उसके लिए महत्वपूर्ण न होऊँ, परंतु वह मेरे लिए महत्वपूर्ण है। इसी कारण मुझे उसे क़रीब से जानना चाहिए।"

आपने कभी सोचा है कि लोग लिफ़्ट का इंतज़ार करते समय पुतलों की तरह क्यों खड़े होते हैं ? जब तक कि वे अपने किसी परिचित के साथ न हों, तब तक ज़्यादातर लोग अपने आस-पास खड़े लोगों से बात ही नहीं करते। एक दिन मैंने इस बारे में छोटा सा प्रयोग करने का फ़ैसला किया।

मैंने अपने पास खड़े व्यक्ति से बातचीत शुरू करने का फ़ैसला किया। मैंने 25 बार लगातार ऐसा किया और 25 बार ही मुझे इसके जवाब में सकारात्मक, दोस्ताना जवाब मिला।

हालाँकि अजनबियों के साथ बात करने को अच्छे मैनर्स में शामिल नहीं किया जाता, परंतु ज़्यादातर लोग फिर भी इस बात को पसंद करते हैं। और यह रहा इसका लाभ :

जब आप किसी अजनबी के बारे में कोई सकारात्मक बात कहते हैं, तो उसका मूड अच्छा हो जाता है। आपको भी अच्छा लगता है। और आपको शांति और ख़ुशी भी मिलती है। हर बार जब भी आप किसी व्यक्ति की तारीफ़ करते हैं, तो आप दरअसल अपने आपको लाभ पहुँचा रहे हैं। यह अपनी कार को जाड़े के दिनों में गर्म करने की तरह है।

यहाँ ज़रा सी पहल से दोस्त बनाने के छह तरीक़े दिए जा रहे हैं :

1. हर मौक़े पर दूसरों को अपना परिचय दें- पार्टी में, बैठकों में, हवाई जहाज़ में, ऑफ़िस में, हर जगह।
2. यह सुनिश्चित कर लें कि सामने वाला आपका नाम ठीक से जान ले।
3. यह सुनिश्चित कर लें कि आप सामने वाले के नाम का उच्चारण ठीक से कर सकें।
4. सामने वाले का नाम लिख लें और यह सुनिश्चित कर लें कि आपने उसकी स्पेलिंग सही लिखी हो। अगर आप किसी के नाम की ग़लत स्पेलिंग लिखेंगे तो हो सकता है कि वह दोस्त के बजाय आपका दुश्मन बन जाए। अगर संभव हो, तो उसका पता और फ़ोन नंबर भी लिख लें।

5. आप जिन नए दोस्तों से मिलें, उनमें से आप जिससे परिचय बढ़ाना चाहते हों, उन्हें चिट्ठी लिखें या फ़ोन करें। यह बहुत महत्वपूर्ण है। ज़्यादातर सफल लोग नए दोस्त बनाने के बाद उन्हें चिट्ठी लिखते हैं या फिर फ़ोन पर उनसे बात करते हैं।

6. और सबसे आख़िरी बात, अजनबियों से अच्छी बातें करें। इससे आपको भी अच्छा लगेगा और आपका दिन भी अच्छा जाएगा।

इन छह नियमों पर अमल करना ही लोगों के बारे में अच्छा सोचने का सही तरीक़ा है। एक बात तो तय है, आम आदमी इस तरह से नहीं सोचता। "आम" आदमी कभी परिचय देने में पहल नहीं करता। वह इस बात का इंतज़ार करता है कि सामने वाला पहल करे।

पहल करें। सफल लोगों की तरह बनें। लोगों से मिलने की कोशिश करें। दब्बू या संकोची न बनें। ज़रा हटकर काम करने से न घबराइएँ। यह पता करें कि सामने वाला व्यक्ति कौन है और उसे बताएँ कि आप कौन हैं।

कुछ समय पहले मुझे और मेरे सहयोगी को किसी बिज़नेस में सेल्स जॉब के आवेदन पत्रों की स्क्रीनिंग का काम सौंपा गया। हमने पाया कि एक आवेदक, जिसे हम टेड का नाम देंगे, बहुत योग्य था। वह बुद्धिमान, आकर्षक और महत्वाकांक्षी था।

परंतु इसके बावजूद हमने यह पाया कि हम उसे नहीं चुन सकते, कम से कम फ़िलहाल तो नहीं। टेड में सबसे बड़ी गड़बड़ यह थी : वह दूसरे लोगों से पूर्णता की उम्मीद करता था। टेड छोटी-छोटी बातों पर चिढ़ जाता था, जैसे व्याकरण की ग़लती से, सिगरेट का गुल खिलाने वाले लोगों से, या मैचिंग के कपड़े न पहनने वालों से इत्यादि।

जब हमने टेड को उसकी इस आदत के बारे में बताया, तो उसे आश्चर्य हुआ। परंतु वह यह काम करने को इच्छुक था, इसलिए उसने हमसे पूछा कि वह अपनी इस कमज़ोरी को किस तरह दूर कर सकता है।

हमने उसे तीन सुझाव दिए :

1. *यह जान लें कि कोई व्यक्ति पूर्ण नहीं होता।* कई लोग बाक़ी

लोगों से ज़्यादा पूर्ण होते हैं, परंतु कोई भी व्यक्ति पूर्ण नहीं कहा जा सकता। हर एक में कुछ न कुछ कमी तो होती ही है। इंसानों को इंसान बनाने वाली चीज़ यही है कि वे ग़लतियाँ करते हैं, हर तरह की ग़लतियाँ।

2. *यह जान लें कि दूसरे व्यक्ति को अलग होने का अधिकार है।* किसी भी चीज़ के बारे में सर्वज्ञानी होने का दावा न करें। लोगों को सिर्फ़ इसलिए नापसंद न करें क्योंकि उनकी आदतें आपसे अलग हैं, या उनके कपड़े, उनका धर्म, उनकी पार्टियाँ, उनकी कार आपसे भिन्न हैं। यह ज़रूरी नहीं है कि आप सामने वाले व्यक्ति के काम की तारीफ़ करें, परंतु यह भी ज़रूरी नहीं है कि आप उसके काम को नापसंद करें।

3. *सुधारक बनने से बचें।* अपनी फिलॉसफी में 'जियो और जीने दो' के सिद्धांत का पालन करें। ज़्यादातर लोगों को यह पसंद नहीं होता कि कोई उनकी ग़लतियाँ बताए। किसी के बारे में आपके विचार होना ग़लत नहीं है, परंतु कई बार उन विचारों को ना कहने में ज़्यादा समझदारी होती है।

टेड ने इन सुझावों पर काफ़ी मेहनत से अमल किया। कई महीनों बाद वह पूरी तरह बदल गया। अब वह लोगों के प्रति ज़्यादा उदार हो चला है। वह जान गया है कि लोग न तो पूरी तरह अच्छे होते हैं, न ही पूरी तरह बुरे होते हैं।

वह कहता है, "पहले मैं जिस बात से चिढ़ जाता था, अब उसी बात में मुझे मज़ा आने लगा है। अब जाकर मुझे यह समझ आया है कि अगर सभी लोग एक जैसे होते और सभी पूर्ण होते तो यह दुनिया कितनी नीरस हो जाती।"

इस आसान परंतु महत्वपूर्ण बात का ध्यान रखें : कोई भी व्यक्ति पूरी तरह अच्छा या बुरा नहीं होता। पूर्ण व्यक्ति इस दुनिया में कोई नहीं होता। हम सभी आधे-अधूरे होते हैं।

अब, अगर हम अपने चिंतन को नियंत्रित न करें, तो हमें हर व्यक्ति में बुराई दिख सकती है। परंतु अगर हम अपने चिंतन को नियंत्रित कर लेते हैं, तो हम हर व्यक्ति में अच्छाई भी खोज सकते हैं।

इसे इस तरह से देखें। आपका दिमाग़ एक मानसिक ब्रॉडकास्टिंग

स्टेशन है। इस ब्रॉडकास्टिंग सिस्टम में बराबर ताक़त वाले दो चैनल हैं जिनके माध्यम से यह आप तक संदेश पहुँचाता है : चैनल पी (positive) यानी सकारात्मक चैनल और चैनल एन (negative) यानी नकारात्मक चैनल।

आइए अब देखें कि आपका ब्रॉडकास्टिंग सिस्टम किस तरह काम करता है। मान लें कि आपके बॉस (हम उनका नाम मिस्टर जैकब्स रख लेते हैं) ने आपको अपने केबिन में बुलवाया और आपके काम का मूल्यांकन किया। उन्होंने आपके कई कामों की तारीफ़ की और साथ ही आपको कुछ सुझाव भी दिए कि आप अपने काम को किस तरह बेहतर तरीक़े से कर सकते हैं। आज की रात यह स्वाभाविक ही है कि आप उस बारे में सोचें।

अगर आप चैनल एन को चालू करते हैं तो वहाँ पर उद्घोषक कुछ इस तरह की बातें करेगा : "सावधान! जैकब्स तुम्हें नीचा दिखाना चाहता है। उसे दूसरों को परेशान करने में मज़ा आता है। तुम्हें उसकी सलाह की कोई ज़रूरत नहीं है। भाड़ में जाए उसकी सलाह। याद करो जो ने जैकब्स के बारे में क्या बताया था? वह ठीक कहता था। जैकब्स तुम्हें भी उसी तरह ज़लील करना चाहता है जिस तरह उसने जो को ज़लील किया था। उसका विरोध करो। अगली बार जब वह तुम्हें बुलाए तो तुम उसकी बात चुपचाप मत सुनो बल्कि उससे बहस करो। या इससे भी बेहतर तो यह होगा कि तुम इंतज़ार मत करो। कल ख़ुद ही जाकर उससे मिलो और पूछो कि तुम्हारी आलोचना उसने क्यों की..."

परंतु अगर आप चैनल पी को सुनते हैं तो वहाँ उद्घोषक कुछ इस तरह की बात करता है, "मिस्टर जैकब्स भले आदमी हैं। उन्होंने मुझे जो सुझाव दिए हैं वे सचमुच बहुत अच्छे हैं। अगर मैं उन सुझावों पर अमल करूँ तो शायद मेरा काम सुधर जाए और बाद में मेरा प्रमोशन भी हो जाए। मिस्टर जैकब्स ने तो मेरी ग़लतियाँ बताकर मुझ पर एहसान किया है। कल ही मैं जाऊँगा और उनकी रचनात्मक मदद के लिए उन्हें धन्यवाद दूँगा। बिल ठीक कहता है जैकब्स के साथ काम करना बहुत अच्छा है...।'

इस मामले में, अगर आप चैनल एन की बात सुनेंगे तो हो सकता है कि आपके संबंध आपके बॉस से ख़राब हो जाएँ और आप कोई ग़लत या ख़तरनाक हरकत कर बैठें। परंतु अगर आप चैनल पी की बात मानेंगे

तो आपके बॉस के सुझावों से आपको लाभ मिलना तय है और इसके अलावा आप उनके क़रीब भी पहुँच जाएँगे। वे आपसे मिलना पसंद करेंगे। जाएँ, कोशिश करके देखें।

यह ध्यान रखें कि आप जितनी ज़्यादा देर तक चैनल पी या चैनल एन की बातें सुनते हैं, आप उस तरह की बातों में सचमुच दिलचस्पी लेने लगते हैं और चैनल बदलना आपके लिए उतना ही मुश्किल होता जाता है। यह सच है क्योंकि एक विचार, चाहे वह सकारात्मक हो या नकारात्मक, अपने जैसे कई विचारों का चेन रिएक्शन पैदा करता है।

उदाहरण के तौर पर, आप किसी व्यक्ति के उच्चारण के बारे में नकारात्मक सोचने से शुरू कर सकते हैं और जल्दी ही आप यह सोचने लगेंगे कि उसके राजनीतिक या धार्मिक विश्वास कितने ग़लत हैं, वह कितने ग़लत ढँग से कार चलाता है, उसकी आदतें कितनी बुरी हैं और उसके अपनी पत्नी के साथ संबंध भी ख़राब हैं, यहाँ तक कि वह अपने बाल भी ठीक से नहीं काढ़ता। और अगर आप इस तरह से सोचेंगे तो निश्चित रूप से आप वहाँ नहीं पहुँच पाएँगे जहाँ आप पहुँचना चाहते हैं।

आप ही दोनों चैनलों के मालिक हैं इसलिए अपने विचारों के ब्रॉडकास्टिंग स्टेशन पर क़ाबू रखना भी आपकी ज़िम्मेदारी है। जब आप लोगों के बारे में सोचें तो चैनल पी को सुनने की आदत डाल लें।

अगर चैनल एन बीच में आ जाए, तो उसे बंद कर दें। फिर चैनल बदल लें। चैनल बदलने के लिए आपको उस व्यक्ति के बारे में कोई अच्छी बात सोचना भर है। सच्ची चेन रिएक्शन शैली में एक विचार के बाद उसी तरह का दूसरा विचार आ जाएगा और इसी तरह एक के बाद एक विचार आते चले जाएँगे। और आप ख़ुश होंगे।

जब आप अकेले होते हैं, तो आप और सिर्फ़ आप ही यह फ़ैसला कर सकते हैं कि आप चैनल पी सुनेंगे या चैनल एन। परंतु जब आप किसी और के साथ बात करते हैं तो आपके सोचने के तरीक़े पर उस व्यक्ति का भी कुछ नियंत्रण होता है।

हमें यह याद रखना चाहिए कि ज़्यादातर लोग नहीं जानते कि लोगों के बारे में सोचने का सही नज़रिया क्या होता है। इसलिए आप यह पाएँगे

कि कोई व्यक्ति आपकी तरफ़ दौड़ा चला आएगा और किसी परिचित के बारे में कोई बुरी बात बताने के लिए व्याकुल होगा : आपका सहकर्मी दूसरे कर्मचारी की आपत्तिजनक बातें बता सकता है; आपका पड़ोसी दूसरे पड़ोसी की घरेलू समस्याएँ बता सकता है, या ग्राहक अपने उस प्रतियोगी की बुराई बता सकता है जिससे आप मिलने जा रहे हों।

विचार अपनी ही तरह के विचारों को जन्म देते हैं। असली ख़तरा यह है कि जब आप किसी दूसरे व्यक्ति के बारे में नकारात्मक विचार सुनते हैं, तो आपके मन में भी उसी तरह के विचार आएँगे और आप भी नकारात्मक बातें कर सकते हैं। वास्तव में, अगर आप सावधान न हों, तो हो सकता है कि आप आग में घी डाल दें और यह कहें, "हाँ, और यही नहीं। क्या तुम्हें पता है..."

इस तरह की बातें पलटकर वापस आती हैं, बूमरैंग की तरह।

दो तरीक़े हैं जिनसे हम दूसरे लोगों को हमारे पी चैनल को एन चैनल में बदलने से रोक सकते हैं। एक तो यह कि आप तत्काल विषय बदल दें और इस तरह की बात कहें, "क्षमा करें, जॉन, परंतु मैं तुमसे यह पूछना चाहता था..." दूसरा तरीक़ा यह है कि आप वहाँ से इस तरह की बात कहकर चल दें, "अभी मैं जल्दी में हूँ..." या "मुझे एक जगह पहुँचना है और मुझे पहले ही देर हो चुकी है। अब मुझे चलना चाहिए।"

अपने आपसे एक वादा करें। दूसरों को इस बात की अनुमति न दें कि वे आपके चिंतन पर नकारात्मक प्रभाव डालें। चैनल पी को हमेशा लगाए रखें।

एक बार आप लोगों के बारे में अच्छा सोचने की आदत डाल लेंगे, तो फिर आपकी सफलता *निश्चित* है। मैं आपको उस सफल बीमा सेल्समैन की बात बताता हूँ जिसने मुझे अपनी कहानी बताई थी कि किस तरह लोगों के बारे में अच्छा सोचने से उसे फ़ायदा हुआ था।

"जब मैं पहली बार बीमा बिज़नेस में आया," उसने कहा, "तो मुझे बहुत मुश्किल आई। पहले तो यह लगा जैसे मेरे जितने संभावित ग्राहक थे, उतने ही मेरे प्रतियोगी थे। और जल्दी ही मैंने यह जान लिया जो सभी बीमा एजेंट जानते हैं कि 10 में से 9 संभावित ग्राहकों का यह दृढ़ विश्वास

होता है कि उन्हें बीमे की कोई ज़रूरत नहीं है।"

"मेरा काम ठीक चल रहा है। परंतु मैं आपको बता दूँ कि ऐसा इसलिए नहीं है क्योंकि मैं बीमे के तकनीकी पहलू का विशेषज्ञ हूँ। वह भी महत्वपूर्ण है, परंतु आप मुझे ग़लत मत समझना, मुझसे बहुत ज़्यादा समझदार लोग मेरे जितने सफल नहीं हैं। वास्तव में, मैं एक ऐसे व्यक्ति को जानता हूँ जिसने बीमे पर एक पुस्तक लिखी है, परंतु वह उस व्यक्ति का बीमा भी नहीं कर पाया जो जानता था कि उसे सिर्फ़ पाँच दिन ज़िंदा रहना है।

"मेरी सफलता का आधार सिर्फ़ यह है," उसने कहा, "मैं जिसे अपनी बीमा पॉलिसी बेचता हूँ, मैं उसे *सचमुच* पसंद करता हूँ। हाँ, मैं उसे *सचमुच* पसंद करता हूँ। मेरे कई साथी सेल्समैन यह नाटक करते हैं कि वे सामने वाले को पसंद करते हैं, परंतु इससे कोई फ़ायदा नहीं होता। लोग समझ जाते हैं कि आप उन्हें बेवकूफ़ बना रहे हैं। आपके हाव-भाव, आपके चेहरे के भाव, आपकी आँखों से साफ़ दिख जाता है कि आप नाटक कर रहे हैं।"

"जब मैं किसी संभावित ग्राहक के बारे में जानकारी इकट्ठी करता हूँ, तो मैं वही करता हूँ जो हर एजेंट करता है। मैं उसकी उम्र, उसके काम-धंधे, उसकी आमदनी, उसके बीवी-बच्चों इत्यादि के बारे में जानकारी हासिल करता हूँ।

"परंतु इसके साथ ही मैं एक और चीज़ की खोज करता हूँ जिसके बारे में ज़्यादा सेल्समैन परवाह नहीं करते- मैं ऐसा कारण ढूँढ़ता हूँ जिसके कारण मैं अपने संभावित ग्राहक को पसंद करने लगूँ। हो सकता है कि मुझे यह कारण उसकी नौकरी में मिल जाए, या उसके पिछले रिकॉर्ड में मिल जाए। परंतु मैं हमेशा उसे पसंद करने का कारण ढूँढ़ने में कामयाब हो जाता हूँ।

"फिर जब भी मेरा ध्यान अपने संभावित ग्राहक पर केंद्रित होता है, तो मैं उसे पसंद करने के कारणों को याद कर लेता हूँ। उससे बीमे के बारे में एक शब्द कहने से पहले ही मैं उस संभावित ग्राहक की पसंदीदा छवि बनाने की कोशिश करता हूँ।

"यह छोटी सी तकनीक बड़े काम की है। चूँकि मैं उसे पसंद करता हूँ, इसलिए वह भी मुझे देर-सबेर पसंद करने लगता है। जल्दी ही मैं मेज़ पर उसके सामने बैठने के बजाय उसकी बग़ल में बैठा होता हूँ और हम उसकी बीमा योजना बना रहे होते हैं। वह मुझ पर विश्वास करता है क्योंकि अब मैं उसका दोस्त बन चुका हूँ।

"हालाँकि हमेशा मुझे पहली नज़र में ही पसंद नहीं किया जाता, परंतु मैंने पाया है कि जब तक मैं सामने वाले को पसंद करता हूँ, तब तक इस बात की संभावना रहती है कि वह भी मुझे पसंद करने लगेगा और हमारा बिज़नेस पक्का हो जाएगा।

मेरे दोस्त ने आगे कहा, "अभी पिछले ही हफ़्ते मैं एक सख़्त ग्राहक से तीसरी बार मिला। वह मुझे दरवाज़े पर ही मिल गया और मेरे कुछ कहने से पहले ही वह मुझ पर काफ़ी गर्म हुआ। वह अपनी बात लगातार कहता रहा और उसने मुझे कुछ बोलने का मौक़ा ही नहीं दिया। आख़िरकार उसने अपनी बात यह कहते हुए ख़त्म की, 'अब मैं आपकी सूरत भी नहीं देखना चाहता।'

"जब उसने इतना कह दिया, तो मैंने उसकी आँखों में 5 सेकंड तक देखा, और फिर सच्चे दिल से धीमे से कहा, 'परंतु मिस्टर एस., मैं तो आज आपके दोस्त की हैसियत से मिलने आया हूँ।'

"और कल ही उसने मुझसे 10,000 डॉलर की पॉलिसी ख़रीद ली।"

सॉल पोक को शिकागो का अप्लायंस किंग कहा जाता है। 21 साल पहले कुछ नहीं से शुरू करने वाले सॉल पोक शिकागो में आजकल एक साल में 60 मिलियन डॉलर से ज़्यादा का सामान बेचते हैं।

सॉल पोक अपने बिज़नेस की सफलता का श्रेय ख़रीदारों के प्रति उनके व्यवहार को देते हैं। वे कहते हैं, "ग्राहकों के साथ उसी तरह से बर्ताव करना चाहिए जैसे वे हमारे घर आए मेहमान हों।"

क्या यह लोगों के बारे में सोचने का सही नज़रिया नहीं है? और क्या हम सफलता के इस फ़ॉर्मूले को अपने जीवन में नहीं उतार सकते? ग्राहकों के साथ उसी तरह का बर्ताव करें, जैसे वे आपके घर आए मेहमान हों।

यह तकनीक बिज़नेस के अलावा दूसरे क्षेत्रों में भी काम आती है। ग्राहकों की जगह कर्मचारी रख लें और आपको यह सूत्र मिलेगा, "कर्मचारियों के साथ उसी तरह से बर्ताव करें जैसे वे आपके घर आए मेहमान हों।" अपने कर्मचारियों के साथ बहुत अच्छा व्यवहार करें और आपको बदले में बहुत अच्छा सहयोग मिलेगा, बहुत अच्छा टीमवर्क। अपने चारों तरफ़ के लोगों के बारे में बहुत अच्छा सोचें और बदले में आपको इसके बहुत अच्छे परिणाम मिलेंगे।

इस पुस्तक के शुरुआती संस्करण का रिव्यू करने वाले मेरे एक दोस्त ने यह सूत्र पढ़ने के बाद मुझसे कहा, "यह लोगों को पसंद करने और उनका सम्मान करने का सकारात्मक परिणाम है। मैं आपको अपने एक दोस्त की सच्ची कहानी सुनाना चाहता हूँ जिससे यह साबित होता है कि अगर आप लोगों को नापसंद करते हैं तो आपको उसके परिणाम किस तरह भुगतने पड़ते हैं।"

उसके अनुभव में दम था। ज़रा देखें!

"मेरी फ़र्म को एक कॉन्ट्रैक्ट मिला था। हमें सॉफ़्ट ड्रिंक बॉटलिंग करने वाली एक छोटी कंपनी को परामर्श सेवाएँ देनी थीं। कॉन्ट्रैक्ट काफ़ी बड़ा था, लगभग 9,500 डॉलर का। हमारा ग्राहक बहुत पढ़ा-लिखा नहीं था। उसका बिज़नेस भी ठीक नहीं चल रहा था और पिछले कुछ सालों में उसने बड़ी भारी ग़लतियाँ की थीं।

"कॉन्ट्रैक्ट मिलने के तीन दिन बाद मैं अपने सहयोगी के साथ उस कंपनी के प्लांट में गया जो हमारे ऑफ़िस से 45 मिनट दूर था। आज तक मैं नहीं जानता कि बातें किस तरह शुरू हुईं, परंतु किसी न किसी कारण हम लोग अपने ग्राहक के नकारात्मक गुणों पर बात करने लगे।

"हम उसकी मूर्खता पर हँस रहे थे, जिस वजह से उसने अपनी राह में दिक़्क़तें खड़ी कर लीं। उसने अपनी समस्याओं के बारे में हमसे सलाह लेने के बजाय अपनी बुद्धि पर भरोसा किया था, और उसी का नतीजा था कि आज उसके बिज़नेस का भट्टा बैठ चुका है।

"मुझे अपनी कही हुई एक बात ख़ास तौर पर याद है- 'केवल एक चीज़ ही मिस्टर एफ़ को गिरने से रोक रही है- और वह है उनका

मोटापा।' मेरे सहयोगी ने भी इस चर्चा में अपना योगदान दिया। 'और उसके लड़के को देखो। उसकी उम्र लगभग 35 साल होगी, परंतु अपने काम के बारे में उसकी एकमात्र योग्यता यह है कि उसे अँग्रेज़ी बोलना आता है।'

"रास्ते भर हम सिर्फ़ अपने ग्राहक की बुराई करते रहे और यह सोचते रहे कि वह कितना मूर्ख था।

"तो, उस दोपहर हमारी चर्चा बहुत ठंडी साबित हुई। अब जब मैं पीछे मुड़कर सोचता हूँ तो मुझे लगता है कि शायद हमारा ग्राहक यह समझ गया था कि उसके बारे में हमारी सोच नकारात्मक थी। उसने सोचा होगा : 'ये लोग सोचते हैं कि मैं मूर्ख हूँ या नासमझ हूँ और वे मुझसे चिकनी-चुपड़ी बातें करके मुझसे पैसे ऐंठना चाहते हैं।'

"दो दिन बाद मुझे इस ग्राहक की दो लाइनों की चिट्ठी मिली, जिसमें लिखा था, 'मैंने फ़ैसला किया है कि मैं आपकी परामर्श सेवाओं का लाभ नहीं उठाना चाहता। अगर आज की तारीख़ तक आपकी सेवाओं का कोई भुगतान मुझे करना हो, तो कृपया अपना बिल भिजवा दें।'

"40 मिनट के नकारात्मक विचारों की क़ीमत हमें इस तरह चुकानी पड़ी कि हमारे हाथ से 9,500 डॉलर का कॉन्ट्रैक्ट चला गया। इससे भी ज़्यादा दुःखद बात यह थी कि हमारे भूतपूर्व ग्राहक ने एक महीने बाद शहर के बाहर की एक फ़र्म की परामर्श सेवाएँ ले लीं।

"अगर हमने उसके अच्छे गुणों पर अपना ध्यान केंद्रित किया होता तो हमने अपने ग्राहक को नहीं खोया होता। और उसमें अच्छे गुण थे। ज़्यादातर लोगों में होते हैं।"

आप एक काम करें जिसमें आपको मज़ा भी आएगा और साथ ही साथ आप सफलता का यह मूलभूत सिद्धांत भी सीख सकेंगे। अगले दो दिनों तक आप जितनी चर्चाएँ सुन सकते हों, सुनें। दो बातों पर ध्यान दें : चर्चा के दौरान कौन ज़्यादा बोल रहा है और कौन ज़्यादा सफल है।

मैंने यह प्रयोग सैकड़ों बार किया है और इसके बाद मैं इस नतीजे पर पहुँचा हूँ : *वह व्यक्ति जो सबसे ज़्यादा बोलता है और वह व्यक्ति जो सबसे ज़्यादा सफल होता है; वे दोनों व्यक्ति शायद ही कभी एक होते हैं।*

शायद इसका अपवाद भी नहीं होता। व्यक्ति जितना सफल होता है, वह *चर्चा* में उतना ही ज़्यादा *उदार* होता है, यानी कि वह सामने वाले को अपने बारे में बातें करने देता है, *अपने* विचार, *अपनी* उपलब्धियाँ, *अपने* परिवार, *अपनी* नौकरी, *अपनी* समस्याओं के बारे में बातें करने देता है।

चर्चा की उदारता दो तरह से आपको ज़्यादा सफल बनाती है :

1. चर्चा की उदारता से आपके दोस्त बनते हैं।
2. चर्चा की उदारता से आपको लोगों के बारे में ज़्यादा जानने का मौक़ा मिलता है।

याद रखें : आम आदमी दुनिया में किसी भी चीज़ से ज़्यादा ख़ुद के बारे में बातें करना पसंद करता है। जब आप उसे इस बात का मौक़ा देते हैं, तो वह आपको पसंद करने लगता है। चर्चा में उदारता दिखाना दोस्त बनाने का सबसे आसान और अचूक तरीक़ा है।

और चर्चा में उदारता का दूसरा लाभ भी महत्त्वपूर्ण है, जिसमें आप लोगों के बारे में ज़्यादा जान जाते हैं। जैसा हमने पहले अध्याय में कहा है, हम अपनी सफलता की प्रयोगशाला में *लोगों* का अध्ययन करते हैं। हम उनके बारे में, उनकी विचार प्रक्रिया, उनके अच्छे और बुरे गुणों के बारे में, वे कोई काम क्यों और कैसे करते हैं, इस बारे में जितना ज़्यादा जान लेते हैं, हमें उतना ही लाभ होता है क्योंकि इस जानकारी से हम उन्हें प्रभावित करने के तरीक़े आसानी से ढूँढ़ सकते हैं।

मैं आपको एक उदाहरण देना चाहूँगा।

बाक़ी विज्ञापन एजेंसियों की ही तरह, न्यूयॉर्क की एक एड्वर्टाइज़िंग एजेंसी भी जनता को यह *बताया* करती थी कि जनता को इसके विज्ञापन में बताई चीज़ें क्यों ख़रीदनी चाहिए। परंतु यह एजेंसी एक काम और करती थी। यह अपने विज्ञापन लिखने वालों को हर साल एक सप्ताह के लिए दुकान में सेल्समैन के काम पर रखती थी, ताकि वे वहाँ पर उनके द्वारा विज्ञापित चीज़ों के बारे में लोगों के विचार *सुन* सकें। *सुनने* से ही उन्हें इस बात की प्रेरणा मिलती थी कि वे बेहतर, ज़्यादा असरदार विज्ञापन लिख सकें।

कई प्रगतिशील कंपनियाँ अपने उन कर्मचारियों का आख़िरी इंटरव्यू लेती हैं जो काम छोड़कर जा रहे हैं। इसका कारण यह नहीं होता है कि वे कर्मचारी को वहाँ पर रोकने का प्रयास करती हैं, बल्कि यह जानना होता है कि वे काम छोड़कर क्यों जा रहे हैं। कंपनी के कर्मचारियों के साथ संबंध सुधारने में यह इंटरव्यू बहुत काम आता है। सुनने से फ़ायदा होता है।

सुनना सेल्समैन के लिए भी फ़ायदेमंद होता है। अक्सर लोग यह सोचते हैं कि अच्छा सेल्समैन वह होता है जो "अच्छा वक्ता" हो या "तेज़ बोलने वाला" हो। परंतु, सेल्स मैनेजरों पर अच्छे वक्ता का उतना प्रभाव नहीं पड़ता जितना कि एक अच्छे श्रोता का पड़ता है, एक ऐसा व्यक्ति जो सवाल पूछ सकता है और उसके अपेक्षित जवाब हासिल कर सकता है।

चर्चा में बोलने की बागडोर न थामे रहें। सुनें, दोस्त बनाएँ और सीखें।

सामने वाले व्यक्ति के साथ चर्चा में शिष्टाचार सबसे अच्छा ट्रैंक्विलाइज़र होता है। आप दूसरे लोगों के लिए जो छोटी-छोटी चीज़ें करते हैं, वे बहुत महत्वपूर्ण होती हैं। अगर आपका लोगों के बारे में सोचने का नज़रिया सही हो, तो आपकी बहुत सी कुंठाएँ और आपका तनाव निश्चित रूप से कम हो जाएँगे। जब आप शांति से विचार करेंगे, तो आप पाएँगे कि आपके तनाव का कारण दूसरे लोगों के प्रति नकारात्मक भावनाएँ ही हैं। इसलिए दूसरे लोगों के प्रति अपनी सोच को सकारात्मक बनाएँ और यह खोजें कि यह संसार कितना अद्भुत है।

लोगों के बारे में सही नज़रिए का असली इम्तहान तब आता है जब चीज़ें हमारे हिसाब से नहीं होतीं। आपको कैसा लगता है जब आपकी जगह किसी दूसरे व्यक्ति को प्रमोशन मिल जाता है? या जब आप अपने क्लब के चुनाव में हार जाते हैं? या जब आपके काम की आलोचना होती है? याद रखें : *हारने के बाद आप किस तरह से सोचते हैं, इसी बात से तय होता है कि आप कितने समय बाद जीतेंगे।*

अपनी असफलता के बाद लोगों के बारे में सही तरीक़े से सोचने की पैरवी बेंजामिन फ़ेयरलेस ने की है। बहुत ग़रीब माहौल में बड़े होने के बाद मिस्टर फ़ेयरलेस युनाइटेड स्टेट्स स्टील कॉरपोरेशन के चीफ़ एक्ज़ीक्यूटिव बन गए। *लाइफ़ मैग्ज़ीन* (15 अक्टूबर, 1956) में उनका

यह उद्धरण छपा था :

"सब कुछ इस बात पर निर्भर करता है कि आप घटनाओं को किस तरह लेते हैं। उदाहरण के तौर पर, मैं अपने किसी टीचर से कभी नहीं चिढ़ा। हालाँकि हर विद्यार्थी की तरह मुझे भी डाँट पड़ती थी, पर मैं सोचता था कि मुझे मेरी ग़लती के कारण ही डाँट पड़ रही है और अनुशासित बनना मेरे लिए अच्छी बात थी। मैंने अपने हर बॉस को भी पसंद किया है। मैंने हमेशा यह कोशिश की है कि मैं उन्हें ख़ुश रखूँ और वे जितना चाहते हैं, मैं उससे ज़्यादा काम करूँ।

"ऐसा नहीं है, कि मुझे कभी निराशा नहीं हुई। कई बार मेरी जगह किसी दूसरे व्यक्ति को प्रमोशन दे दिया गया। परंतु मैंने यह कभी नहीं सोचा कि मैं 'ऑफ़िस की राजनीति' का शिकार था या मेरे प्रति किसी का पूर्वाग्रह था या मेरे बॉस का फ़ैसला ग़लत था। दुःखी होने, झल्लाने और नौकरी छोड़ देने के बजाय मैंने तार्किक दृष्टि से विचार किया। निश्चित रूप से दूसरा व्यक्ति प्रमोशन के लिए मुझसे ज़्यादा योग्य था। जब प्रमोशन का अगला मौक़ा आएगा, तब तक मैं ऐसा क्या कर सकता हूँ कि मैं उस योग्य बन जाऊँ? साथ ही मैं कभी अपने आप पर भी नाराज़ नहीं हुआ कि मैं क्यों असफल हुआ था। मैंने कभी हीन भावना से पीड़ित होने में अपना समय बर्बाद नहीं किया।"

जब भी कोई बात बिगड़ जाए, तो बेंजामिन फ़ेयरलेस को याद करें। सिर्फ़ दो काम करें :

1. ख़ुद से पूछें, "जब प्रमोशन का अगला मौक़ा आएगा, तब तक मैं ऐसा क्या कर सकता हूँ कि मैं उस योग्य बन जाऊँ?"

2. निराश या हताश होने में समय और ऊर्जा बर्बाद न करें। अपने आपको न कोसें। अगली बार जीतने की योजना बनाएँ।

संक्षेप में, आप इन सिद्धांतों को अमल में लाएँ

1. अपने आपको हल्का रखें ताकि लोग आपको आसानी से ऊपर उठा सकें। लोगों के प्रिय बनें। लोकप्रिय बनें। इससे उनका समर्थन भी हासिल

होता है और आपके सफल होने में सहयोग भी मिलता है।

2. दोस्ती बनाने में पहल करें। हर मौक़े पर सामने वाले को अपना परिचय दें। यह सुनिश्चित कर लें कि आप सामने वाले का सही नाम जान लें और यह भी सुनिश्चित कर लें कि वह आपका नाम ठीक से जान ले। आप अपने जिन नए दोस्तों को बेहतर जानना चाहते हों, उन्हें चिट्ठी लिखें या फ़ोन करें।

3. हर इंसान अलग होता है और हर इन्सान की सीमाएँ होती हैं, इस बात को स्वीकार करें। किसी भी व्यक्ति से पूर्णता की उम्मीद न करें। याद रखें, हर व्यक्ति को अलग होने का अधिकार है। और हाँ, सुधारक बनने की कोशिश न करें।

4. चैनल पी, यानी कि अच्छे विचारों के स्टेशन को बराबर सुनते रहें। किसी व्यक्ति की अच्छाइयों और तारीफ़ के क़ाबिल गुणों को खोजते रहें, उसकी बुराइयों को ढूँढ़ने में अपना समय बर्बाद न करें। इसके अलावा, दूसरे लोगों को अपनी सकारात्मक सोच को नकारात्मक सोच में बदलने का मौक़ा न दें। लोगों के बारे में सकारात्मक चिंतन करें– और आपको सकारात्मक परिणाम मिलेंगे।

5. चर्चा में उदार बनें। सफल लोगों की तरह बनें। दूसरे लोगों को बोलने के लिए प्रोत्साहित करें। दूसरे व्यक्ति को *अपने विचार, अपनी उपलब्धियों* के बारे में बातें करने का पूरा मौक़ा दें।

6. हर समय शिष्टाचार निभाएँ। इससे लोगों को अच्छा लगता है। इससे आपको भी अच्छा लगेगा।

7. जब भी आप असफल हों, तो अपनी असफलता के लिए दूसरों को दोष न दें। याद रखें : हारने के बाद आप किस तरह से सोचते हैं, इसी बात से तय होता है कि आप कितने समय बाद जीतेंगे।

☼ ☼ ☼

10

काम में जुटने की आदत डालें

हर क्षेत्र के दिग्गज इस बात पर सहमत हैं : ऊँची पोस्ट के लिए योग्य व्यक्ति नहीं मिलते। जैसी कहावत है, चोटी पर हमेशा काफ़ी जगह ख़ाली रहती है। एक एक्ज़ीक्यूटिव का कहना था कि बहुत सारे लोगों में तकनीकी क़ाबिलियत तो होती है, परंतु उनमें सफलता के एक मूलभूत तत्व की कमी रहती है। वह तत्व है काम पूरा करना या परिणाम देना।

हर बड़े काम में - चाहे वह बिज़नेस चलाना हो, ऊँचे स्तर की सेल्समैनशिप हो, विज्ञान, सेना या सरकार हो - आपको एक ऐसे व्यक्ति की ज़रूरत पड़ती है जो न सिर्फ़ सोचता हो, बल्कि काम भी करता हो। जब भी अफ़सर किसी महत्वपूर्ण कर्मचारी को नियुक्त करते हैं तो वे अक्सर इस तरह के सवाल पूछते हैं, "क्या वह यह काम कर पाएगा?" "क्या वह *पूरा काम कर सकता है?*" "क्या वह *ख़ुद ही काम में जुटा रहेगा* या उसे बार-बार याद दिलाना पड़ेगा?" "क्या वह काम पूरा करेगा या सिर्फ़ बातें ही करता रहेगा?"

इन सारे सवालों का लक्ष्य एक ही है : यह पता लगाना कि क्या वह व्यक्ति कर्मठ है, क्या वह व्यक्ति काम का है।

उत्कृष्ट विचार ही पर्याप्त नहीं होते। एक साधारण विचार पर भी अगर अमल किया जाए और उसे विकसित किया जाए तो उसके अच्छे परिणाम निकलते हैं। दूसरी तरफ़, अगर आपके पास सर्वश्रेष्ठ विचार भी हो और आप उस पर अमल नहीं कर पाएँ, तो वह बेकार है क्योंकि वह आपके दिमाग़ में ही पैदा होता है और वहीं मर जाता है।

241

महान व्यापारी जॉन वानामेकर अक्सर कहा करते थे, "कोई भी चीज़ सिर्फ़ सोच लेने भर से नहीं हो जाती।"

इस बारे में विचार करें। इस दुनिया की हर चीज़, उपग्रह और गगनचुंबी इमारतों से लेकर बेबी फ़ूड तक, *सिर्फ़ एक विचार था जिस पर किसी ने मेहनत की है।*

जब आप सफल और असफल दोनों तरह के लोगों का अध्ययन करते हैं, तो आप पाएँगे कि आप उन्हें दो श्रेणियों में बाँट सकते हैं। सफल लोग "कर्मठ" होते हैं। औसत व्यक्ति साधारण होता है, जबकि असफल लोग "निठल्ले" होते हैं।

हम दोनों समूहों के अध्ययन से सफलता का सिद्धांत खोज सकते हैं। मिस्टर कर्मठ काम करने वाले होते हैं। वे काम शुरू करते हैं, उसे पूरा करते हैं और उनके दिमाग़ में विचार और योजनाएँ होती हैं। मिस्टर निठल्ले एक "अकर्मण्य" व्यक्ति होते हैं। वे काम को टालते रहते हैं जब तक कि वे यह साबित न कर दें कि वह काम उन्हें क्यों नहीं करना चाहिए, या वह काम वे क्यों नहीं कर सकते, या जब तक काम का वक़्त ही न निकल जाए।

मिस्टर कर्मठ और मिस्टर निठल्ले के बीच का अंतर अनगिनत चीज़ों में दिखता है। मिस्टर कर्मठ छुट्टियाँ मनाने की योजना बनाते हैं। वे छुट्टियाँ मनाकर आ जाते हैं। मिस्टर निठल्ले छुट्टियाँ मनाने की सोचते हैं। परंतु वे उसे "अगले" साल तक के लिए टाल देते हैं। मिस्टर क. निर्णय लेते हैं कि उन्हें नियमित रूप से चर्च जाना चाहिए। और वह ऐसा करते हैं। मिस्टर नि. सोचते हैं कि चर्च जाना एक अच्छा विचार है, परंतु वे ऐसा करने से किसी न किसी कारण से बचते रहते हैं। मिस्टर क. महसूस करते हैं कि उन्हें किसी की उपलब्धि पर उसे बधाई देनी चाहिए। वे चिट्ठी लिख देते हैं। मिस्टर नि. को चिट्ठी लिखने से बचने का कोई बहाना मिल जाता है और वे चिट्ठी कभी नहीं लिख पाते।

यह अंतर बड़ी चीज़ों में भी साफ़ दिखाई देता है। मिस्टर क. अपना ख़ुद का बिज़नेस खड़ा करना चाहते हैं। वे ऐसा कर लेते हैं। मिस्टर नि. भी ख़ुद का बिज़नेस खड़ा करना चाहते हैं, परंतु उन्हें समय रहते ही कोई

ऐसा "बेहतरीन" बहाना मिल जाता है जिसके कारण वे कभी ऐसा नहीं कर पाते। मिस्टर क., 40 साल की उम्र में, किसी नए काम में हाथ डालने का फ़ैसला करते हैं। वे ऐसा सफलतापूर्वक कर लेते हैं। यही विचार मिस्टर नि. के मन में आता है, परंतु वे इस बात पर सोचते ही रहते हैं और कभी कुछ कर नहीं पाते।

इन दोनों व्यक्तियों यानी कि मिस्टर कर्मठ और मिस्टर निठल्ले के बीच का अंतर हर तरह के व्यवहार में भी साफ़ झलकता है। मिस्टर क. जो काम करना चाहते हैं वे उसे करके दिखा देते हैं और इसके फलस्वरूप उन्हें आत्मविश्वास, अंदरूनी सुरक्षा की भावना, आत्मनिर्भरता और ज़्यादा आमदनी इत्यादि चीज़ें मिलती हैं। मिस्टर नि. कभी भी अपना मनचाहा काम नहीं कर पाते, क्योंकि वे काम करना शुरू ही नहीं करते। इसके फलस्वरूप उनका आत्मविश्वास कम होता जाता है, उनकी आत्मनिर्भरता समाप्त हो जाती है और वे औसत दर्जे की ज़िंदगी जीने के लिए विवश रहते हैं।

मिस्टर कर्मठ कुछ करते हैं। मिस्टर निठल्ले "करना तो चाहते हैं, पर कभी कुछ शुरू नहीं कर पाते।"

हर व्यक्ति कर्मठ बनना चाहता है। इसलिए आइए काम शुरू करने और फिर उसे पूरा करने की आदत डालें।

बहुत से निठल्ले लोग इस तरह के इसलिए बने क्योंकि वे इस बात का इंतज़ार करते हैं कि परिस्थितियाँ पूरी तरह आदर्श होनी चाहिए और जब तक ऐसा नहीं होता वे वहीं रुके रहते हैं। आदर्श स्थिति या पूर्णता बहुत अच्छी बात है। परंतु यह भी सच है कि कोई भी इंसानी चीज़ पूरी तरह आदर्श या पूर्ण नहीं होती है, न ही हो सकती है। इसलिए अगर आप आदर्श स्थिति का इंतज़ार करेंगे, तो शायद आपको हमेशा इंतज़ार करना पड़ेगा।

नीचे तीन उदाहरण दिए गए हैं, जिनमें बताया गया है कि तीन लोगों ने अपनी "स्थितियों" का सामना किस तरह किया।

उदाहरण एक : जी. एन. ने शादी क्यों नहीं की

मिस्टर जी. एन. लगभग चालीस साल के उच्च-शिक्षित अकाउंटेंट हैं और शिकागो में रहते हैं। जी. एन. की शादी करने की बड़ी इच्छा है। वे प्रेम,

साहचर्य, घर, बच्चे चाहते हैं। जी. एन. कई बार शादी के बहुत क़रीब आ
गए थे, एक बार तो उनकी शादी को सिर्फ़ एक दिन बचा था। परंतु हर
बार जब भी शादी की तारीख़ क़रीब आती थी, उन्हें कोई न कोई ऐसा
बहाना मिल जाता था जिसके कारण वह उस लड़की से शादी करने से
इंकार कर देते थे। ("भगवान का शुक्र है कि मैं वह ग़लती करने से
बाल-बाल बच गया।")

इसका एक दिलचस्प उदाहरण यह है। दो साल पहले, जी. एन. ने
सोचा कि आख़िरकार उसे सही लड़की मिल गई है। वह आकर्षक,
ख़ुशमिज़ाज और बुद्धिमान थी। परंतु जी. एन. को यह सुनिश्चित करना
था कि इस लड़की के साथ शादी करना पूरी तरह सही होगा। जब वे एक
शाम को शादी की योजना पर चर्चा कर रहे थे, तो लड़की ने कुछ ऐसी
बातें कहीं, जिनसे जी. एन. को चिंता होने लगी।

तो, यह सुनिश्चित करने के लिए कि वह सही लड़की से शादी करने
जा रहा है, जी. एन. ने चार पेज का एक एग्रीमेंट लिखा, जिस पर लड़की
को शादी से पहले साइन करने थे। इस एग्रीमेंट में कुछ शर्तें थीं, और
टाइप किया हुआ यह दस्तावेज़ जीवन के हर पहलू के बारे में था। धर्म
वाले खंड में कुछ शर्तें थीं : वे कौन से चर्च में जाएँगे, वे कितनी बार चर्च
जाएँगे, वे कितना दान देंगे। दूसरे खंड में बच्चों की योजना बनाई गई थी :
उनके कितने बच्चे होंगे और कब होंगे।

पूरे विस्तार से जी. एन. ने यह रूपरेखा बना ली थी कि उनके किस
तरह के दोस्त होंगे, उसकी भावी पत्नी किस तरह की नौकरी करेगी, वे
लोग कहाँ रहेंगे, किस तरह उनकी आमदनी ख़र्च की जाएगी। दस्तावेज़
के अंत में, जी. एन. ने आधे पेज में उन आदतों को लिखा जो लड़की को
या तो छोड़नी पड़ेंगी या सीखनी पड़ेंगी। इनमें धूम्रपान, शराबख़ोरी,
मेकअप, मनोरंजन इत्यादि थे।

जब जी. एन. की भावी दुल्हन ने उसका यह अल्टीमेटम देखा तो
उसने वही किया जो आप और हम सोच रहे हैं। उसने एक नोट लगाकर
इसे वापस भिजवा दिया, "हर एक के लिए सामान्य विवाह की यह शर्त
ही काफ़ी है 'कि अच्छे और बुरे वक़्त में हम साथ-साथ रहेंगे' और यह
मेरे लिए भी पर्याप्त है। अब मुझसे शादी की बात भूल जाएँ।"

जब जी. एन. मुझे अपना अनुभव सुना रहा था तो उसने चिंतित होकर कहा, 'अब आप बताएँ, एग्रीमेंट लिखकर मैंने क्या ग़लती कर दी? आख़िर, शादी एक बड़ा फ़ैसला है। आपको यह फ़ैसला बहुत सोच-समझकर करना चाहिए।'

परंतु जी. एन. ग़लत था। आप बहुत ज़्यादा सोच-समझकर चलेंगे, बहुत ज़्यादा सावधान रहेंगे तो शादी ही क्या, आप दुनिया के हर क्षेत्र में असफल रहेंगे। आपकी अपेक्षाएँ आसमान छू रही होंगी। जी. एन. का शादी के बारे में भी वही नज़रिया था जो अपनी नौकरी के बारे में था, अपनी बचत, अपने दोस्तों या किसी और चीज़ के बारे में था।

समस्याएँ पैदा होने से पहले ही उन्हें पूरी तरह ख़त्म कर देने की योग्यता सफल व्यक्ति में नहीं पाई जाती, परंतु समस्याएँ पैदा होने के बाद उन्हें सुलझाने की योग्यता हर सफल व्यक्ति में पाई जाती है। अगर हम कोई काम शुरू करने से पहले सारी उम्र इंतज़ार नहीं करना चाहते तो बेहतर होगा कि हम पूर्णता के साथ समझदारीपूर्ण समझौता करने के इच्छुक रहें। पुलों को तभी पार करें, जब वे आएँ। यह सलाह काफ़ी समय से दी जा रही है और यह अब भी उतनी ही सही है जितनी कि यह दो सौ साल पहले सही थी।

उदाहरण दो : जे. एम. नए घर में क्यों रहता है

हर बड़ा निर्णय लेते समय, मस्तिष्क ख़ुद के साथ युद्ध करता है- काम करें या न करें, करें कि न करें। यहाँ पर ऐसे युवक की कहानी है जिसने काम करने का फ़ैसला किया और इससे उसे बहुत फ़ायदा हुआ।

जे. एम. की स्थिति भी लाखों-करोड़ों युवकों जैसी है। वह अभी पच्चीस साल का है और उसकी पत्नी और एक बच्चा है और उसकी आमदनी ख़ास नहीं है।

मिस्टर और मिसेज़ जे. एम. एक छोटे अपार्टमेंट में रहा करते थे। नया घर दोनों का सपना था। वे चाहते थे कि उनके पास ज़्यादा जगह हो, आस-पास का माहौल ज़्यादा अच्छा हो, बच्चों के लिए खेलने का मैदान हो और अपनी ख़ुद की जायदाद हो।

परंतु नया घर ख़रीदने में एक बाधा थी– नक़द भुगतान। एक दिन जब जे. एम. अगले महीने के मकान किराए का चेक काट रहा था तो उसे बहुत कोफ़्त हुई। जितना मकान किराया वह दे रहा था, वह तो नए मकान की क़िस्त के बराबर रक़म थी।

जे. एम. ने अपनी पत्नी से कहा, "क्या तुम अगले हफ़्ते नया घर ख़रीदना पसंद करोगी?" पत्नी ने पूछा, "आज तुम्हें हो क्या गया है? क्यों मज़ाक़ कर रहे हो? तुम जानते हो हम अभी घर नहीं ख़रीद सकते। नक़द देने के लिए हमारे पास पैसे नहीं हैं? डाउन-पेमेंट हम कहाँ से देंगे?"

परंतु जे. एम. का इरादा पक्का था। "हमारी तरह के लाखों लोग होंगे जो किसी न किसी दिन नया घर ख़रीदने के सपने देखते होंगे, परंतु उनमें आधे से ज़्यादा लोग कभी भी अपने सपनों का घर नहीं ख़रीद पाते। कोई न कोई चीज़ आकर उन्हें रोक देती होगी। हम घर ख़रीदेंगे। मैं नहीं जानता कि हम डाउन-पेमेंट कहाँ से लाएँगे, परंतु हम किसी न किसी तरह ऐसा कर लेंगे।"

अगले हफ़्ते उन्हें एक ऐसा घर मिल गया जो उन्हें पसंद था। घर छोटा परंतु बढ़िया था, और उन्हें सिर्फ़ 1200 डॉलर का डाउनपेमेंट देना था। अब समस्या थी 1200 डॉलर इकट्ठे करना। जे. एम. जानता था कि उसे क़र्ज़ में इतनी बड़ी रक़म नहीं मिलेगी।

परंतु जहाँ चाह, वहाँ राह। अचानक, जे. एम. ने इस समस्या पर काफ़ी सोच-विचार किया। क्यों न बिल्डर से बात की जाए और 1200 डॉलर एकमुश्त देने के बजाय क़िस्तों में दिया जाए? जे. एम. ने बिल्डर से बात की। पहले तो बिल्डर नहीं माना, परंतु जे. एम. जब जुटा रहा, तो बिल्डर राज़ी हो गया। बिल्डर जे. एम. को 1200 डॉलर का लोन देने के लिए तैयार हो गया। अब जे. एम. को हर महीने 100 डॉलर और ब्याज का इंतज़ाम करना था।

पति-पत्नी दोनों ने हिसाब लगाया और हर महीने अपने ख़र्च में 25 डॉलर की कटौती करने का फ़ैसला किया। परंतु अब भी समस्या यह थी कि 75 डॉलर कहाँ से आएँगे, जो हर महीने क़िस्त देने के लिए ज़रूरी होंगे।

तभी जे. एम. के दिमाग़ में एक विचार आया। अगली सुबह वह

अपने बॉस से मिलने गया। उसने उन्हें बताया कि स्थिति क्या है। बॉस यह जानकर ख़ुश हुए कि जे. एम. घर ख़रीद रहा है।

फिर जे. एम. ने कहा, “सर, मुझे इसके लिए हर महीने 75 डॉलर चाहिए। मैं जानता हूँ कि आप मेरी तनख़्वाह तभी बढ़ाएँगे जब आप मुझे इस क़ाबिल समझेंगे। मैं अभी तो आपसे सिर्फ़ पैसा कमाने का अवसर चाहता हूँ। इस ऑफ़िस में ऐसी बहुत सी चीज़ें हैं, जो मैं सप्ताहांत में आकर कर सकता हूँ। क्या ऐसा संभव है कि इससे मेरी समस्या सुलझ जाएगी ?”

जे. एम. की गंभीरता और महत्वाकांक्षा देखकर बॉस प्रभावित हुए। हर सप्ताहांत में दस घंटे अतिरिक्त काम करने के बदले में वे जे. एम. को इतनी राशि देने के लिए तैयार हो गए और फिर मिस्टर और मिसेज़ जे. एम. अपने नए घर में रहने के लिए चले गए।

1. जे. एम. के मन में काम करने का दृढ़ संकल्प था, जिससे उसे लक्ष्य की प्राप्ति में सहयोग मिला।
2. जे. एम. नए विश्वास से भर गया। इसके बाद अगर उसके सामने कोई बड़ी परिस्थिति आती है, तो उसके लिए कर्मठता दिखाना आसान होगा।
3. जे. एम. ने अपनी पत्नी और अपने बच्चों को उनके सपनों का घर दिलवा दिया। अगर उसने आदर्श स्थितियों का इंतज़ार किया होता, घर ख़रीदने को टाला होता, तो हो सकता था कि वे लोग कभी अपने ख़ुद के घर में नहीं रह पाते।

उदाहरण तीन : सी. डी. अपना ख़ुद का बिज़नेस शुरू करना चाहता था, परंतु...

मिस्टर सी. डी. भी इसी तरह का एक उदाहरण है जो हमें बताता है कि अगर कोई काम शुरू करने से पहले आदर्श परिस्थितियों का इंतज़ार करता है तो उसका परिणाम क्या होता है।

दूसरे विश्वयुद्ध के कुछ ही समय बाद सी. डी. को अमेरिकन पोस्ट

ऑफ़िस डिपार्टमेंट के कस्टम्स डिवीज़न में नौकरी मिल गई। उसे काम पसंद था। परंतु पाँच साल बाद वह अपनी नौकरी से उकता गया। वही काम करते-करते वह ऊब गया था, रोज़ काम के बँधे-बँधाए घंटे, कम तनख़्वाह और ऐसा सीनियॉरिटी सिस्टम जिसमें तरक़्क़ी की गुंजाइश कम ही थी।

तभी उसके मन में एक विचार आया। उसे इस बात का काफ़ी ज्ञान हो चुका था कि सफल आयात कैसे किया जा सकता है। क्यों न वह कम क़ीमत के तोहफ़े और खिलौने आयात करने का बिज़नेस शुरू करे ? सी. डी. कई सफल आयातकों को जानता था जिनके पास इस बिज़नेस का उसके जितना ज्ञान नहीं था।

अपना बिज़नेस शुरू करने का विचार उसके मन में दस साल पहले आया था। परंतु आज भी वह कस्टम्स ऑफ़िस में ही काम कर रहा है।

क्यों ? होता यह था कि जब भी सी. डी. शुरू करने वाला होता था, कोई न कोई ऐसी समस्या आ जाती थी जिसके कारण वह आख़िरी क़दम नहीं उठा पाता था। पैसे की कमी, आर्थिक मंदी, बच्चे का जन्म, टेम्परेरी सुरक्षा की आवश्यकता, व्यापार पर प्रतिबंध, और इसी तरह के कई बहाने इंतज़ार करने और काम टालने के लिए इस्तेमाल किए गए।

सच्चाई तो यह है कि सी. डी. ने ख़ुद को मिस्टर निठल्ले बन जाने दिया। वह चाहता था कि वह आदर्श परिस्थितियों में ही काम शुरू करे। चूँकि परिस्थितियाँ कभी आदर्श नहीं हुईं, इसलिए सी. डी. का काम कभी शुरू नहीं हो पाया।

आप इस समस्या को कैसे दूर कर सकते हैं ? यहाँ दो तरीक़े सुझाए जा रहे हैं जो आपकी इस आदत को दूर कर देंगे :

1. भविष्य में आने वाली कठिनाइयों का अनुमान लगाएँ। हर नए काम में जोखिम, समस्या और अनिश्चितताएँ होती हैं। मान लें कि आप कार से शिकागो से लॉस एंजेल्स जाना चाहते हैं, और आप तब तक चलना शुरू नहीं करेंगे, जब तक कि आपको इस बात की पूरी गारंटी न मिल जाए कि रास्ते में कोई बाधा नहीं आएगी, आपकी गाड़ी ख़राब नहीं होगी, मौसम ख़राब नहीं होगा, कोई शराबी ड्राइवर आपको तंग नहीं करेगा,

और किसी तरह का कोई ख़तरा नहीं होगा, तो क्या होगा ? आप कब चलना शुरू करेंगे ? *कभी नहीं!* इसी यात्रा की तैयारी आप इस तरह से भी कर सकते हैं कि आप यात्रा का नक़्शा साथ रख लें, अपनी कार को चेक करा लें, और इस तरह पूरी सावधानी बरतें। परंतु आप सारे ख़तरों को न तो भाँप सकते हैं, न ही उन्हें ख़त्म कर सकते हैं।

2. जब समस्याएँ और बाधाएँ आएँ, तब उनसे निबटें। सफल व्यक्ति की योग्यता इस बात से नहीं जाँची जाती कि वह काम शुरू करने के पहले ही सारी बाधाओं को हटा देता है, बल्कि इस बात से जाँची जाती है कि जब भी उसकी राह में बाधाएँ आती हैं, वह उनसे निबटने के तरीक़े खोज लेता है। बिज़नेस, शादी, या किसी भी अन्य चीज़ में आप पुलों को तभी पार कर सकते हैं, जबकि आप पुल पर हों।

हम सभी समस्याओं के ख़िलाफ़ बीमा पॉलिसी नहीं ख़रीद सकते।

अपने विचारों के बारे में कुछ करने का मन बना लें। पाँच या छह साल पहले एक बहुत ही योग्य प्रोफ़ेसर ने मुझे बताया कि वे एक पुस्तक लिखने की योजना बना रहे हैं। वे कुछ दशक पहले के एक विवादास्पद व्यक्ति की जीवनी लिखना चाहते थे। उनके विचार न सिर्फ़ रोचक थे, बल्कि शानदार थे। उनमें दम था, लोगों को मंत्रमुग्ध करने की क्षमता थी। प्रोफ़ेसर को पता था कि वह क्या कहना चाहते थे और उन्हें अपनी बात किस तरह कहनी चाहिए। इस पुस्तक के पूरा होने पर उन्हें अंदरूनी संतोष तो मिलता ही, साथ ही प्रतिष्ठा और पैसा भी काफ़ी मिलता।

पिछले साल मैं उसी मित्र से फिर मिला और मैंने अनजाने में उससे यह पूछ लिया कि क्या उसकी पुस्तक पूरी हो गई। (यह मूर्खतापूर्ण सवाल था क्योंकि इससे मैंने उसके पुराने घाव को कुरेद दिया था।)

नहीं, वह पुस्तक नहीं लिख पाया। कुछ समय तक तो वह यही सोचता रहा कि वह इसका क्या कारण बताए। आख़िरकार उसने कहा कि वह बेहद व्यस्त था, उसके पास दूसरी "ज़िम्मेदारियाँ" थीं और इसलिए उसे पुस्तक लिखने की फ़ुरसत ही नहीं मिली।

वास्तव में प्रोफ़ेसर ने इस विचार को अपने मानसिक क़ब्रिस्तान में

गहरे दफ़ना दिया था। उसने अपने दिमाग़ में नकारात्मक विचारों को बढ़ने दिया था। उसने यह कल्पना कर ली थी कि उसे पुस्तक लिखने में बहुत मेहनत करनी पड़ेगी और उसे कई त्याग भी करने होंगे। उसने उन सभी कारणों पर विचार कर लिया था जिनके कारण उसकी योजना असफल हो सकती थी।

विचार महत्वपूर्ण हैं। हम इस बात को अच्छी तरह समझ लें। अगर हमें कुछ भी बनाना है या सुधारना है तो उसकी पहली शर्त यह है कि हमारे पास विचार हों। सफलता उस व्यक्ति के दरवाज़े पर दस्तक नहीं देती जिसके पास विचार नहीं होते।

परंतु हम इस बिंदु को अच्छी तरह से समझ लें। केवल विचारों का ही महत्व नहीं होता। विचारों का महत्व तभी होता है जब उन पर अमल किया जाए। अगर आपके मन में यह विचार आता है कि आप अपने बिज़नेस को किस तरह बढ़ाएँ, तो केवल विचार करने भर से आपका बैंक बैलेंस नहीं बढ़ जाता।

हर दिन हज़ारों लोग अच्छे विचारों को दफ़नाते रहते हैं क्योंकि उनमें उन पर अमल करने की हिम्मत नहीं होती।

और इसके बाद, उन विचारों के भूत उन्हें सताने के लिए आ जाते हैं।

इन दो विचारों को अपने दिमाग़ में गहरे बैठ जाने दें। पहली बात तो यह, कि अपने विचारों पर अमल करके उन्हें मूल्यवान बनाएँ। चाहे विचार कितना ही अच्छा हो, यदि आप उस पर अमल नहीं करेंगे तो आपको ज़रा भी लाभ नहीं होगा।

दूसरी बात यह है कि अपने विचारों पर अमल करें और मन की शांति हासिल करें। किसी ने एक बार कहा था कि सबसे दुःखद शब्द हैं : काश मैंने ऐसा किया होता! हर दिन आप किसी न किसी को ऐसी बात करते सुनते होंगे, "अगर मैं 1952 में इस बिज़नेस में गया होता, तो आज मैं लाखों में खेल रहा होता।" या "मुझे लगता था कि ऐसा ही होगा। काश मैंने उस वक़्त अपने दिल की बात सुनी होती!" अगर अच्छे विचार पर अमल न किया जाए, तो उससे काफ़ी मनोवैज्ञानिक पीड़ा भी होती है। परंतु अगर अच्छे विचार पर अमल किया जाए तो उससे हमें मानसिक

शांति मिलती है।

क्या आपके पास कोई अच्छा विचार है ? तो फिर देर किस बात की है, उस पर अमल करें।

काम करके डर का इलाज करें और आत्मविश्वास हासिल करें। यह याद रखने लायक़ बात है। काम करने से आपका आत्मविश्वास बढ़ता और प्रबल होता है। काम न करने से डर बढ़ता और प्रबल होता है। इसलिए डर को दूर करने के लिए, *उस काम को कर दें।* अपने डर को बढ़ाने के लिए- इंतज़ार करते रहें, काम को टालते रहें, बाद में करने की सोचें।

एक बार मैंने एक युवा पैराट्रूपर इन्स्ट्रक्टर के मुँह से सुना, "कूदने में कोई दिक़्क़त नहीं है। कूदने के पहले इंतज़ार करते वक़्त मुश्किल आती है। जब कूदने का समय आता है तो मैं हमेशा यह कोशिश करता हूँ कि लोगों को ज़्यादा सोचने का मौक़ा न मिले। कई बार ऐसा हुआ है कि किसी प्रशिक्षु ने इस बारे में ज़्यादा सोच लिया कि उसके साथ क्या बुरा हो सकता है और यह सोचकर वह घबरा गया। अगर हम उसे अगली ट्रिप में कूदने के लिए तैयार नहीं कर पाए, तो वह ज़िंदगी में कभी पैराट्रूपर नहीं बन सकेगा। आत्मविश्वास उसे तभी मिलेगा जब वह कूद जाएगा। जब तक वह कूदने से बचता रहेगा, उसे टालता रहेगा तब तक वह डरता ही रहेगा।"

इंतज़ार करना विशेषज्ञों को भी नर्वस कर देता है। *टाइम मैग्ज़ीन* में लिखा गया था कि एडवर्ड आर. मरो, जो देश के बेहतरीन न्यूज़रीडर हैं, जब टेलीविज़न पर आने वाले होते हैं तो वे काफ़ी नर्वस हो जाते हैं और उन्हें पसीना आने लगता है। परंतु एक बार वे काम में जुट जाते हैं तो फिर उनका डर काफ़ूर हो जाता है। कई अभिनेता भी इसी तरह की प्रक्रिया से गुज़रते हैं। सभी इस बारे में एकमत हैं कि स्टेज के डर का एक ही इलाज है स्टेज पर उतरना या कर्म करना। जनता के सामने मंच पर आ जाने के बाद डर, चिंता, तनाव सब दूर हो जाता है।

कर्म से डर दूर हो जाता है। एक बार हम अपने दोस्त के घर गए जहाँ उसका पाँच साल का बच्चा सोने के आधे घंटे बाद ही जाग गया और रोने लगा। बच्चे ने एक डरावनी फ़िल्म देखी थी और उसे यह डर लग रहा था कि राक्षस आकर उसे उठा ले जाएगा। बच्चे के पिता ने उसे

समझाया। उसके समझाने का तरीक़ा सचमुच लाजवाब था। उसने यह नहीं कहा, "फ़िक्र मत करो, बेटे, कोई भी तुम्हें कहीं उठाकर नहीं ले जाएगा। चुपचाप सो जाओ।" इसके बजाय उसने सकारात्मक कार्य किया। उसने बच्चे के सामने सारी खिड़कियों की जाँच की और इससे बच्चे को यह विश्वास हो गया कि सभी खिड़कियाँ अच्छी तरह बंद हैं। इसके बाद उसने बच्चे की प्लास्टिक की बंदूक उसके पास की टेबल पर रख दी और कहा, "बिली, वैसे अगर तुम्हें कोई दिक़्क़त आए, तो यह बंदूक तुम्हारे पास ही रखी है।" अब जाकर छोटे बच्चे को चैन मिला, उसका डर दूर हुआ और चार मिनट बाद ही वह गहरी नींद में सो गया।

कई डॉक्टर लोगों को हानिरहित निष्क्रिय "दवाइयाँ" इसलिए देते हैं ताकि उनके मन को संतोष रहे। लोग डॉक्टर से नींद की गोली माँगते हैं, डॉक्टर उन्हें झूठ-मूठ की नींद की गोली पकड़ा देता है। लोगों को गोली निगलने के बाद ऐसा लगता है कि उन्हें अच्छी नींद आती है, हालाँकि गोली में कोई दवाई नहीं थी, इसके बावजूद उन पर इसका मनोवैज्ञानिक असर होता है और उन्हें अपनी तबीयत ज़्यादा अच्छी महसूस होती है।

यह स्वाभाविक है कि हमें किसी न किसी तरह का डर सताए। इसका सामना करने के आम तरीक़े कई बार आपको कारगर नहीं लगेंगे। मैं कई सेल्समैनों से मिला हूँ जिन्होंने डर का इलाज करने की कोशिश की है जैसे उन्होंने ग्राहक के घर के चारों तरफ़ तीन चक्कर लगाए हैं या एक कॉफ़ी ज़्यादा पी है। परंतु इन चीज़ों से समस्या हल नहीं होती। इस तरह के डर को दूर करने का- हाँ, बल्कि *किसी भी तरह के डर को दूर करने का एकमात्र तरीक़ा यह है कि उस काम को कर दिया जाए।*

अगर आपको किसी को फ़ोन करने में डर लगता है, तो आप फ़ोन कर दीजिए और आपका डर ग़ायब हो जाएगा। अगर आप इसे टालते जाएँगे तो आपके लिए फ़ोन करना दिनोंदिन मुश्किल होता जाएगा।

डॉक्टर के पास चेकअप करवाने के लिए जाने में आपको घबराहट होती है? जाइए और आपकी चिंता दूर हो जाएगी। हो सकता है कि आपको कोई गंभीर बीमारी न हो, और अगर हो भी, तो कम से कम आपको यह तो पता चल जाएगा कि आप किस हाल में हैं। अगर आप अपने चेकअप को टालते रहेंगे तो आपका डर बढ़ता जाएगा और एक

न एक दिन आप सचमुच इसी डर और चिंता के कारण बीमार पड़ जाएँगे।

अगर आपको अपने बॉस के साथ किसी समस्या पर चर्चा करने में डर लगता हो, तो चर्चा कर लें और आप पाएँगे कि आपकी चिंताएँ चुटकियों में दूर हो गई हैं।

आत्मविश्वास जगाएँ। *कर्म करके डर को दूर भगाएँ।*

अपने मानसिक इंजन को चालू करें- मशीनी तरीक़े से

एक युवक लेखक बनना चाहता था, परंतु उसने जो कुछ लिखा था वह सफल लेखन नहीं कहा जा सकता था। इस लेखक ने मेरे सामने यह स्वीकार किया, "मेरी समस्या यह है कि कई बार पूरा दिन या पूरा हफ़्ता निकल जाता है और मैं एक पेज भी नहीं लिख पाता।

उसने कहा, "लेखन रचनात्मक कार्य है। इसके लिए आपको प्रेरणा मिलनी चाहिए। आपका मूड होना चाहिए।"

यह सच है कि लेखन रचनात्मक होता है, परंतु मैं आपको एक सफल लेखक की बात बताना चाहता हूँ जिसने कहा था कि यही वह "राज़" की बात है जिसके कारण वह इतना सफल लेखन कर पाया।

"मैं 'दिमाग़ को मजबूर करने वाली' तकनीक का इस्तेमाल करता हूँ। मेरे पास हर काम की डेडलाइन मौजूद होती है और मैं प्रेरणा के आसमान से उतरने का इंतज़ार नहीं कर सकता। मैं मूड के सही होने का इंतज़ार भी नहीं कर सकता। मुझे मूड बनाना पड़ता है। यह रहा मेरा तरीक़ा। मैं अपनी टेबल-कुर्सी पर बैठ जाता हूँ। फिर मैं अपनी पेंसिल उठाकर लिखने बैठ जाता हूँ। जो भी मन में आता है, मैं लिखने लगता हूँ। मैं हाथ चलाता हूँ और कुछ समय बाद मुझे पता ही नहीं चलता कि कब मेरा मस्तिष्क सही दिशा में चला जाता है और मुझे प्रेरणा मिल जाती है और मेरा सचमुच ही लिखने का मूड बन जाता है।"

"कई बार, जब मैं नहीं लिख रहा होता हूँ तब भी मेरे दिमाग़ में अचानक ज़ोरदार विचार आ जाते हैं, परंतु ऐसे विचार मेरे लिए बोनस की तरह हैं। ज़्यादातर अच्छे विचार मेरे दिमाग़ में तभी आते हैं जब मैं

काम करने बैठ जाता हूँ।”

कर्म होने के पहले कर्म करना पड़ता है। यह प्रकृति का नियम है। कोई भी चीज़ अपने आप शुरू नहीं होती, वे यंत्र भी नहीं जिनका आप रोज़ाना इस्तेमाल करते हैं।

आपके घर में ऑटोमेटिक एयरकंडीशनर होगा, परंतु आपको अपना मनचाहा तापमान तो चुनना ही पड़ता है (कर्म करना पड़ता है)। आपकी कार अपने आप गियर बदल लेती है, परंतु उससे पहले आपको सही लीवर दबाना पड़ता है। यही सिद्धांत दिमाग़ के कर्म के बारे में भी सही है। आपको अपने दिमाग़ को सही गियर में लाना होगा, तभी यह आपके लिए सही काम करेगा।

एक युवा सेल्स-मैनेजर ने बताया कि वह किस तरह अपने सेल्समैनों को “मशीनी तरीक़े” से दिन शुरू करने का प्रशिक्षण देता है।

“हर सेल्समैन जानता है कि घर-घर जाकर सामान बेचने वाले सेल्समैनों को कितनी दिक़्क़तों का सामना करना पड़ता है। हर सेल्समैन को सुबह की पहली बिक्री से डर लगता है। वह जानता है कि उसका दिन भारी गुज़रेगा, इसलिए वह पहले घर का दरवाज़ा खटखटाने से बचता रहता है। वह दो कप कॉफ़ी ज़्यादा पीता है, वह अड़ोस-पड़ोस में फ़ालतू घूमता रहता है और दर्जनों बेकार काम करता है सिर्फ़ इसलिए कि वह पहले घर का दरवाज़ा खटखटाने से बच सके।

“मैं हर नए व्यक्ति को इस तरह सिखाता हूँ। मैं उसे बताता हूँ कि शुरू करने का एक ही तरीक़ा होता है और वह है शुरू करना। काम को टालो मत। उसके बारे में ज़्यादा सोचो मत। बस शुरू कर दो। अपनी गाड़ी खड़ी करो। अपना सैंपल केस निकालो। दरवाज़े तक जाओ। घंटी बजाओ। मुस्कराओ। ‘गुड मॉर्निंग’ कहो। और अपनी बात मशीनी तरीक़े से ग्राहक के सामने रखो और इसके बारे में न तो ज़्यादा चिंता करो, न ही सोचो। इस तरह दिन शुरू करने से आपकी हिचक दूर हो जाती है। दूसरे-तीसरे घर के दरवाज़े के सामने पहुँचते-पहुँचते आपका दिमाग़ पैना हो जाएगा और आपकी प्रस्तुतियाँ अपने आप प्रभावी हो जाएँगी।”

एक व्यक्ति ने कहा था कि ज़िंदगी की सबसे बड़ी समस्या गर्म बिस्तर

से निकलकर ठंडे कमरे में आना थी। और उसकी बात में दम था। आप जितनी देर तक बिस्तर पर पड़े रहेंगे और सोचते रहेंगे कि बाहर निकलना कितना कष्टदायक है, ऐसा करना आपके लिए उतना ही मुश्किल होता जाएगा। इस तरह की सीधी-सादी सी बात में भी, जिसमें आपको अपनी चादर हटाकर अपने पैरों को फ़र्श पर रखना है, आपको डर लगता है।

संदेश स्पष्ट है। जो लोग दुनिया में कुछ कर गुज़रते हैं वे इस बात का इंतज़ार नहीं करते कि कब उनका मूड सही होगा; बल्कि वे मूड को सही करने की सामर्थ्य रखते हैं।

यह दो प्रयोग करें :

1. छोटे परंतु कष्टदायक कामों को करने के लिए मशीनी तरीक़े का इस्तेमाल करें। उस काम के बुरे पहलुओं के बारे में सोचने के बजाय आप बिना सोचे उस काम को करना शुरू कर दें।

शायद ज़्यादातर महिलाओं को बर्तन साफ़ करना सबसे कष्टदायक काम लगता होगा। मेरी माँ भी इसका अपवाद नहीं थीं। परंतु उन्होंने इस काम को फुर्ती से निबटाने का मशीनी तरीक़ा ईजाद कर लिया था, ताकि इसके बाद वे अपना मनचाहा काम कर सकें।

जब वे डायनिंग टेबल से जाती थीं, तो वे मशीनी अंदाज़ में बर्तन इकट्ठे कर लेती थीं और उन्हें साफ़ करना शुरू कर देती थीं। कुछ ही मिनटों में उनका काम ख़त्म हो जाता था। क्या यह तरीक़ा बर्तन "सिंक में जमा करते रहने" और उन्हें देख-देखकर चिंता करने से बेहतर नहीं है ?

आज यह करके देखें : एक ऐसा काम चुन लें जो आपको नापसंद है। फिर, बिना उस बारे में सोचे, या बिना उससे डरे, उस काम को कर दें। नापसंदगी के छोटे-छोटे कामों को करने का यही तरीक़ा सबसे प्रभावी है।

2. अगला क़दम यह है कि आप विचार करने, योजनाएँ बनाने, समस्याएँ सुलझाने और दूसरे दिमाग़ी कामों के लिए भी मशीनी तरीक़े का इस्तेमाल करें। आप मूड बनने का इंतज़ार करें, इसके बजाय बेहतर यही है कि आप बैठ जाएँ और अपने मूड को बना लें।

यहाँ एक ख़ास तकनीक दी जा रही है, जो आपकी काफ़ी मदद

करेगी। *पेंसिल और काग़ज़ का इस्तेमाल करें।* पाँच सेंट की छोटी सी पेंसिल दुनिया का सबसे महान एकाग्रता यंत्र है। अगर मुझे एक बहुत शानदार, साउंड प्रूफ़ ऑफ़िस और पेंसिल-काग़ज़ में से किसी एक को चुनना हो, तो मैं यक़ीनन पेंसिल और काग़ज़ को चुनूँगा। पेंसिल और काग़ज़ से आप अपने दिमाग़ को किसी समस्या से बाँध सकते हैं।

जब आप किसी विचार को काग़ज़ पर लिखते हैं, तो आपका पूरा ध्यान अपने आप उस विचार पर केंद्रित होता है। ऐसा इसलिए होता है क्योंकि आपका दिमाग़ एक साथ दो काम नहीं कर सकता। एक ही समय पर आपका दिमाग़ एक विचार को सोचे और दूसरे विचार को लिखे, यह नहीं हो सकता। और जब आप काग़ज़ पर कुछ लिखते हैं, तो आप दरअसल अपने दिमाग़ पर "लिख" रहे हैं। परीक्षणों से यह साबित हो चुका है कि अगर आप काग़ज़ पर लिखकर कोई चीज़ याद करते हैं, तो वह आपको लंबे समय तक और ज़्यादा अच्छी तरह याद रहती है।

और एक बार आप एकाग्रता के लिए पेंसिल और काग़ज़ की इस तकनीक में पारंगत हो जाएँ, तो फिर आप शोरगुल के माहौल में भी सोच सकेंगे। जब आप सोचना चाहें, लिखना शुरू कर दें या डायग्राम बनाना शुरू कर दें। अपने मूड को बनाने का यह बेहतरीन तरीक़ा है।

अब मैं आपको सफलता का जादुई फ़ॉर्मूला बताना चाहता हूँ। कल, अगले सप्ताह, बाद में, और किसी दिन, फिर किसी समय– यह सभी असफलता के शब्द कभी नहीं के पर्यायवाची हैं। बहुत सारे अच्छे सपने कभी सच नहीं हो पाते क्योंकि हम यही कहते रह जाते हैं, "मैं इसे किसी दिन शुरू करूँगा।" जबकि हमें यह कहना चाहिए, "मैं इसे अभी शुरू करता हूँ।"

एक उदाहरण लें, पैसे बचाने का। हर व्यक्ति मानता है कि पैसे बचाना एक अच्छी बात है। परंतु यह अच्छी बात है, इसका यह मतलब नहीं है कि सभी लोग योजनाबद्ध तरीक़े से बचत करते हैं और निवेश करते हैं। कई लोगों का बचत करने का इरादा तो होता है परंतु बहुत कम लोग अपने इरादों पर *अमल* कर पाते हैं।

एक युवा दंपति ने इस तरह बचत करना शुरू किया। बिल की तनख़्वाह 1000 डॉलर थी, परंतु वह और उसकी पत्नी जेनेट हर माह

1000 डॉलर ख़र्च भी कर डालते थे। दोनों ही बचत करना चाहते थे, परंतु कोई न कोई ऐसा कारण आ जाता था जिससे वे कभी बचत नहीं कर पाए। सालों तक वे सोचते रहे, "जब मेरी तनख़्वाह बढ़ेगी, तब हम बचत करना शुरू करेंगे।" "जब हमारी अमुक चीज़ की क़िस्तें ख़त्म हो जाएँगी, तब हम बचत करना शुरू करेंगे।" "अगले महीने," "अगले साल।"

आख़िरकार जेनेट को बचत करने की अपनी असफलता पर ग़ुस्सा आ गया। उसने बिल से कहा, "देखो बिल, हम कभी बचत कर पाएँगे या नहीं।" बिल ने जवाब दिया, "हाँ, हमें करना तो है परंतु हम अभी कर ही क्या सकते हैं?"

परंतु इस बार जेनेट करो-या-मरो वाले मूड में थी। "हम सालों से बचत करने की सोच रहे हैं। हम इसलिए नहीं बचा पाते, क्योंकि हमने यह सोच रखा है कि हमसे बचत नहीं होगी। इसके बजाय अब हम यह सोचना शुरू कर दें कि हम बचत कर *सकते* हैं। मैंने आज एक विज्ञापन देखा जिसमें लिखा है कि अगर हम हर महीने 100 डॉलर भी बचाते हैं, तो 15 सालों में हमारे पास 18000 डॉलर जमा हो जाएँगे, और उसके साथ ही हमें 6600 डॉलर ब्याज भी मिलेगा। विज्ञापन में यह भी लिखा था कि ख़र्च करने के बाद बचत करना मुश्किल होता है, जबकि बचत करने के बाद तनख़्वाह ख़र्च करना आसान होता है। अगर तुम साथ दो, तो मैं चाहती हूँ कि तुम्हारी तनख़्वाह का दस प्रतिशत हम शुरू में ही बचत खाते में डाल देंगे। अगर महीने के आख़िर में हमें फाके भी करने पड़ें तो मैं उसके लिए तैयार हूँ। बिल, इस तरह अगर हम ठान लें, तो हम बचत कर सकते हैं।"

बिल और जेनेट को कुछ महीनों तक तो मुश्किल आई, परंतु जल्दी ही उन्होंने अपने नए बजट के हिसाब से आसानी से घर चलाना सीख लिया। अब बचत करने में भी उनको उतना ही मज़ा आता है, जितना उन्हें पहले "ख़र्च करने" में आता था।

किसी दोस्त को चिट्ठी लिखना चाहते हैं? अभी लिख दें। आपके पास एक विचार आया है कि आपका बिज़नेस किस तरह बढ़ सकता है? उस विचार को अभी प्रस्तुत कर दें। बेंजामिन फ्रैंकलिन की सलाह याद रखें, "कल पर वह काम न टालें, जिसे आप आज कर सकते हैं।"

याद रखें, अभी काम करने का तरीक़ा सफलता का तरीक़ा है, जबकि *फिर किसी दिन* या *फिर कभी* काम करने की सोच असफलता का तरीक़ा है।

एक दिन मैं अपनी पुरानी बिज़नेस मित्र से मिलने गया। वह एक कॉन्फ्रेंस से अभी हाल लौटी थी। जब मैंने उसे देखा तो मैंने महसूस किया कि वह किसी बात से परेशान थी। ऐसा लग रहा था जैसे वह काफ़ी निराश थी। और मेरा अनुमान सही था।

उसने आते ही कहा, "मैंने आज सुबह मीटिंग की क्योंकि मैं चाहती थी कि कंपनी की पॉलिसी में जो बदलाव प्रस्तावित है, उसके बारे में कुछ मदद मिल सके। परंतु मुझे किस तरह की मदद मिली? मेरे साथ छह लोग मीटिंग में थे और केवल एक ही व्यक्ति ने अपने विचारों का योगदान दिया। दो और लोगों ने कहा, परंतु उन्होंने सिर्फ़ मेरे शब्दों को दोहरा दिया। ऐसा लग रहा था जैसे मैं पत्थर से सिर फोड़ रही थी। मैं यह नहीं जान पाई कि प्रस्तावित पॉलिसी परिवर्तन के बारे में उन लोगों की क्या राय थी।

"दरअसल," उसने आगे कहा, "होना यह चाहिए था कि हर व्यक्ति मुझे यह बताता कि वह क्या सोचता था। आख़िरकार, इससे उन सभी को प्रभावित होना था।"

मेरी मित्र को मीटिंग में कोई मदद नहीं मिली। परंतु अगर आप मीटिंग ख़त्म होने के बाद हॉल में जाते, तो आपको उन्हीं चुप्पे लोगों के मुँह से इस तरह की टिप्पणियाँ सुनने को मिल जातीं, "मेरी इच्छा तो हुई थी कि मैं कुछ कह दूँ..." "किसी ने यह क्यों नहीं कहा कि...", "मुझे नहीं लगता..." "हमें आगे बढ़ना चाहिए...।" अक्सर पत्थर टाइप के यह लोग जो मीटिंग रूम में चुपचाप बैठे रहते हैं, मीटिंग के बाद बहुत बोलते हैं, जब उनके बोलने से कोई फ़र्क़ नहीं पड़ता। जब वक़्त निकल जाता है, तो वे जागते हैं और सक्रिय होते हैं।

बिज़नेस मीटिंग में लोग आपकी राय, आपके विचार जानना चाहते हैं। जो व्यक्ति अपनी राय को अपने दिमाग़ की तिजोरी में ही बंद रखता है, वह अपने ही पैर पर कुल्हाड़ी मारता है।

"बोलने की" आदत डालें। हर बार जब आप बोलने के लिए खड़े होते हैं, आपका आत्मविश्वास बढ़ता जाता है। अपने रचनात्मक विचारों के साथ आगे आएँ।

हम सभी जानते हैं कि कॉलेज के विद्यार्थी परीक्षा की तैयारी किस तरह करते हैं। जो नाम के एक विद्यार्थी ने भी एक शाम को बहुत पढ़ने का फ़ैसला किया, क्योंकि अगले दिन उसकी परीक्षा थी। यहाँ यह बताया गया है कि उसके फ़ैसले का क्या हुआ और उसकी शाम किस तरह गुज़री।

जो शाम को 7 बजे पढ़ने के लिए तैयार था, परंतु उसका डिनर कुछ भारी हो गया था, इसलिए उसने सोचा कि वह कुछ देर टीवी देख ले। कुछ देर करते-करते उसने एक घंटे तक टीवी देखा क्योंकि सीरियल उसे पसंद आ गया था। 8 बजे वह अपनी टेबल पर बैठ गया, लेकिन तत्काल ही उठ गया क्योंकि उसे अचानक याद आ गया कि उसे अपनी गर्लफ्रेंड को फ़ोन करना है। इसमें 40 मिनट लग गए (उसने पूरे दिन उससे बात नहीं की थी)। किसी का फ़ोन आ गया, जिसमें 20 मिनट लग गए। अपनी डेस्क पर आते-आते जो की इच्छा हुई कि वह पिंग पॉन्ग खेल ले। इसमें एक और घंटा बर्बाद हो गया। पिंग पॉन्ग खेलने के बाद उसे पसीना आ गया था, इसलिए वह नहा भी लिया। नहाने के बाद उसे भूख लगी, क्योंकि पिंग पॉन्ग और नहाने के बाद भूख लगना स्वाभाविक था।

और इस तरह उसकी शाम बर्बाद हो गई। उसके इरादे तो अच्छे थे, परंतु वह इरादों पर अमल नहीं कर पाया। आख़िरकार एक बजे रात को उसने अपनी पुस्तक खोली, परंतु उसे इतनी नींद आ रही थी कि वह कुछ समझ नहीं पा रहा था। आख़िरकार उसने नींद के आगे हार मान ली। अगली सुबह उसने अपने प्रोफ़ेसर को बताया, "मुझे लगता है कि आप मुझे अच्छे नंबर देंगे। मैंने इस परीक्षा के लिए सुबह दो बजे तक पढ़ाई की है।"

जो कार्य करने में नहीं जुटा क्योंकि उसने कार्य करने की तैयारी में बहुत समय बर्बाद कर दिया। और जो ही "ज़्यादा तैयारी" का एकमात्र शिकार नहीं है। जो नाम का सेल्समैन, या एक्ज़ीक्यूटिव, या प्रोफ़ेशनल वर्कर, जोसेफाइन नाम की हाउसवाइफ़ - यह सभी इसी तरह की तैयारी करते हैं। कोई भी महत्वपूर्ण काम शुरू करने से पहले वे इसीलिए गपशप

करते हैं, कॉफ़ी पीते हैं, पेंसिल तेज़ करते हैं, पढ़ते हैं, मेज़ साफ़ करते हैं, टीवी देखते हैं और कई ऐसी चीज़ें करते हैं जिनमें फ़ालतू समय बर्बाद होता है।

परंतु इस आदत को दूर करने का एक तरीक़ा है। अपने आपसे यह कहें, "मैं *अभी* शुरू करने की हालत में हूँ। काम टालने से मुझे कोई फ़ायदा नहीं होगा। मैं तैयारी में जितना समय और ऊर्जा बर्बाद करूँगा, उसका इस्तेमाल मैं काम करने में कर सकता हूँ।"

मशीन के पुर्ज़े बनाने वाली कंपनी के एक बॉस ने अपने सेल्स एक्ज़ीक्यूटिव्ज़ से यह कहा, "इस बिज़नेस में हमें ऐसे लोगों की ज़रूरत है जिनके पास दमदार विचार हों और उनमें अपने विचारों पर अमल करने का दम भी हो। हमारी कंपनी का हर काम बेहतर तरीक़े से हो सकता है, चाहे उत्पादन हो, मार्केटिंग हो या कोई अन्य क्षेत्र हो। मैं यह नहीं कहना चाहता कि हम अभी ख़राब काम कर रहे हैं। हम अच्छा काम कर रहे हैं। परंतु हर सफल कंपनी की तरह, हमें नए सामानों, नए बाज़ारों, नए विचारों और नए उपायों की ज़रूरत है। हमें ऐसे लोगों की ज़रूरत है जो पहल करें। वही हमारी टीम के कप्तान बनने क़ाबिल हैं।"

पहल करना कर्म करने का एक ख़ास पहलू है। पहल करने का मतलब है बिना किसी के कहे कोई महत्वपूर्ण काम करना। पहल करने वाला व्यक्ति हर बिज़नेस और प्रोफ़ेशन में अलग दिख जाता है, और उसकी आमदनी भी काफ़ी होती है।

मुझे एक दवाई बनाने वाली कंपनी का व्यक्ति मिला। वह मार्केटिंग रिसर्च का डायरेक्टर था। उसने मुझे बताया कि वह इस पद पर कैसे पहुँचा। पहल की शक्ति का यह एक अच्छा सबूत है।

"पाँच साल पहले मेरे मन में एक विचार आया," उसने मुझे बताया। "मैं तब एक मिशनरी सेल्समैन की तरह काम कर रहा था, जो होलसेलर्स से मिला करता था। मैंने यह पाया कि हमारे पास अपने ग्राहकों के बारे में आँकड़ों की कमी थी। मैंने कंपनी के हर व्यक्ति से इस बारे में बात की। मैंने उन्हें बताया कि हमें मार्केट रिसर्च की ज़रूरत है। पहले तो सबने मेरी बात अनसुनी कर दी, क्योंकि मैनेजमेंट को इसका महत्व समझ में नहीं आया।

"परंतु मुझे पक्का विश्वास था कि हमारी कंपनी में मार्केटिंग रिसर्च होनी चाहिए, इसलिए मैंने पहल करने का फ़ैसला कर लिया। मैंने मैनेजमेंट की अनुमति के बाद 'फ़ैक्ट्स ऑफ़ ड्रग मार्केटिंग' नाम की एक मासिक रिपोर्ट तैयार की। मैंने हर जगह से जानकारी इकट्ठी की। मैं ऐसा हर महीने करता रहा और जल्दी ही मैनेजमेंट और दूसरे सेल्समैनों को यह समझ आ गया कि मैं जो कर रहा हूँ, वह सचमुच महत्वपूर्ण है। इसके बाद वे भी इस काम में दिलचस्पी लेने लगे। अपनी रिसर्च शुरू करने के एक साल बाद मुझे अपनी नियमित नौकरी से हटा दिया गया और मुझसे कहा गया कि मैं सिर्फ़ अपने विचारों को विकसित करने पर पूरा ध्यान दूँ।

"बाक़ी बातें तो साधारण तरीक़े से हुईं। आज मेरे पास दो सहयोगी, एक सेक्रेटरी, और तीन गुना ज़्यादा तनख़्वाह है।"

लीडर बनने की कला विकसित करने के लिए यहाँ पर दो अभ्यास दिए गए हैं :

1. संघर्ष करने वाला बनें। जब आप ऐसी कोई बात सोचें जो आपके हिसाब से की जानी चाहिए तो आप तत्काल उस विचार को उठा लें और फिर उसके लिए संघर्ष शुरू कर दें।

मेरे पड़ोस में ही एक नई कॉलोनी बन रही थी जो लगभग दो तिहाई बन चुकी थी, परंतु इसके बाद उसका विस्तार ठप्प हो गया। कुछ ऐसे परिवार वहाँ रहने आ गए थे जो लापरवाह लोग थे। इससे कई अच्छे परिवारों को उस जगह से अपने मकान बेचकर जाना पड़ा। जैसा अक्सर होता है, परवाह करने वाले लोगों को भी लापरवाह लोगों की सोहबत का असर हुआ और पूरी कॉलानी ही लापरवाह हो गई। परंतु हैरी एल. ऐसा नहीं हुआ। वह माहौल की परवाह करता था और उसने फ़ैसला किया कि वह इसे अच्छी कॉलोनी बनाने के लिए संघर्ष करेगा।

हैरी ने अपने कुछ दोस्तों से बात की। उसने बताया कि यह कॉलोनी एक बेहतरीन कॉलोनी बन सकती है परंतु इसके लिए प्रयास करने होंगे वरना यह थर्ड क्लास कॉलोनी बनकर रह जाएगी। हैरी के उत्साह और पहल का स्वागत हुआ। जल्दी ही वहाँ पर साफ़-सफ़ाई शुरू हो गई। बगीचे की योजना पर काम शुरू हो गया। वृक्षारोपण अभियान शुरू किया

गया। बच्चों के लिए खेल का मैदान बन गया। स्विमिंग पूल भी बन गया। लापरवाह परिवार भी उत्साही समर्थक बन गए। पूरी कॉलोनी में एक नई जान आ गई थी। अब वहाँ से निकलने पर दिल ख़ुश हो जाता है। इससे यह पता चलता है कि संघर्ष करने वाला व्यक्ति चाहे, तो नरक को भी स्वर्ग में बदल सकता है।

क्या आपको ऐसा लगता है कि आपके बिज़नेस में एक नया डिपार्टमेंट बनना चाहिए, या आपकी कंपनी को बाज़ार में एक नया सामान लाना चाहिए या किसी और तरीक़े से तरक़्क़ी करनी चाहिए? अगर आपको ऐसा लगता है, तो उस विचार के लिए संघर्ष करें। क्या आपको लगता है कि आपके चर्च को नई इमारत की ज़रूरत है? अगर हाँ, तो इसके लिए पहल और संघर्ष करें। क्या आप चाहते हैं कि आपके बच्चों के स्कूल में कंप्यूटर लगने चाहिए? अगर हाँ, तो इसके लिए पहल करें और ऐसा संभव बनाएँ।

और आप यह बात जान लें : हालाँकि हर संघर्ष शुरुआत में एक व्यक्ति का संघर्ष ही होता है, परंतु अगर विचारों में दम हो, तो जल्दी ही बहुत से लोग आपके समर्थन में खड़े हो जाते हैं।

कर्मठ और संघर्षशील व्यक्ति बनें।

2. स्वयंसेवी बनें। हममें से हर एक के जीवन में ऐसा मौक़ा आया होगा जब हम किसी संस्था में स्वयंसेवा करना चाहते होंगे, परंतु हमने ऐसा नहीं किया। कारण क्या था? डर। यह डर नहीं कि हम काम नहीं कर पाएँगे, बल्कि यह डर कि लोग क्या कहेंगे। यह डर कि लोग हम पर हँसेंगे, हमें जुगाड़ू कहेंगे, हमें महत्वाकांक्षी समझेंगे - यही डर बहुत से लोगों को आगे बढ़ने से रोकता है।

यह स्वाभाविक है कि आप लोगों का समर्थन, उनकी तारीफ़ चाहें। परंतु ख़ुद से पूछें, "मैं किन लोगों की तारीफ़ चाहता हूँ : उन लोगों की जो मुझ पर ईर्ष्या के कारण हँसते हैं या उन लोगों की जो कर्मठता से काम करके सफल होते हैं?" सही विकल्प क्या है, यह बताने की ज़रूरत नहीं है।

स्वयंसेवी अलग दिख जाता है। उसकी तरफ़ ख़ास तवज्जो दी जाती है। सबसे महत्वपूर्ण बात यह है कि वह स्वयंसेवा करके अपनी विशेष

योग्यता और महत्वाकांक्षा को सबके सामने ले आता है। निश्चित रूप से स्वयंसेवक को विशेष काम सौंपे जाएँगे।

आप बिज़नेस, मिलिट्री या अपने समुदाय के जिन लीडर्स को जानते हों, उनके बारे में सोचें। क्या वे कर्मठ लगते हैं या वे निठल्ले लगते हैं ?

दस में से दसों लीडर कर्मठ होंगे, ऐसे लोग होंगे जो काम पूरा करके दिखाते हैं। वह व्यक्ति जो हाशिए पर खड़ा रहता है, वह व्यक्ति जो दुःखी होता रहता है, वह निठल्ला होता है, जो सिर्फ़ इसलिए वहीं रह जाता है क्योंकि वह कर्म के मैदान में नहीं उतरता। जो विचार करता है और उस पर अमल करता है, उस कर्मठ व्यक्ति के पीछे कई लोग आ जाते हैं और वह लीडर बन जाता है।

जो व्यक्ति काम करता है, लोग उस पर विश्वास करते हैं। वे मान लेते हैं कि वह जानता है कि वह क्या कर रहा है।

मैंने किसी की तारीफ़ इस बात के लिए नहीं सुनी, "वह व्यक्ति किसी को डिस्टर्ब नहीं करता," "वह व्यक्ति काम नहीं करता," या "जब तक उसे बताया न जाए, वह कुछ नहीं करता।"

क्या आपने इन बातों के लिए किसी की तारीफ़ होते देखी है ?

कर्म की आदत को बढ़ावा दें

इन मुख्य बिंदुओं का अभ्यास करें :

1. "कर्मठ" बनें। काम करने वाला बनें। "काम टालने वाला" न बनें।

2. परिस्थितियों के आदर्श होने का इंतज़ार न करें। वे कभी आदर्श नहीं होंगी। भविष्य की बाधाओं और कठिनाइयों की उम्मीद करें और जब वे आएँ, तब आप उन्हें सुलझाने का तरीक़ा खोजें।

3. याद रखें, केवल विचारों से सफलता नहीं मिलती। विचारों का मूल्य तभी है, जब आप उन पर अमल करें।

4. डर भगाने और आत्मविश्वास हासिल करने के लिए कर्म करें। जिस काम से आप डरते हों, वह करें और आपका डर भाग जाएगा।

कोशिश करके देखें।

5. अपने मानसिक इंजन को मशीनी तरीक़े से चालू करें। सही मूड बनने का इंतज़ार न करें। *कर्म* शुरू कर दें, और आपका मूड अपने आप सही हो जाएगा।

6. अभी काम शुरू करने के बारे में सोचें। *कल, अगले सप्ताह, बाद में* और इसी तरह के शब्द असफलता के शब्द *कभी नहीं* के पर्यायवाची हैं। इस तरह के व्यक्ति बनें, "मैं अभी इस काम को शुरू कर देता हूँ।"

7. कार्य में जुट जाएँ। कार्य की तैयारी में समय बर्बाद न करें। इसके बजाय सीधे काम में लग जाएँ।

8. पहल करें। संघर्ष करें। गेंद छीनकर गोल की तरफ़ दौड़ लगाएँ। स्वयंसेवक बनें। यह बताएँ कि आपमें *कर्म* करने की योग्यता और महत्वाकांक्षा है।

अपने दिमाग़ को गियर में डाल दें और सफलता की राह पर चल पड़ें!

✿ ✿ ✿

11

हार को जीत में कैसे बदलें ?

सामाजिक कार्यकर्ता और दूसरे लोग जो ग़रीब इलाक़ों या झुग्गी-बस्तियों में काम करते हैं, उनका कहना है कि इन दयनीय लोगों की उम्र, धार्मिक आस्था, शिक्षा और पृष्ठभूमियाँ अलग-अलग होती हैं। इनमें से कई नागरिक आश्चर्यजनक रूप से युवा होते हैं। कई बूढ़े होते हैं। कुछ कॉलेज ग्रैजुएट होते हैं, कुछ बिलकुल अशिक्षित होते हैं। कई शादी-शुदा होते हैं, कई कुँवारे होते हैं। परंतु ग़रीबी के दलदल में रहने वाले सभी असफल लोगों में एक बात समान होती है : हर व्यक्ति हारा हुआ है, पिटा हुआ है, चोट खाया हुआ है। हर एक ने जीवन में ऐसी समस्याओं को झेला है जिनके आगे वह घुटने टेक चुका है। वह आपको उस दुर्भाग्यपूर्ण स्थिति के बारे में बताने के लिए उत्सुक है, व्यग्र है जो उसकी ज़िंदगी का वॉटरलू साबित हुई।

मानवीय अनुभव की ये दास्तानें "मेरी पत्नी मेरा घर छोड़कर भाग गई।" से लेकर "मैंने अपना सब कुछ गँवा दिया था और मेरे पास जाने के लिए कोई और जगह नहीं बची थी" से लेकर "मैंने दो-एक काम ऐसे किए जिससे मेरा सामाजिक बहिष्कार कर दिया गया और मैं यहाँ चला आया।"

जब हम स्किड रो यानी असफलता के दलदल से ऊपर चलकर मिस्टर और मिसेज़ औसत व्यक्ति के इलाक़े में पहुँचते हैं, तो हम जीवनस्तर में स्पष्ट अंतर देख सकते हैं। परंतु हम एक बार फिर यह देखते हैं कि मिस्टर औसत व्यक्ति भी अपनी औसत परिस्थितियों के लिए मूलतः वही कारण बताते हैं जो मिस्टर असफल ने बताए थे। अंदर से, मिस्टर औसत व्यक्ति हारा हुआ महसूस करते हैं। जिन परिस्थितियों से

वे चोट खाए हैं, उनके घाव अब भी नहीं भरे हैं। अब वे अति सावधान हो गए हैं। अब वे रुक-रुककर चलते हैं, सीना तानकर नहीं चलते। विजयी सेनापति की तरह सिर उठाकर नहीं चलते, बल्कि हारे हुए असंतुष्ट सिपाही की तरह सिर झुकाकर चलते हैं। वे हारा हुआ महसूस करते हैं परंतु वे अपनी औसत ज़िंदगी की सज़ा काटने की कोशिश करते हैं जिसके लिए वे अपनी "तक़दीर" को दोष देते हैं।

इस व्यक्ति ने भी हार के सामने समर्पण कर दिया है, परंतु इसने यह समर्पण तार्किक रूप से, अच्छे ढंग से, सामाजिक रूप से "स्वीकृत" तरीक़े से किया है।

अब जब हम सफलता की कम भीड़ वाली दुनिया में ऊपर चढ़ते हैं, तो हम देखते हैं कि यहाँ भी हर तरह की पृष्ठभूमि से आए लोग मौजूद हैं। कॉरपोरेट एक्ज़ीक्यूटिव्ज़ हों या प्रसिद्ध मंत्री या सरकारी अधिकारी, हर क्षेत्र के चोटी के लोगों को देखने पर हम पाते हैं कि ये लोग ग़रीब घरों, अमीर घरों, बिखरे हुए परिवारों, मज़दूर परिवारों, खेतिहर घरों, और झोपड़ियों से यानी हर पृष्ठभूमि से आए हैं। समाज का नेतृत्व करने वाले ये लोग हर उस कठिन परिस्थिति को झेल चुके हैं जिसकी कल्पना हम कर सकते हैं।

हर मामले में मिस्टर असफल, मिस्टर औसत और मिस्टर सफल में समानता हो सकती है- उम्र, बुद्धि, पृष्ठभूमि, राष्ट्रीयता या कोई और चीज़ जो आपके दिमाग़ में आए। इन सभी बातों में इन लोगों में कोई अंतर नहीं होता। परंतु इनमें एक बड़ा फ़र्क़ होता है। उन लोगों का हार के बारे में नज़रिया अलग-अलग होता है।

जब मिस्टर असफल गिर जाते हैं, तो वे दुबारा नहीं उठ पाते। वे वहीं पड़े रहते हैं; कराहते हुए, अपनी चोट को सहलाते हुए। मिस्टर औसत अपने घुटनों के बल बैठ जाते हैं और रेंगने लगते हैं और जब वे थोड़ी दूर पहुँच जाते हैं तो फिर उठकर दूसरी दिशा में दौड़ लगा देते हैं ताकि वे दुबारा न गिरें।

परंतु मिस्टर सफल जब गिरते हैं, तो उनकी प्रतिक्रिया भिन्न होती है। वे तत्काल उठ खड़े होते हैं, सबक़ सीखते हैं, गिरने की बात भूल जाते

हैं और ऊपर की तरफ़ बढ़ने लगते हैं।

मेरा एक क़रीबी दोस्त बहुत ही सफल मैनेजमेंट सलाहकार है। जब आप उसके ऑफ़िस में क़दम रखते हैं तो आपको सचमुच ऐसा लगता है जैसे आप किसी पॉश इलाक़े में आ गए हैं। फ़र्नीचर इतना शानदार होता है, गलीचे इतने आलीशान, ग्राहक इतने महत्वपूर्ण और माहौल इतना व्यस्त कि आप पहली ही नज़र में यह अनुमान लगा सकते हैं कि उसकी कंपनी बहुत सफल और समृद्ध होगी।

कोई आलोचक यह कह सकता है, "इस तरह का माहौल 'चालाक' व्यक्ति आसानी से बना सकता है।" परंतु आलोचक ग़लत है। इस तरह का माहौल 'चालाक' व्यक्ति ने नहीं बनाया। यह माहौल किसी प्रतिभाशाली या अमीर या ख़ुशक़िस्मत व्यक्ति ने भी नहीं बनाया। यह माहौल सिर्फ़ (सिर्फ़ शब्द के प्रयोग में मुझे संकोच होता है क्योंकि सिर्फ़ का मतलब आपको बहुत थोड़ा लग सकता है) *एक लगनशील व्यक्ति ने बनाया, जिसने कभी यह नहीं सोचा कि वह हार गया है।*

इस समृद्ध और प्रतिष्ठित कंपनी के पीछे उस व्यक्ति की कहानी है जिसने ऊपर आने के लिए संघर्ष किया : बिज़नेस के शुरुआती छह महीनों में ही उसने अपनी 10 साल की बचत गँवा दी। वह कई महीनों तक अपने ऑफ़िस में ही रहा क्योंकि उसके पास किराए के घर के लिए पैसे नहीं थे। उसने कई "अच्छी" नौकरियों का प्रस्ताव ठुकरा दिया क्योंकि वह चाहता था कि वह अपने लक्ष्य को हासिल करे। जितनी बार उसके संभावित ग्राहकों ने उसे 'हाँ' कहा, उससे सौ गुना ज़्यादा लोगों ने 'ना' कहा।

सफल होने के लिए उसने सात साल कड़ी मेहनत की, परंतु मैंने इस दौरान एक बार भी उसके मुँह से शिकायत नहीं सुनी। वह कहता था, "डेव, मैं सीख रहा हूँ। इस बिज़नेस में काफ़ी प्रतियोगिता है और चूँकि यह अप्रत्यक्ष बिज़नेस है इसलिए इसे बेचना मुश्किल है। परंतु मैं अब सीख रहा हूँ।"

और उसने इसे सीख ही लिया।

एक बार मैंने अपने दोस्त से कहा कि इस अनुभव से उसकी काफ़ी ऊर्जा बाहर निकल जाती होगी। परंतु उसका जवाब था, "नहीं, यह मेरे

अंदर से कुछ निकाल नहीं रहा है, बल्कि मेरे अंदर कुछ भर रहा है।"

हू इज़ हू इन *अमेरिका* में लोगों की जीवनियाँ पढ़ें और आप पाएँगे कि जो लोग बहुत सफल हुए हैं, उन्हें कई बार असफलता झेलनी पड़ी है। सफल लोगों के इस अभिजात्य समूह ने विरोध सहन किया, लोगों के ताने सहे, राह में बाधाएँ और तकलीफ़ें झेलीं, असफलताओं का दौर झेला, व्यक्तिगत दुर्भाग्य सहा।

महान लोगों की जीवनियाँ पढ़ें, और आप यहाँ भी पाएँगे कि ये सभी लोग किसी न किसी मोड़ पर अपनी असफलताओं के सामने घुटने टेक सकते थे।

या इसके बजाय ऐसा करें। अपनी कंपनी के प्रेसिडेंट की पृष्ठभूमि जानें या अपने शहर के मेयर की या किसी ऐसे व्यक्ति को चुन लें जिसे आप सचमुच सफल मानते हों। जब आप गहराई में जाएँगे, तो आप पाएँगे कि इस व्यक्ति ने बहुत बड़ी, असली बाधाएँ पार की हैं और तब जाकर वह सफल हुआ है।

बिना विरोध, मुश्किलों और असफलताओं के बड़ी सफलता हासिल करना संभव *नहीं* है। परंतु यह संभव है कि आप इन असफलताओं को आगे बढ़ने की प्रेरणा बना लें। आइए देखें कि ऐसा किस तरह किया जा सकता है।

मैंने व्यावसायिक एयरलाइनों के आँकड़े देखे जिनके मुताबिक़ लगभग 10 बिलियन मील की उड़ान में केवल एक दुर्घटना होती है। हवाई यात्रा आजकल बहुत ज़्यादा सुरक्षित है। दुर्भाग्य से, इसके बावजूद हवाई दुर्घटनाएँ होती हैं। परंतु जब कोई दुर्घटना होती है, तो 'सिविल एरोनॉटिक्स एडमिनिस्ट्रेशन' (सी.ए.ए.) तत्काल जाँच शुरू कर देता है कि दुर्घटना का कारण क्या था। मीलों दूर तक फैले मलबे को इकट्ठा किया जाता है। विशेषज्ञों का समूह यह विचार करता है कि क्या हुआ होगा जिस वजह से यह दुर्घटना हुई। गवाह और ज़िंदा बचे लोगों से बातचीत की जाती है। जाँच कई हफ़्ते, कई महीने तक चलती है जब तक कि इस सवाल का जवाब न मिल जाए, "यह दुर्घटना क्यों हुई?"

एक बार सी.ए.ए. को जवाब मिल जाता है, तो तत्काल ऐसे क़दम

उठाए जाते हैं कि फिर कभी इस तरह की दुर्घटना न होने पाए। अगर दुर्घटना किसी तकनीकी ख़राबी के कारण हुई थी, तो उसी तरह के दूसरे जहाज़ों में उस तकनीकी दोष को दूर किया जाता है। अगर कोई यंत्र दोषपूर्ण होता है, तो उसमें सुधार किया जाता है। आधुनिक हवाई जहाज़ में हज़ारों सुरक्षा यंत्र सी.ए.ए. की इसी तरह की जाँचों के परिणामस्वरूप तैयार हुए हैं।

सी.ए.ए. के अध्ययन से हवाई यात्राएँ पहले से ज़्यादा सुरक्षित होती जाती हैं। असफलताओं से सीखने की प्रेरणा इसी को कहते हैं।

डॉक्टर्स भी असफलताओं के सहारे बेहतर स्वास्थ्य और लंबे जीवन को सुनिश्चित करते हैं। अक्सर जब कोई मरीज़ किसी अनजान कारण से मरता है तो डॉक्टर यह जानने के लिए पोस्टमॉर्टम करते हैं कि उसकी मौत का कारण क्या था। इस तरह वे मानव शरीर की कार्यप्रणाली के बारे में ज़्यादा जान पाते हैं और कई दूसरे लोगों की ज़िंदगियाँ बचा पाते हैं।

मेरा एक दोस्त सेल्स एक्ज़ीक्यूटिव है जो हर महीने अपने सेल्समैनों को यह बताने के लिए एक मीटिंग करता है कि वे कोई महत्त्वपूर्ण बिक्री क्यों नहीं कर पाए। ग्राहक और सेल्समैन के बीच की पूरी वार्ता का विश्लेषण किया जाता है और यह सीखा जाता है कि किस तरह भविष्य में ऐसी ग़लतियाँ न की जाएँ जिनसे असफलता मिली।

यही सफल फ़ुटबॉल कोच भी करते हैं, जो जितने मैच हारते हैं, उससे कहीं ज़्यादा मैच जीतते हैं। वे भी अपनी टीम के साथ हर मैच का विश्लषण करते हैं और खिलाड़ियों को उनकी ग़लतियाँ बताते हैं। कई कोच तो हर मैच की वीडियो फ़िल्म भी बनवाते हैं ताकि टीम अपनी आँखों के सामने अपनी ग़लत चालों को देख सकें। इसका उद्देश्य है : टीम अगला मैच बेहतर खेले।

सी.ए.ए. के अधिकारी, सफल सेल्स एक्ज़ीक्यूटिव्ज़, डॉक्टर, फ़ुटबॉल कोच और हर क्षेत्र के प्रोफ़ेशनल्स सफलता के इस सिद्धांत का अनुसरण करते हैं : *हर असफलता से कुछ न कुछ बचा लो।*

जब हम असफल होते हैं तो हम भावनात्मक रूप से इतने दुःखी और विचलित हो जाते हैं कि हम उससे सबक़ सीखना भूल जाते हैं।

प्रोफ़ेसर जानते हैं कि फ़ेल होने के बाद विद्यार्थी की प्रतिक्रिया से ही सफलता की उसकी संभावना पता चलती है। जब मैं डेट्रॉयट में 'वेन स्टेट यूनिवर्सिटी' में प्रोफ़ेसर था, तो मैंने एक सीनियर विद्यार्थी को फ़ेल कर दिया था। मेरे पास कोई दूसरा विकल्प नहीं था। इससे विद्यार्थी को गहरा धक्का लगा। उसने ग्रैजुएशन के बाद की योजनाएँ बना ली थीं और इस कारण उसकी हँसी उड़ना तय थी। उसके पास दो विकल्प थे : या तो वह एक साल और पढ़कर परीक्षा पास करे या फिर वह बिना डिग्री लिए कॉलेज छोड़कर चला जाए।

मुझे आशा थी कि अपनी असफलता पर विद्यार्थी निराश होगा, शायद वह उत्तेजित भी हो। जब मैंने उसे यह समझाया कि वह असफल क्यों हुआ था, तो उसने यह माना कि उसने इस बार ठीक से पढ़ाई नहीं की थी।

"परंतु," उसने कहा, "मेरा पिछला रिकॉर्ड तो ठीक-ठाक है। आपने उसे ध्यान में क्यों नहीं रखा?"

मैंने उसे बताया कि मैं ऐसा नहीं कर सकता क्योंकि हम हर साल का अलग-अलग मूल्यांकन करते हैं। मैंने यह भी जोड़ा कि कठोर शैक्षणिक नियमों के चलते नंबर तभी बढ़ाए जा सकते हैं जब जाँचने वाले प्रोफ़ेसर ने कोई ग़लती की हो।

जब विद्यार्थी को यह पता चला कि उसके नंबर बढ़ने के सारे रास्ते बंद हो चुके हैं, तो वह काफ़ी ग़ुस्सा हो गया। उसने कहा, "प्रोफ़ेसर, मैं आपको इस शहर के 50 लोगों के नाम गिना सकता हूँ जो बेहद सफल हैं पर वे कभी कॉलेज नहीं गए, न ही उनके पास कोई डिग्री है। ग्रैजुएशन की डिग्री का महत्व ही क्या है? परीक्षा में थोड़े ख़राब नंबर मिलने के कारण क्या मुझे मेरी डिग्री नहीं मिलेगी?

"भगवान का शुक्र है," उसने आगे कहा, "बाहर की दुनिया में लोग आप जैसे प्रोफ़ेसरों की तरह नहीं सोचते।"

इस टिप्पणी के बाद मैं 45 सेकंड तक रुका। (मैंने यह सीखा है कि जब आपकी आलोचना हो, तो वाकयुद्ध से बचने का एक अच्छा तरीक़ा जवाब देने में देरी करना है।)

फिर मैंने अपने विद्यार्थी से कहा, "तुम्हारी ज़्यादातर बातें सही हैं। ऐसे कई बेहद सफल लोग हैं जिनके पास कॉलेज की कोई डिग्री नहीं है, या जिन्होंने इस डिग्री का नाम तक नहीं सुना है। और यह तुम्हारे लिए भी संभव है कि तुम बिना डिग्री के जीवन में सफल हो जाओ। पूरे जीवन के हिसाब से देखा जाए, तो तुम्हारे फ़ेल होने का तुम्हारे जीवन की सफलता या असफलता से कोई सीधा संबंध नहीं है। परंतु फ़ेल होने के प्रति तुम्हारे रवैए से बहुत फ़र्क़ पड़ सकता है।"

"वह कैसे?" उसने पूछा।

मैंने जवाब दिया, "बाहर की दुनिया में भी लोग आपको उसी तरह नंबर देते हैं, जैसे हम लोग देते हैं। वहाँ भी इसी बात का महत्व होता है कि आप अपने काम को कितनी अच्छी तरह करते हैं। बाहर की दुनिया में भी कोई आपको घटिया काम करने के लिए प्रमोशन नहीं देगा, न ही आपकी तनख़्वाह बढ़ाएगा।"

मैं एक बार फिर रुका ताकि उसे पूरी बात समझ में आ जाए।

फिर मैंने कहा, "क्या मैं तुम्हें एक सुझाव दूँ? अभी तुम बहुत निराश हो। मैं समझ सकता हूँ कि तुम्हें कैसा लग रहा होगा। और अगर इस बात पर तुम उत्तेजित हुए हो, तो मैंने उसका बिलकुल भी बुरा नहीं माना है। मैं चाहता हूँ तुम इस अनुभव को सकारात्मक तरीक़े से लो। यह तुम्हें एक बहुत महत्वपूर्ण सबक़ सिखा सकता है : अगर आप अच्छा काम नहीं करेंगे, तो आप वहाँ नहीं पहुँच पाएँगे, जहाँ आप पहुँचना चाहते हैं। इस सबक़ को सीख लो और आज से पाँच साल बाद जाकर तुम्हें यह एहसास होगा कि यह तुम्हारे द्वारा सीखी गई जीवन की सबसे बहुमूल्य शिक्षाओं में से एक है।"

मैं यह जानकर ख़ुश हुआ कि कुछ ही दिनों बाद उस विद्यार्थी ने एक बार फिर कॉलेज में एडमीशन ले लिया। इस बार वह बहुत ही अच्छे नंबरों से पास हुआ। इसके बाद, वह ख़ास तौर पर मुझसे मिलने आया और उसने मुझे बताया कि हमारी पहले वाली मुलाक़ात ने उस पर गहरा असर डाला था और उसने उस चर्चा से बहुत कुछ सीखा था।

"आपके कोर्स में फ़ेल हो जाने से मैंने बहुत कुछ सीखा," उसने कहा।

"यह अजीब लगेगा, प्रोफ़ेसर, परंतु अब मैं ख़ुश हूँ कि मैं पहली बार में पास नहीं हुआ।"

हम हार को जीत में बदल सकते हैं। सबक़ सीखो, उसे अपने जीवन में उतारो, पराजय की तरफ़ पीछे मुड़कर देखो और मुस्कराओ।

फ़िल्मों के शौकीन लोग महान अभिनेता बैरीमोर को कभी नहीं भूल पाएँगे। 1936 में बैरीमोर के नितंब में फ्रैक्चर हो गया। यह फ्रैक्चर कभी ठीक नहीं हो पाया। कई लोगों को लगा कि मिस्टर बैरीमोर की ज़िंदगी ख़त्म हो गई। परंतु नहीं, मिस्टर बैरीमोर को ऐसा नहीं लगा। उन्होंने इस बाधा को दूर करके अपने अभिनय की सफलता से भी बड़ी सफलता का रास्ता बना लिया। अगले 18 सालों तक दर्द के बावजूद उन्होंने व्हील चेयर पर बैठे-बैठे दर्जनों सफल भूमिकाओं में अभिनय किया।

15 मार्च, 1945 को डब्ल्यू. कॉल्विन विलियम्स फ्रांस में एक टैंक के पीछे चल रहे थे। टैंक एक बारूदी सुरंग से टकराया, उसमें विस्फोट हुआ और इससे मिस्टर विलियम्स हमेशा के लिए अंधे हो गए।

परंतु यह दुर्घटना मिस्टर विलियम्स को पादरी और सलाहकार बनने के अपने लक्ष्य का पीछा करने से नहीं रोक पाई। जब उन्होंने कॉलेज से ग्रैजुएशन कर लिया (और वह भी ऑनर्स के साथ), तो विलियम्स ने कहा कि उनके विचार से उनका अंधापन "उनके चुने गए करियर में एक वरदान साबित होगा। मैं कभी बाहरी चीज़ों को देखकर निर्णय नहीं लूँगा। इसलिए मैं हमेशा व्यक्ति को दूसरा मौक़ा दूँगा। मेरे अंधेपन से मुझे यह लाभ भी होगा कि कोई व्यक्ति कैसा भी दिखे, मैं सबके साथ एक जैसा व्यवहार करूँगा। मैं इस तरह का इंसान बनना चाहता हूँ जिसके पास कोई भी आ सके और बेझिझक आकर अपने दिल की बात कह सके।"

क्या यह एक शानदार उदाहरण नहीं है कि किस तरह एक क्रूर, कटु हार को जीत में बदला जा सकता है?

हार *केवल* एक मानसिक स्थिति है, इससे ज़्यादा कुछ नहीं।

मेरा एक दोस्त स्टॉक मार्केट में सफल और प्रसिद्ध निवेशक है। वह अपने निवेश के हर निर्णय को अपने अतीत के अनुभवों के आधार पर लेता है। एक बार उसने मुझे बताया, "जब मैंने 15 साल पहले निवेश

करना शुरू किया तो मेरे हाथ कई बार जले। ज़्यादातर शुरुआती लोगों की तरह, मैं भी फटाफट अमीर बनना चाहता था। परंतु इसके बजाय मैं जल्दी ही दीवालिया हो गया। परंतु इसके बावजूद मैंने हार नहीं मानी। मुझे अर्थव्यवस्था की मूलभूत शक्ति का ज्ञान था ओर मैं यह जानता था कि लंबे समय में अच्छी तरह चुने गए शेयरों में निवेश करना समझदारीपूर्ण होता है।

"तो मैंने अपने शुरुआती बुरे निवेशों को अपनी शिक्षा की क़ीमत मान लिया।" वह हँसते हुए कहता है।

दूसरी तरफ़, मैं ऐसे कई लोगों को जानता हूँ जो एक-दो मूर्खतापूर्ण निवेश करने के बाद 'शेयर-विरोधी' बन जाते हैं। अपनी ग़लतियों का विश्लेषण करने के बजाय और एक अच्छी संस्था से जुड़ने के बजाय, वे इस ग़लत निष्कर्ष पर पहुँचते हैं कि शेयर मार्केट में पैसे लगाने का मतलब है जुआ खेलना, एक ऐसा जुआ, जिसमें देर-सबेर हर व्यक्ति हारता है।

हर असफलता से कुछ न कुछ बचाने का फ़ैसला करें। अगली बार जब नौकरी या घर में कोई गड़बड़ हो, तो शांत हो जाएँ और यह पता लगाएँ कि गड़बड़ कहाँ शुरू हुई थी। इससे आप उसी ग़लती को दुबारा करने से बच सकते हैं।

अगर हम कुछ सीखें, तो असफल होना भी फ़ायदेमंद साबित हो सकता है।

हम इंसान भी अजीब होते हैं। अपनी सफलताओं का श्रेय तो हम पूरा लेना चाहते हैं। जब हम जीतते हैं, तो हम पूरी दुनिया को इस बारे में बताना चाहते हैं। यह स्वाभाविक है कि हम लोगों के मुँह से यह सुनना चाहें, "यही वह व्यक्ति है जिसने इतना बड़ा काम किया।"

परंतु अपनी असफलता का श्रेय व्यक्ति तत्काल किसी दूसरे के मत्थे मढ़ देता है। जब सामान नहीं बिकता, तो सेल्समैन ग्राहकों को दोष देते हैं। अफ़सरों के लिए यह स्वाभाविक है कि वे ग़लत काम होने पर कर्मचारियों या दूसरे अफ़सरों को दोष दें। घरेलू लड़ाइयों और समस्याओं के लिए पति अपनी पत्नियों को दोष देते हैं और पत्नियाँ अपने पतियों को।

यह तो सच है कि इस जटिल संसार में दूसरे लोग हमें धक्का मारकर गिरा सकते हैं परंतु यह भी सच है कि ज़्यादातर हम ख़ुद ही अपने आपको गिराते हैं। हम अपनी व्यक्तिगत कमियों व ग़लतियों के कारण हारते हैं।

सफलता के लिए ख़ुद को इस तरह तैयार करें। अपने आपको याद दिलाएँ कि आप आदर्श और पूर्ण मनुष्य बनना चाहते हैं, जितना बनना इंसान के लिए संभव है। अपने आपको एक टेस्ट ट्यूब में रखकर निष्पक्ष दृष्टि से ख़ुद का और अपनी स्थिति का मूल्यांकन करें। यह देखें कि क्या आपमें ऐसी कोई कमज़ोरी है जिसके बारे में आप जानते न हों। अगर आपमें ऐसी कमज़ोरी है, तो उसे सुधारने के लिए क़दम उठाएँ। कई लोग ख़ुद को देखने के इतने आदी हो जाते हैं कि वे सुधार की संभावना देखने में असफल हो जाते हैं।

महान मेट्रोपॉलिटन ऑपेरा स्टार, रिसे स्टीवन्स ने *रीडर्स डाइजेस्ट* (जुलाई 1955) में कहा कि उसे सबसे अच्छी सलाह अपने जीवन के सबसे दुःखद क्षण में मिली।

अपने करियर की शुरुआत में, मिस स्टीवन्स मेट्रोपॉलिटन ऑपेरा "ऑडीशन्स ऑफ़ द एयर" में असफल हो गईं। हारने के बाद मिस स्टीवन्स कड़वाहट से भरी हुई थीं। "मैं यह सुनना चाहती थी," उसने कहा, "कि मेरी आवाज़ वास्तव में दूसरी लड़की से सचमुच बेहतर थी, कि निर्णायकों का फ़ैसला ग़लत था, कि मैं इसलिए नहीं जीत पाई, क्योंकि मेरे पास सही जुगाड़ नहीं थीं।"

परंतु मिस स्टीवन्स की टीचर ने उसे कोई झूठी सांत्वना नहीं दी। इसके बजाय उन्होंने मिस स्टीवन्स से कहा, "देखो बेटा, अपनी ग़लतियों का सामना करने की हिम्मत जुटाओ।"

"हालाँकि मैं आत्म-दया के शब्द सुनना चाहती थी," मिस स्टीवन्स ने कहा, "परंतु अपनी टीचर के शब्द बार-बार मेरे कानों में गूँजते रहे। उस रात उन शब्दों ने मुझे जगा दिया। मैं तब तक नहीं सो पाई जब तक कि मैंने अपनी कमियों का सामना नहीं कर लिया। अँधेरे में लेटे-लेटे मैंने ख़ुद से पूछा, 'मैं क्यों असफल हुई?' 'मैं अगली बार किस तरह जीत सकती हूँ?' और मैंने माना कि मेरी आवाज़ की रेंज सचमुच उतनी अच्छी

नहीं है जितनी कि होनी चाहिए, कि मुझे और भाषाएँ सीखनी चाहिए, कि मुझे और ज़्यादा भूमिकाएँ सीखनी चाहिए।"

मिस स्टीवन्स ने आगे बताया कि किस तरह अपनी कमियों का सामना करने से उसे न सिर्फ़ स्टेज पर सफलता मिली, बल्कि अपनी ग़लतियों को मानने से उसके ज़्यादा दोस्त भी बने और वह ज़्यादा लोकप्रिय भी हुई।

ख़ुद का अच्छा आलोचक होना अच्छी बात है, बशर्ते कि आलोचना रचनात्मक हो। इससे आपको व्यक्तिगत शक्ति और योग्यता बढ़ाने में मदद मिलती है, जो सफलता के लिए बहुत ज़रूरी है। दूसरों को दोष देना विध्वंसात्मक है। सामने वाले की ग़लती "साबित" करने से आपको कुछ भी हासिल नहीं होता।

रचनात्मक रूप से ख़ुद की आलोचना करें। अपनी कमज़ोरियों को स्वीकार करने में न हिचकिचाएँ। सच्चे प्रोफ़ेशनल बनें। वे अपनी ग़लतियों और कमज़ोरियों को ढूँढ़ते हैं, फिर उन्हें दूर करते हैं। इसी कारण वे सफल प्रोफ़ेशनल बनते हैं।

परंतु अपनी ग़लतियाँ सिर्फ़ इसलिए न ढूँढ़ें ताकि आप ख़ुद के सामने यह बहाना बना सकें, "यह एक और कारण है जिससे मैं असफल होता हूँ।"

इसके बजाय अपनी ग़लतियों को इस तरह से देखें, "यह एक और तरीक़ा है जिससे मैं जीत सकता हूँ।"

महान अल्बर्ट हबार्ड ने एक बार कहा था, "असफल व्यक्ति वह होता है जिसने बड़ी ग़लतियाँ की तो हैं, परंतु जो अपने अनुभव से कुछ नहीं सीख पाया।"

अक्सर हम अपनी असफलता के लिए क़िस्मत को दोष देते हैं। हम कहते हैं, "अरे, गेंद तो इसी तरह से टप्पे खाती है," और फिर हाथ पर हाथ धरकर बैठ जाते हैं। परंतु ज़रा रुकें और सोचें। गेंद की उछाल की भी कोई न कोई वजह होती है। गेंद बिना कारण के यूँ ही किसी दिशा में नहीं उछलती। गेंद का उछाल तीन कारणों से निर्धारित होता है : एक तो गेंद, फिर जिस तरीक़े से इसे फेंका जाता है, और तीसरे जिस सतह

से यह टकराती है। निश्चित भौतिक नियम गेंद की उछाल का कारण तय करते हैं, इसका क़िस्मत से कोई लेना-देना नहीं होता।

मान लें कि सी.ए.ए. एक रिपोर्ट जारी करे और कहे, "हमें खेद है कि हवाई जहाज़ दुर्घटनाग्रस्त हो गया, परंतु हम क्या करें, गेंद तो इसी तरह से टप्पे खाती है।"

आप कहेंगे कि अब सी.ए.ए. को बदल देना चाहिए। या अगर कोई डॉक्टर किसी रिश्तेदार से कहे, "मुझे खेद है कि मैं उसे बचा नहीं पाया। मैं नहीं जानता कि ऐसा कैसे हुआ। यह तो क़िस्मत की बात थी।"

जब आप या आपका कोई दूसरा रिश्तेदार बीमार होगा, तो आप उस डॉक्टर के पास नहीं जाएँगे।

'गेंद तो इसी तरह से टप्पे खाती है' वाली शैली हमें कुछ नहीं सिखाती। जब हम अगली बार उसी तरह की परिस्थिति का सामना करते हैं। तो हम वही ग़लती करने से सिर्फ़ इसलिए नहीं बच पाते, क्योंकि हमने अपनी पिछली ग़लती से सबक़ नहीं सीखा था। वह फ़ुटबॉल कोच जो शनिवार का मैच हार जाने के बाद अपनी टीम से कहता है, "चिंता मत करो, गेंद तो इसी तरह से टप्पे खाती है" अपनी टीम की ग़लतियाँ ढूँढ़ने में मदद नहीं कर रहा है, जिससे अगले शनिवार को होने वाले मैच में उन ग़लतियों को सुधारा जा सके।

डियरबॉर्न, मिशीगन के मेयर ऑरविल हबार्ड 17 सालों से लगातार मेयर हैं और देश के सर्वाधिक प्रतिष्ठित नगरीय प्रशासकों में से एक हैं।

डियरबॉर्न के मेयर बनने के दस साल पहले मिस्टर हबार्ड भी "बदक़िस्मती" का बहाना बना सकते थे और राजनीति छोड़ सकते थे।

लगातार विजेता बनने के पहले, ऑरविल हबार्ड तीन बार "बदक़िस्मत" रहे थे क्योंकि उन्हें मेयर पद के लिए नामांकित ही नहीं किया गया था। तीन बार उन्होंने स्टेट सीनेटर के लिए नामांकन हासिल करने की कोशिश की थी, परंतु वे असफल हुए। एक बार तो वे कॉंग्रेस के लिए नामांकन की दौड़ से ही बाहर हो गए थे।

परंतु ऑरविल हबार्ड ने अपनी पराजयों का अध्ययन किया। उन्होंने

इसे अपनी राजनीतिक शिक्षा का हिस्सा माना। और आज वे स्थानीय सरकार के सबसे मँझे हुए, सबसे अपराजेय राजनेताओं में से एक हैं।

क़िस्मत को दोष देने के बजाय, अपनी असफलताओं का विश्लेषण करें। अगर आप हार जाते हैं, तो सीखें। ज़्यादातर लोग ज़िंदगी में अपनी असफलताओं का विश्लेषण करते समय "बदक़िस्मती", "दुर्भाग्य", "क़िस्मत" या "तक़दीर" को दोष देते हैं। यह लोग बच्चों की तरह अपरिपक्व होते हैं और सहानुभूति की तलाश करते हैं। और चूँकि उन्हें अपनी ग़लती का एहसास ही नहीं होता, इसलिए वे ज़्यादा बड़े, ज़्यादा मज़बूत और ज़्यादा आत्म-निर्भर होने के अवसर देखने में असफल रहते हैं।

क़िस्मत को दोष देना बंद कर दें। क़िस्मत को दोष देने से कोई व्यक्ति वहाँ नहीं पहुँचा जहाँ वह पहुँचना चाहता था।

मेरा एक दोस्त साहित्यिक सलाहकार, लेखक और आलोचक है। उसने मुझसे हाल ही में एक सफल लेखक के गुणों के बारे में चर्चा की।

"बहुत से भावी लेखक," उसने बताया, "लिखने के बारे में गंभीर नहीं रहते। वे कुछ समय तक कोशिश करते हैं, परंतु जब उन्हें पता चलता है कि इसमें मेहनत करनी पड़ती है, असली काम करना पड़ता है, तो वे लिखना छोड़ देते हैं। मैं इन लोगों को नहीं झेल पाता क्योंकि ये लोग किसी शॉर्टकट की तलाश में रहते हैं, जबकि ऐसा कोई शॉर्टकट होता ही नहीं है।

"परंतु," उसने आगे कहा, "मैं यह नहीं कहना चाहता कि केवल लगन ही पर्याप्त होती है। वास्तव में केवल लगन काफ़ी नहीं होती।'

"अभी हाल मैं एक ऐसे व्यक्ति से मिला जिसने 62 कहानियाँ लिखी हैं, परंतु उनमें से एक भी नहीं छपी। स्पष्ट रूप से, वह लेखक बनने के अपने लक्ष्य के प्रति लगनशील है। परंतु इस व्यक्ति के साथ समस्या यह है कि वह हर कहानी एक ही तरह से लिखता है। उसने अपनी कहानियों के लिए एक फ़ॉर्मूला बना लिया है। वह अपनी सामग्री के साथ कोई प्रयोग नहीं करता- उसके प्लॉट और पात्र, यहाँ तक कि उसकी शैली भी नहीं बदलती। मैं अब इस लेखक को यह सिखाने की कोशिश कर रहा हूँ कि वह नई शैलियों और नई तकनीकों को सीखे। उसमें प्रतिभा है और अगर

वह कुछ प्रयोगशीलता सीख ले, तो मुझे विश्वास है कि लेखक के रूप में वह सफल हो सकता है। परंतु जब तक वह ऐसा नहीं करता, तब तक उसे एक के बाद एक रिजेक्शन स्लिप मिलती रहेगी।"

साहित्यिक सलाहकार की सलाह अच्छी थी। हममें लगन होना चाहिए, परंतु लगन सफलता के तत्वों में से सिर्फ़ एक तत्व है। हम कोशिश कर सकते हैं, बार-बार, लगातार कोशिश कर सकते हैं और इसके बावजूद हम असफल हो सकते हैं जब तक कि हममें लगन और प्रयोगशीलता का तालमेल न हो।

एडीसन के बारे में कहा जाता है कि वे अमेरिका के सर्वाधिक लगनशील वैज्ञानिकों में से एक थे। यह बताया गया है कि बिजली के बल्ब की खोज से पहले उन्होंने हज़ारों प्रयोग किए। परंतु यह ध्यान दें : एडीसन में लगन के साथ ही *प्रयोगशीलता* भी थी। वे बिजली के बल्ब को विकसित करने के अपने लक्ष्य में जुटे रहे। परंतु उन्होंने लगन के साथ प्रयोगशीलता को भी मिला दिया।

एक ही दिशा में लगन से जुटे रहना सफलता की गारंटी नहीं है। परंतु लगन और प्रयोगशीलता के समन्वय से सफलता की गारंटी मिल जाती है।

मैंने हाल ही में तेल खोजने की प्रक्रिया के बारे में एक लेख पढ़ा। इसमें लिखा गया था कि तेल का कुँआ खोदने से पहले तेल कंपनियाँ चट्टानों का सर्वे करती हैं। परंतु उनके वैज्ञानिक विश्लेषण के बाद भी आठ में से सात कुँए सूखे निकलते हैं। तेल कंपनियाँ अपनी तेल की खोज में तो लगनशील रहती हैं, परंतु वे एक ही कुँए को मूर्खतापूर्ण गहराई तक खोदने में नहीं जुटी रहतीं। इसके बजाय जब कॉमन सेन्स से वे यह जान लेती हैं कि पुराने कुँए से तेल नहीं निकलेगा, तो वे एक नए कुँए को खोदने का प्रयोग करने लगती हैं।

कई महत्वाकांक्षी लोग जीवन में प्रशंसनीय लगनशीलता और महत्वाकांक्षा के साथ ज़िंदगी भर जुटे रहते हैं, परंतु वे कभी इसलिए सफल नहीं हो पाते क्योंकि उनमें प्रयोगशीलता नहीं होती, वे नई शैलियों का प्रयोग नहीं कर पाते। अपने लक्ष्य को बनाए रखें। इसे एक इंच भी

इधर-उधर न हिलाएँ। परंतु अपने सिर को किसी दीवार से भी न फोड़ें। अगर आपको परिणाम नहीं मिलते हैं, तो किसी दूसरे तरीक़े का इस्तेमाल करें।

जिन लोगों में बुलडॉग जैसी लगनशीलता होती है, जो एक बार किसी चीज़ को पकड़ लेने पर उसे नहीं छोड़ते हैं, उनमें सफलता का एक मूलभूत तत्व होता है। यहाँ दो सुझाव दिए जा रहे हैं जिनसे आप प्रयोगशीलता सीख सकते हैं, और लगनशीलता के साथ इसके समन्वय के बाद आप आसानी से सफल हो सकते हैं।

1. *ख़ुद को बताएँ, "कोई तरीक़ा है।"* विचारों में चुंबकीय शक्ति होती है। जैसे ही आप ख़ुद को बताते हैं, "मैं हार गया हूँ। मैं इस समस्या से नहीं जीत सकता," आप नकारात्मक विचारों को आकर्षित करते हैं, और इनमें से प्रत्येक विचार आपको यह विश्वास दिलाता है कि आप सही हैं, कि आप वास्तव में हार चुके हैं।

इसके बजाय यह विश्वास करें, "इस समस्या को सुलझाने का कोई तो रास्ता होगा।" और तत्काल आपके दिमाग़ में सकारात्मक विचार आने लगेंगे, जिससे आपको समस्या सुलझाने में मदद मिलेगी।

"कोई न कोई तरीक़ा तो है" यह सोचना, यह विश्वास करना सचमुच महत्वपूर्ण है।

विवाह परामर्शदाता भी विवाह को नहीं बचा सकते जब तक कि एक या दोनों जीवनसाथी यह न सोचें कि एक बार फिर साथ रहना संभव है।

मनोवैज्ञानिक और सामाजिक कार्यकर्ता कहते हैं कि कोई शराबी तब तक शराबी ही बना रहेगा जब तक कि *उसे* यह यक़ीन न हो जाए कि वह शराब की आदत को छोड़ सकता है।

इस साल हज़ारों नई कंपनियाँ बनेंगी। पाँच साल बाद इनमें से बहुत कम कंपनियाँ ही बची रह पाएँगी। असफल होने वाली ज़्यादातर कंपनियाँ यही कहेंगी, "प्रतियोगिता बहुत ज़्यादा थी। हमारे पास छोड़ देने के सिवा कोई विकल्प ही नहीं था।" असली समस्या यह है कि जब ज़्यादातर लोगों के सामने मुश्किलें या बाधाएँ आती हैं, तो वे केवल पराजय के बारे में ही

सोचते हैं और इसी कारण वे हार जाते हैं।

जब आप *मानते हैं कि कोई न कोई तरीक़ा तो होगा*, तो आप अपने आप नकारात्मक ऊर्जा (चलिए, हम छोड़ देते हैं, हम हार मान लेते हैं) को सकारात्मक ऊर्जा (हमें आगे बढ़ना चाहिए, हमें जुटे रहना चाहिए) में बदल लेते हैं ।

कोई भी समस्या या मुश्किल तभी तक पहाड़ जैसी लगेगी, जब आप इसे पहाड़ जैसा समझेंगे। अगर आप मानते हैं कि यह नहीं सुलझ सकती, तो यह सचमुच नहीं सुलझेगी। यह विश्वास रखें कि यह सुलझ सकती है और इसके बाद आपके मन में इसके समाधान अपने आप आने लगेंगे। यह असंभव है, ऐसा कभी न तो सोचें, न ही कहें।

2. *पीछे हटें, और फिर से शुरू करें।* अक्सर हम इतने लंबे समय तक किसी समस्या के इतने क़रीब रहते हैं कि हम नए समाधान या नई शैलियों को नहीं देख पाते।

मेरे एक इंजीनियर दोस्त को एक नई एल्युमीनियम इमारत की डिज़ाइन बनाने का काम मिला। इस तरह की कोई चीज़ या इससे मिलती-जुलती कोई चीज़ या उसकी डिज़ाइन अब तक किसी ने नहीं बनाई थी। मैं इस दोस्त से कुछ दिन पहले मिला और मैंने उससे पूछा कि उसकी नई बिल्डिंग का क्या हाल है।

"बहुत अच्छा नहीं," उसने जवाब दिया। "मुझे लगता है कि मैंने इन गर्मियों में अपने बगीचे में पर्याप्त समय नहीं दिया है। जब मैं लंबे समय तक डिज़ाइनिंग की कठिन समस्याओं में उलझा रहता हूँ, तो मुझे इससे बाहर निकलने की ज़रूरत होती है, क्योंकि बाहर निकलने के बाद ही मेरे मन में नए विचार आते हैं।"

"आपको यह जानकर आश्चर्य होगा," उसने आगे कहा, "कई इंजीनियरिंग के विचार तो मेरे मन में तब आते हैं जब मैं पेड़ के क़रीब बैठकर घास पर पानी डाल रहा होता हूँ।"

राष्ट्रपति आइज़नहॉवर से एक बार किसी पत्रकार वार्ता में पूछा गया कि वे इतनी छुट्टियाँ क्यों मनाते हैं। उनका जवाब उन लोगों के बहुत

काम का है जो अपनी रचनात्मक योग्यता बढ़ाना चाहते हैं। आइज़नहॉवर ने कहा, "मैं नहीं मानता कि कोई भी व्यक्ति, चाहे वह जनरल मोटर चला रहा हो या देश, अपनी मेज़ पर बैठकर या ढेर सारे काग़ज़ों के बीच मुँह छिपाकर अपने काम को अच्छी तरह से कर सकता है। वास्तव में प्रेसिडेंट को अपना दिमाग़ फ़ालतू की चीज़ों से मुक्त रखना चाहिए। उसे मूलभूत सिद्धांतों और मुख्य मुद्दों पर अपना खुद का चिंतन करते रहना चाहिए... ताकि वह स्पष्ट सोच सके और बेहतर निर्णय ले सके।"

मेरा एक भूतपूर्व बिज़नेस सहयोगी अपनी पत्नी के साथ हर महीने 72 घंटे की छुट्टियाँ मनाने शहर से बाहर जाता है। उसका मानना है कि इस तरह पीछे हटने और नए सिरे से शुरू करने से उसकी मानसिक क्षमता बढ़ जाती है और वह अपने ग्राहकों को अधिक लाभ पहुँचा पाता है।

जब आपकी राह में बाधा आए, तो पूरे प्रोजेक्ट को कूड़ेदान में न डाल दें। इसके बजाय, पीछे हटें, मानसिक रूप से खुद को तरोताज़ा कर लें। संगीत सुनें या टहलें या झपकी ले लें। इसके बाद जब आप उस समस्या का सामना करेंगे तो आपके कुछ सोचने से पहले ही आपके सामने इसका समाधान अपने आप आ जाएगा।

बड़ी परिस्थितियों में भी अच्छे पहलू को देखना लाभदायक होता है। एक युवक ने मुझे बताया कि जब उसकी नौकरी छूटी तो उसने अच्छे पहलू को देखने पर ध्यान केंद्रित किया। उसने बताया, "मैं एक बड़ी क्रेडिट रिपोर्टिंग कंपनी के लिए काम कर रहा था। एक दिन मुझे नौकरी से हटाए जाने का नोटिस थमा दिया गया। मंदी का दौर चल रहा था और कंपनी उन कर्मचारियों को हटा रही थी, जो उसके लिए 'कम महत्वपूर्ण' थे।

"नौकरी में मुझे तनख़्वाह तो बहुत ज़्यादा नहीं मिलती थी, परंतु फिर भी मेरे हिसाब से यह अच्छी थी। मुझे कई घंटे तक तो बहुत बुरा लगता रहा, परंतु फिर मैंने यह फ़ैसला किया कि मैं इस बारे में सकारात्मक तरीक़े से सोचूँगा। दरअसल मुझे यह नौकरी ख़ास पसंद नहीं थी और अगर मैं यहीं बना रहता, तो मैं ज़्यादा तरक़्क़ी नहीं कर सकता था। अब मैं कोई ऐसी नौकरी ढूँढ़ सकता जो मुझे पसंद हो। जल्दी ही मुझे मेरी मनचाही नौकरी मिल गई, और अच्छी बात तो यह थी कि यहाँ मेरी तनख़्वाह भी ज़्यादा थी। क्रेडिट कंपनी से निकाला जाना मेरे लिए बहुत

अच्छा साबित हुआ।"

याद रखें, आप किसी भी परिस्थिति में वही देखते हैं, जो आप देखना चाहते हैं। अच्छे पहलू को देखें और हार को जीत में बदल लें। अगर आप स्पष्ट दृष्टि विकसित कर लेते हैं, तो सारी चीज़ें आपके लिए अच्छा काम *करेंगी।*

संक्षेप में

सफलता और असफलता में फ़र्क़ इस बात का होता है कि असफलता, बाधा, निराशाजनक स्थितियों और हतोत्साहित करने वाली बातों के प्रति आपका रवैया क्या है।

हार को जीत में बदलने के लिए यह पाँच सिद्धांत काम में लाएँ :

1. असफलता का अध्ययन करें, ताकि आप सफलता की राह पर आगे बढ़ सकें। जब आप हारें, तो उस हार से सबक़ सीखें और फिर अगली बार जीतने की तैयारी करें।

2. अपने ख़ुद के रचनात्मक आलोचक बनने का साहस रखें। अपनी ग़लतियाँ और कमज़ोरियाँ खोजें और फिर उन्हें सुधारें। इससे आप प्रोफ़ेशनल बन जाएँगे।

3. क़िस्मत को दोष देना बंद कर दें। हर असफलता का विश्लेषण करें। यह पता लगाएँ कि ग़लती कहाँ हुई थी। याद रखें, तक़दीर को दोष देने से कोई व्यक्ति वहाँ नहीं पहुँचा, जहाँ वह पहुँचना चाहता था।

4. लगनशीलता के साथ प्रयोगशीलता का समन्वय कर लें। अपने लक्ष्य को बनाए रखें, परंतु पत्थर की दीवार से अपना सिर न टकराते रहें। नई शैलियों का प्रयोग करें। प्रयोगशील बनें।

5. याद रखें, हर स्थिति का एक अच्छा पहलू होता है। इसे खोजें, अच्छे पहलू को देखें और आप एक बार फिर उत्साह से भर जाएँगे।

✵ ✵ ✵

12

लक्ष्य बनाएँ, सफल बनें

इंसान ने जितनी भी तरक़्क़ी की है, लक्ष्य बनाकर की है। हमारे जितने भी आविष्कार हुए हैं, चाहे वे चिकित्सा के क्षेत्र में हों, इंजीनियरिंग के क्षेत्र में हों, या किसी और क्षेत्र में हों, वे सभी इसी कारण संभव हुए हैं क्योंकि उन्हें हासिल करने का लक्ष्य बनाया गया था। बिज़नेस में सफलता भी अक्सर इसीलिए मिलती है क्योंकि उसे हासिल करने का टारगेट बनाया गया था। उपग्रह धरती के चारों तरफ़ अपने आप चक्कर नहीं लगा रहे हैं, बल्कि इसलिए चक्कर लगा रहे हैं क्योंकि वैज्ञानिकों ने "अंतरिक्ष को जीतने" का लक्ष्य बनाया था।

लक्ष्य का मतलब है उद्देश्य। लक्ष्य सपने से ज़्यादा होता है, क्योंकि लक्ष्य का मतलब है सपने पर काम करना। लक्ष्य इससे ज़्यादा स्पष्ट होता है, "काश! मैं यह कर सकता!" लक्ष्य बहुत ही स्पष्ट होता है, "मैं इसकी तरफ़ बढ़ रहा हूँ।"

जब तक लक्ष्य नहीं बनाया जाता, तब तक कुछ भी हासिल नहीं होता, तब तक उसकी तरफ़ क़दम नहीं बढ़ाए जा सकते। लक्ष्यों के बिना व्यक्ति जीवन में इधर-उधर भटकता रहता है। वह लड़खड़ाता रहता है और कभी यह नहीं जान पाता कि वह कहाँ जा रहा है, इसलिए वह कहीं भी नहीं पहुँच पाता।

लक्ष्य सफलता के लिए उसी तरह ज़रूरी है, जिस तरह जीवन के लिए हवा ज़रूरी है। कोई भी बिना लक्ष्य के सफल नहीं हुआ। कोई भी बिना हवा के जीवित नहीं रहा। इसलिए आप अच्छी तरह अपने लक्ष्य को

तय कर लें कि आप कहाँ पहुँचना चाहते हैं।

डेव मॅहोने कभी एड्वर्टाइज़िंग एजेंसी में 25 डॉलर प्रति सप्ताह की नौकरी किया करते थे, 27 वर्ष की उम्र में वे एजेंसी के वाइस-प्रेसिडेंट बन गए और 33 वर्ष की उम्र में वे गुड ह्यूमर कंपनी के प्रेसिडेंट बन गए। लक्ष्यों के बारे में उनका कहना था, "महत्वपूर्ण बात यह नहीं है कि आप कल क्या थे, या आप आज क्या हैं, बल्कि महत्वपूर्ण बात तो यह है कि आप कल कहाँ पहुँचना चाहते हैं।"

महत्वपूर्ण बात यह नहीं है कि आप कल क्या थे, या आप आज क्या हैं, बल्कि महत्वपूर्ण बात तो यह है कि आप कल कहाँ पहुँचना चाहते हैं।

अच्छी कंपनियाँ अगले 10 से 15 साल के लक्ष्य बनाकर चलती हैं। सफल बिज़नेसमैन को ख़ुद से यह सवाल पूछना ही पड़ता है, "आज से दस साल बाद हम अपनी कंपनी को कहाँ देखना चाहते हैं?" फिर वे उसके हिसाब से अपनी योजना बनाते हैं। नई मशीनें लगाई जाती हैं ताकि उत्पादन की क्षमता बढ़ सके, आज की ज़रूरत के हिसाब से नहीं, बल्कि आज से 5 या 10 साल बाद की ज़रूरत के हिसाब से। ऐसे उत्पादों को विकसित करने के लिए शोध किया जाता है जो दस साल से पहले बाज़ार में नहीं उतर पाएँगे।

आधुनिक कंपनियाँ भविष्य को क़िस्मत के भरोसे नहीं छोड़तीं। क्या आपको ऐसा करना चाहिए?

हममें से हर व्यक्ति सफल कंपनियों से यह महत्वपूर्ण सबक़ सीख सकता है। हमें कम से कम 10 साल बाद तक की योजना बना लेनी चाहिए। आप दस साल बाद अपनी जो इमेज बनाना चाहते हैं, आपको सबसे पहले तो अभी वह इमेज सोच लेनी चाहिए। यह एक बेहद महत्वपूर्ण विचार है। कोई कंपनी जो अच्छी तरह भविष्य की योजना नहीं बनाती, वह यूँ ही चलती रहेगी (यह बीच में दीवालिया भी हो सकती है)। इसी तरह जो व्यक्ति लंबे लक्ष्य तय नहीं कर पाता, वह भी ज़िंदगी की भूलभुलैया में यूँ ही भटकता रहेगा। बिना लक्ष्यों के हमारा विकास नहीं होता।

मैं आपको एक उदाहरण बताना चाहता हूँ कि लंबी दूरी के लक्ष्य से सफलता किस तरह मिलती है। अभी पिछले हफ़्ते एक युवक (मैं उसे एफ़.

बी. कहना चाहूँगा) अपने करियर की समस्या लेकर मेरे पास आया। एफ़. बी. सभ्य और समझदार दिख रहा था। वह कुँवारा था और उसने चार साल पहले ही अपना कॉलेज पूरा किया था।

हमने उसके काम-काज, शिक्षा, उसकी योग्यताओं और उसकी सामान्य पृष्ठभूमि के बारे में चर्चा की। फिर मैंने उससे कहा, "आप मुझसे नौकरी बदलने के बारे में सलाह लेने आए हैं। आप किस तरह की नौकरी चाहते हैं ?"

उसने कहा, "यही तो मैं आपसे पूछने आया हूँ। मुझे नहीं पता कि मैं क्या करना चाहता हूँ।"

उसकी समस्या बहुत ही आम समस्या है। परंतु मैंने महसूस किया कि इस व्यक्ति की मदद करने का यह तरीक़ा नहीं है कि मैं इसे कई संभावित नियोक्ताओं से मिलवा दूँ। करियर चुनने में ग़लती करके उससे सीखना कोई अच्छा तरीक़ा नहीं है। चूँकि करियर की संभावनाएँ दर्जनों होती हैं, इसलिए सही नौकरी मिलने के अवसर भी दर्जनों में से एक होते हैं। मैं जानता था कि मुझे एफ़. बी. को यह एहसास कराना होगा कि किसी जगह अपना करियर बनाने से पहले उसे पहले यह जानना पड़ेगा कि उसकी मनचाही जगह कौन सी है।

इसलिए मैंने कहा, "अब आप एक अलग नज़रिए से अपने करियर प्लान को देखें। क्या आप मुझे बताएँगे कि आज से दस साल बाद आप अपनी कैसी इमेज देखना चाहते हैं?"

एफ़. बी. ने काफ़ी सोच-विचारकर कहा, "मैं समझता हूँ कि मैं वही चाहता हूँ जो हर व्यक्ति चाहता है : *एक अच्छी सी नौकरी जिसमें अच्छी तनख़्वाह मिलती हो और एक अच्छा सा घर।* सच कहूँ, तो मैंने इसके बारे में ज़्यादा नहीं सोचा।"

मैंने उसे आश्वस्त किया कि यह बिलकुल स्वाभाविक है। फिर मैंने उसे बताया कि करियर चुनने की उसकी शैली वैसी ही थी जैसे हम किसी एयरलाइन टिकट काउंटर पर जाएँ और कहें, "मुझे एक टिकट दे दीजिए।" टिकट बेचने वाले आपकी कोई मदद नहीं कर सकते जब तक कि आप उन्हें यह न बताएँ कि आप कहाँ जाना चाहते हैं। इसलिए मैंने

कहा, "और मैं तब तक नौकरी ढूँढ़ने में आपकी मदद नहीं कर सकता जब तक कि आप मुझे यह न बता दें कि आप कहाँ पहुँचना चाहते हैं। आप और सिर्फ़ आप ही मुझे यह बता सकते हैं कि आपका लक्ष्य क्या है।"

इससे एफ़. बी. सोचने पर मजबूर हो गया। अगले दो हफ़्तों तक हमने अलग-अलग नौकरियों के अच्छे-बुरे पहलुओं पर विचार करने के बजाय लक्ष्य निर्धारित करने के बारे में विचार किया। एफ़. बी. ने करियर प्लानिंग का सबसे महत्वपूर्ण सबक़ सीख लिया : *शुरू करने से पहले जान लें, आप कहाँ जाना चाहते हैं।*

सफल कंपनियों की तरह, आगे की योजना बनाएँ। एक तरह से आप भी किसी कंपनी की तरह हैं। आपकी योग्यताएँ, आपकी प्रतिभा, आपकी दक्षताएँ आपके "उत्पाद" हैं। आप अपने उत्पादों को विकसित करना चाहते हैं, ताकि आपको उनकी अधिकतम क़ीमत मिल सके। भविष्य की योजना बनाने से ऐसा करना संभव है।

यहाँ दो क़दम सुझाए जा रहे हैं जो आपकी मदद करेंगे :

पहले तो अपने भविष्य को तीन खंडों में बाँट दें : काम-धंधा, घर, और समाज। अपने जीवन को खंडों में बाँट देने से आप दुविधा में नहीं पड़ेंगे, आप आंतरिक संघर्ष की समस्या से बच सकेंगे और आप अपने भविष्य की पूरी तस्वीर देख सकेंगे।

दूसरी बात, अपने आपसे इन सवालों के स्पष्ट, सुनिश्चित जवाब पूछें। मैं अपने जीवन में क्या हासिल करना चाहता हूँ? मैं क्या बनना चाहता हूँ? और किस चीज़ से मुझे संतुष्टि मिलेगी?

मदद के लिए नीचे दी हुई प्लानिंग गाइड का प्रयोग करें।

आज से 10 साल बाद की मेरी इमेज : 10 साल की प्लानिंग गाइड

A. *काम-धंधे का खंड* : आज से 10 साल बाद :

   1. मैं कितनी आमदनी हासिल करना चाहता हूँ?

2. मैं अपने पास कितनी ज़िम्मेदारी चाहता हूँ ?

3. मैं कितनी सत्ता, कितना अधिकार चाहता हूँ ?

4. अपने काम-धंधे से मैं कितनी प्रतिष्ठा चाहता हूँ ?

B. *घर का खंड* : आज से 10 साल बाद :

1. मैं अपने परिवार को किस तरह का जीवनस्तर देना चाहता हूँ ?

2. मैं किस तरह के घर में रहना चाहता हूँ ?

3. मैं किस तरह से छुट्टियाँ बिताना चाहता हूँ ?

4. अपने बच्चों के शुरुआती वयस्क सालों में मैं उनकी कितनी आर्थिक मदद करना चाहता हूँ ?

C. *सामाजिक खंड* : आज से 10 साल बाद :

1. मेरे पास किस तरह के दोस्त होने चाहिए ?

2. मैं किन सामाजिक समूहों से जुड़ना चाहता हूँ ?

3. मैं किन संस्थाओं का लीडर बनना चाहता हूँ ?

4. मैं किन सामाजिक समस्याओं को दूर करने की पहल करना चाहता हूँ ?

कुछ साल पहले मेरे पुत्र ने ज़ोर देकर कहा कि मैं उसके साथ मिलकर उसके कुत्ते के पिल्ले के लिए एक डॉगहाउस बनवाऊँ। मेरा पुत्र पीनट नाम के इस पिल्ले से बहुत प्रेम करता था और उसे इस पर नाज़ था। पुत्र का उत्साह देखकर मैं उसके लगातार आग्रह को ठुकरा नहीं पाया। और इस तरह हम दोनों पीनट का घर बनाने में जुट गए। कारपेन्टरी की हम दोनों की समझ कुल मिलाकर ज़ीरो थी और जो घर बना, वह इस बात का सबूत था।

कुछ समय बाद मेरा एक अच्छा दोस्त आया और हमारे उस डॉगहाउस को देखने के बाद उसने पूछा, "तुम लोगों ने पेड़ पर यह क्या लटका रखा है ? कहीं, यह डॉगहाउस तो नहीं है ?" मैंने हाँ में जवाब

दिया। फिर उसने हमारी कुछ ग़लतियों की तरफ़ हमारा ध्यान आकर्षित किया और अपनी पूरी बात को सारांश में इस तरह कहा, "तुम लोगों ने कोई योजना नहीं बनाई। आजकल कोई बिना ब्लूप्रिंट के डॉगहाउस नहीं बनाता।"

और कृपया, जब भी आप अपने भविष्य की कल्पना करें, तो बड़ी कल्पना करने से न घबराएँ। आजकल लोगों को उनके सपनों के आकार के हिसाब से तौला जाता है। कोई भी व्यक्ति जितना हासिल करना चाहता है, उससे ज़्यादा हासिल नहीं कर पाता। इसलिए हमेशा अपने भविष्य के सपनों को बड़ा रखें।

नीचे एक व्यक्ति के जीवन की योजना शब्दशः बताई गई है। इसे पढ़ें। किस तरह उसने अपने भावी "घर" का लक्ष्य बनाया है, यह देखें। जब उसने यह लिखा होगा, तब निश्चित रूप से वह अपने भविष्य के घर को देख रहा होगा।

"मेरे घर का लक्ष्य गाँव में होगा। घर 'सदर्न मैनॅर' स्टाइल का होगा, दोमंज़िला, सफ़ेद कॉलम इत्यादि। चारों तरफ़ फ़ेंसिंग होगी और शायद वहाँ पर फ़िशपॉन्ड भी होगा क्योंकि मेरी पत्नी और मुझे मछली पकड़ने का शौक़ है। हम अपने डॉबरमॅन के लिए जो घर बनाएँगे, वह घर के पिछवाड़े बनाएँगे। मैं हमेशा से चाहता हूँ कि मेरे घर में एक लंबा-सा ड्राइववे हो जिसके दोनों तरफ़ पेड़ लगे हों।

"परंतु मैं जानता हूँ कि मकान और घर में अंतर होता है। ज़रूरी नहीं है कि हर मकान घर भी हो। मैं अपने मकान को घर बनाने की पूरी कोशिश करूँगा, यह ध्यान रखूँगा कि यह खाने और सोने की जगह से ज़्यादा कुछ बने। हम अपनी योजना बनाते समय ईश्वर को भी नहीं भूले हैं। हम चर्च की गतिविधियों में एक निश्चित राशि दान में देंगे।

"आज से दस साल बाद मैं अपने परिवार को दुनिया की सैर पर ले जाना चाहूँगा। इसके पहले कि हमारा परिवार शादी-ब्याह के कारण तितर-बितर हो जाए, मैं ऐसा करना चाहता हूँ। अगर हमारे पास एक साथ पूरी दुनिया की सैर पर जाने का समय नहीं होगा तो हम इसे चार-पाँच अलग-अलग छुट्टियों में बाँट लेंगे और हर साल दुनिया के

एक हिस्से की यात्रा करेंगे। स्वाभाविक रूप से मेरे "घर के खंड" की ये सारी योजनाएँ इस बात पर निर्भर करती हैं कि मेरे "काम-धंधे के खंड" में मुझे कैसी सफलता मिलती है, इसलिए अगर मैं यह सब हासिल करना चाहता हूँ तो मुझे सफल होना ही पड़ेगा।"

यह योजना पाँच साल पहले लिखी गई थी। तब उस व्यक्ति के पास दो छोटे स्टोर्स थे। आज वह पाँच स्टोर्स का मालिक है। और उसने देहात में 17 एकड़ ज़मीन भी ख़रीद ली है, जहाँ वह अपना घर बनाने जा रहा है। वह अपने लक्ष्य की तरफ़ लगातार बढ़ रहा है।

आपके जीवन के तीनों खंड आपस में जुड़े हुए हैं। हर एक की सफलता किसी न किसी हद तक दूसरे पर निर्भर करती है। परंतु जो खंड बाक़ी सभी खंडों पर सबसे ज़्यादा प्रभाव डालता है, वह है आपका काम-धंधे वाला खंड। हज़ारों साल पहले जिस गुफामानव का घरेलू जीवन सबसे सुखद होता था और जिसे सर्वाधिक सामाजिक सम्मान मिलता था, वह शिकारी के रूप में सबसे सफल हुआ करता था। सामान्य तौर पर, यही बात आज भी सही है। हम अपने परिवारों को जो जीवनस्तर देते हैं और हमें जो सामाजिक सम्मान मिलता है वह काफ़ी हद तक काम-धंधे के खंड में हमारी सफलता के कारण मिलता है।

कुछ समय पहले 'मैकिन्सी फ़ाउंडेशन फ़ॉर मैनेजमेंट रिसर्च' ने व्यापक सर्वेक्षण करवाया, ताकि यह जाना जा सके कि एक्ज़ीक्यूटिव बनने के लिए सबसे ज़्यादा ज़रूरी गुण कौन सा है। बिज़नेस, सरकार, विज्ञान और धर्म के लीडर्स से सवाल पूछे गए। हर बार, अलग-अलग तरीक़ों से इन शोधकर्ताओं को एक ही जवाब मिला : एक्ज़ीक्यूटिव की सबसे महत्वपूर्ण योग्यता उसकी *आगे बढ़ने की प्रबल इच्छा* होती है।

जॉन वानामेकर की सलाह याद रखें, "कोई व्यक्ति जब तक अपने काम में अपने आपको झोंक नहीं देता, तब तक वह महान काम नहीं कर पाता।"

अगर इसका सही दोहन किया जाए, तो प्रबल इच्छा में अनंत *शक्ति* है। इच्छा का अनुसरण करने की असफलता, वह न करना जो आप करना चाहते हैं, औसत दर्जे की ज़िंदगी या असफलता का रास्ता है।

मुझे एक कॉलेज के अख़बार के बेहद प्रतिभाशाली युवा लेखक के साथ हुई चर्चा याद आती है। इस युवक में प्रतिभा थी। अगर किसी व्यक्ति में पत्रकारिता के करियर में सफल होने का माद्दा था, तो वह यही व्यक्ति था। उसके ग्रेजुएशन के कुछ समय पहले मैंने उससे पूछा, "डैन, तुम अब क्या करोगे, पत्रकारिता के करियर में जाओगे?" डैन ने मेरी तरफ़ देखा और कहा, "अरे, नहीं। मुझे लिखना और रिपोर्टिंग करना बहुत पसंद है और मुझे कॉलेज के अख़बार में काम करने में बहुत मज़ा भी आता है। परंतु पत्रकारों की कमाई थोड़ी सी होती है और मैं भूखे नहीं मरना चाहता।"

इसके बाद मैं पाँच साल तक डैन से नहीं मिला। फिर एक शाम को वह मुझे न्यू ऑर्लियन्स में मिला। डैन किसी इलेक्ट्रॉनिक्स कंपनी में असिस्टेंट पर्सनेल डायरेक्टर के रूप में काम कर रहा था। और उसने मुझे जल्दी ही बता दिया कि वह अपने काम से संतुष्ट नहीं है, "मेरी तनख़्वाह तो अच्छी है। मेरी कंपनी भी अच्छी है और जहाँ तक जॉब सिक्युरिटी का सवाल है वह मेरे पास है। परंतु इस काम में मेरा दिल नहीं लगता। अब मैं सोचता हूँ कि काश कॉलेज के बाद मैंने किसी प्रकाशक के यहाँ या किसी अख़बार में काम किया होता।"

डैन के रवैए से बोरियत और अरुचि साफ़ झलक रही थी। वह हर चीज़ में बुराई देख रहा था। जब तक वह अपनी नौकरी छोड़कर पत्रकारिता में नहीं जाएगा, उसे उसकी मनचाही सफलता हासिल नहीं हो पाएगी। सफलता में पूरे मन से प्रयास की ज़रूरत होती है और आप किसी काम में पूरा मन तभी लगा सकते हैं जब आप उसे पसंद करते हों।

अगर डैन ने अपना मनपसंद काम किया होता, तो वह आज अख़बार की दुनिया में काफ़ी ऊपर होता। और लंबे समय में उसे आज से ज़्यादा पैसा और मानसिक संतोष मिल रहा होता।

अपने नापसंदगी के काम को छोड़कर अपना मनपसंद काम करना वैसा ही है जैसे 10 साल पुरानी कार में 500 हॉर्सपॉवर की मोटर लगा दी जाए।

हम सभी में इच्छाएँ होती हैं। हम सभी सपने देखते हैं कि हम सचमुच

क्या करना चाहते हैं। परंतु हममें से बहुत कम लोग ही वास्तव में अपनी इच्छाओं का कहना मानते हैं। इसके बजाय, हम अपनी इच्छाओं का गला घोंट देते हैं। सफलता की हत्या करने के लिए हम पाँच तरह के हथियारों का इस्तेमाल करते हैं। इन हथियारों को नष्ट कर दें, क्योंकि ये हथियार ख़तरनाक हैं।

1. *ख़ुद को नाक़ाबिल समझना।* आपने दर्जनों लोगों को यह कहते सुना होगा, "मैं डॉक्टर (या एक्ज़ीक्यूटिव या कमर्शियल आर्टिस्ट या बिज़नेसमैन) बनना चाहता हूँ, परंतु मैं ऐसा नहीं कर सकता।" "मुझमें इतनी प्रतिभा नहीं है।" "अगर मैंने कोशिश की तो मैं सफल नहीं हो पाऊँगा।" "मेरे पास शिक्षा और/या अनुभव की कमी है।" कई युवक-युवतियाँ अयोग्यता की छुरी से अपनी इच्छा को मार डालते हैं।

2. *सुरक्षा की बीमारी।* जो लोग कहते हैं, "मैं जहाँ हूँ वहीं सुरक्षित हूँ", वे अपने सपनों की हत्या करने में सुरक्षा के हथियार का इस्तेमाल करते हैं।

3. *प्रतियोगिता।* "इस क्षेत्र में पहले से ही बहुत सारे लोग हैं," "यहाँ तो लोग एक के ऊपर एक खड़े हुए हैं," जैसे विचार भी इच्छा को तत्काल मार डालते हैं।

4. *माता-पिता के आदेश।* मैंने सैकड़ों बच्चों को अपना करियर चुनते समय यह कहते सुना है, "मेरा मन तो दूसरा करियर चुनने का था, परंतु मेरे माता-पिता ने मुझसे यह करियर चुनने के लिए कहा, इसलिए मैंने इसे ही चुन लिया।" ज़्यादातर माता-पिता अपने बच्चों को जान-बूझकर यह आदेश नहीं देते कि उन्हें क्या करना चाहिए। हर बुद्धिमान माता-पिता अपने बच्चों को ज़िंदगी में सफल देखना चाहते हैं। अगर बच्चा शांति से यह समझाए कि वह दूसरा करियर क्यों चुनना चाहता है, तो माता-पिता उसकी बात सुनेंगे और कोई तनाव पैदा नहीं होगा। क्योंकि बच्चे के करियर के बारे में माता-पिता और बच्चे दोनों का लक्ष्य एक ही है : सफलता।

5. *पारिवारिक ज़िम्मेदारी।* "अगर मैंने पाँच साल पहले नौकरी बदली होती, तो अच्छा रहता परंतु अब मेरे पास परिवार है और इसलिए

मैं अब कुछ नहीं कर सकता।" यह नज़रिया भी आपकी इच्छाओं की हत्या करने का हथियार है।

इन हत्या के हथियारों को फेंक दें। याद रखें, पूरी शक्ति हासिल करने का इकलौता तरीक़ा, पूरी ताक़त से लक्ष्य की तरफ़ बढ़े चलने का एकमात्र उपाय यही है कि आप जो करना चाहते हैं, वही करें। इच्छा के सामने समर्पण कर दें और बदले में आपको ऊर्जा, उत्साह, मानसिक स्फूर्ति और बेहतर सेहत भी मिलेगी।

और इच्छा के सामने समर्पण करने की कोई उम्र नहीं होती।

ज़्यादातर सचमुच सफल लोग सप्ताह में 40 घंटे से भी ज़्यादा समय तक काम करते हैं। परंतु आपने कभी नहीं सुना होगा कि उन्होंने ज़्यादा काम की शिकायत की हो। सफल लोगों का ध्यान लक्ष्य पर लगा होता है और इसी से उन्हें ऊर्जा मिलती है।

इससे हमें यह शिक्षा मिलती है : जब आप एक इच्छित लक्ष्य बना लेते हैं और उस लक्ष्य की तरफ़ बढ़ने का संकल्प करते हैं तो आपकी ऊर्जा बढ़कर कई गुना हो जाती है। कई लोग, करोड़ों लोग, अपना लक्ष्य बनाकर और उस लक्ष्य को हासिल करने में जीजान से जुटकर नई ऊर्जा हासिल कर सकते हैं। लक्ष्यों से बोरियत दूर होती है। लक्ष्यों से कई लंबी बीमारियाँ भी दूर हो जाती हैं।

हम लक्ष्यों की शक्ति में थोड़ा गहराई तक जाएँ। जब आप अपनी इच्छाओं के आगे समर्पण करते हैं, जब आप अपने दिमाग़ पर लक्ष्य को हावी हो जाने देते हैं, तो आप में शारीरिक शक्ति, ऊर्जा और उत्साह का संचार होता है जिसके सहारे आप उस लक्ष्य को हासिल कर सकते हैं। परंतु आपको कुछ और भी मिलता है जो उतना ही बहुमूल्य है। आपको "स्वचालित या ऑटोमैटिक योजना" मिलती है जो आपको सीधे लक्ष्य तक ले जाती है।

गहराई से तय किए गए लक्ष्य के साथ सबसे आश्चर्यजनक बात यह है कि यह आपको अपने तक पहुँचने की राह पर बनाए रखता है। इसमें कोई रहस्य नहीं है। दरअसल होता यह है। जब आप अपने लक्ष्य के आगे समर्पण कर देते हैं, तो लक्ष्य आपके अवचेतन मस्तिष्क में जाकर बैठ

जाता है। आपका अवचेतन मस्तिष्क हमेशा संतुलन में रहता है। हो सकता है कि आपका चेतन मस्तिष्क संतुलन में न हो। आपका चेतन मस्तिष्क तभी संतुलन में रहता है जब यह वही करता है जो आपका अवचेतन मस्तिष्क सोच रहा है। अवचेतन मस्तिष्क के पूरे सहयोग के बिना कोई भी व्यक्ति झिझकेगा, दुविधा में होगा, अनिर्णय की स्थिति में होगा। अब जबकि आपका लक्ष्य आपके अवचेतन मस्तिष्क में गहरे बैठ गया है तो आप अपने आप सही तरीक़े से काम करने लगते हैं। चेतन मस्तिष्क अब स्पष्ट, सीधा चिंतन कर सकता है।

मैं आपको दो काल्पनिक व्यक्तियों का उदाहरण देकर इस बात को समझाना चाहता हूँ। शायद इनमें आपको अपने आस-पास के कई लोगों की झलक दिखाई दे। हम इन्हें टॉम और जैक का नाम देंगे। यह दोनों बाक़ी सभी बातों में लगभग समान हैं, दोनों में एक ही चीज़ का अंतर है। टॉम का एक निश्चित लक्ष्य है। जैक का नहीं है। टॉम जानता है कि वह क्या बनना चाहता है। वह दस साल बाद ख़ुद को कॉरपोरेशन के वाइस प्रेसिडेंट की कुर्सी पर बैठा देख रहा है।

चूँकि टॉम ने अपने लक्ष्य के आगे समर्पण कर दिया है, इसलिए उसके अवचेतन मस्तिष्क से उसका लक्ष्य उसे संकेत करता है, "यह करो", या "यह मत करो, इससे तुम अपने लक्ष्य तक नहीं पहुँच पाओगे।" लक्ष्य लगातार बोलता रहता है, "मैं ही वह इमेज हूँ जिसे तुम्हें हक़ीक़त बनाना है। तुम्हें मुझे हक़ीक़त बनाने के लिए यह करना चाहिए।"

टॉम के पास लक्ष्य था, इसलिए वह इधर-उधर की बातों में नहीं उलझा। लक्ष्य ने उसे सारे कामों में सही रास्ता दिखाया। जब टॉम कोई सूट ख़रीदता था, तो उसका लक्ष्य उसे बताता था कि उसे कौन सा सूट चुनना चाहिए। लक्ष्य ही टॉम को बताता था कि उसे अगली नौकरी किस तरह की चुनना चाहिए, बिज़नेस मीटिंग में क्या कहना चाहिए, विवाद की स्थिति में क्या करना चाहिए, क्या पढ़ना चाहिए और किस तरह के सिद्धांतों पर चलना चाहिए। अगर टॉम अपने लक्ष्य से ज़रा सा भी इधर-उधर भटकता था तो उसके अवचेतन मस्तिष्क में फ़िट स्वचालित यंत्र सक्रिय हो जाता था और उसे चेतावनी दे देता था कि वह भटक गया है और उसे बताता था कि सही राह पर आने के लिए उसे क्या क़दम उठाने होंगे।

टॉम के लक्ष्य ने उसे अपनी नौकरी के वातावरण के प्रति बेहद संवेदनशील बना दिया था।

दूसरी तरफ़, जैक के पास कोई लक्ष्य नहीं था, इसलिए उसके पास मार्गदर्शन देने वाले स्वचालित यंत्र का अभाव था। वह जल्दी ही दुविधा में पड़ जाता था। उसके काम बिना नीतियों के होते थे। वह हिचकता था, कभी इधर कभी उधर जाता था, यह सोचता था कि उसे इस हालत में क्या करना चाहिए। चूँकि उसके पास लक्ष्य को हासिल करने की लगन नहीं थी, इसलिए जैक औसत ज़िंदगी की आसान राह पर लड़खड़ाता हुआ चल रहा था।

क्या मैं आपसे ऊपर लिखे खंड को दुबारा पढ़ने का आग्रह कर सकता हूँ? ऐसा अभी करें। इस अवधारणा को अपने दिमाग़ में बैठ जाने दें। बेहद सफल लोगों के जीवन का अध्ययन करें। यह देखें कि उन सभी ने अपने लक्ष्य के प्रति समर्पण कर दिया था। देखें कि किस तरह किसी बेहद सफल व्यक्ति की ज़िंदगी उसके लक्ष्य के चारों तरफ़ घूमती है।

लक्ष्य के सामने समर्पण करें। सचमुच समर्पण करें। उसे अपने दिमाग़ पर हावी हो जाने दें और तब लक्ष्य आपको वह स्वचालित मार्गदर्शन प्रदान करेगा जो आपको लक्ष्य तक पहुँचाने में सहायक होगा।

हम लोगों के साथ अक्सर होता है कि किसी शनिवार की सुबह जब हम सोकर उठते हैं तो हमारे पास कोई योजना नहीं होती, हम नहीं जानते कि हमें उस दिन क्या करना है। इस तरह के दिनों में हम लगभग कुछ हासिल नहीं कर पाते। हम दिन को यूँ ही गुज़ार देते हैं, और जब दिन ख़त्म हो जाता है तो ख़ुश होते हैं। परंतु जब हम किसी दिन को योजना के साथ शुरू करते हैं, तो हमारे काम फटाफट हो जाते हैं।

यह आम अनुभव एक महत्वपूर्ण सबक़ सिखाता है : किसी काम में सफलता हासिल करने के लिए, हमें उस काम की योजना बनाना चाहिए।

द्वितीय विश्वयुद्ध के पहले वैज्ञानिकों को परमाणु की प्रबल शक्ति का आभास था। परंतु वे यह नहीं जानते थे कि परमाणु को किस तरह विखंडित किया जाए ताकि इसकी प्रबल शक्ति का विस्फोट हो। जब अमेरिका युद्ध में उतरा, तो भविष्यदर्शी वैज्ञानिकों ने परमाणु बम की

संभावित शक्ति को देखा। तत्काल एक योजना बनी जिसका सिर्फ़ एक लक्ष्य था : परमाणु बम बनाना। बाक़ी सब इतिहास है। कुछ ही सालों में लगन और मेहनत रंग लाई। परमाणु बम गिराए गए और युद्ध ख़त्म हो गया। परंतु अगर लक्ष्य हासिल करने की योजना नहीं बनी होती तो परमाणु को विखंडित करने की प्रक्रिया शायद इतनी जल्दी नहीं हो पाती। शायद इसमें एक दशक या इससे भी ज़्यादा का विलंब हुआ होता।

अगर आपको काम करना है, तो उसके लक्ष्य बना लें।

हमारे उत्पादन का भट्टा ही बैठ जाएगा, अगर हम उत्पादन के टारगेट न बनाएँ। सभी कंपनियों के अफ़सर टारगेट डेट और उत्पादन की संख्या का लक्ष्य बनाते हैं। सेल्समैन तभी ज़्यादा सामान बेच पाते हैं जब उन्हें निश्चित संख्या में माल बेचने का लक्ष्य दिया जाता है। प्रोफ़ेसर जानते हैं कि विद्यार्थी तभी अपने टर्म पेपर लिख पाते हैं जब उसके लिए डेडलाइन तय कर दी जाती है।

तो अगर आप सफलता की तरफ़ आगे बढ़ना चाहते हैं तो लक्ष्य तय करें : डेडलाइन बनाएँ, किस तारीख़ तक आप लक्ष्य हासिल करेंगे यह तय करें। अपने आप यह तय करें कि आप इतने समय में इतना हासिल करेंगे। आप केवल उतना ही हासिल कर सकते हैं, जितना हासिल करने की आपने योजना बनाई है।

ट्यूलेन यूनिवर्सिटी स्कूल ऑफ़ मेडिसिन के डॉक्टर जॉर्ज ई. बर्क मानवीय दीर्घजीविता के विशेषज्ञ हैं। उनके अनुसार कई चीज़ों से यह तय होता है कि आप कितने समय तक जिएँगे : वज़न, आनुवंशिकता, खान-पान, मानसिक तनाव, व्यक्तिगत आदतें। परंतु डॉ. बर्क कहते हैं, “जल्दी मरने का सबसे आसान तरीक़ा है रिटायर हो जाना और कुछ न करना। हर इंसान को ज़िंदा रहने के लिए जीवन में रुचि लेना चाहिए।”

हममें से हर एक के पास विकल्प है। रिटायरमेंट हमारे लिए शुरुआत भी हो सकता है और अंत भी। “कुछ मत करो, बस खाओ, सोओ और दिन काटो” का रवैया रिटायरमेंट का “ख़ुद को तेज़ी से ज़हर दे दो” वाला रास्ता है। जो लोग रिटायरमेंट को सक्रिय जीवन का अंत मानते हैं, उनमें से ज़्यादातर लोगों के जीवन का अंत भी इसके तत्काल

बाद हो जाता है। चूँकि अब जीवन का कोई लक्ष्य नहीं बचा है, जीने का कोई कारण नहीं बचा है, इसलिए ज़िंदगी ख़त्म हो जाती है।

दूसरी तरफ़ रिटायर होने का बुद्धिमत्तापूर्ण रवैया है, "मैं अब नए सिरे से शुरुआत करूँगा।" मेरे बहुत अच्छे दोस्त ल्यू गॉर्डन ने रिटायर होने के इसी तरीक़े को चुना। ल्यू कुछ साल पहले अटलांटा के सबसे बड़े बैंक के वाइस-प्रेसिडेंट के रूप में रिटायर हुए थे। परंतु उन्होंने अपने रिटायरमेंट के दिन को अपनी नई ज़िंदगी की शुरुआत माना था। उन्होंने ख़ुद को बिज़नेस सलाहकार के रूप में स्थापित किया। और उनकी प्रगति आश्चर्यजनक है।

अब वे साठ से सत्तर के बीच हैं, वे ढेर सारे ग्राहकों को सेवाएँ देते हैं और वक्ता के रूप में उनकी देश भर में माँग है। उनकी एक योजना 'पी सिग्मा एप्सीलॉन' नामक संस्था बनाने की थी जो प्रोफ़ेशनल सेल्समैन और सेल्स एक्ज़ीक्यूटिव्ज़ की संस्था हो। हर बार जब मैं देखता हूँ ल्यू की उम्र मुझे पहले से कम दिखती है। अभी भी अपनी आत्मा में वे 30 साल के जवान हैं। मैं ऐसे बहुत कम लोगों को जानता हूँ जो इतनी उम्र में जीवन से सुख की इतनी फ़सल काट रहे हैं जितना कि यह वरिष्ठ नागरिक, जिसने रिटायरमेंट को जीवन का अंत नहीं माना।

और ल्यू गॉर्डन की तरह के लोग बोरिंग बुड्ढे नहीं होते हैं, जो सिर्फ़ अपने दुःखों की दास्तान ही सुनाते रहें।

लक्ष्य, प्रबल लक्ष्य, किसी व्यक्ति को ज़िंदा रख सकते हैं, चाहे उसकी शारीरिक स्थिति कैसी भी हो। मिसेज़ डी. मेरे कॉलेज के एक मित्र की माँ थीं। उन्हें तभी कैंसर हो गया था जब उनका पुत्र केवल दो साल का था। इतना ही नहीं, बीमारी का पता चलने से तीन महीने पहले ही उनके पति की मृत्यु हो गई थी। उनके डॉक्टरों ने उन्हें कोई दिलासा नहीं दिया। परंतु मिसेज़ डी. ने हार नहीं मानी। उनका संकल्प था कि वे अपने दो साल के बच्चे को सफलतापूर्वक कॉलेज की पढ़ाई पूरी करवाएँगी। अपने पति द्वारा छोड़ी गई छोटी सी किराने की दुकान चलाकर उन्होंने पढ़ाई के लिए पैसे जुटाना शुरू किए। उनके बहुत से ऑपरेशन हुए। हर बार डॉक्टर यही कहते थे, "बस कुछ महीने और।"

कैंसर तो कभी ख़त्म नहीं हुआ। परंतु "कुछ महीने" खिंचते चले गए और 20 साल बन गए। उन्होंने अपने बच्चे को सफलतापूर्वक कॉलेज की पढ़ाई ख़त्म करते और डिग्री लेते देखा। इसके छह हफ़्ते बाद वे चल बसीं।

लक्ष्य, प्रबल लालसा, में इतनी शक्ति थी कि वे मौत से दो दशक तक लड़ती रहीं।

लंबे जीवन के लिए लक्ष्यों का प्रयोग करें। दुनिया की कोई भी दवा – और आपका डॉक्टर भी यह मानेगा – जीवन को बढ़ाने में इतनी सक्षम नहीं होती, जितनी कि *कुछ करने की इच्छा* होती है।

वह व्यक्ति जो अधिकतम सफलता हासिल करने के लिए कृतसंकल्प है, यह सिद्धांत सीख जाता है कि *प्रगति एक समय में एक क़दम चलने का नाम है*। एक-एक ईंट लगाकर ही घर बनता है। फ़ुटबॉल के खेल में भी एक-एक मैच करके ही विश्वकप जीता जाता है। कोई डिपार्टमेंट स्टोर एक-एक नए ग्राहक से ही बढ़ता है। हर महान सफलता छोटी-छोटी सफलताओं की शृँखला होती है।

एरिक सेवारीड जाने-माने लेखक हैं। उन्होंने *रीडर्स डाइजेस्ट* (अप्रैल 1957) में लिखा है कि उन्होंने जो सबसे बढ़िया सलाह सीखी है, वह है "अगले मील" का सिद्धांत। यहाँ पर उनके लेख का कुछ हिस्सा दिया जा रहा है :

"द्वितीय विश्वयुद्ध के दौरान, मुझे और कई दूसरे लोगों को क्षतिग्रस्त हवाई जहाज़ से पैराशूट से छलाँग लगाकर बर्मा-भारत की सीमा के पहाड़ी जंगलों में कूदना पड़ा। इस बात की कोई उम्मीद नहीं थी कि अगले कुछ सप्ताहों तक हमारे बचाव के लिए कोई टीम वहाँ पहुँचती। और तब हमने भारत की तरफ़ एक दर्दनाक, लंबी यात्रा शुरू की। हमें 140 मील का फ़ासला तय करना था। बीच में पहाड़ थे, अगस्त की गर्मी थी और मानसून की बारिश थी।

"सफ़र के पहले ही घंटे में मेरे जूते में एक कील एक फ़ुट गहरी धँस गई। शाम तक मेरे दोनों पैरों में सिक्कों के आकार के छाले हो गए। क्या मैं 140 मील तक लड़खड़ाते हुए चल सकता था? क्या दूसरे लोग इतनी दूर चल पाएँगे, जबकि उनमें से कई की हालत तो मुझसे भी बदतर थी?

हम लोगों को यह विश्वास था कि हम ऐसा नहीं कर सकते। परंतु हम अगली चोटी तक तो पहुँच ही *सकते* थे, हम रात गुज़ारने के लिए अगले गाँव तक तो पहुँच ही *सकते* थे। और हमारा लक्ष्य एक दिन में बस इतना ही करना तो था...।

"जब मैंने नौकरी छोड़ी और ढाई लाख शब्दों की एक पुस्तक लिखने का फ़ैसला किया तो मैंने पूरी योजना के बारे में एक साथ नहीं सोचा। अगर मैंने ऐसा किया होता तो मैं वह महत्वाकांक्षी पुस्तक कभी पूरी नहीं कर पाया होता। मैंने केवल अगले पैरेग्राफ़ के बारे में विचार किया, अगले पेज के बारे में नहीं, और अगले अध्याय के बारे में तो बिलकुल भी नहीं। इस तरह, पिछले छह महीनों से मैंने कुछ नहीं किया, केवल एक पैरेग्राफ़ के बाद दूसरा पैरेग्राफ़ लिखता रहा और पुस्तक 'अपने आप तैयार' हो गई।

"वर्षों पहले, मैंने हर रोज़ लिखने और ब्रॉडकास्टिंग का काम अपने हाथ में लिया जो आज 2000 पांडुलिपियों से ज़्यादा हो चुका है। अगर तब किसी ने मुझसे एक साथ '2000 पांडुलिपियों को लिखने' का कॉन्ट्रैक्ट साइन कराया होता, तो मैं इतने बड़े काम को करने में अपनी असमर्थता व्यक्त कर देता। परंतु मुझे सिर्फ़ एक पांडुलिपि लिखने के लिए कहा गया, इसके बाद फिर एक, और मैंने हमेशा यही किया है।"

"अगले मील" का सिद्धांत एरिक सेवारीड के लिए काम कर गया और यह आपके लिए भी काम करेगा।

क़दम-दर-क़दम का तरीक़ा किसी भी लक्ष्य को हासिल करने का इकलौता बुद्धिमत्तापूर्ण तरीक़ा है। धूम्रपान छोड़ने का सर्वश्रेष्ठ फ़ॉर्मूला जिसने मेरे कई दोस्तों की सिगरेट छुड़वा दी है, वह अगले घंटे का फ़ॉर्मूला है। अंतिम लक्ष्य तक पहली ही बार में पहुँचने के बजाय यानी कभी धूम्रपान न करने का संकल्प ले लेना उतना कारगर नहीं होता, जितना कि अगले घंटे सिगरेट न पीने का संकल्प। जब घंटा ख़त्म होता है, तो धूम्रपान करने वाला अपने संकल्प को एक *और* घंटे के लिए बढ़ा देता है। फिर, जब इच्छा कम होती जाती है, तो इस समय को दो घंटे रखा जा सकता है, और इसके बाद एक दिन। अंततः लक्ष्य हासिल हो जाता है। वह व्यक्ति जो *एकदम* इस आदत को छोड़ना चाहता है वह इसलिए असफल होता है क्योंकि इसमें असहनीय मनोवैज्ञानिक वेदना होती है। सिगरेट के बिना एक

घंटे रहना आसान है; सिगरेट के बिना ज़िंदगी भर रहना कठिन है।

किसी भी लक्ष्य को हासिल करने में क़दम-दर-क़दम चलने के तरीक़े की ज़रूरत होती है। जूनियर एक्ज़ीक्यूटिव के लिए हर काम चाहे वह कितना भी छोटा नज़र आता हो, आगे बढ़ने का एक मौक़ा देता है। एक समय में एक ग्राहक को सामान बेचकर ही सेल्समैन मैनेजमेंट की ज़िम्मेदारी उठाने क़ाबिल समझा जाता है।

धर्मोपदेशक के लिए हर प्रवचन, प्रोफ़ेसर के लिए हर लेक्चर, वैज्ञानिक के लिए हर प्रयोग, बिज़नेसमैन के लिए हर मीटिंग महान लक्ष्य की तरफ़ एक क़दम आगे बढ़ाने का अवसर है।

कई बार ऐसा लगता है जैसे कोई अचानक सफल हो गया है। परंतु अगर आप ऐसे लोगों के इतिहास को देखें जो अचानक चोटी पर पहुँचते दिखे हों, तो आप पाएँगे कि उन्होंने पहले काफ़ी ज़मीनी तैयारी की थी। और जो तथाकथित "सफल लोग" अपनी प्रसिद्धि को जल्दी ही गँवा देते हैं वे दरअसल ऐसे नक़ली लोग होते हैं जिनकी नींव कमज़ोर होती है।

जिस तरह कोई सुंदर इमारत पत्थर के टुकड़ों से बनती है, उसी तरह सफल ज़िंदगी हमारे छोटे-छोटे कामों से ही बनती है।

यह करें : चाहे आपको अपना अगला काम कितना ही महत्वहीन लगे, परंतु चूँकि यह सही दिशा में एक क़दम है, इसलिए इस काम को पूरा करके अपने अंतिम लक्ष्य की तरफ़ बढ़े चलें। इस प्रश्न को याद कर लें और अपने हर काम के मूल्यांकन में इसकी मदद लें, *"क्या यह मुझे वहाँ ले जाएगा जहाँ मैं पहुँचना चाहता हूँ?"* अगर जवाब 'ना' में है, तो पीछे हट जाएँ; अगर जवाब 'हाँ' में है, तो बेधड़क आगे बढ़ जाएँ।

यह स्पष्ट है। हम सफलता की कोई बड़ी छलाँग नहीं लगाते। हम वहाँ एक समय में एक-एक क़दम बढ़ाकर पहुँचते हैं। सफल उपलब्धि के लिए मासिक कोटा निर्धारित करना एक उत्तम नीति है।

अपना मूल्यांकन स्वयं करें। यह तय करें कि अपने आपको ज़्यादा प्रभावी बनाने के लिए आपको क्या करना चाहिए। नीचे दिए गए फ़ॉर्म का प्रयोग मार्गदर्शक के रूप में करें। हर महत्वपूर्ण शीर्षक के अंतर्गत वह काम लिख लें जो आप अगले 30 दिनों में करना चाहते हों। फिर जब 30 दिन

का समय ख़त्म हो जाए, तो अपनी प्रगति की जाँच करें और एक नया 30 दिवसीय लक्ष्य बना डालें। हमेशा 'छोटे-छोटे काम' करते रहें ताकि आप बड़े काम करने के लिए तैयार रहें।

30 दिवसीय सुधार मार्गदर्शिका

अभी और _____ के बीच मैं यह करूँगा

A. इन आदतों को छोड़ूँगा : (सुझाव)

  1. काम टालना।

  2. नकारात्मक भाषा।

  3. एक दिन में एक घंटे से ज़्यादा टीवी देखना।

  4. गपशप।

B. इन आदतों को डालूँगा : (सुझाव)

  1. अपने हुलिए का हर सुबह कड़ा मूल्यांकन करें।

  2. रात को सोते समय अगले दिन की योजना बनाएँ।

  3. हर संभव मौक़े पर लोगों की तारीफ़ करें।

C. इन तरीक़ों से अपने बॉस की नज़रों में अपना मूल्य बढ़ाएँ : (सुझाव)

  1. अपने अधीनस्थों को विकसित करने में सहयोग दें।

  2. अपनी कंपनी के बारे में, इसके काम के बारे में और इसके ग्राहकों के बारे में ज़्यादा जानें।

  3. अपनी कंपनी को अधिक प्रभावी बनाने के लिए तीन स्पष्ट सुझाव दें।

D. अपने घर पर मैं अपना मूल्य इस तरह बढ़ाऊँगा : (सुझाव)

  1. अपनी पत्नी के छोटे-छोटे कामों की तारीफ़ करूँगा, जिन्हें मैं अब

तक अनदेखा किया करता था।

2. सप्ताह में एक बार, अपने पूरे परिवार के लिए कुछ ख़ास करूँगा।

3. अपने परिवार को हर दिन एक घंटे का अविभाजित समय दूँगा।

E.   इन तरीक़ों से अपने दिमाग़ को पैना करूँगा : (सुझाव)

1. अपने क्षेत्र की व्यावसायिक पत्रिकाओं को पढ़ने में हर हफ़्ते दो घंटे का समय दूँगा।

2. आत्म-सुधार की एक पुस्तक पढ़ूँगा।

3. चार नए दोस्त बनाऊँगा।

4. चुपचाप एकांत में बैठकर 30 मिनट रोज़ चिंतन करूँगा।

अगली बार जब आप किसी सभ्य व्यक्ति, संस्कारवान व्यक्ति, अच्छे वक्ता, आकर्षक तरीक़े से तैयार व्यक्ति, प्रभावी व्यक्ति को देखें तो ख़ुद को याद दिलाएँ कि वह इस तरह से पैदा नहीं हुआ था। उसने इस तरह बनने के लिए हर दिन कोशिश की होगी, लगातार कोशिश की होगी। नई अच्छी आदतें डालना और पुरानी बुरी आदतों को छोड़ना हर दिन की इसी कोशिश का हिस्सा है।

अभी हाल अपनी 30 दिवसीय सुधार मार्गदर्शिका तैयार करें।

अक्सर, जब मैं लक्ष्य निर्धारित करने की बात करता हूँ तो कोई न कोई इस तरह की बात कहता है, "मैं जानता हूँ कि लक्ष्य की तरफ़ काम करना महत्वपूर्ण है, परंतु अक्सर ऐसी घटनाएँ हो जाती हैं जिनसे मेरी योजना गड़बड़ा जाती है।"

यह सच है कि कई बार ऐसी घटनाएँ हो जाती हैं जो आपके लक्ष्य की राह में बाधा खड़ी कर देती हैं। जैसे आपके परिवार में कोई गंभीर बीमारी या मृत्यु हो जाए, आप जिस नौकरी की कोशिश कर रहे हों वह पद ही समाप्त हो जाए, या आपके साथ कोई दुर्घटना हो जाए।

तो हम इस विचार को अपने दिमाग़ में गहरे बैठा लें : *वैकल्पिक रास्ते तैयार रखें*। अगर आप किसी सड़क पर जा रहे हों, और आपको

बीच में 'रास्ता बंद है' का बोर्ड दिखाई देता है, तो आप वहीं पर डेरा नहीं डाल देते, न ही आप घर वापस लौट जाते हैं। वह रास्ता बंद है, इसका मतलब सिर्फ़ इतना सा है कि आप उस रास्ते से अपने लक्ष्य तक नहीं पहुँच सकते। आपको अपने लक्ष्य तक पहुँचने के लिए किसी दूसरे रास्ते से जाना होगा।

यह देखें कि सेना के अधिकारी किस तरह योजना बनाते हैं। जब वे अपने लक्ष्य को हासिल करने के लिए मास्टर प्लान बनाते हैं, तो वे वैकल्पिक योजनाएँ भी बनाते हैं। अगर कोई अप्रत्याशित घटना हो जाती है जिससे प्लान ए सफल नहीं हो सकता, तो वे प्लान बी पर काम करने लगते हैं। आप हवाई जहाज़ में तब भी आराम से बैठे रहते हैं जब कि वह हवाई अड्डा पास हो जहाँ आपको उतरना है लेकिन वहाँ हवाई जहाज़ उतारना फ़िलहाल संभव नहीं है। आप घबराते नहीं हैं क्योंकि आप जानते हैं कि हवाई जहाज़ चलाने वाले के पास उतरने की वैकल्पिक जगह है और पर्याप्त रिज़र्व ईंधन है।

वह व्यक्ति दुर्लभ ही होगा जिसने बहुत बड़ी सफलता पाई हो और अपने जीवन में उसने कभी वैकल्पिक रास्तों का इस्तेमाल न किया हो - ऐसे बहुत से लोग हैं जिन्होंने वैकल्पिक रास्तों का इस्तेमाल करके सफलता पाई है।

जब आप वैकल्पिक रास्ते पर चलते हैं, तो आप अपने लक्ष्य नहीं बदलते। आप सिर्फ़ अपने रास्ते बदलते हैं।

आपने कई लोगों को यह कहते सुना होगा, "काश मैंने वह स्टॉक उस समय ख़रीदा होता। आज मेरे पास ढेर सारा पैसा होता।"

आम तौर पर, लोग स्टॉक या बॉन्ड या रियल एस्टेट या किसी दूसरे क़िस्म की जायदाद में निवेश करने के बारे में सोचते हैं। परंतु सबसे बड़ा और सबसे लाभदायक निवेश *ख़ुद में निवेश* करना होता है, ऐसी चीज़ें ख़रीदना जिनसे आपकी मानसिक योग्यता और शक्ति बढ़े।

प्रगतिशील कंपनियाँ जानती हैं कि आज से पाँच साल बाद वे कितनी मज़बूत होंगी यह उन आने वाले पाँच सालों में तय नहीं होगा, बल्कि अभी तय होगा और इस बात से तय होगा कि वे इस साल उस

योजना में कितना निवेश कर रही हैं। लाभ केवल एक ही स्त्रोत से आते हैं : निवेश।

यह हम सबके लिए एक सबक़ है। लाभ के लिए, आगे आने वाले सालों में "औसत" आमदनी से ज़्यादा हासिल करने के लिए हमें ख़ुद में निवेश करना चाहिए। हमें अपने लक्ष्यों को हासिल करने के लिए निवेश करना चाहिए।

यहाँ दो दृढ़ आत्म-निवेश तकनीकें दी जा रही हैं जो आपके भविष्य को सुधारने में आपके बहुत काम आएँगी :

1. *शिक्षा में निवेश करें।* ख़ुद में निवेश करते समय सच्ची शिक्षा में निवेश करना सबसे अच्छा निवेश होता है। परंतु इससे पहले हम यह सुनिश्चित कर लें कि वास्तव में शिक्षा से हमारा आशय क्या है। कई लोगों की नज़र में शिक्षा का मतलब स्कूल या कॉलेज में बिताए गए साल, हासिल की गई डिग्रियाँ, प्रमाणपत्र या डिप्लोमा होते हैं। परंतु शिक्षा के संबंध में मात्रा या संख्या की इस शैली से ज़रूरी नहीं है कि आप सफल व्यक्ति बन जाएँ। जनरल इलेक्ट्रिक के चेयरमैन रॉल्फ जे. कॉर्डिनर ने शिक्षा के बारे में चोटी के बिज़नेस मैनेजमेंट के दृष्टिकोण को इन शब्दों में व्यक्त किया : "हमारे दो सबसे बेहतरीन प्रेसिडेंट मिस्टर विल्सन और मिस्टर कॉफिन कभी कॉलेज में नहीं पढ़े। हालाँकि हमारे कई वर्तमान अफ़सर पीएच. डी. हैं, परंतु 41 में से 12 के पास कोई कॉलेज डिग्री नहीं है। हम योग्यता में विश्वास करते हैं, डिप्लोमा में नहीं।" डिप्लोमा या डिग्री से आपको नौकरी ढूँढ़ने में मदद तो मिल सकती है परंतु उस नौकरी में आपकी प्रगति की कोई गारंटी नहीं मिल सकती। "बिज़नेस में महत्व योग्यता का होता है, डिप्लोमा का नहीं।"

कई और लोगों के लिए शिक्षा का मतलब ढेर सारी जानकारी होता है जिसे दिमाग़ में भरा जाता है। परंतु यह तथ्यों को सोखने वाली शिक्षा की शैली आपको वहाँ नहीं ले जाएगी जहाँ आप पहुँचना चाहते हैं। हम गोदाम में भरी जानकारी के लिए पुस्तकों, फ़ाइलों और मशीनों पर निर्भर होते जा रहे हैं। अगर हम उतना ही कर सकते हैं, जितना कि कोई मशीन, तो हमारा अस्तित्व सचमुच ख़तरे में है।

आपको जिस सच्ची शिक्षा में निवेश करना चाहिए, वह है आपके दिमाग़ को विकसित करने वाली शिक्षा। कोई व्यक्ति कितना सुशिक्षित है, यह इस बात से पता चलता है कि उसका दिमाग़ कितनी अच्छी तरह विकसित है- संक्षेप में, वह कितनी अच्छी तरह सोचता है।

जो भी चीज़ सोचने की योग्यता को सुधारती है, शिक्षा है। और आप कई तरीक़ों से शिक्षा प्राप्त कर सकते हैं। परंतु ज़्यादातर लोगों के लिए शिक्षा के सर्वाधिक प्रभावी स्त्रोत क़रीबी कॉलेज और यूनिवर्सिटी होते हैं। शिक्षा उनका बिज़नेस है।

अगर आप काफ़ी समय से कॉलेज में न घुसे हों, तो आपको वहाँ जाने पर हैरानी होगी। आपको यह जानकर ख़ुशी होगी कि अब वहाँ बहुत सारे कोर्स मौजूद हैं। आपको यह जानकर भी ख़ुशी होगी कि आप नौकरी के बाद भी कॉलेज जा सकते हैं। और वहाँ पर जो विद्यार्थी आते हैं, वे मंदबुद्धि नहीं होते, बल्कि कई तो सचमुच प्रतिभाशाली व्यक्ति होते हैं, जिनमें से कई बहुत ज़िम्मेदारी के पदों पर काम करते हैं। मैंने हाल ही में 25 लोगों की एक ईवनिंग क्लास ली थी, जिसमें एक विद्यार्थी 12 स्टोर्स की रिटेल चेन का मालिक था, नेशनल फ़ूड चेन के दो ख़रीदार थे, चार ग्रैजुएट इंजीनियर थे, एक एयर फ़ोर्स कर्नल था, और कई अच्छे स्टेटस के लोग थे।

आजकल कई लोग शाम के कॉलेजों में पढ़कर अपनी डिग्रियाँ हासिल करते हैं, परंतु डिग्री, जो आख़िर केवल एक काग़ज़ का टुकड़ा है, उनकी मुख्य प्रेरणा नहीं है। वे कॉलेज इसलिए जाते हैं, ताकि वे अपने दिमाग़ का विकास कर सकें, क्योंकि उनका भविष्य इसी से सुधरेगा। वही सच्चा निवेश है जो आपके भविष्य को सुधारने में किया जाता है।

और इस बारे में कोई ग़लतफ़हमी न पालें। शिक्षा एक असली सौदा है। 75 से 150 डॉलर के निवेश से आप एक साल तक हर सप्ताह एक रात कॉलेज जा सकते हैं। अपनी सालाना आमदनी के हिसाब से इसका प्रतिशत निकालें और ख़ुद से पूछें, "क्या मेरा भविष्य इस क़ाबिल भी नहीं है कि मैं इसके लिए यह छोटा सा निवेश कर सकूँ?"

क्यों न इस निवेश को करने का फ़ैसला अभी हाल कर लें। कॉलेज

में फ़ोन करें : *ज़िंदगी भर हर सप्ताह एक रात*। यह आपको प्रगतिशील, युवा, चौकस बनाए रखेगा। यह आपको आपकी रुचियों के क्षेत्रों से जोड़े रखेगा। और यह आपको ऐसे लोगों से भी जोड़े रखेगा जो आप ही की तरह सफलता के रास्ते पर चल रहे हैं।

2. *विचारदाताओं में निवेश करें*। शिक्षा आपके मस्तिष्क को ढालने में मदद करती है। नई परिस्थितियों का सामना करने का प्रशिक्षण देती है और समस्याएँ सुलझाने में आपकी मदद करती है। विचारदाता यानी जो विचार देता है, वह भी इससे मिलता-जुलता काम करता है। विचारदाता आपके मस्तिष्क का पोषण करते हैं, आपको सोचने के लिए रचनात्मक सामग्री देते हैं।

सर्वश्रेष्ठ विचारदाता कौन हैं? वैसे तो कई हैं, परंतु अच्छी गुणवत्ता की सामग्री की सतत आपूर्ति के लिए आप ऐसा करें : हर महीने एक प्रेरणादायक पुस्तक ख़रीदने का संकल्प करें और दो विचारप्रधान पत्रिकाओं के ग्राहक बन जाएँ। इस तरह बहुत ही कम पैसे और समय में, आप सर्वश्रेष्ठ चिंतकों और विचारकों के संपर्क में आ जाएँगे।

एक दिन लंच पर मैंने एक व्यक्ति को यह कहते सुना, "परंतु इसकी क़ीमत 20 डॉलर प्रति वर्ष है। मैं *वॉल स्ट्रीट जरनल* पढ़ने की इतनी क़ीमत नहीं दे सकता।" उसके साथी ने, जो सफलता के लक्ष्य का पीछा कर रहा था, जवाब दिया, "मैंने पाया है कि मैं *वॉल स्ट्रीट जरनल* न पढ़ने की क़ीमत नहीं चुका सकता।"

तो, आप सफल लोगों से सीखें। अपने आपमें निवेश करें।

आइए काम में जुटें

अब एक बार सारांश में यह देखें कि हम इन सफलता के सिद्धांतों को किस तरह काम में ला सकते हैं :

1. पहले इस बात की साफ़ तस्वीर बना लें कि आप कहाँ पहुँचना चाहते हैं। आज से दस साल बाद आप कैसे होना चाहेंगे, इस बात की कल्पना कर लें।

2. अपने 10 साल के प्लान को लिख लें। आपका जीवन इतना महत्वपूर्ण है कि इसे क़िस्मत के भरोसे नहीं छोड़ा जा सकता। आप अपने काम-धंधे, अपने घर और अपने सामाजिक खंडों में जो हासिल करना चाहते हों, उसे काग़ज़ पर लिख लें।

3. अपनी इच्छाओं के आगे समर्पण कर दें। ज़्यादा ऊर्जा हासिल करने के लिए लक्ष्य निर्धारित करें। काम करने के लिए लक्ष्य तय करें। लक्ष्य तय करें और जीने का असली आनंद लें।

4. अपने प्रमुख लक्ष्य को ऑटोमेटिक पायलट बनने दें। जब आपका लक्ष्य आप पर हावी हो जाएगा, तो आप पाएँगे कि आप अपने लक्ष्य तक पहुँचने के लिए सही फ़ैसले कर रहे हैं।

5. अपने लक्ष्य हासिल करने के लिए एक बार में एक क़दम बढ़ाएँ। आप जो भी काम करें, चाहे वह कितना ही छोटा क्यों न दिखे, उसे अपने लक्ष्य की तरफ़ एक क़दम मानें।

6. 30 दिनों के लक्ष्य बनाते रहें। दिन-प्रतिदिन के प्रयास का परिणाम अच्छा होता है।

7. वैकल्पिक रास्ते तय करें। वैकल्पिक रास्ते का मतलब सिर्फ़ दूसरा रास्ता चुनना होता है। इसका यह मतलब नहीं होता कि आपने अपने लक्ष्य को बदला है, आपने तो सिर्फ़ अपना रास्ता बदला है।

8. अपने आपमें निवेश करें। ऐसी चीज़ें ख़रीदें जिनसे आपकी मानसिक योग्यता और शक्ति बढ़े। शिक्षा में निवेश करें। विचारशील सामग्री में निवेश करें।

☼☼☼

13

सोचें तो लीडर की तरह

एक बार फिर ख़ुद को याद दिलाएँ कि जब आप सफलता की सीढ़ी चढ़ते हैं, तो आपके ऊपर वाले आपको नहीं खींचते हैं, बल्कि आपके नीचे वाले आपको *उठाते* हैं यानी कि वे लोग जो आपके साथी हैं या आपके नीचे काम कर रहे हैं।

किसी भी बड़ी सफलता को हासिल करने के लिए आपको दूसरों के सहयोग की ज़रूरत होती है। और उस सहयोग को हासिल करने के लिए यह ज़रूरी है कि आपमें लीडर बनने की क्षमता हो। सफलता और लीडर बनने की योग्यता - यानी कि, लोगों से वह काम करवाना जो वे बिना आपकी लीडरशिप के न कर पाएँ - साथ-साथ चलती हैं।

पहले के अध्यायों में सफलता दिलाने वाले जो सिद्धांत समझाए गए हैं, वे आपकी लीडरशिप क्षमता विकसित करने में बहुमूल्य साबित होंगे। यहाँ पर हम चार ख़ास लीडरशिप सिद्धांतों या नियमों को बताना चाहेंगे जो आपको लीडर बनवा सकते हैं, बिज़नेस में, सामाजिक क्लबों में, घर में, हर जगह।

यह चार लीडरशिप सिद्धांत या नियम हैं :

1. जिन्हें आप प्रभावित करना चाहते हैं, उन लोगों के नज़रिए से चीज़ों को देखें।

2. सोचें : इस समस्या से निबटने का मानवीय तरीक़ा क्या है ?

3. प्रगति के बारे में सोचें, प्रगति के बारे में विश्वास करें और प्रगति

के लिए कोशिश करें।

4. अपने आपसे बात करने के लिए समय निकालें।

अगर आप इन नियमों का पालन करते हैं तो आप निश्चित रूप से सफल होंगे। रोज़मर्रा के जीवन में इन नियमों का पालन करने से आपको वह रहस्यमयी शक्ति मिल जाती है जिसे लीडरशिप कहा जाता है।

आइए देखते हैं कि ऐसा किस तरह होता है।

लीडरशिप नियम नंबर 1 : जिन्हें आप प्रभावित करना चाहते हैं, उन लोगों के नज़रिए से चीज़ों को देखें।

जिन्हें आप प्रभावित करना चाहते हैं, उन लोगों के दृष्टिकोण या नज़रिए से चीज़ों को देखना वह जादुई तरीक़ा है जिससे आप उनसे अपना मनचाहा काम करवा सकते हैं। अगर आप अपने दोस्तों, सहयोगियों, ग्राहकों, कर्मचारियों के नज़रिए से देख सकें, तो आप उनसे जो चाहें, करवा सकते हैं। यह कैसे होता है, इन दो उदाहरणों में देखें।

टेड बी. एक बड़ी विज्ञापन एजेंसी में टेलीविज़न कॉपीराइटर और डायरेक्टर था। जब एजेंसी को बच्चों के जूते का विज्ञापन लिखवाना था, तो टेड को यह ज़िम्मेदारी सौंपी गई कि वह जूतों का टीवी विज्ञापन तैयार करे।

विज्ञापन अभियान के एक महीने बाद यह समझ में आ गया कि विज्ञापन से कोई ख़ास फ़ायदा नहीं हुआ था। जूतों की बिक्री में कोई ख़ास बढ़ोतरी नहीं हुई थी। ज़ाहिर था कि इसका दोष टीवी विज्ञापनों पर मढ़ा जाता, क्योंकि ज़्यादातर शहरों में सिर्फ़ टीवी पर ही विज्ञापन दिए गए थे।

टेलीविज़न दर्शकों के सर्वे से पता चला कि लगभग 4 प्रतिशत दर्शकों की राय में यह बेहतरीन विज्ञापन था। इन 4 प्रतिशत दर्शकों का मानना था कि "यह उनके देखे गए सबसे अच्छे विज्ञापनों में से एक था।"

बाक़ी 96 प्रतिशत या तो इस विज्ञापन के बारे में उदासीन थे, या फिर उन्हें यह विज्ञापन पसंद नहीं आया था। सैकड़ों बातें कही गईं, "यह भी कोई विज्ञापन है? ऐसा लग रहा था जैसे सुबह के 3 बजे न्यू

ऑर्लियन्स बैंड बज रहा हो।" "मेरे बच्चों को आम तौर पर टीवी के विज्ञापन पसंद आते हैं। परंतु जब यह जूते वाला विज्ञापन आता है तो वे बाथरूम चले जाते हैं या फ़्रिज खोल लेते हैं।" "मुझे लगता है यह थोड़ा हाई क्लास विज्ञापन है।" "ऐसा लगता है कि कोई व्यक्ति ज़्यादा समझदार बनने की कोशिश कर रहा था।"

जब इन सभी साक्षात्कारों का विश्लेषण किया गया तो एक दिलचस्प बात पता चली। जिन्हें विज्ञापन बेहद पसंद आया था, वे 4 प्रतिशत लोग आय, शिक्षा, रुचियों और क्षमताओं में टेड जैसे ही थे। बाक़ी 96 प्रतिशत उससे भिन्न "सामाजिक-आर्थिक" वर्ग के थे।

टेड के विज्ञापन, जिनकी लागत लगभग 20000 डॉलर थी, इसलिए असफल हो गए क्योंकि टेड ने सिर्फ़ अपनी रुचियों के बारे में सोचा था। उसने उसी तरीक़े से विज्ञापन तैयार किए, जिस तरीक़े के विज्ञापन वह ख़ुद देखना चाहता था। उसने उस तरीक़े के विज्ञापन तैयार नहीं किए, जिस तरीक़े के विज्ञापन बहुसंख्यक जनता देखना चाहती है। उसने ऐसे विज्ञापन तैयार किए जो उसे *व्यक्तिगत रूप से* अच्छे लगते थे, ऐसे नहीं जो ज़्यादातर लोगों को अच्छे लगते हों।

अगर टेड ने दूसरों के नज़रिए को समझने की कोशिश की होती, अगर उसने आम जनता की मानसिकता को जानने की कोशिश की होती तो परिणाम कुछ और ही होता। उसे ख़ुद से दो सवाल पूछना चाहिए थे, "अगर मैं किसी बच्चे का पिता होता, तो किस तरह के विज्ञापन को देखकर मैं अपने बच्चे के लिए यह जूते ख़रीदता?" "अगर मैं बच्चा होता, तो किस तरह के विज्ञापन को देखकर मैं अपने माता-पिता से कहता कि मुझे यही जूते चाहिए?"

जोन रिटेलिंग में असफल क्यों हुई? जोन 24 साल की आकर्षक, उच्च-शिक्षित और बुद्धिमान युवती है। कॉलेज से निकलते ही जोन ने एक डिपार्टमेंट स्टोर में असिस्टेंट बायर की नौकरी कर ली। रेडीमेड कपड़ों के इस डिपार्टमेंट स्टोर में कम क़ीमत से लेकर मध्यम क़ीमत का सामान मिलता था। जोन की सिफ़ारिशी चिट्ठियों में उसकी बहुत तारीफ़ें की गई थीं। "जोन में महत्वाकांक्षा है, प्रतिभा है, उत्साह है," एक पत्र में लिखा था। "वह निश्चित रूप से काफ़ी सफल होगी।"

परंतु जोन "काफ़ी" सफल नहीं हुई। जोन केवल 8 महीने ही वहाँ काम कर पाई और फिर उसने रिटेलिंग छोड़कर दूसरी नौकरी कर ली।

मैं उसके बॉस को अच्छी तरह जानता था और मैंने उनसे पूछा कि इसका कारण क्या था।

"जोन बहुत ही बढ़िया लड़की है और उसमें बहुत से अच्छे गुण हैं," उसने कहा। "परंतु उसमें एक बहुत बड़ी कमी भी है।"

"वह क्या ?" मैंने पूछा।

"जोन ऐसा सामान ख़रीदती थी जो उसे पसंद था, परंतु हमारे ज़्यादातर ग्राहकों को पसंद नहीं था। वह अपने पसंद की स्टाइल, कलर, मटेरियल और क़ीमत वाला सामान चुनती थी। वह हमारे ग्राहकों के नज़रिए से नहीं सोचती थी। एक बार जब मैंने उससे कहा कि शायद यह सामान हमारे लिए ठीक नहीं होगा, तो वह कहने लगी, "नहीं, जनता को यह बहुत पसंद आएगा। मुझे तो यह बहुत पसंद है। मुझे लगता है कि यह ख़ूब बिकेगा।"

"जोन एक समृद्ध परिवार में पली-बढ़ी थी। उसे बचपन से क्वालिटी की क़द्र करना सिखाया गया था। क़ीमत का उसके लिए कोई ख़ास महत्व नहीं था। जोन ग़रीब या मध्यवर्गीय लोगों के हिसाब से नहीं सोच पाती थी, जिनके लिए कपड़े ख़रीदते समय क़ीमत भी महत्वपूर्ण होती है। इसलिए जो माल जोन ने ख़रीदा, उसे जनता ने पसंद नहीं किया।"

असली बात यह है : दूसरे लोगों से अपना मनचाहा काम करवाने के लिए आपको उनके नज़रिए से देखना पड़ेगा। जब आप उनके नज़रिए से देखते हैं, तो आप यह समझ जाएँगे कि किस तरह उन्हें प्रभावित किया जा सकता है। मेरे बहुत ही सफल सेल्समैन मित्र ने मुझे बताया कि वह प्रस्तुति देने से पहले काफ़ी समय तक यह सोचता है कि ग्राहक उसकी प्रस्तुति को किस तरह से लेंगे, उनकी प्रतिक्रिया क्या होगी। अपने श्रोताओं का नज़रिया समझने वाला वक्ता ज़्यादा रोचक, ज़्यादा प्रभावशाली सिद्ध होगा। अपने कर्मचारियों का नज़रिया समझने वाला बॉस अपने सुपरवाइज़रों से ज़्यादा अच्छी तरह काम करवा लेगा।

एक क्रेडिट एक्ज़ीक्यूटिव ने मुझे बताया कि इस तकनीक से उसे किस तरह फ़ायदा हुआ।

"जब मैं इस स्टोर में असिस्टेंट क्रेडिट मैनेजर के बतौर आया तो मुझे वसूली का काम सौंपा गया। यह कपड़ों का स्टोर था। यहाँ पर वसूली के लिए जिस तरह के पत्र लिखे जाते थे, उन्हें देखकर मुझे हैरानी और निराशा हुई। इनकी भाषा कठोर, अपमानजनक और धमकाने वाली थी। मैंने उन्हें पढ़ा और सोचा, 'बंधु, अगर कोई मुझे इस तरह की चिट्ठी लिखे, तो मैं तो ग़ुस्से से आग-बबूला हो जाऊँगा। मैं कभी अपना हिसाब साफ़ नहीं करूँगा।' इसलिए मैं काम में जुट गया और मैंने अलग तरह के पत्र लिखना शुरू कर दिया, उस तरह के पत्र जो अगर मुझे लिखे जाएँ, तो मैं अपना हिसाब साफ़ करने के लिए प्रेरित हो सकूँ। इससे बहुत फ़र्क़ पड़ा। अपने बिल न चुकाने वाले ग्राहक के नज़रिए से देखने से हमारा वसूली अभियान बेहद सफल हुआ और कुछ ही समय में हमने वसूली का कीर्तिमान बना दिया।"

बहुत से राजनीतिक उम्मीदवार चुनाव हार जाते हैं क्योंकि वे अपने मतदाताओं के नज़रिए से ख़ुद को देखने में असफल होते हैं। राष्ट्रीय पद के लिए एक राजनीतिक उम्मीदवार, जो किसी भी तरह अपने प्रतिद्वंद्वी से दूसरी किसी बात में पीछे नहीं था, केवल एक कारण से बुरी तरह हार गया। उसने ऐसी शब्दावली का इस्तेमाल किया था, जो उसके थोड़े से मतदाताओं की समझ में ही आ पाई।

दूसरी ओर, उसके विरोधी ने मतदाताओं की रुचियों का पूरा ध्यान रखा। जब वह किसानों से बात करता था, तो उनकी भाषा बोलता था। जब वह फ़ैक्टरी के मज़दूरों से बात करता था, तो वह उनकी भाषा में बात करता था। और जब टीवी पर बोलने की बारी आई, तो उसने जिस मतदाता को संबोधित करते हुए अपना भाषण दिया, वह आम मतदाता था, न कि किसी कॉलेज का प्रोफ़ेसर।

ख़ुद से यह पूछें, "अगर मैं सामने वाले की जगह पर होता तो मैं इसके बारे में क्या सोचता?" इस प्रश्न की मदद से आप ज़्यादा सफल नीति बना सकते हैं।

किसी को प्रभावित करने के लिए उसके नज़रिए से सोचने का विचार हर स्थिति में सफल होता है। कुछ साल पहले, एक छोटे इलेक्ट्रॉनिक्स निर्माता ने कभी न उड़ने वाला फ़्यूज़ बनाया। उस निर्माता ने इसकी क़ीमत रखी 1.25 डॉलर और इसके बाद उसने एक विज्ञापन एजेंसी से इसका प्रचार करने को कहा।

विज्ञापन देने वाली एजेंसी का एक्ज़ीक्यूटिव तत्काल बहुत उत्साहित हो गया। उसकी योजना टीवी, रेडियो और अख़बारों में भारी प्रचार करने की थी। “यह शानदार है,” उसने कहा। “हम पहले ही साल में एक करोड़ फ़्यूज़ बेच सकते हैं।” उसके सलाहकारों ने उसे सावधान करने की बहुत कोशिश की, उसे समझाया कि फ़्यूज़ लोकप्रिय सामानों की श्रेणी में नहीं आते हैं, उनकी कोई रोमांटिक अपील नहीं होती है, और लोग जब फ़्यूज़ ख़रीदते हैं तो सस्ते से सस्ता फ़्यूज़ ख़रीदना चाहते हैं। सलाहकारों ने यह सलाह दी, “क्यों न इसके बजाय कुछ चुनिंदा पत्रिकाओं में विज्ञापन दिया जाए और इस फ़्यूज़ को ऊँची आमदनी वाले लोगों को बेचा जाए?”

परंतु उसने सलाहकारों की सलाह को अनसुना कर दिया। देश भर में तूफ़ानी प्रचार अभियान चलाया गया और छह हफ़्तों में ही इसे बंद करना पड़ा क्योंकि इसके “निराशाजनक परिणाम” मिले थे।

समस्या यह थी : विज्ञापन एजेंसी के एक्ज़ीक्यूटिव ने महँगे फ़्यूज़ को अपनी नज़र से देखा, 75,000 डॉलर हर साल कमाने वाले की नज़र से। वह आम आदमी की नज़र से इस फ़्यूज़ को नहीं देख पाया, जिसकी वार्षिक आमदनी 9,000 से 15,000 डॉलर होती है। अगर उसने ख़ुद को उनकी जगह पर रखा होता, तो उसने इस सामान को आम जनता के बजाय उच्च्व आय वर्ग के लोगों में बेचने का लक्ष्य बनाया होता और तूफ़ानी अभियान में इतना पैसा बर्बाद नहीं किया होता।

जिन लोगों को आप प्रभावित करना चाहते हों, उनके नज़रिए से देखने की कला विकसित करें। नीचे दिए गए अभ्यासों से आपको ऐसा करने में मदद मिलेगी।

दूसरों के नज़रिए से देखने का अभ्यास करें

स्थिति	सर्वश्रेष्ठ परिणाम के लिए, खुद से पूछें
1. किसी को काम के बारे में निर्देश देना	"अगर मैं काम पर नया होता, तो क्या इस तरह के निर्देश से मैं पूरी तरह समझ जाता कि मुझे क्या करना है ?"
2. विज्ञापन लिखना	"अगर मैं आम ख़रीदार होता, तो इस विज्ञापन के बारे में मेरी राय क्या होती ?"
3. टेलीफ़ोन मैनर्स	"अगर मैं सामने वाले की जगह पर होता, तो टेलीफ़ोन पर मेरी आवाज़ और मेरे मैनर्स मुझे कैसे लगते ?"
4. तोहफ़ा	"क्या यह तोहफ़ा मुझे पसंद है या यह तोहफ़ा सामने वाले को पसंद आएगा ?" (अक्सर दोनों में बहुत फ़र्क़ होता है।)
5. जिस तरीक़े से मैं आदेश देता हूँ	"जिस तरह के आदेश मैं देता हूँ, अगर मैं कर्मचारी होता, तो क्या मैं उस तरह के आदेशों का ख़ुशी-ख़ुशी पालन करता ?"
6. बच्चों का अनुशासन	"अगर मैं बच्चा होता – तो उसकी उम्र, अनुभव और भावनाओं के लिहाज़ से– इस अनुशासन के बारे में मेरी प्रतिक्रिया क्या होती ?"
7. मेरा हुलिया	"अगर मेरी जगह मेरा सुपीरियर इस तरह के कपड़े पहनता, तो मैं उसके बारे में क्या सोचता ?"

स्थिति	सर्वश्रेष्ठ परिणाम के लिए, ख़ुद से पूछें
8. भाषण तैयार करना	"श्रोताओं की पृष्ठभूमि और रुचियों को ध्यान में रखते हुए, क्या मेरा यह वाक्य ठीक रहेगा?"
9. मनोरंजन	"अगर मैं अपने अतिथियों की जगह होता, तो मैं किस तरह का भोजन, संगीत और मनोरंजन पसंद करता?"

दूसरों के नज़रिए से देखने के सिद्धांत को कैसे अमल में लाएँ :

1. सामने वाले की स्थिति का विचार करें। अपने आपको उसकी जगह रखकर देखें। याद रखें, आपकी और उसकी रुचियों, आमदनी, बुद्धि और पृष्ठभूमि में ज़मीन-आसमान का अंतर हो सकता है।
2. अब ख़ुद से पूछें, "अगर मैं उसकी जगह होता, तो मेरी इस पर क्या प्रतिक्रिया होती?" (चाहे आप उससे कुछ भी करवाना चाहते हों।)
3. अगर आप सामने वाले की जगह होते, तो आपसे वह काम किस तरह करवाया जा सकता था। बस, उसी तरीक़े का इस्तेमाल करें।

लीडरशिप नियम नंबर 2 : सोचें : इस समस्या से निबटने का मानवीय तरीक़ा क्या है?

लीडरशिप का हर एक का तरीक़ा अलग-अलग होता है। एक तरीक़ा तानाशाह बनने का होता है। तानाशाह सारे फ़ैसले ख़ुद करता है, वह किसी दूसरे से सलाह लेना पसंद नहीं करता। वह अपने अधीनस्थों की बात सुनना इसलिए पसंद नहीं करता, क्योंकि शायद उसे यह डर रहता है कि उसका अधीनस्थ सही हो और उसे बेइज़्ज़ती का सामना न करना पड़े।

तानाशाह लंबे समय तक नहीं रह पाते। कुछ समय तक तो कर्मचारी वफ़ादारी का नाटक करते हैं, परंतु जल्दी ही असंतोष फैलने लगता है। सर्वश्रेष्ठ कर्मचारी काम छोड़कर दूसरी कंपनियों में चले जाते हैं और जो

कर्मचारी बचे रहते हैं वे तानाशाह के ख़िलाफ़ मोर्चा सँभाल लेते हैं। परिणाम यह होता है कि कंपनी का काम-काज प्रभावित होता है और इससे कंपनी के मालिकों की नज़र में तानाशाह की इमेज ख़राब होती है।

लीडरशिप का दूसरा तरीक़ा ठंडा, मशीनी, मैं-तो-नियम-की-पुस्तक-के-हिसाब-से-चलता-हूँ वाला तरीक़ा है। इस शैली से काम करने वाला व्यक्ति हर काम 'नियम की पुस्तक' के हिसाब से करता है। वह यह नहीं समझ पाता कि हर नियम या नीति या योजना केवल एक मार्गदर्शक सिद्धांत है जो *सामान्य* प्रकरणों के लिए बना है। यह भावी लीडर इंसानों के साथ उसी तरह से व्यवहार करता है जैसे वे इंसान नहीं, मशीन हों। और किसी भी व्यक्ति को जो बात सबसे ज़्यादा बुरी लगती है, वह यह कि उसके साथ मशीन की तरह व्यवहार किया जाए। ठंडा, मशीनी विशेषज्ञ आदर्श बॉस नहीं होता। जो "मशीनें" उसके नीचे काम करती हैं, वे अपनी क्षमता का थोड़ा सा उपयोग ही कर पाती हैं।

जो लोग लीडरशिप की बुलंदियों को छू लेते हैं, वे तीसरी शैली का प्रयोग करते हैं, "मानवीय बनने" की शैली।

कुछ साल पहले मैं जॉन एस. के साथ काम करता था। जॉन एक बड़े एल्युमीनियम निर्माता के इंजीनियरिंग डेव्लपमेंट विभाग में एक्ज़ीक्यूटिव थे। जॉन "मानवीय बनने की शैली" में निपुण था और उसे इससे लाभ भी हो रहे थे। दर्जनों छोटे-छोटे तरीक़ों से जॉन यह बात लोगों तक पहुँचाता था, "आप एक इंसान हैं। मैं आपका सम्मान करता हूँ। मैं आपकी जितनी भी मदद कर सकता हूँ, करूँगा।"

जब दूसरे शहर का एक व्यक्ति उसके विभाग में आया, तो जॉन ने काफ़ी परेशानी उठाकर उसके लिए अच्छा सा घर खोजा।

अपनी सेक्रेटरी और दो अन्य महिला कर्मचारियों के माध्यम से काम करते हुए उसने अपने स्टाफ़ के हर सदस्य के लिए ऑफ़िस बर्थडे पार्टीज़ आयोजित करने की परंपरा डाली। इस छोटे से आयोजन में जो आधे घंटे का समय बर्बाद होता था, वह दरअसल बर्बादी नहीं, बल्कि निवेश था। वफ़ादारी, निष्ठा और क्षमता में निवेश।

जब उसे यह पता चला कि उसके स्टाफ़ का एक व्यक्ति अल्पसंख्यक

है, तो जॉन ने उसे बुलवाया और उससे कहा कि वह ऐसी व्यवस्था कर देगा कि वह अपने धार्मिक त्यौहारों को मना सके, क्योंकि ऐसे त्यौहारों पर अमूमन छुट्टियाँ नहीं होती थीं।

जब कोई कर्मचारी या कर्मचारी के परिवार का कोई सदस्य बीमार होता था, तो जॉन को यह याद रहता था। जब नौकरी के बाहर उसके स्टाफ़ का कोई कर्मचारी उपलब्धि हासिल करता था, तो जॉन उसे बधाई देने का समय निकाल लेता था।

परंतु जॉन की "मानवीय बनने" की फिलॉसफी का सबसे बड़ा सबूत मिला, जब उसने एक कर्मचारी को डिसमिस किया। जॉन के पहले वाले बॉस ने एक कर्मचारी को नियुक्त किया था। उस कर्मचारी की इस तरह के काम में कोई रुचि नहीं थी, न ही योग्यता थी। जॉन ने इस समस्या को बेहतरीन तरीक़े से सुलझाया। उसने कर्मचारी को ऑफ़िस में बुलाने का पारंपरिक तरीक़ा इस्तेमाल नहीं किया, वह तरीक़ा जिसमें पहले तो उसे बुरी ख़बर सुनाई जाए और बाद में उसे 15 या 30 दिन का समय दिया जाए।

इसके बजाय, उसने दो अस्वाभाविक काम किए। पहली बात तो यह, कि उसने कर्मचारी को समझाया कि यह कर्मचारी के ही हित में है कि वह यह नौकरी छोड़ दे और कोई ऐसी नौकरी ढूँढ़े जहाँ उसकी योग्यता और रुचि का बेहतर उपयोग हो सकता हो। उसने कर्मचारी के साथ बैठकर एक प्रतिष्ठित रोज़गार परामर्शदाता से सलाह लेने की योजना बनाई। इसके बाद उसने ऐसा कुछ किया जो नियम की किसी पुस्तक में नहीं लिखा था। उसने दूसरी कंपनियों के एक्ज़ीक्यूटिव्ज़ से संपर्क किया जहाँ उस कर्मचारी की योग्यताएँ काम आ सकती थीं। उसने इंटरव्यू का इंतज़ाम भी करवा दिया। 18 दिन बाद ही उस कर्मचारी को बहुत ही बढ़िया नौकरी मिल गई।

डिसमिसल के इस तरीक़े से मुझे हैरत हुई और मैंने जॉन से पूछा कि उसने इस छोटी सी बात के लिए इतना कष्ट क्यों उठाया। जॉन का जवाब था, "मैंने एक पुरानी कहावत को अपने दिमाग़ में बिठा लिया है। जो भी किसी व्यक्ति के नीचे काम करता है, वह उसके संरक्षण में होता है। हमें पहले तो उस व्यक्ति को नौकरी पर रखना ही नहीं चाहिए था, क्योंकि वह इसके लायक़ नहीं था। परंतु जब हमने उसे नौकरी पर रख ही लिया, तो हमारा यह फ़र्ज़ बनता था कि इसके बदले में हम उसे ढंग की नौकरी

तो दिलवाते।

जॉन ने आगे कहा, "कोई भी किसी व्यक्ति को नौकरी पर रख सकता है। परंतु लीडरशिप का इम्तहान इस बात से होता है कि आप किसी व्यक्ति को नौकरी से किस तरह हटाते हैं। उस कर्मचारी को अच्छी नौकरी दिलवाकर मैंने अपने डिपार्टमेंट के हर व्यक्ति में जॉब सिक्युरिटी की भावना पैदा कर दी है। इस उदाहरण से वे यह जान गए हैं कि जब तक मैं यहाँ पर हूँ वे फ़ुटपाथ पर नहीं आएँगे।"

इस बारे में कोई ग़लतफ़हमी न पालें। जॉन की "मानवीय बनने" की लीडरशिप के उसे बहुत अच्छे परिणाम मिले। जॉन की पीठ पीछे बुराई कभी नहीं हुई। उसे कर्मचारियों की पूरी वफ़ादारी और सहयोग मिला। उसे अधिकतम जॉब सिक्युरिटी इसलिए मिली क्योंकि उसने अपने अधीनस्थों को अधिकतम जॉब सिक्युरिटी दी।

15 साल से मैं एक ऐसे व्यक्ति को जानता हूँ जिसे मैं बॉब डब्ल्यू. का नाम देना चाहूँगा। बॉब की उम्र पचास-साठ के बीच है। उसने अपने दम पर सफलता हासिल की है। चूँकि उसकी शिक्षा ज़्यादा नहीं थी और उसके पास पैसा भी नहीं था, इसलिए उसकी नौकरी 1931 में छूट गई। परंतु वह हमेशा संघर्षशील था, इसलिए उसने चुपचाप बैठे रहने के बजाय अपने गैरेज में एक छोटी सी फ़र्नीचर की दुकान शुरू की। कड़ी मेहनत के बाद उसका बिज़नेस जम गया और आज बॉब आधुनिक फ़र्नीचर निर्माता है और उसके कारख़ाने में 300 से ज़्यादा कारीगर काम करते हैं।

आज बॉब मिलियनेअर है। पैसे और भौतिक चीज़ों की चिंता ख़त्म हो गई है। परंतु बॉब दूसरी तरह से भी अमीर है। वह दोस्तों, संतुष्टि और संतोष के लिहाज़ से भी लखपति है।

बॉब की ढेरों अच्छाइयों में से एक, उनकी लोगों की सहायता करने की ज़बर्दस्त इच्छा है। बॉब *मानवतापूर्ण* हैं और वे लोगों के साथ वैसा ही व्यवहार करते हैं जैसा कि वे लोग चाहते हैं। और वे इसके विशेषज्ञ हैं।

एक दिन मैं और बॉब लोगों की आलोचना करने की शैली के बारे में बात कर रहे थे। आलोचना करने का बॉब का मानवीय तरीक़ा एक अद्‌भुत फ़ॉर्मूला है। उसने मुझे बताया, "मुझे नहीं लगता कि कोई यह

कहेगा कि मैं एक कमज़ोर बॉस हूँ। मैं एक बिज़नेस चलाता हूँ। अगर कुछ ठीक नहीं हो रहा है, तो मुझे उसे ठीक करना ही पड़ता है। परंतु ठीक करने का एक तरीक़ा भी होता है- और तरीक़ा ही महत्वपूर्ण होता है। अगर कर्मचारी ने कोई ग़लती कर दी है, तो मैं विशेष सावधान रहता हूँ कि उसकी भावनाओं को ठेस न पहुँचे और उसमें हीन भावना न आ जाए या वह अपमानित महसूस न करे। मैं इन चार आसान क़दमों का इस्तेमाल करता हूँ :

सबसे पहले, मैं उनसे अकेले में बात करता हूँ।

दूसरे, मैं उनके अच्छे काम की तारीफ़ करता हूँ।

तीसरे, मैं उन्हें यह बताता हूँ कि किस क्षेत्र में वे बेहतर काम कर सकते हैं और मैं उन्हें बेहतर काम करने का तरीक़ा बताता हूँ।

चौथे, मैं एक बार फिर उनकी अच्छी बातों के लिए उनकी तारीफ़ करता हूँ।

"और चार क़दमों का यह फ़ॉर्मूला काम करता है। जब मैं इसका इस्तेमाल करता हूँ तो लोग मुझे धन्यवाद देते हैं। मैं जान गया हूँ कि लोगों को आलोचना सुनने का यही तरीक़ा पसंद आता है। जब वे मेरे ऑफ़िस से बाहर निकलते हैं तो वे इसलिए मेरी बातों का बुरा नहीं मानते क्योंकि मैंने उन्हें याद दिला दिया है कि वे न सिर्फ़ अच्छे कर्मचारी हैं, बल्कि वे बेहतर कर्मचारी भी बन सकते हैं।

"लोगों को देखने का मेरा ज़िंदगी भर का तजुर्बा है और मैं यह जानता हूँ कि मैं उनसे जितना अच्छा व्यवहार करता हूँ, उतनी ही अच्छी चीज़ें मेरे साथ होती हैं। ईमानदारी से कहा जाए, तो मैं इस बारे में कोई योजना नहीं बनाता। यह अपने आप ही हो जाता है।

"मैं आपको एक उदाहरण दूँ। कुछ साल पहले, शायद पाँच या छह साल पहले, हमारा एक मज़दूर शराब पीकर काम पर आ गया। जल्दी ही फ़ैक्टरी में होहल्ला मच गया। उसने वॉर्निश का 5 गैलन का ड्रम उठा लिया था, जिसे वह फ़ैक्टरी में इधर-उधर फैलाने पर आमादा था। दूसरे मज़दूरों ने उससे ड्रम छुड़ा लिया और उसके सुपरिंटेंडेंट ने उसे बाहर निकाल दिया।

"मैं बाहर गया और मैंने देखा कि वह बाहर दीवार से टिका बैठा था। मैंने उसे सहारा देकर उठाया, कार में बिठाया और उसे घर लेकर गया। उसकी पत्नी बौखला गई थी। मैंने उसे आश्वस्त किया कि सब कुछ ठीक हो जाएगा। 'परंतु आप कुछ नहीं समझते हैं,' उसने कहा, 'मिस्टर डब्ल्यू. (यानी कि मैं) यह बर्दाश्त नहीं करेंगे कि कोई नौकरी पर शराब पीकर जाएँ। अब तो जिम की नौकरी निश्चित रूप से छूट जाएगी और अब हम क्या करेंगे।' मैंने उसे बताया कि जिम की नौकरी नहीं छूटेगी। उसने पूछा कि मैं इतने यक़ीन के साथ ऐसा कैसे कह सकता हूँ। मैंने बताया कि मैं यक़ीन के साथ ऐसा इसलिए कह सकता हूँ क्योंकि मैं ही मिस्टर डब्ल्यू. हूँ।

"यह सुनकर वह लगभग बेहोश हो गई। मैंने उसे बताया कि मैं फ़ैक्टरी में जिम की मदद करने की पूरी कोशिश करूँगा और मैंने आशा की कि घर पर वह जिम का ध्यान रखेगी। मैंने उससे यह भी कहा कि अगली सुबह वह जिम को काम पर भेज दे।

"फिर फ़ैक्टरी लौटकर मैं जिम के डिपार्टमेंट में गया और जिम के सहकर्मियों से बात की। मैंने उनसे कहा, 'आज जो अप्रिय घटना हुई है, उसे आप भूल जाएँ। जिम कल काम पर लौट आएगा। उसके प्रति सहानुभूति रखें। वह काफ़ी लंबे समय से हमारे साथ है और वह अच्छा कर्मचारी है। हमें उसे एक और मौक़ा देना चाहिए।'

"जिम वापस आया और उसकी शराबख़ोरी ने फिर कभी कोई समस्या खड़ी नहीं की। मैं इस घटना को जल्दी ही भूल गया। परंतु जिम नहीं भूला। दो साल पहले लोकल यूनियन के मुख्यालय ने कुछ लोगों को यहाँ भेजा ताकि वे लोकल यूनियन के कॉन्ट्रैक्ट पर चर्चा करें। उनकी माँगें बहुत ज़्यादा थीं। जिम – जो बहुत शांत और नम्र था – अचानक एक लीडर बन गया। उसने अप्रत्याशित फुर्ती दिखाई और उसने फ़ैक्टरी के मज़दूरों को याद दिलाया कि मिस्टर डब्ल्यू. ने हमेशा उनके साथ अच्छा बर्ताव किया है, उनके साथ कभी अन्याय नहीं किया और इसलिए हमें अपने आपसी मामले में बाहर वालों को बीच में लाने की कोई ज़रूरत नहीं है।

"बाहरी लोग चले गए और हमने हमेशा की तरह अपना कॉन्ट्रैक्ट दोस्ताना माहौल में किया, और इसके लिए जिम ज़िम्मेदार था।"

"मानवीय" शैली से बेहतर लीडर बनने के दो तरीक़े हैं। पहला, हर बार जब भी आप लोगों से संबंधित किसी मुश्किल मसले का सामना करें, तो ख़ुद से पूछें, *"इससे निबटने का मानवीय तरीक़ा क्या है?"*

जब आपके अधीनस्थों में असहमति हो या जब कोई कर्मचारी समस्या खड़ी कर रहा हो तो इस प्रश्न पर सोचें।

बॉब के ग़लतियाँ सुधारने के फ़ॉर्मूले को याद रखें। कटुता को टालें। व्यंग्य से परहेज़ करें। लोगों को नीचा दिखाने की कोशिश न करें। लोगों को उनकी और दूसरों की नज़रों से न गिराएँ।

ख़ुद से पूछें, "लोगों के साथ निबटने का मानवीय तरीक़ा क्या है?" इससे हमेशा लाभ होता है - कई बार जल्दी, कई बार देर से - पर लाभ हमेशा होता है।

"मानवीय बनने" के नियम से लाभ लेने का दूसरा तरीक़ा यह है कि *आप अपने काम से यह जताएँ कि आपके लिए लोग महत्वपूर्ण हैं।* अपने मातहतों की नौकरी के बाहर की उपलब्धियों में रुचि दिखाएँ। हर एक के साथ गरिमापूर्ण व्यवहार करें। अपने आपको याद दिलाएँ कि जीवन का मुख्य लक्ष्य इसका आनंद लेना है। यह सामान्य सा सिद्धांत है कि आप किसी व्यक्ति में जितनी अधिक रुचि लेंगे, वह आपके लिए उतना ही मन लगाकर काम करेगा। और जब वह मन लगाकर काम करेगा तो उससे आप और ज़्यादा, बहुत ज़्यादा सफल हो जाएँगे।

जब भी मौक़ा मिले, अपने सुपरवाइज़र से अपने अधीनस्थों की तारीफ़ करते रहें। यह एक पुरानी अमेरिकी परंपरा है कि छोटे आदमी की तरफ़ वाले व्यक्ति को हमेशा प्रशंसा की नज़रों से देखा जाता है। आपके अधीनस्थ आपकी तारीफ़ से ख़ुश होंगे और आपके प्रति उनकी वफ़ादारी भी बढ़ जाएगी। और इस बात से न डरें कि इससे आपके सुपरवाइज़र की नज़रों में आपका महत्त्व कम हो जाएगा। जिस व्यक्ति का दिल इतना बड़ा हो, जिसका व्यवहार इतना विनम्र हो, वह उस व्यक्ति से ज़्यादा आत्मविश्वासी लगता है जो असुरक्षा के भाव से भरकर अपनी उपलब्धियों की शेखी बघारता रहता है। थोड़ी सी विनम्रता बहुत काम आती है।

जब भी मौक़ा मिले, अपने अधीनस्थों की व्यक्तिगत रूप से तारीफ़ करें। उनके सहयोग के लिए उनकी तारीफ़ करें। हर अतिरिक्त प्रयास के लिए उनकी तारीफ़ करें। तारीफ़ ही वह सबसे बड़ा एकमात्र प्रोत्साहन है जो आप उन्हें दे सकते हैं और इसमें आपका एक पैसा भी ख़र्च नहीं होता। इसके अलावा, "गुप्त मतदान" ने कई सशक्त और जाने-माने उम्मीदवारों को भी धराशायी कर दिया है। आप कभी नहीं जानते कि कब आपके अधीनस्थ आपके काम आ जाएँगे और आपको किसी अप्रिय स्थिति से बचा लेंगे।

लोगों की तारीफ़ करने का अभ्यास करें।

सही तरीक़े से लोगों से व्यवहार करें। मानवीय बनें।

लीडरशिप नियम नंबर 3 : प्रगति के बारे में सोचें, प्रगति के बारे में विश्वास करें और प्रगति के लिए कोशिश करें।

जब कोई आपके बारे में यह कहता है, "वह प्रगति में विश्वास करता है। वही व्यक्ति इस काम के लिए ठीक रहेगा।" तो आपकी इससे बड़ी तारीफ़ हो ही नहीं सकती।

हर क्षेत्र में प्रमोशन उन्हीं लोगों को मिलते हैं जो प्रगति में विश्वास करते हैं और प्रगति के लिए प्रयास करते हैं। लीडर्स, सच्चे लीडर्स, बहुत कम होते हैं। यथास्थिति में विश्वास रखने वाले लोग (जैसा भी चल रहा है ठीक है, हम इसमें कोई हेरफेर नहीं करना चाहते) हमेशा प्रगतिशील व्यक्तियों से (सुधार की बहुत गुंजाइश है इसलिए हम इसे सुधारने की कोशिश करें) बहुत बड़ी तादाद में होते हैं। लीडर्स के समूह में शामिल हों। अपनी नज़र हमेशा आगे की तरफ़ रखें।

प्रगतिशील नज़रिया विकसित करने के लिए आप दो ख़ास चीज़ें कर सकते हैं :

1. जो भी काम आप करें, उसमें सुधार के बारे में सोचें।
2. जो भी काम आप करें, उसमें आप ऊँचे स्तर रखें।

कई महीने पहले एक मध्यम आकार की कंपनी के प्रेसिडेंट ने मुझसे एक महत्वपूर्ण निर्णय करने के लिए कहा। इस एक्ज़ीक्यूटिव ने अपना

बिज़नेस ख़ुद बनाया था और वह सेल्स मैनेजर के रूप में काम कर रहा था। अब जबकि उसके यहाँ सात सेल्समैन काम कर रहे थे, उसने यह फ़ैसला किया कि अब वह ख़ुद सेल्स मैनेजर का काम छोड़ देगा और किसी सेल्समैन को सेल्स मैनेजर के पद पर प्रमोशन दे देगा। उसने इस काम के लिए तीन सेल्समैनों को छाँटा था, जो अनुभव और सेल्स में लगभग बराबर थे।

मेरा काम था हर व्यक्ति के साथ एक दिन बिताना और यह फ़ैसला करना कि क्या यह व्यक्ति उस समूह का लीडर बनने के क़ाबिल है। हर सेल्समैन को बता दिया गया था कि एक सलाहकार आकर मार्केटिंग प्रोग्राम के बारे में उनसे चर्चा करेगा। ज़ाहिर है, कि उन्हें स्पष्ट कारणों से यह नहीं बताया गया था कि मेरी चर्चा का असली उद्देश्य क्या था।

दो लोगों ने लगभग एक ही तरीक़े से प्रतिक्रिया व्यक्त की। दोनों ही मेरे साथ असहज हो गए। दोनों को ही यह एहसास हो गया कि मैं वहाँ पर "कुछ बदलने" की फ़िराक में था। दोनों ही सेल्समैन यथास्थिति के सच्चे रक्षक थे। दोनों का ही यह कहना था कि सब कुछ ठीक-ठाक चल रहा है। मैंने उनसे पूछा कि किस तरह उनके क्षेत्रों का बँटवारा हुआ है, उनके सेल्स प्रमोशनल मटेरियल, कम्पन्सेशन प्रोग्राम के बारे में बात की-मार्केटिंग के हर पहलू पर उन्होंने यही कहा, "सब कुछ बढ़िया है।" कुछ ख़ास मुद्दों पर इन दोनों व्यक्तियों ने स्पष्ट किया कि वर्तमान नीति में बदलाव क्यों नहीं किया जाना चाहिए। संक्षेप में, दोनों ही व्यक्ति चाहते थे कि स्थितियाँ जैसी की तैसी बनी रहें। एक व्यक्ति ने जब मुझे मेरे होटल में उतारा तो उसने चलते-चलते कहा, "मैं यह तो नहीं जानता कि आपने आज मेरे साथ दिन क्यों गुज़ारा, परंतु मेरी तरफ़ से आप मिस्टर एम. को बता देना कि जैसा भी है, सब कुछ बढ़िया है। किसी भी चीज़ को बदलने की कोई ज़रूरत नहीं है।"

तीसरा सेल्समैन इनसे अलग था। वह कंपनी से ख़ुश था और उसे इसकी प्रगति पर नाज़ था। परंतु वह पूरी तरह संतुष्ट नहीं था। वह सुधार चाहता था। पूरे दिन यह तीसरा सेल्समैन मुझे यह बताता रहा कि नया बिज़नेस कैसे हासिल किया जा सकता है, ग्राहकों को बेहतर सेवा कैसे दी जा सकती है, समय की बर्बादी कैसे कम की जा सकती है, कम्पन्सेशन

प्लान को कैसे बेहतर बनाया जा सकता है तथा वह ख़ुद और कंपनी इससे किस तरह लाभान्वित हो सकते हैं। उसने एक नए विज्ञापन अभियान की योजना भी बनाई थी जिसकी रूपरेखा उसने मुझे बताई। जब मैं वहाँ से रवाना हुआ, तो उसने चलते-चलते कहा, "मुझे बहुत अच्छा लगा कि मैं अपने विचार किसी को बता सका। हमारी कंपनी अच्छी है, पर मुझे लगता है कि हम इसे और बेहतर बना सकते हैं।"

ज़ाहिर है कि मेरी अनुशंसा तीसरे व्यक्ति के लिए थी। यह एक ऐसी अनुशंसा थी जो कंपनी के प्रेसिडेंट की भावनाओं के अनुरूप थी। प्रगति, कार्यकुशलता, नए उत्पाद, नई प्रक्रियाओं, बेहतर प्रशिक्षण और बढ़ी समृद्धि में विश्वास करें।

प्रगति में विश्वास करें, प्रगति के लिए प्रयास करें और आप एक लीडर बन जाएँगे!

बचपन में मुझे मौक़ा मिला कि मैं यह देख सकूँ कि लीडर किस तरह अपने समर्थकों के व्यवहार को प्रभावित कर सकता है।

मैं एक देहाती प्राथमिक शाला में पढ़ता था, जहाँ आठ कक्षाएँ थीं, एक ही टीचर थी और चालीस बच्चों को एक ही कमरे में ठूँस दिया जाता था। नई टीचर को हमेशा परेशान किया जाता था। बड़े बच्चों, यानी कि सातवीं और आठवीं के बच्चों के नेतृत्व में सभी विद्यार्थी टीचर को मज़ा चखाने के लिए तैयार रहते थे।

एक साल तो कुछ ज़्यादा ही हंगामा हुआ। हर दिन दर्जनों स्कूली शरारतें होती थीं, जिनमें चॉक फेंककर मारना, काग़ज़ के हवाई जहाज़ चलाना इत्यादि शामिल थे। इसके अलावा कई बड़ी घटनाएँ भी हुईं जैसे टीचर को स्कूल के बाहर आधा दिन तक खड़ा रखा, क्योंकि कुंडी अंदर से बंद कर ली गई थी। दूसरे मौक़े पर इसका उल्टा हुआ, यानी टीचर को स्कूल में बंद कर दिया गया, क्योंकि कुंडी बाहर से लगा दी गई थी। एक दिन एक शरारती बच्चा अपने कुत्ते को स्कूल में ले आया।

परंतु मैं आपको यह बता दूँ, ये बच्चे अपराधी क़िस्म के नहीं थे। चोरी करना, शारीरिक हिंसा करना या नुक़सान पहुँचाना उनका उद्देश्य नहीं था। वे स्वस्थ बच्चे थे जो अपनी ज़बर्दस्त ऊर्जा को अपनी शरारतों

के माध्यम से बाहर निकाल रहे थे।

तो, टीचर ने किसी तरह उस साल तो स्कूल में रहने में कामयाबी पाई, परंतु अगले साल नई टीचर को नियुक्त करना पड़ा और इससे किसी को कोई हैरत नहीं हुई।

नई टीचर का नज़रिया पुरानी टीचर से बिलकुल अलग था। उसने गरिमामयी व्यवहार करने की उनकी भावना को जाग्रत किया। उसने उन्हें समझदारी के काम करने के लिए प्रोत्साहित किया। हर बच्चे को एक निश्चित ज़िम्मेदारी सौंपी गई जैसे ब्लैकबोर्ड साफ़ करना, डस्टर साफ़ करना, या छोटे बच्चों की मदद करना। नई टीचर ने बच्चों की ज़बर्दस्त ऊर्जा का उपयोग करने के रचनात्मक तरीक़े खोज लिए, जबकि यही ज़बर्दस्त ऊर्जा पहले शरारतों में बर्बाद हुआ करती थी। उसके शैक्षणिक कार्यक्रम की नींव चरित्र बनाने पर थी।

पहले साल बच्चे राक्षसों की तरह व्यवहार क्यों कर रहे थे और अगले साल वही बच्चे देवताओं की तरह व्यवहार क्यों करने लगे? फ़र्क़ उनके लीडर का, यानी उनकी टीचर का था। ईमानदारी से कहा जाए, तो हम शरारतों के लिए बच्चों को दोष नहीं दे सकते। यह टीचर की ही ग़लती थी जो वह सही दिशा में बच्चों का नेतृत्व नहीं कर पाई।

पहली टीचर अंदर से बच्चों की प्रगति के बारे में परवाह नहीं करती थी। उसने बच्चों के लिए कोई लक्ष्य नहीं बनाए। उसने उन्हें उत्साहित नहीं किया। वह अपने ग़ुस्से पर क़ाबू नहीं रख पाई। उसे पढ़ाना पसंद नहीं था, इसलिए बच्चों को पढ़ना पसंद नहीं था।

परंतु दूसरी टीचर ने ऊँचे, सकारात्मक मानदंड बनाए। वह बच्चों को सचमुच पसंद करती थी और चाहती थी कि वे कुछ बनें। वह हर एक से इंसान की तरह व्यवहार करती थी। उसे सबका अनुशासन इसलिए मिला क्योंकि *वह* अपने हर काम में अच्छी तरह अनुशासित थी।

और हर मामले में, विद्यार्थियों ने अपनी टीचर के उदाहरण से ही सीखा।

हम इसी तरह का व्यवहार हर दिन वयस्कों के समूह में भी देखते हैं। द्वितीय विश्वयुद्ध के दौरान सेनापतियों ने सबसे ज़्यादा हौसला उन

टुकड़ियों में नहीं पाया जिनके कप्तान "बेफ़िक्र", "निश्चिंत" या "निरुत्साही" थे। सबसे अच्छी टुकड़ियाँ थीं जहाँ कप्तान ख़ुद ऊँचे मानदंडों पर चलता था और उनका पालन करता था। मिलिट्री में ऐसे अफ़सरों को सम्मान नहीं मिलता जिनके मानदंड नीचे होते हैं।

कॉलेज के विद्यार्थी भी अपने प्रोफ़ेसरों के उदाहरण से ही सीखते हैं। एक प्रोफ़ेसर की क्लास में वे बंक मार देते हैं, नक़ल करते हैं और बिना पढ़े अच्छे नंबर लाने के येन-केन-प्रकारेण प्रयास करते हैं। परंतु दूसरे प्रोफ़ेसर की क्लास में यही विद्यार्थी विषय में दक्षता हासिल करने के लिए अतिरिक्त मेहनत करने को सहर्ष तैयार रहते हैं।

बिज़नेस में भी हमें यही देखने को मिलता है। कर्मचारी अपने मालिक के उदाहरण से सीखते हैं। कर्मचारियों के किसी समूह को क़रीब से देखें। उनकी आदतों, हावभाव, कंपनी के प्रति उनके रवैए, उनकी नैतिकता, उनके आत्मनियंत्रण पर ग़ौर करें। फिर उनके बॉस के साथ उनके व्यवहार की तुलना करें और आप पाएँगे कि दोनों में काफ़ी समानताएँ हैं।

हर साल कई कंपनियाँ जो अपनी प्रगति से संतुष्ट नहीं हैं, कुछ परिवर्तन करती हैं। और वे ऐसा किस तरह करती हैं। वे सबसे *ऊपर* के लोगों को बदलती हैं। कंपनियाँ (और कॉलेज, चर्च, क्लब, यूनियन व सभी तरह के संगठन) ऊपर से नीचे की तरफ़ सफलता से पुनर्गठित होते हैं, न कि नीचे से ऊपर की तरफ़। ऊपर के लोगों की मानसिकता बदल दें और अपने आप नीचे के लोगों की मानसिकता बदल जाएगी।

इसे याद रखें : जब आप किसी समूह के लीडर बनते हैं, तो उस समूह के लोग तत्काल आपके आदर्श या उदाहरण के हिसाब से चलने लगते हैं। यह पहले कुछ सप्ताहों में साफ़ दिखता है। उनकी सबसे बड़ी चिंता यह होती है कि वे किस तरह आपकी असलियत जानें, किस तरह यह पता करें कि आप उनसे क्या चाहते हैं। वे आपकी हर गतिविधि को पूरे ध्यान से देखते हैं। वे सोचते हैं, यह व्यक्ति मुझे कितनी ढील देगा? यह काम को किस तरह कराना चाहता है? यह किस चीज़ से ख़ुश होता है? अगर मैं यह काम करूँ तो यह क्या कहेगा?

और जब वे इन सवालों के जवाब जान लेते हैं, तो फिर वे उसी

अनुसार काम करने लगते हैं।

उस आदर्श का ध्यान रखें जो आप प्रस्तुत करते हैं। इस पुराने परंतु हमेशा सच्चे छंद को अपना मार्गदर्शक बनाएँ :

> यह दुनिया
>> किस तरह की दुनिया होती,
> अगर इसमें रहने वाला हर इंसान
>> बिलकुल मेरी तरह होता ?

इस कहावत में अर्थ बढ़ाने के लिए आप *दुनिया* की जगह *कंपनी* शब्द फ़िट कर लें और अब यह छंद इस तरह हो गया :

> यह कंपनी
>> किस तरह की कंपनी होती,
> अगर इसमें रहने वाला हर इंसान
>> बिलकुल मेरी तरह होता ?

इसी तरह, आप ख़ुद से पूछें कि अगर हर इंसान आप ही के जैसा हो जाए, तो वह क्लब, समुदाय, स्कूल या चर्च कैसा होगा।

आप अपने अधीनस्थों से जिस तरह की सोच चाहते हैं, वैसा सोचें। जैसी चर्चा चाहते हैं, वैसी चर्चा करें। जैसे काम चाहते हैं, वैसे काम करें। जैसी जीवनशैली चाहते हैं, वैसी जीवनशैली जिएँ।

लंबे समय तक साथ रहने के बाद अधीनस्थ अपने बॉस की कार्बन कॉपी बन जाते हैं। उच्च कोटि की सफलता के लिए ज़रूरी है कि मास्टर कॉपी डुप्लीकेट करने क़ाबिल होनी चाहिए।

क्या मैं प्रगतिशील चिंतक हूँ?
चेक लिस्ट

A. *क्या मैं अपने काम-धंधे के बारे में प्रगतिशील चिंतन करता हूँ ?*

1. क्या अपने काम के बारे में मेरा नज़रिया यह रहता है "मैं इसे किस तरह बेहतर तरीक़े से कर सकता हूँ ?"

2. क्या मैं हर मौक़े पर अपनी कंपनी, अपनी कंपनी के लोगों या अपनी कंपनी के सामान की तारीफ़ करता हूँ?
3. क्या 3 या 6 महीने पहले मेरे प्रदर्शन के बारे में मेरी जो राय थी, आज वह राय पहले से बेहतर है- संख्या के संदर्भ में भी और गुणवत्ता के संदर्भ में भी।
4. क्या मैं अपने अधीनस्थों, सहयोगियों और साथी कर्मचारियों के लिए अच्छा उदाहरण प्रस्तुत कर रहा हूँ?

B. *क्या मैं अपने परिवार के बारे में प्रगतिशील चिंतन करता हूँ?*

1. क्या मेरा परिवार आज से 3 या 6 महीने पहले से ज़्यादा ख़ुश है?
2. क्या मैं अपने परिवार के जीवनस्तर को सुधारने की योजना पर चल रहा हूँ?
3. क्या मेरे परिवार के करने के लिए घर के बाहर रोचक गतिविधियों की बहुतायत है?
4. क्या मैं अपने बच्चों के सामने "एक प्रगतिशील", प्रगति के समर्थक व्यक्ति का उदाहरण प्रस्तुत कर रहा हूँ?

C. *क्या मैं अपने बारे में प्रगतिशील चिंतन करता हूँ?*

1. क्या मैं ईमानदारी से कह सकता हूँ कि मैं आज से 3 या 6 महीने पहले से ज़्यादा महत्वपूर्ण इंसान बन गया हूँ?
2. क्या मैं दूसरों की नज़र में अपना महत्व बढ़ाने के लिए सुनियोजित आत्म-सुधार कार्यक्रम पर चल रहा हूँ?
3. क्या मेरे पास पाँच वर्ष आगे के भविष्य के लक्ष्य देखने की दृष्टि है?
4. क्या मैं उस संस्थान या समूह की ताक़त हूँ, जिनसे मैं जुड़ा हुआ हूँ?

D. *क्या मैं अपने समाज के बारे में प्रगतिशील चिंतन करता हूँ?*

1. मैंने पिछले छह महीनों में अपने समाज (अपने आस-पड़ोस, चर्च, स्कूल इत्यादि) को सुधारने के लिए क्या किया है?

2. क्या मैं अपने समुदाय को सुधारने के लिए सचमुच प्रयास करता हूँ या फिर मैं सिर्फ़ आपत्तियाँ उठाता हूँ, आलोचना करता हूँ और शिकायत करता हूँ ?

3. क्या मैंने अपने समुदाय में सुधार के लिए कभी किसी चीज़ का बीड़ा उठाया है ?

4. क्या मैं अपने पड़ोसियों और बाक़ी लोगों की तारीफ़ करता हूँ ?

लीडरशिप नियम नंबर 4 : अपने आपसे बात करने के लिए समय निकालें और अपने चिंतन की प्रबल शक्ति का दोहन करें।

हमें आम तौर पर यह लगता है कि लीडर्स बेहद व्यस्त लोग होते हैं। और वे सचमुच व्यस्त होते हैं। लीडर्स को काम से घिरे रहना पड़ता है। परंतु जिस बात पर सामान्य तौर पर ध्यान नहीं दिया जाता, वह यह है कि लीडर्स अकेले में भी काफ़ी समय बिताते हैं, और इस ख़ाली समय में वे सोचने के अलावा कुछ नहीं करते हैं।

महान धार्मिक लीडर्स की जीवनियों को पढ़ें और आप पाएँगे कि सभी ने एकांत में काफ़ी समय चिंतन किया है। मोज़ेस काफ़ी समय एकांत में रहे, कई बार तो बहुत लंबे समय तक। ईसामसीह, बुद्ध, कन्फ़्यूशियस, मोहम्मद, गाँधी के बारे में भी यही सच है। इतिहास के हर प्रसिद्ध धार्मिक लीडर ने जीवन की बाधाओं से दूर अपना काफ़ी समय एकांत चिंतन में गुज़ारा है।

इसी तरह, राजनैतिक लीडर्स जिन्होंने इतिहास पर अपनी अच्छी या बुरी छाप छोड़ी है एकांत में चिंतन किया करते थे। अगर फ्रैंकलिन डी. रूज़वेल्ट को पोलियो की बीमारी के बाद एकांत नहीं मिला होता तो क्या उनमें कभी असामान्य लीडरशिप की योग्यता विकसित हो पाती, यह एक रोचक प्रश्न है। हैरी ट्रूमैन ने भी बचपन और वयस्कता का अधिकांश समय मसूरी फ़ार्म में एकांत में बिताया था।

अगर हिटलर को जेल में एकांत नसीब नहीं हुआ होता, तो शायद उसे सत्ता भी नहीं मिल पाती। जेल में ही उसे *मीन काम्फ* लिखने का समय मिला, जिसमें दुनिया को जीतने की ज़बर्दस्त योजना थी और जिसने जर्मनी

की पूरी जनता को कुछ समय के लिए अंधा कर दिया था।

साम्यवाद के कूटनीतिक रूप से चतुर कई लीडर्स – लेनिन, स्तालिन, मार्क्स, और कई अन्य – भी काफ़ी समय तक जेल में रहे, ताकि बिना किसी बाहरी चिंता के वे अपनी भावी योजनाएँ बना सकें।

बड़ी–बड़ी यूनिवर्सिटीज़ अपने प्रोफ़ेसरों से हर सप्ताह सिर्फ़ पाँच घंटे का लेक्चर दिलवाती हैं ताकि बाक़ी समय प्रोफ़ेसर के पास सोचने का समय हो।

कई प्रसिद्ध बिज़नेस हस्तियाँ दिन भर सहयोगियों, सेक्रेट्रियों, टेलीफ़ोनों, और रिपोर्टों की व्यस्तता में घिरे दिखते हैं। परंतु आप उनके जीवन के हर सप्ताह 168 घंटे देखें या हर महीने 720 घंटे देखें, तो आपको यह जानकर आश्चर्य होगा कि वे काफ़ी समय एकांत चिंतन में गुज़ारते हैं।

मुद्दे की बात यह है : किसी भी क्षेत्र में सफल व्यक्ति अपने आपसे बात करने के लिए समय निकालता है। एकांत में लीडर्स समस्या के सभी टुकड़ों को इकट्ठा करते हैं, उसका हल खोजते हैं, योजना बनाते हैं और एक वाक्यांश में कहा जाए, तो सुपर–थिंकिंग करते हैं।

कई लोग अपनी रचनात्मक लीडरशिप की क्षमता का इसलिए दोहन नहीं कर पाते, क्योंकि वे अपने अलावा हर इंसान से बातें कर लेते हैं। आप भी किसी ऐसे ही व्यक्ति को जानते होंगे। यह व्यक्ति कोशिश करता है कि वह कभी अकेला न रहे। वह लोगों से घिरा रहने की लगातार कोशिश करता है। वह अपने ऑफ़िस में अकेलापन बर्दाश्त नहीं कर पाता, इसलिए वह दूसरे लोगों के पास जबरन जाता है। शाम को भी वह अकेले समय शायद ही गुज़ारता हो। वह हर घड़ी किसी से बात करने की ज़रूरत महसूस करता है। वह गपशप में काफ़ी समय बर्बाद करता है।

जब ऐसे व्यक्ति को परिस्थितिवश शारीरिक रूप से अकेले रहना पड़ता है, तो वह ऐसे तरीक़े ढूँढ़ लेता है जिनसे वह मानसिक रूप से अकेला न रहे। ऐसे समय में वह टेलीविज़न, अख़बार, रेडियो, टेलीफ़ोन या किसी और ऐसे ही यंत्र का सहारा लेता है जो उसके चिंतन को ख़त्म कर दे। वास्तव में वह यह कहता है, “मिस्टर टीवी, मिस्टर अख़बार, मेरे दिमाग़ को भर दो। मैं अपने विचारों का सामना करने से घबराता हूँ।”

मिस्टर मैं-अकेलापन-बर्दाश्त-नहीं-कर-पाता स्वतंत्र विचार से दूर भागते हैं। वे अपने दिमाग़ का दरवाज़ा बंद रखते हैं। मनोवैज्ञानिक रूप से वे अपने ख़ुद के विचारों से डरे रहते हैं। जैसे-जैसे समय गुज़रता जाता है, मिस्टर मैं-अकेलापन-बर्दाश्त-नहीं-कर-पाता लगातार उथले होते जाते हैं। वे कई ग़लत काम भी कर देते हैं। उनमें लक्ष्य की सामर्थ्य या व्यक्तिगत स्थिरता विकसित नहीं हो पाती। वे दुर्भाग्य से उस सुपर-पॉवर के बारे में अनजान रहते हैं जो उनके दिमाग़ में बेकार ही पड़ा हुआ है।

मिस्टर मैं-अकेलापन-बर्दाश्त-नहीं-कर-पाता न बनें। सफल लीडर्स अकेलेपन में ही अपने सुपर-पॉवर का दोहन करते हैं। आप भी ऐसा ही कर सकते हैं।

आइए देखें कि कैसे।

एक प्रोफ़ेशनल डेव्लपमेंट प्रोग्राम के हिस्से के रूप में मैंने 13 विद्यार्थियों को दो सप्ताह तक हर दिन एक घंटे तक एकांत में रहने के लिए कहा। विद्यार्थियों से कहा गया कि वे सारी बाधाओं से दूर, बिलकुल एकांत में किसी भी घटना के बारे में रचनात्मक रूप से सोचें।

दो सप्ताह बाद, हर विद्यार्थी ने बिना किसी अपवाद के यह बताया कि यह अनुभव बहुत ही व्यावहारिक और सफल रहा। एक व्यक्ति ने बताया कि एकांत के प्रयोग के पहले उसका अपनी कंपनी के एक अधिकारी से मतभेद हो गया था और वह उसके साथ युद्ध करने के मूड में आ गया था, परंतु स्पष्ट चिंतन के बाद उसने समस्या का स्रोत खोज लिया और उसका हल भी। बाक़ी लोगों ने भी बताया कि उन्होंने कई समस्याओं का हल ढूँढ़ लिया जिनमें नौकरियाँ बदलने, शादी की कठिनाइयाँ, घर ख़रीदने और बच्चे के लिए अच्छा कॉलेज चुनने की समस्याएँ शामिल थीं।

हर विद्यार्थी ने उत्साह से बताया कि ख़ुद के बारे में उसकी बेहतर समझ विकसित हुई है– उसने ख़ुद की कमज़ोरियों और शक्तियों को जान लिया है, जो वह पहले कभी नहीं जान पाया था।

विद्यार्थियों ने ऐसा कुछ और भी खोज लिया जो बेहद महत्वपूर्ण है। उन्होंने पाया कि एकांत में लिए गए निर्णय और निष्कर्ष न जाने क्यों 100 प्रतिशत सही होते हैं। विद्यार्थियों ने पाया कि जब कोहरा छँट जाता है तो

सही निर्णय बिलकुल स्पष्ट हो जाता है।

एकांत चिंतन के बहुत लाभ हैं।

एक दिन मेरी एक सहयोगी ने एक समस्या के बारे में अपना पहले का नज़रिया पूरी तरह बदल लिया। मैं यह जानने के लिए उत्सुक था कि उसने अपने विचार क्यों बदल लिए। समस्या तो वही थी और समस्या दरअसल एक मूलभूत क़िस्म की समस्या थी, इसलिए मैं इस बदलाव का कारण नहीं समझ पा रहा था। उसका जवाब यह था, 'मैं स्पष्टता से नहीं सोच पा रही थी कि हमें क्या करना चाहिए। इसलिए मैं आज सुबह साढ़े तीन बजे उठी, एक कप कॉफ़ी पी और सोफ़े पर 7 बजे तक बैठकर सोचती रही। अब मुझे सारी चीज़ें साफ़ दिख रही हैं। तो इसीलिए मैंने अपने विचार बदल लिए और दूसरे तरीक़े को अपनाने का फ़ैसला किया।'

और उसका नया तरीक़ा पूरी तरह सही साबित हुआ।

हर दिन कुछ समय (कम से कम तीस मिनट) पूरी तरह एकांत में रहने के लिए अलग निकाल लें।

शायद सुबह का समय बेहतर होता है, क्योंकि उस समय शोरगुल नहीं होता है। या देर शाम का समय भी शायद अच्छा रहेगा। महत्वपूर्ण बात यह है कि आप ऐसा समय चुनें जब आपके मस्तिष्क में स्फूर्ति हो और जब बाहरी बाधाएँ कम हों।

आप इस समय का इस्तेमाल दो तरीक़ों से कर सकते हैं : किसी दिशा में चिंतन या दिशाहीन चिंतन। किसी दिशा में चिंतन करने के लिए अपनी किसी महत्वपूर्ण समस्या पर विचार करें। एकांत में समस्या पर निरपेक्ष ढँग से सोचें और इससे आपको सही जवाब मिल जाएगा।

दिशाहीन चिंतन करने के लिए, आप अपने दिमाग़ को अपने आप जो वह चाहे सोचने दें। इन क्षणों में आपका अवचेतन मस्तिष्क आपके मेमोरी बैंक का दोहन करता है जो आपके चेतन मस्तिष्क का पोषण करता है। दिशाहीन चिंतन आत्म-मूल्यांकन करने में बहुत सहायक होता है। यह आपको बहुत मूलभूत विषयों तक ले जाता है जैसे, "मैं कैसे बेहतर बन सकता हूँ? मेरा अगला क़दम क्या होना चाहिए?"

याद रखें, लीडर का मुख्य काम है सोचना। और लीडरशिप की सर्वश्रेष्ठ तैयारी चिंतन है। हर दिन कुछ समय एकांत चिंतन के लिए निकालें और आप सफल चिंतन की राह पर होंगे।

संक्षेप

ज़्यादा प्रभावी लीडर बनने के लिए इन चार लीडरशिप सिद्धांतों को अमल में लाएँ :

1. जिन्हें आप प्रभावित करना चाहते हैं, उन लोगों के नज़रिए से चीज़ों को देखें। अगर आप उनके नज़रिए से देख सकेंगे तो आपके लिए वह तरीक़ा ढूँढ़ना आसान होगा जिससे सामने वाले से मनचाहा काम करवाया जा सके। कोई भी काम करने से पहले ख़ुद से यह सवाल पूछें, "अगर मैं सामने वाले की जगह होता, तो मैं इस बारे में क्या सोचता?"

2. दूसरों के साथ व्यवहार में "मानवीय बनें" नियम को अमल में लाएँ। ख़ुद से पूछें, "इस समस्या से निबटने का मानवीय तरीक़ा क्या है?" आप जो भी करें, उससे यह दिखना चाहिए कि आपकी नज़र में लोग सबसे पहले आते हैं। दूसरे लोगों के साथ वही व्यवहार करें, जो आप अपने लिए चाहते हों। आपको बहुत लाभ होगा।

3. प्रगति के बारे में सोचें, प्रगति के बारे में विश्वास करें और प्रगति के लिए कोशिश करें। हर वह काम जो आप करते हों, उसमें सुधार के तरीक़े सोचें। अपने हर काम में ऊँचे स्तर बनाने के बारे में सोचें। लंबे समय तक साथ-साथ काम करते रहने के बाद अधीनस्थ अपने बॉस की कार्बन कॉपी बन जाते हैं। यह सुनिश्चित कर लें कि मास्टर कॉपी डुप्लीकेट करने क़ाबिल हो। यह संकल्प करें : "घर में, नौकरी में, सामाजिक जीवन में, मैं प्रगति के लिए प्रयास करूँगा।"

4. अपने आपसे बात करने के लिए समय निकालें और अपने चिंतन की प्रबल शक्ति का दोहन करें। एकांत के बहुत फ़ायदे होते हैं। इसका उपयोग अपनी रचनात्मक शक्ति को मुक्त करने में करें। अपनी व्यक्तिगत और बिज़नेस समस्याओं को हल करने के लिए एकांत का

प्रयोग करें। हर दिन सिर्फ़ सोचने के लिए कुछ समय अकेले गुज़ारें। उसी चिंतन तकनीक का प्रयोग करें जिसका प्रयोग सभी महान लीडर्स करते हैं। अपने आपसे अकेले में बात करें।

जीवन की मुश्किल परिस्थितियों में बड़ी सोच के जादू का प्रयोग कैसे करें

बड़ा सोचने में जादुई ताक़त है। परंतु भूलना कितना आसान होता है। जब भी आपके सामने मुश्किलें आएँगी, यह ख़तरा रहेगा कि आपकी सोच सिकुड़ जाए, आकार में छोटी हो जाए, ओछी हो जाए। और जब ऐसा हो जाता है, तो आप हार जाते हैं।

नीचे कुछ संक्षिप्त मार्गदर्शक सिद्धांत दिए गए हैं जो आपको तब भी महान बने रहने में मदद करेंगे जब आपके सामने ओछा सोचने के प्रलोभन मौजूद हों।

शायद आप इन सिद्धांतों को छोटे-छोटे कार्डों पर लिखकर अपने पास रखना चाहें।

*A. जब छोटे लोग आपको नीचा दिखाना चाहें, तो **बड़ा सोचें**।* निश्चित रूप से दुनिया में ऐसे लोग होते हैं जो चाहते हैं कि आप हार जाएँ, आपके जीवन में दुर्भाग्य आ जाए, आपको डाँट पड़ जाए। परंतु ये लोग आपको तब तक नुक़सान नहीं पहुँचा सकते जब तक कि आप ये तीन बातें याद रखेंगे :

1. अगर आप घटिया लोगों से लड़ने से इंकार कर दें तो आप जीत जाते हैं। ओछे लोगों से लड़ने से आपका आकार छोटा हो जाता है। इसलिए महान बने रहें।

2. पीठ पीछे बुराई का बुरा न मानें। यह तो आपके विकास और आपकी प्रगति का सबूत है।

3. याद रखें कि पीठ पीछे बुराई करने वाले मनोवैज्ञानिक रूप से बीमार होते हैं। महान बने रहें। उनके प्रति सहानुभूति रखें।

अपनी सोच को इतना बड़ा रखें कि ओछे लोगों के हमलों का आप पर कोई असर न हो।

B. *जब आपको यह लगे "मेरे पास वह क़ाबिलियत नहीं है जो मैं इसमें सफल हो सकूँ" तो* **बड़ा *सोचें*।** याद रखें : अगर आप ख़ुद को कमज़ोर समझते हैं तो आप कमज़ोर बन जाते हैं। अगर आप ख़ुद को अक्षम समझते हैं तो आप अक्षम बन जाते हैं। अगर आप ख़ुद को सेकंड क्लास समझते हैं तो आप सेकंड क्लास बन जाते हैं।

इन नियमों का प्रयोग करके ख़ुद को सस्ते दामों पर बेचने की स्वाभाविक प्रवृत्ति को क़ाबू में रखें :

1. महत्वपूर्ण दिखें। इससे आपको महत्वपूर्ण बातें सोचने में मदद मिलती है। आप बाहर से कैसे दिखते हैं, इस बात का काफ़ी संबंध इस बात से होता है कि आप अंदर से कैसा अनुभव करते हैं।

2. अपने गुणों, अपनी क़ाबिलियत पर ध्यान केंद्रित करें। ख़ुद को हौसला दिलाने वाले कार्यक्रम का *प्रयोग करें*। अपने आपको सुपरचार्ज करना सीखें। अपने *सकारात्मक* पहलू को जानें।

3. दूसरे लोगों के बारे में सही नज़रिया रखें। सामने वाला भी इंसान ही है, इसलिए उससे डरने की क्या ज़रूरत है ?

आप सचमुच कितने अच्छे हैं, यह देखने के लिए बड़ा सोचें!

C. *जब बहस या लड़ाई से आप बच न सकें, तो* **बड़ा *सोचें*।** बहस करने और लड़ने के प्रलोभन का इस तरह सफल प्रतिरोध करें :

1. ख़ुद से पूछें : "क्या यह चीज़ वास्तव में इतनी महत्वपूर्ण है कि इसके बारे में बहस की जाए ?"

2. ख़ुद को याद दिलाएँ कि आप बहस में कभी कुछ हासिल नहीं कर सकते हैं, बल्कि आप हमेशा कुछ न कुछ खो देते हैं।

इतना बड़ा सोचें कि आप यह जान लें कि लड़ाई, बहस, झगड़े और इसी तरह की फ़ालतू बातों से आप अपनी मंज़िल तक नहीं पहुँच पाएँगे।

*D. जब आप पराजित महसूस करें, तो **बड़ा सोचें।** बिना मुश्किलों और असफलताओं के बड़ी सफलता हासिल करना संभव नहीं है। परंतु बिना हारे बाक़ी ज़िंदगी गुज़ार देना संभव है। महान चिंतक पराजयों का सामना इस तरह करते हैं :*

1. पराजय को एक सबक़ के रूप में लें। इससे सीखें। इसका विश्लेषण करें। आगे बढ़ने के लिए पराजय को प्रेरणा बनाएँ। हर पराजय से कुछ न कुछ बचा लें।

2. जुटे रहने के साथ प्रयोगशीलता को जोड़ दें। पीछे हटकर नए सिरे से नई शैली से शुरुआत करें।

इतना बड़ा सोचें कि आप देख सकें कि हार एक मानसिक अवस्था है, इससे ज़्यादा कुछ नहीं।

*E. जब रोमांस ख़त्म होने लगे, तो **बड़ा सोचें।** नकारात्मक, ओछी सोच "चूँकि उसने मेरे साथ ऐसा किया इसलिए मैं भी इसका बदला लूँगा" रोमांस की हत्या कर देती है और उस प्रेम को नष्ट कर देती है जो आपके और आपकी प्रेमिका या आपके प्रेमी के बीच है। जब प्रेम में गड़बड़ हो, तो यह करें :*

1. आप जिस व्यक्ति का प्रेम हासिल करना चाहते हों, आप उसके सबसे अच्छे गुणों पर अपना ध्यान केंद्रित करें। बाक़ी चीज़ों को आप वहीं रखें जो उनकी सही जगह है– दूसरे नंबर पर।

2. अपने जीवनसाथी के लिए कुछ ख़ास करें– और ऐसा अक्सर करें। विवाह के आनंद का रहस्य खोजने के लिए बड़ा सोचें।

*F. जब आपको लगे कि काम-धंधे में प्रगति कम हो रही है, **बड़ा सोचें।** चाहे आपका काम-धंधा कुछ भी हो, ऊँचा स्टेटस और ज़्यादा तनख़्वाह सिर्फ़ एक चीज़ से आती है : आपके प्रदर्शन की मात्रा और गुणवत्ता बढ़ाने से। यह करें :*

सोचें : "मैं इसे बेहतर तरीक़े से कर सकता हूँ।" सर्वश्रेष्ठ काम करना मेरे लिए संभव है। हर काम को बेहतर तरीक़े से किया जा सकता

है। इस दुनिया में जो भी हो रहा है, उसे बेहतर तरीक़े से किया जा सकता है। और जब आप सोचते हैं, "मैं इसे बेहतर तरीक़े से कर सकता हूँ।" तो अपने आप आपको बेहतर करने के तरीक़े मिल जाएँगे। "मैं इसे बेहतर तरीक़े से कर सकता हूँ।" सोचने से आपकी रचनात्मक शक्ति जाग्रत हो जाती है।

इतना बड़ा सोचें कि आप यह देख सकें कि अगर आप सेवाभाव को पहले नंबर पर रखेंगे, तो पैसा अपने आप आपके पास आ जाएगा।

प्यूबिलिलिअस साइरस के शब्दों में :

बुद्धिमान व्यक्ति अपने दिमाग़ का मालिक होता है और
मूर्ख इसका ग़ुलाम।